總策畫　林慶彰　劉楚華

主　編　翟志成

錢賓四先生六十五歲祝壽論文集　下冊

景印香港新亞研究所

新亞學報

第一至三十卷

第八冊・第四卷・第二期

新亞研究所

NEW ASIA INSTITUTE OF ADVANCED CHINESE STUDIES

景印香港新亞研究所《新亞學報》（第一至三十卷）

景印香港新亞研究所《新亞學報》（第一至三十卷）

黃進興　廖伯源　羅志田

饒宗頤

執行編輯　李啟文　張晏瑞

（以上依姓名筆劃排序）

景印香港新亞研究所《新亞學報》第八冊

第四卷・第二期　目　次

第四卷第二期

新亞學報

新亞研究所

錢賓四先生八十五歲祝壽論文集

下冊

本學報由美國哈佛燕京學社贈資印行特此誌謝

新亞研究所

新亞學報　第四卷　第二期

目錄

新亞學報編輯畧例

（一）本刊宗旨專重研究中國學術，以登載有關中國歷史、文學、哲學、教育、社會、民族、藝術、宗教、禮俗等各項研究性的論文爲限。

（二）本刊由新亞研究所主持編纂。外稿亦所歡迎。

（三）本刊年出兩期，以每年七月十二月爲發行期。

（四）本刊文稿每篇以五萬字爲限；其篇幅過長者，當另出專刊。

（五）本刊所載各稿，其版權及飜譯權，均歸本研究所。

易事理學的第一原理

劉百閔

一

科學的目的，在于法則的發見。因爲，科學對於一切自然現象的認識，是要用法則來聯貫的，來統一的。所以，科學所要發見的法則，必須是能夠聯貫自然現象的相互關係的認識，必須是能夠統一自然現象的相互關係的認識。這樣的法則，必須是共同的普遍的原理，認識自然現象的必然的關係，包含一切經驗，表示出一切知識的根本要點。所以，這樣的法則，亦稱第一原理，亦稱根本原理。物理學上物理現象所發見的法則，包括物質的不滅、運動的持續、諸力關係的永恒、諸力的變形和等量、以及運動的節奏，而統一于力之永存的法則。這力之永存的法則，便是物理學者對于物理現象所發見的第一原理或根本原理。

作爲事理學看待的易①的作者，和今天的科學者一樣，目的亦在于要發見人世間事理現象的法則。文言傳作者說：『乾元用九，乃見天則。』這天則便是指的物理現象和事理現象的法則。繫辭傳作者說：

古者包犧氏之王天下也，仰則觀象于天，俯則觀法于地，觀鳥獸之文與地之宜，近取諸身，遠取諸物，於是始作八卦，以通神明之德，以類萬物之情。

包犧氏自然是易的原始創作者，從繫辭傳作者的說法，包犧氏是仰觀、俯觀、近取、遠取，是這樣在着尋求法則，然後作出八卦，『以通神明之德』，『以類萬物之情』，以聯貫或統一萬物間的相互的關係。我們從易傳所見到的

『法則』：

制而用之謂之法。繫辭傳上

法象莫大乎天地。繫辭傳上

其吉則困而反則也。同人九四象傳

无不利撝謙，不違則也。謙六四象傳

六二之吉，順以則也。明夷六二象傳

笑言啞啞，後有則也。震象傳

便可見得易的作者是這樣的重視『法則』。積極的說是順則，消極的說是不違則，直說是有則，曲說是反則。法便是則。法和則以外，亦稱『度』。

節以制度。節象傳

君子以制數度。節象傳

其出入以度。繫辭傳下

『乾元用九，乃見天則』的天則，虞（翻）注：『天之法也，在人則爲王度。』『度』便是法，亦便是則。由自然界來說，則爲天則。由人事界來說，則爲王度。

斯賓塞(Herbert Spencer)以爲科學所供給的知識是部分的聯貫的知識，而哲學則是全部的統一的知識。他稱他的哲學爲會通哲學（Synthetic Philosophy）。他在他所著的第一原理(First Principles)中，立下根本原理，爲他的全部學說系統之基礎，以應用于他所著的其他的生物學原理、心理學原理、社會學原理以及倫理學原理。他在倫理學原理上有上述諸書的通論，而這些通論，便是由第一原理和根本原理而演生而會通②。同樣，我們來看易的會通哲學。繫辭傳的作者說：

聖人有以見天下之賾，而擬諸其形容，象其物宜，是故謂之象。聖人有以見天下之動，而觀其會通，以行其典禮，繫辭焉以斷其吉凶，是故謂之爻。

他所說的聖人，便是指易的作者。他是見了天下之動，然後經過會通，而發見了『典禮』，典禮亦便是法則。這法則便是一切物象之共同的或一切事象之普遍的法則。這共同的普遍的法則，易家有時稱之爲『道』。繫辭傳的作者說：

易與天地準，故能彌綸天地之道。

虞注：『準，同也。』京（房）注：『彌，遍也。』虞注：『綸，絡也。』便是說，易道是和天地同其廣大；所以，它能夠普遍地包羅和籠絡一切物象和一切事象的道。這『道』，易家有時稱之爲『理』。繫辭傳的作者說：

天下之理得，而成位乎其中矣。

所謂『天下之理』，便是『天地之道』。見得這天下之理和天地之道，一切自然現象和人世間的現象的關係，都得到了聯貫，得到了統一，因而『成位乎其中』，一切的一切，都在這裏邊得到了現成的位置。

這天下之理和天地之道，作爲第一原理和根本原理來解釋。繫辭傳作者對于這第一原理和根本原理特別設立了一專門名詞，稱爲『太極』。它說：

易有太極。

極，說文木部，棟與極互訓：『極，棟也。』『棟，極也。』棟是屋之正中至高處。故易有太極，便是說，易是有它的最高原理的，亦就是第一原理和根本原理的。太是至的意思，極是高的意思。虞注：『太極，大一也。』太極，便是大一。大一見于禮運：『夫禮必本于太一，分而爲天地。』亦見于莊子天下：『主之以太一』。成玄英疏：『太者，廣大之名。一以不二爲稱。言大道曠蕩，無不制圍，括囊萬有，通而爲一；故謂之太一也。』充分地說明了這太極或太一便是指的第一原理和根本原理而言。繫辭傳：

天下之動，貞夫一者也。

這『一』便是太一，便是指的第一原理和根本原理而言。說文一部：『一，惟初太始，道立於一，造分天地，化成萬物。』太始，徐鍇本作太極；太始便是太極。繫辭傳：『乾知大始』。這大始便是太始，繫辭傳『顯道神德行』下，虞翻注：『道，太極也。』道便是太極。阮籍通老論③說得好：『道者，法自然而爲化。易謂之太極，春秋謂之元，老子謂之道。』說明了太極、元、道，是異名而同實，實在都是指第一原理和根本原理而說的。同樣，太始、一、理，亦是異名而同實，實在都是指第一原理和根本原理而說的。

二

什麽是易的第一原理或根本原理呢？書稱爲易，『易』便是易的第一原理或根本原理。什麽叫做易呢？說文：易，蜥易、蝘蜓、守宮也；象形。秘書說：『日月爲易』，象陰陽也。一曰从勿，凡易之屬皆从易。

照說文的解說，易有三個解說：一是象形的解說，二是會意的解說，三是會意兼形聲的解說。象形的解說，是說易這個字，上曰字象首，下勿字象四足。蜥易、蝘蜓和守宮，是俗稱四脚蛇一類。陸佃埤雅④說：

蜴善變。周易之名，蓋取乎此。

李時珍本草綱目⑤說：

蜴卽守宮之類，俗名十二時虫。嶺南異物志言其首隨十二時變色，蓋物之善變者莫若是，故易之爲書有取焉。

易象形蜴，蜴善變，易便是變的意思。會意的解說：『日月爲易，象陰陽也。』繫辭傳便說：『陰陽之義配日月。』象日月，亦便是象陰陽。繫辭傳又說：『觀變於陰陽而立卦。』觀變就是觀陰陽的變，象陰陽亦就是象陰陽的變。陰陽，說文自部：

陰，闇也；水之南山之北也。从自侌聲。

陽，高明也。从自昜聲。

陰稱山北，但陽不稱山南。段（玉裁）注：『不言山南曰昜者，陰之解可錯見也。山南曰陽故从自。毛傳曰：「山東曰朝陽，山西曰夕陽。」』又穀梁傳『山南爲陽』，注：『日之所照曰陽』。反轉來說，日之所不照曰陰。換句話說，陽是山南是日之所照的一面，陰是山北是日之所不照的一面。那，日月爲易，象陰陽也。便是說，易是形象山南日所照的一面，又形象山北日所不照的一面。說日，月亦錯見。戴果恒釋易⑥：

古人既以日月二字而成易字，又以日月二字而成明字，而會意各有指歸。明字則左日右月，易字則上日下月。上日下月，自寓陰陽交易之義。左日右月，僅表重明之象。

照會意的說法，易字上日下月，便是繫辭傳說的『日往則月來，月往則日來。』一往一來，在着變動的意思。會意兼形聲的說法，是『一日从勿』。清苗夔說文聲訂⑦以爲當補勿亦聲——稱亦聲，是會意兼形聲的意思，應該是从日从勿，勿亦聲。从勿，是从旗勿的勿。說文：『勿，州里所建旗象，其柄有三游。』爲什麼稱游，是從風而靡游移無定的意思。詩小雅何人斯：『我心易也。』易，韓詩作施，易字古與施通。施，說文：『旗旖施也。』旖施，即轉移變易之貌。勿與施皆爲旗，勿有游移之形，和易爲變之義相合。施有轉移變易之貌，易與施通，亦和易爲變之義相合⑧。有人說，第一說爲允。有人說，第二說是易的本義。有人說，易見於經底最先的地方是書堯典『平在朔易』。這易，尚書大傳和史記都作伏物。易和物通，是易从勿的確證。但無論从第一說从第二說或从第三說，都是變的意思。

易就是變，史記太史公自序：『易著天地四時陰陽之行，故長於變。』便是說，易這部書，是顯示天地、四時、陰陽之變的書。繫辭傳：『天地變化，聖人效之。』『四時變化。』『觀變于陰陽而立卦。』天地爲變，四時爲變，陰陽爲變，易是變，易是變的哲學，變是易的第一原理和根本原理。繫辭傳作者對于易的禮讚：

易之爲書也不可遠，爲道也屢遷，變動不居，周流六虛，上下無常，剛柔相易，不可爲典要，唯變所適。

他認爲易之爲書，它的第一原理和根本原理（道）便是變，屢遷是變，不居是變，周流是變，無常是變，相易是變，不可爲典要是變，一切祇是『唯變所適』。

清焦循的易通釋⑨全書凡二十卷，單字近三百條，連詞踰三百條，雖然用心太過，穿鑿爲多，無當大義，但比類合誼，不失爲發人聯想的一種好方法。但易之爲書，講的是變，而易通釋獨于『變』之屬辭比類，偏付缺如，現在就經和傳來分別類聚如下：

屬于經的，祇革卦九五和上六兩爻的爻辭：

大人虎變。革九五爻辭

君子豹變。革上六爻辭

革便是變的意思。雜卦傳：『革，去故也。鼎，取新也。』去故和取新，自然是變的意思了。六十四卦，祇有革和鼎兩卦正面提出變的意思。革初九的『黃牛之革』，六二的『巳日乃革』，九三的『革言三就』，九四的『有孚改命』，九五的『大人虎變』，上六的『君子豹變』，曰革，曰改，曰變，便是全卦六爻講變。鼎初六的『鼎顚趾』，九三的『鼎耳革』，九四的『鼎折足，覆公餗。』曰顚，曰革，曰覆，亦是變的意思。

屬于傳的：

乾道變化。乾彖傳

地道變盈而流謙。謙彖傳

觀乎天文以察時變。賁彖傳

剝，剝也；柔變剛也。剝彖傳

四時變化而能久成。恒彖傳

以上是彖傳。

閑有家，志未變也。家人初九象傳

引吉无咎，中未變也。萃六二象傳

大人虎變，其文炳也。革九五象傳

君子豹變，其文蔚也。革上六象傳

利幽人之貞，未變常也。歸妹九二象傳

初九虞吉，志未變也。中孚初九象傳

以上是象傳。

在天成象，在地成形，變化見矣。繫上一

剛柔相推而生變化。繫上二

變化者，進退之象也。繫上二

動則觀其變而玩其占。繫上二

爻者，言乎變者也。繫上三

游魂爲變。繫上四

通變之謂事。繫上五

變通配四時。繫上六

此所以成變化而行鬼神也。繫上九

十有八變而成卦。繫上九

知變化之道者，其知神之所爲乎！繫上九

以動者尙其變。繫上十

參伍以變。繫上十

通其變遂成天地之文。繫上十

非天下之至變，其孰能與乎此！繫上十

一闔一闢之謂變。繫上十一

變通莫大乎四時。繫上十一

天地變化，聖人效之。繫上十一

變而通之以盡利。繫上十二

化而裁之謂之變。繫上十二

化而裁之存乎變。繫上十二

剛柔相推，變在其中矣。繫下一

變通者，趣時者也。繫下一

功業見乎變。繫下一

通其變使民不倦。繫下二

景印本・第四卷・第二期

易窮則變，變則通，通則久。繫下二
變動不居。繫下八
唯變所適。繫下八
道有變動，故曰爻。繫下十
變動以利言。繫下十二

以上是繫辭傳。

觀變於陰陽而立卦。說卦一
然後能變化既成萬物也。說卦六

以上是說卦傳。

天地變化，草木蕃。坤文言

以上是文言傳。有單稱變的，有連稱『變化』『變通』『通變』『變動』的。先說什麼是變？說文攴部：

變，更也；从攴䜌聲。

攴，徐鍇說：『有爲也。』䜌，說文言部：『亂也，一曰治也，一曰不絕也。从言絲。』段注：『治絲易棼，絲亦不絕，會意；呂員切。』照這樣的說法，變是有爲的，不是無爲的。變是治的意思，好比治絲，絲不絕，治亦不絕，那變亦不絕。說文於『改』、『變』、『更』三字，『改，更也。』『變，更也。』『更，改也。』是互訓的。徐（灝）箋⑩：『改、變、更竝从攴，有所治以改其舊式也。』『攴，象手有所執持之形，故凡舉手作事之義皆屬之。』這樣說來，無論改、更、變，都得要舉手作事，然後能有所治以改其舊式。這是變字的本義。繫辭傳作者說：『以動者尚其變。』『變動不居。』『變動以利言。』便是說，要變便要動。便是說，不絕的動（不居），不絕的變。便是說，爲了更有功效（利），便得要動，便得要變。所以說，易是變的哲學，易是動的哲學。禮記檀弓：『不可以變。』注：『變，動也。』中庸：『動則變。』所以說，動便是變。後來周濂溪的太極圖說⑪說得更好：『太極動而生陽，動極而靜，靜而生陰。』他不說太極靜而生陰，靜極而動，動而生陽。他一定要從動說起，他是徹底明瞭易是變的哲學，易是動的哲學。

易言變，亦言化，有時連言變化。易就是變，亦就是化。史記太史公自序：『易以道化』。易是講變的書，亦便是講化的書。說文匕部：

匕，變也。从到人。凡匕之屬皆从匕。呼跨切。

徐箋：『匕、化古今字相承，增偏旁，非有二義。』說文便以變訓化，變便是化，化便是變。从到人，到今爲倒，說文無倒。段注以爲人而倒，便是變化的意思。但徐箋以爲：『堯典傳：「乳化曰孳。」正義：「胎孕爲化。」呂氏春秋過理篇：「剖孕婦而觀其化。」此匕之本義。从到人者，人之初生倒垂而下也。』那就是說，人是從倒人變出來的。這便是化的本義。亦可以說，化的意思，便是給它倒轉過來的意思。我們看易六十四卦，除了乾、坤、坎、離、頤、大過、中孚、小過八卦以外，其餘五十六卦，如䷂屯倒爲䷃蒙，䷄需倒爲䷅訟，一直倒到䷾既濟和䷿未濟，顚倒相承，這樣在着顚三倒四，這便是易的化了。鼎初六的『鼎顚趾』，九四的『覆公餗』，用了顚和覆兩字，亦多少說出了化的意思。

化字易上下經文不見，見于傳的亦相當多：

乾道變化。乾彖傳

下觀而化也。觀彖傳

觀乎人文以化成天下。賁彖傳

重明以麗乎正，乃化成天下。離彖傳

天地感而萬物化生。咸彖傳

四時變化而能久成。恒彖傳

孚乃化邦也。中孚彖傳

以上是彖傳。

在天成象，在地成形，變化見矣。繫上一

剛柔相推而生變化。繫上二

變化者，進退之象也。繫上二

範圍天地之化而不過。繫上四

此所以成變化而行鬼神也。繫上九

知變化之道者，其知神之所爲乎！繫上九

天地變化，聖人效之。繫上十一

化而裁之謂之變。繫上十二

化而裁之存乎變。繫上十二

神而化之，使民宜之。繫下二

窮神知化，德之盛也。繫下五

天地絪縕，萬物化醇。男女媾精，萬物化生。繫下五

變化云爲。繫下十二

以上是繫辭傳。

然後能變化，既成萬物也。說卦六

以上是說卦傳。有單稱化的，有連稱『變化』『化成』『化生』的。化訓爲生，匕從倒人，便是人生出來的情形。周官柞氏：『若欲其化也。』樂記：『和故百物皆化。』鄭注：『化，猶生也。』這便是化生了。從化生引申而爲造化教化，則爲化民成俗之義。化，說文匕部：『教行也；从匕从人；匕亦聲。』段注：『上匕之而下從，匕謂之化。化篆不入人部，而入匕部者，不主謂匕於人者，主謂匕人者也；今以化爲變匕字矣。』化人爲化。孟子：『所過者化。』樂記：『化民成俗。』這便是化成了。

變和化連稱，繫辭傳：『在天成象，在地成形，變化見矣。』虞注：『在天爲變，在地爲化，故變化見矣；此天地之別也。』惠（棟）疏：『周禮考工曰：「天時變」。故在天爲變。下傳曰：「坤化成物」。故在地爲化。』天變地化，這是一種解說。繫辭傳：『知變化之道者，其知神之所爲乎！』虞注：『在陽稱變，在陰稱化。』陽變

陰化，又是一種解說。繫辭傳：『四時變化』。荀（爽）注：『春夏爲變，秋冬爲化。』春夏爲變，秋冬爲化，又是一種解說。繫辭傳：『剛柔相推而生變化。』虞注：『剛推柔生變，柔推剛生化。』剛推柔生變，柔推剛生化，又是一種解說。繫辭傳：『變化者，進退之象也。』荀注：『陽變爲進，陰化爲退。』陽變爲進，陰化爲退，又是一種解說。其實，說文：『匕，變也。』變便是化，化便是變。

易傳作者，在『變動』『變化』以外，又常稱『變通』『通變』。『變而通之』，叫做變通。『通其變』，叫做通變。易傳中所見到的通字：

則是天地交而萬物通也。泰彖傳

則是天地不交而萬物不通也。否彖傳

唯君子爲能通天下之志。同人彖傳

男女睽而其志通也。睽彖傳

中正以通。節彖傳

以上是彖傳。

通乎晝夜之道而知。繫上四

通變之謂事。繫上五

變通配四時。繫上六

聖人有以見天下之動，而觀其會通。繫上八、繫上十二

感而遂通天下之故。繫上十
唯深也故能通天下之志。繫上十
是故聖人以通天下之志。繫上十一
往來不窮謂之通。繫上十一
變通莫大乎四時。繫上十一
變而通之以盡利。繫上十二
推而行之謂之通。繫上十二
推而行之存乎通。繫上十二
變通者，趣時者也。繫下一
通其變使民不倦。繫下二
易窮則變，變則通，通則久。繫下二
舟楫之利以濟不通。繫下二
以通神明之德。繫下六
困窮而通。繫下七

以上是繫辭傳。

山澤通氣。說卦三、說卦六

坎，爲通。說卦十一

以上是說卦傳。

泰者，通也；物不可以終通，故受之以否。序卦上

以上是序卦傳。

君子黃中通理正位居體。坤文言

以上是文言傳。

井通而困相遇也。雜卦傳

以上是雜卦傳。這通字，在易傳中和變化等字一樣重要。通，說文辵部：『達也；从辵甬聲。』从辵，顯然，它的本義，是指行路之通。通和窮對。繫辭傳：『窮則變，變則通，通則久。』因爲窮了要變要通。窮从躳在穴中，便是無路可通；而通則是要有路可通。所以說：『往來不窮謂之通。』往來窮不是通，往來不窮才是通，這一句說明了窮和通的意義。易傳時常說『其道窮也。』『物不可窮也。』易最怕窮，窮便是不通，亦便是最怕不通。要通便要變，所以說變通。能變先要能通，所以說通變。繫辭傳說：「君子有以見天下之動，而觀其會通。』能通，便是要能會通。釋名釋言語⑫：『通，洞也，無所不貫洞也。』會通便是貫洞。貫洞是無所不貫洞，無所不貫洞又是貫洞什麽？風俗通窮通⑬：『君子通於道之謂通，窮於道之謂窮。』便是說，君子所通的是道，亦便是說，君子所貫洞的是道。白虎通⑭聖人：『聖者，通也，道也，道無所不通。』便是說，聖人無所不通的是道，亦便是說，聖人無所不貫洞的是道。這無所不通無所不貫洞的道，便是共同的普遍的原理，便是第一原理和根本原理，便是易所謂

『形而上者謂之道』的道，所謂『天下之理得矣』的理，所謂『天下之動，貞夫一者也』的一，所謂『易有太極』的太極。

三

作爲事理學看待的易，它是說：『通變之謂事。』易家對於物理現象和事理現象的認識，便是要通變。它說：『觀乎天文以察時變，觀乎人文以化成天下。』便是要通物理現象的變，亦要通事理現象的變。事理現象的變，在易家來說，是：『天下之至賾而不可惡也。』『天下之至動而不可亂也。』說不可惡，便是可惡，因爲它的至賾；說不可亂，便是可亂，因爲它的至動。要從至賾當中得到不可惡，從至動當中得到不可亂，那便有待於『擬之而後言，議之而後動』了。造字的人，造這變字，亦煞費苦心。從䜌從攴，䜌从言絲。徐鍇⑮說：『春秋左傳曰：「嘖有繁言，莫之治也。」繁，亂也。』又說：『象絲亂而爪治之。』便是說，䜌的造字，从言絲；象言，亦象絲；象繁言的亂，象亂絲的亂。而變的下面從攴，便是要用手來分而理之了。韓非子解老篇說『理』，說得亦最好：

凡理者，方圓、長短、麤靡（細也）、堅脆之分也。故理分而後物可得道也。

凡物之有形者，易裁也，易割也。何以論之？有形則有短長，有短長則有小大，有小大則有方圓，有方圓則有堅脆，有堅脆則有輕重，有輕重則有白黑；短長、大小、方圓、堅脆、輕重、白黑之謂理，理定而物易割也。

他以爲理，不外是分方圓、分長短、分小大、分麤細、分堅脆、分輕重、分白黑，理分而後物可得道，理定而物易割。理由分而定，而物亦依理而割。韓非子接着又說：

故欲成方圓而隨於規矩，則萬事之功形矣。而萬物莫不有規矩；………聖人盡隨于萬物之規矩………則事無不事，功無不功。

所謂規矩，便是法則。祇要照法則做，便事無不事，功無不功。

易的根本法則便是太極，便是道，太極和道便是一。韓非子揚權：『道無雙，故曰一。』一便是無雙。小戴記中庸：『其爲物不貳。』一便是不貳。但說文釋一：『惟初太極，道立於一，造分天地，化成萬物。』它以太極爲道爲一，一是無雙，一是不貳，但一開始便分而爲雙，分而爲二，分而爲天地，分而爲萬物。一切的變化，都從『分』來。說卦傳說『分』說得好：

昔者聖人之作易也，將以順性命之理。是以立天之道，曰陰與陽；立地之道，曰柔與剛；立人之道，曰仁與義。兼三才而兩之，故易六畫而成卦。分陰分陽，迭用柔剛，故易六位而成章。

他以作易的聖人，是順着性命之理，把天道分爲陰陽，把地道分爲柔剛，把人道分爲仁義；而易六畫而成卦，便是兼三才而兩之；六畫包括三才，而三才都要兼而兩之。繫辭傳亦有同樣的一節：

易之爲書也，廣大悉備，有天道焉，有人道焉，有地道焉，兼三才而兩之，故六——六者，非他也，三才之道也。

亦說兼而兩之。這『兼而兩之』是孔子的常用的認識方法，論語子罕篇：

吾有知乎哉？無知也。有鄙夫問於我，空空如也，我叩其兩端而竭焉。

他對於事物的認識方法，常把事物分爲兩端，亦就是韓非子所說『理分而後物可得道。』亦就是易傳作者所說『分陰分陽』。這是易的根本原理的兩分律。惠棟易微言⑯說：『理字之義，兼兩之謂也。』他以理便是兼兩，兼兩便是分。樂記：『樂者，通倫理者也。』鄭注：『理者，分也。』這分，繫辭傳作者所說『化而裁之謂之變』『化而裁之存乎變』的裁，亦便是分的意思。變是很賾的，很亂的，但可化而裁之。泰大象傳：『后以裁成天地之道。』天地之道，可以裁而成之，裁便是分，分便是兩。

兩，易亦稱『貳』。繫辭傳：『因貳以制民行』。制，說文刀部：『裁也』。裁，說文衣部：『制衣也』。制和裁互訓。易對於民行，對於事理現象，以貳制之，便是以貳裁之，亦便是以兩分之。

我們看易對於事理現象怎樣的兩分。它說：『易有太極，是生兩儀。』這儀，舊注作『匹』解；兩儀作兩相匹對解，當然亦通。但下文『兩儀生四象』，則這儀字當從說文作『度』解，從說文繫傳作『法度』解爲是。繫辭傳說：『成象之謂乾，效法之謂坤。』法象對稱，下稱四象，則上『儀』應該是和下『象』互文，儀便是法或度。洪範皇極便是王度。卦，本來便是懸掛法象，以示人的意思。所以，極、儀、象、卦一連串四個字，都可作法象解。而且本文底下接下去便說：『法象莫大乎天地。』更可證明儀應作法度解，兩儀便是兩法或兩度。這兩法或兩度，便是上面所說的兼兩律。易家的說法，自從太極生兩儀以後，亦可以說，自從太極分兩儀以後，什麽都可以兩來分，天文便是陰和陽的兩分，地文便是剛和柔的兩分，人文便是仁和義的兩分。它說：

觀變於陰陽而立卦。說卦一

易的卦便是由於一陰一陽的兩分而成立。它說：

發揮於剛柔而生爻。說卦一

卦的六爻便是由于剛柔的兩分而發生。

虞注「因貳以濟民行」的貳：『謂乾與坤也。』乾坤便是貳，分乾分坤，便是易的貳。它說：

乾坤，其易之門邪！繫下六

乾坤是易的門，懂得乾坤，便懂得易。

是故闔戶謂之坤，闢戶謂之乾。繫上十一

以乾剛象徵闢戶，以坤柔象徵闔戶，易便是一陰一陽，亦便是一闔一闢。懂得一闔一闢便是乾坤，亦便懂得乾坤便是易之門。

文言傳包括乾文言和坤文言，祗是說乾和坤，大家曉得。繫辭傳說的亦祗是乾與坤，便爲一般所忽畧。我少時讀易，有一位前輩馬錫叟先生問我，你怎樣讀繫辭傳，我未及回答，這位前輩先生便說，繫辭傳祗是乾坤傳，發我深省。我更進一步，繫辭傳的乾坤便是陰陽，因之，文言傳是乾坤傳，而繫辭傳則是陰陽傳。繫辭傳說：

乾坤，其易之蘊邪。繫上十二

易的內容，便是乾與坤，便是陰和陽，便是剛和柔。易的作者在乾和坤兩卦特別加了用九和用六，乾用九，便是用陽或用剛；坤用六，便是用陰或用柔。易六十四卦三百八十四爻，不外是用陰和用陽，不外是用剛和用柔，亦不外是用乾和用坤。乾坤兩卦特別加用九和用六，便是說，「以下倣此」，以下便是用乾和用坤。它說：

乾坤成列，而易列於其中矣。繫上十二

繫辭傳作者看來，易六十四卦的行列便是乾一類的卦和坤一類的卦底行列，易便是變，易的變便在這行列中顯見。它說：

> 乾，陽物也；坤，陰物也。繫下六

乾坤便是陰物和陽物。它說：

> 陽卦多陰，陰卦多陽。繫下四

八卦和六十四卦不外是陽卦和陰卦，亦便是，不外是乾一類的卦和坤一類的卦。後來漢代的荀爽和虞翻的卦變⑰，直以乾坤以外的六十二卦，都是生於乾坤兩卦。六十四卦的成列，自然不是如荀虞兩氏所說的那樣的造作。但六十四卦三百八十四爻，不外是陽卦和陰卦，陽爻和陰爻。乾爲純陽卦，便代表了陽爻，亦代表了陽卦；坤爲純陰卦，便代表了陰爻，亦代表了陰卦。它說：

> 陰陽合德，而剛柔有體，以體天地之撰，以通神明之德。繫下六

便是說，乾坤以外的六十二卦，不外是陰和陽的合德，而有剛體和柔體。多陰的陽卦便以剛爲體，多陽的陰卦便以柔爲體。繫辭傳作者便以乾坤代表陽爻和陰爻，亦代表陽卦和陰卦。

「是生兩儀」虞注：『分爲天地，故生兩儀也。』他以天地爲兩儀。繫辭傳作者說：

> 天尊地卑，乾坤定矣。繫上一
>
> 崇效天，卑法地。繫上七

便以乾坤爲天地。

便以乾坤分尊卑。

卑高以陳，貴賤位矣。繫上一

又以乾坤分貴賤。

黃帝堯舜，垂衣裳而天下治，蓋取諸乾坤。繫下二

九家易：『乾取象衣，坤取象裳。』虞注：『垂衣裳以辨貴賤，乾尊坤卑之義。』以乾坤分衣裳，亦便以乾坤分尊卑。

動靜有常，剛柔斷矣。繫上一

虞注：『乾剛常動，坤柔常靜。』便以乾坤分動靜。

剛柔者，晝夜之象也。繫上二

荀注：『剛謂乾，柔謂坤。乾爲晝，坤爲夜。』又以乾坤分晝夜。

寒往則暑來，暑往則寒來。繫下五

虞注：『乾爲寒，坤爲暑。』又以乾坤分寒暑。

往者，屈也。來者，信也。繫上五

荀注：『陰氣往則萬物屈者也。陽氣來則萬物信者也。』陰氣陽氣便是乾和坤，又以乾坤分屈信。

精氣爲物，游魂爲變，是故知鬼神之情狀。繫上四

虞注：『乾神似天，坤鬼似地。』又以乾坤分鬼神。

神以知來，知以藏往。繫上九

虞注：『乾神知來，坤知藏往。』又以乾坤分知來藏往。

原始要終，以爲質也。繫下八

虞注：『以乾爲始，以坤爲終。』又以乾坤分始終。

其出入以度，外內使知懼。繫下八

虞注：『出乾爲外，入坤爲內。』又以乾坤分出入分內外。

乾道成男，坤道成女。繫上一

又以乾坤分男女。

仁者見之謂之仁，知者見之謂之知。繫上五

虞注：『乾爲仁，坤爲知。』又以乾坤分仁知。

富有之謂大業，日新之謂盛德。繫上五

荀注：『盛德者天，大業者地。』虞注：『乾爲德，兼坤則盛矣。坤爲業，承乾則大矣。』又以乾坤分盛德大業。

上面所述，天地、尊卑、動靜、晝夜、寒暑、屈信、鬼神、來往、始終、出入、外內、男女、仁知、德業，是相對的兩分。乾代表陽，又代表剛；坤代表陰，又代表柔；是兩種形式，是兩種作用，是相對的兩分。

但陰从云（雲），陽从日，陰是指陰闇的一面，陽是指陽明的一面，則又爲相反的兩分。彖傳說：

內陽而外陰，內剛而外柔，內君子而外小人，君子道長，小人道消也。泰彖傳

內陰而外陽，內柔而外剛，內小人而外君子，小人道長，君子道消也。否彖傳

泰內乾而外坤，否內坤而外乾，又以乾坤分君子小人。

虞注：『乾爲積善，坤爲積惡。』又以乾坤分善惡。

善不積不足以成名，惡不積不足以滅身。繫下五

虞注：『乾爲利，坤爲害。』又以乾坤分利害。

情僞相感而利害生。繫下十二

虞注：『乾生故吉，坤殺故凶。』又以乾坤分吉凶。

方以類聚，物以羣分，吉凶生矣。繫上一

虞注：『居乾吉則存，居坤凶則亡。』又以乾坤分存亡。

噫，亦要存亡吉凶，則居可知矣。繫下九

虞注：『乾爲愛，坤爲惡。』又以乾坤分愛惡。

愛惡相攻而吉凶生。繫下十二

上面所述，君子小人、善惡、利害、吉凶、存亡、愛惡等兩分，是相反的兩分。

無論是相對的兩分，或是相反的兩分，不過是分乾分坤。所以彖傳便說『大哉乾元』和『至哉坤元』。便是說，易分二元，是乾元和坤元。繫辭傳說：

夫乾，天下之至健也，德行恒易以知險。夫坤，天下之至順也，德行恒簡以知阻。繫下十二

它以乾坤代表兩種力，乾是主動的健的力，坤是被動的順的力。換句話說，乾是代表剛性的，坤是代表柔性的，亦便是乾德和坤德。所以，它又說：

> 夫乾，其靜也專，其動也直，是以大生焉。夫坤，其靜也翕，其動也闢，是以廣生焉。繫上六

生就是指發生力而言，由於乾和坤的兩種性能，有各自的動態和靜態，而亦各有它們的盛德和大業，前者爲大，後者爲廣。而象傳則說前者爲大，後者爲至。因此，它又說：

> 乾以易知，坤以簡能。易則易知，簡則易從。易知則有親，易從則有功。有親則可久，有功則可大。可久則賢人之德，可大則賢人之業。易簡而天下之理得矣；天下之理得，而成位乎其中矣。繫上一

這易簡之理，什麼是簡？什麼是易？傳注家從來沒有講得清楚。乾稱易知，坤稱易從，可見得『簡』便是『易』，爲什麼又要分易和簡呢？這易和簡的分別，法國數學家物理學家波恩卡萊 Herni Poincare（1854—1912）[18]倒說得很清楚。他解說一種新的假設和原理成立起來，爲什麼以前的假設和原理便要廢棄？這理由便是新的具有『簡單』和『便利』兩個條件。易以乾爲健，以坤爲順，表示兩種動向，是易知，亦是簡能；易知便是波氏所說的『簡單』，簡能便是波氏所說的『便利』。

> 夫乾，確然示人易矣。夫坤，隤然示人簡矣。繫下一

乾坤的兼兩律，是具備了『易』和『簡』兩個條件，亦即是具備了波氏所說的『簡單』和『便利』兩個條件。法則的效力，是超過了經驗的範圍而具有絕對的普遍性，亦就是具有常常不可不是這樣的必然性，這便是簡單，便是便利，亦便是乾坤的易和簡。這在當代歷史學家湯恩比教授Pro. Arnold. J. Toynbee稱爲簡化律Law of Progressive Simplification⑲。繫辭傳說：

　乾坤毀，則無以見易。繫上十二

易家對於乾坤是這樣的禮讚，乾坤便是易，沒有乾坤，便沒有易。

　易不可見，則乾坤或幾乎息矣。繫上十二

如果沒有易，便是沒有乾坤兼兩律，有乾坤兼兩律，便應該有易。

四

易家常說：『非天下之至變，其孰能與於此！』好像這天下的至變，是變不完的。易有六十四卦三百八十四爻，後來揚雄作大玄，再演而八十一首，七百二十九贊。但易家則說：

　天下何思何慮！天下同歸而殊塗，一致而百慮，天下何思何慮！日往則月來，月往則日來，日月相推而明生焉。寒往則暑來，暑往則寒來，寒暑相推而歲成焉。往者，屈也；來者，信也；屈信相感而利生焉。繫下五

在他們看來，殊塗而同歸，百慮而一致，天下的事象，雖然是千變萬化，其實不過是日月的一往一來，寒暑的一往一來，一往一來亦便是一屈一信，亦便是一陰一陽的兼兩律。

這一陰一陽的兼兩律，後來虞翻提出了消息律，不是陽息坤，便是陰消乾，是陰陽兩種勢力的互相消息。陽息坤則由䷗復而䷒臨，而䷊泰，而䷡大壯，而䷪夬，以至於䷀乾。陰消乾則由䷫姤而䷠遯，而䷋否，而䷓觀，而䷖剝，以至於䷁坤。剝彖傳說：

君子尚消息盈虛，天行也。

豐彖傳亦說：

日中則昃，月盈則食。天地盈虛，與時消息。

這些是虞翻消息說之所自出。陰消乾，在剝彖傳則說『柔變剛也。』陽息坤在夬彖傳則說『剛決柔也。』其實消息說始於京房，京房且以十二消息卦爲辟——辟是君，因名爲十二辟卦。從此又發展而爲孟喜的卦氣說，都是消息說之所衍變。

消息說以外，京房又有飛伏說。什麽叫做飛伏？朱子發⑳說道：『凡卦見者爲飛，不見者爲伏。飛，方來也。伏，既往也。』荀爽解坤上六「龍戰於野」說：『下有伏乾，爲其兼於陽，故稱龍也。』便是說，見者爲飛爲坤，不見者爲伏爲乾。坤下有伏乾，則乾下有伏坤；震飛巽伏，巽飛震伏；坎飛離伏，離飛坎伏；艮飛兌伏，兌飛艮伏。坤方來而乾既往，乾方來而坤既往，仍舊是陽息陰消說的衍變。

其次爲旁通說。便是兩卦相對，此陽則彼爲陰，此陰則彼爲陽，兩兩相通。旁通說之所自出，本於乾文言：

六爻發揮，旁通情也。

這旁通的旁，王引之㉑却不作偏旁的旁解，旁與廣疊韻，作廣解，旁通便是廣通。乾文言又說：

利貞者，性情也。

它的意思，以爲每卦有每卦的卦性，每爻有每爻的爻情，要知道卦性，知道爻情，這才是旁（廣）通情。繫辭傳所說的『爻彖以情言』，便是說爻彖是旁通彖性爻情而言的。但如後來虞翻所說，䷇比與䷍大有旁通，䷈小畜與䷏豫旁通，䷙大畜與䷬萃旁通，䷖剝與䷪夬旁通，即繫辭傳所謂『陰陽相易，以成天地之變。』的陰陽相易。說旁通，說陰陽相易，均無不可；但亦不外是陽息陰消說的衍變，亦便是陰陽的兼兩律的衍變。

這旁通說，宋丁易東周易象義㉒稱爲『互對』，明來知德㉓稱爲說卦傳「八卦相錯」的『錯』。說卦傳說明這八卦相錯：

☰乾、☷坤——天地定位
☶艮、☱兌——山澤通氣
☳震、☴巽——雷風相薄
☵坎、☲離——水火不相射

八卦相錯，亦便是旁通說之所本。宋邵雍的先天圓圖乾錯坤，坎錯離，便是八卦相錯。來知德以繫辭傳『錯綜其數』的『錯』和『綜』論易象，而錯便是互對，便是旁通。清毛奇齡仲氏易㉔論『對易』，謂：『比其陰陽，繫其剛柔，而對觀之，如上經䷄需䷅訟與下經䷢晉䷣明夷對，上經䷌同人䷍大有與下經䷪夬䷫姤對。毛氏所謂『對易』，便是旁通。毛氏並且進而論易的上下分篇，便是用的對易，亦即是用的旁通。清錢大昕十駕齋養新錄㉕有六十四卦旁通圖，除了䷀乾與䷁坤、䷜坎與䷝離、䷚頤與䷛大過六卦同在上篇，䷼中孚與䷽小過同在下篇爲反復不衰卦共八卦外，其餘有二十四卦是分在上下篇序列：

上篇 ䷂屯 ䷃蒙 ䷄需 ䷅訟

下篇 ䷱鼎 ䷰革 ䷢晉 ䷣明夷

上篇 ䷒臨 ䷓觀 ䷔噬嗑 ䷕賁

下篇 ䷠遯 ䷡大壯 ䷯井 ䷮困

上篇 ䷖剝 ䷗復 ䷘无妄 ䷙大畜

下篇 ䷪夬 ䷫姤 ䷭升 ䷬萃

同在上經者有十二卦：

䷆師 ䷇比 ䷈小畜 ䷉履 ䷊泰

䷌同人 ䷍大有 ䷏豫 ䷎謙 ䷋否

䷐隨

䷑蠱

同在下經者有二十卦：

䷞咸 ䷟恒 ䷤家人 ䷥睽 ䷲震

䷨損 ䷩益 ䷧解 ䷦蹇 ䷸巽

䷳艮　䷴漸　䷶豐　䷷旅

䷹兌　䷵歸妹　䷺渙　䷻節

䷾既濟

䷿未濟

毛氏論易上下分篇是用對易之說，雖不盡然，從其大者而言之，亦可見易家對於對易——或稱旁通，或稱互對，——之重視。本來物象和事象的變化，不外是日往則月來，月往則日來，寒往則暑來，暑往則寒來，便是這樣的一陰一陽，便是這樣的一闔一闢，便是這樣的因貳以制民行。這樣的陰陽相易，這樣的對易，是易的兼兩律正面的表徵。

五

對易——或稱旁通，或稱亙對——以外，便是反易。王弼易畧例㉖明卦適變通爻篇：

故卦以反對，而爻以皆變。

王氏稱爲反對，如䷂屯卦，反過來，由上反下，由下倒上，便是䷃蒙卦。焦循周易補疏自序㉗以王氏『既知卦變之非，而又用反對』爲可譏。而不知反對之說，與經合，與傳合。宋俞琬讀易舉要㉘便以兩卦的反對見出易之義例。丁易東周易象義以反對可以觀易。明來知德周易集註則根據繫辭傳『錯綜其數』以論易象，錯是陰陽對錯，綜是一上一下，他便以錯和綜以亙對和反對說全經。清喬萊的易俟㉙則深有取于來氏的反對。而毛奇齡的推易始末㉚

則稱『對易』和『反易』。他稱反易：『相其順逆，審其向背，而反見之，如䷂屯轉為䷃蒙䷞咸轉為䷟恒之類。』他們論易的變：對於卦的反對，比之卦的互對——或稱旁通，還更注意。我們先看易上下經的序卦，先看上經：

䷀乾（互對）

䷁坤

蒙䷂屯

訟䷄需

比䷆師

履䷈小畜

否䷊泰

大有䷌同人

豫䷎謙

蠱䷐隨

觀䷒臨

賁䷔噬嗑

復䷖剝

大畜 ䷘ 无妄

䷚ 頤

䷛ 大過

䷜ 坎

䷝ 離

上經三十卦，除了乾、坤、頤、大過、坎、離爲旁通，爲對易外，其他二十四卦，都是反對的卦。再看下經：

恆 ䷞ 咸

遯 ䷡ 大壯

明夷 ䷢ 晉

睽 ䷤ 家人

解 ䷦ 蹇

益 ䷨ 損

姤 ䷪ 夬

升 ䷬ 萃

井 ䷮ 困

鼎 ䷰ 革

䷲震　艮

䷴漸　歸妹

䷶豐　旅

䷸巽　兌

䷺渙　節

䷼中孚

䷽小過

䷾既濟　未濟

下經三十四卦，除中孚小過爲互對的卦外，其餘三十二卦都是反對的卦。可見序卦便是以反對爲成象的中心思想。

我們再來看雜卦傳，亦以反對爲它的中心思想：

䷇比樂，

䷆師憂。

䷒臨、䷓觀之義，或與，或求。

䷲震，起也；

䷳艮，止也。

䷨損
䷩益
盛衰之始也。

䷬萃，聚；而
䷭升，不來也。

䷹兌，見；而
䷸巽，伏也。

䷞咸，速也；
䷟恒，久也。

䷥睽，外也；
䷤家人，內也。

䷋否
䷊泰
反其類也。

䷰革，去故也；
䷱鼎，取新也。

䷶豐，多故也；
䷷旅，親寡也。

（附注）雜卦傳：『豐，多故也；親寡，旅也。』疑「旅，寡親也」之倒置。

武億經讀考異㉛：『釋文云，荀本「豐，多故親」絕句，「寡，旅也」別為句。』是又以親字屬上豐多故為句。則旅之寡為寡故親之省文。

䷪夬，決也，剛決柔也；

䷫姤，遇也，柔遇剛也。

以上二十四卦，為十二個反對的卦，雜卦傳的說明，顯然是以反對為義。次如：

䷐隨，无故也（无故也）；

䷑蠱，則飭也（有事也）。

（附注）序卦傳：『蠱，事也；有事而後可大。』是蠱，有事也。『有事』為『无故』之反對。

䷖剝，爛也（窮上）；

䷗復，反也（反下）。

（附注）序卦傳：『剝窮上反下，故受之以復。』窮上謂剝，反下謂復，『窮上』為『反下』之反對。

䷢晉，晝也（晝也）；

䷣明夷，誅也（晦也）。

（附注）象傳：『明入地中，明夷，君子以莅衆用晦而明。』是以明夷為晦，晦為晝之反對。

俞樾古書疑義舉例㉜：『周易雜卦傳「乾剛，坤柔。比樂，師憂。」皆兩兩相對。他卦雖未然，而語意必相稱，獨「晉，晝也；明夷，誅也。」其義不倫。愚謂此亦參亙以見義也。知晉之爲晝，則明夷之爲晦可知矣。明入地中，非晦而何！知明夷之爲誅，則晉之爲賞可知矣。康侯用錫馬蕃庶，非賞而何？自來言易者，未見及此也。』

䷯井，通；而（通也），

䷮困，相遇也（窮也）。

按：井彖傳：『井，井養而不窮也。』井爲不窮。需彖傳：『其義不困窮矣。』困爲窮，故窮爲通之反對。

䷺渙，離也；

䷻節，止也。

按：離爲離去，爲不止；故離爲止之反對。

䷧解，緩也（緩也）；

䷦蹇，難也（急也）。

按：難爲急難，急爲緩之反對。

䷡大壯，則止；

䷠遯，則退也。

朱子本義：『止則不退。』故止爲退之反對。

䷍大有，衆也；

䷌同人，親也。

按：衆爲親之反對，親則不衆也。

䷔噬嗑，食也；

䷕賁，无色也。

兪樾古書疑義舉例：『噬嗑，食也。賁，其色也。蓋以食色相對成文，加其字以足句也。『其』從古文作亓，學者不識，遂改作无字，雖曲爲之說而不可通矣。』以食與色爲對。

䷎謙，輕也；

䷏豫，怠也。

惠棟九經古義㉝：『怠，虞翻作怡。』謙，自輕；而豫，自怡。自輕與自怡爲對。

䷙大畜，時也；

䷘无妄，災也。

按：時爲得時，災爲逢災；逢災則不得時也。故災與時爲對。

䷈小畜，寡也；

䷉履，不處也。

按：寡爲寡處，爲處，與不處爲對。

䷄需，不進也；

䷅訟，不親也。

按：需不進則不遠，訟不親爲遠；故不進與不親爲對。

䷴漸，女歸待男行也；

䷵歸妹，女之終也。

按：漸女歸待男行爲待歸，歸妹女之終爲既歸；故待歸與既歸爲對。

䷂屯，見而不失其居；

䷃蒙，雜而著。

惠棟九經古義：『蒙，稚而著。今本稚誤作雜。』序卦傳：『屯者，物之始生也。』『蒙者，物之稚也。』以始生與稚爲對。

䷾既濟，定也；

䷿未濟，男之窮也。

按：卦名既與未爲對，窮則不定，定則通；窮與定爲對。

以上三十二卦，爲十六個相反對的卦，雜卦傳的說明雖不一定正相反對，但如兪氏所說，語意還是相稱，還是相對的。次如旁通卦：

䷀乾，剛；

䷁坤，柔。

䷚頤，養正也；

䷛大過，顚也。

按：大過則顚，顚爲倒義。正則不顚，故正與顚對。

䷝離，上；

䷜坎，下。

䷽小過，過也；

䷼中孚，信也。

按：卦名小過與中孚爲對，信則不過，故過與信爲對。

雜卦傳對於八個旁通卦的說明，亦是以反對爲義。換句話說，雜卦傳完全以反對爲義，易除了八個反復不衰的旁通卦外，其他五十六卦都是以反對相序次，反對的變，在易佔了很重要的位置。

不僅序卦傳以反對爲序列，雜卦傳以反對爲陳義，經文如卦辭亦以反對爲義，如：

泰，小往大來，吉亨。泰卦辭

否之匪人，不利君子貞，大往小來。否卦辭

䷊泰卦與䷋否卦爲反對卦，小指坤陰，大指乾陽。泰內乾外坤，稱小往大來；否內坤外乾，則稱大往小來。顯然是以反對爲義。經文如爻辭，亦以反對爲義，如：

或益之十朋之龜，弗克違；元吉。損六五爻辭

或益之十朋之龜，弗克違；永貞吉。益六二爻辭

䷨損卦與䷩益卦爲反對，損六五卽益六二，故文皆相同，是爻辭以反對爲義。又如：

臀无膚，其行次且。夬九四爻辭

臀无膚，其行次且；厲，无大咎。姤九三爻辭

䷪夬卦與䷫姤卦爲反對，夬九四卽姤九三，故文皆相同，亦卽以反對爲義。又如：

高宗伐鬼方，三年克之。旣濟九三爻辭

震用伐鬼方，三年有賞於大國。未濟九四爻辭

䷾旣濟卦與䷿未濟卦爲反對，旣濟九三卽未濟九四，故文亦相同，亦卽以反對爲義。又如彖傳：

損下益上，其道上行。損彖傳

損上益下，民說无疆。益彖傳

江永羣經補義㉞變卦考便這樣說：『益反爲損，以益之初九爲上九，是爲損下益上，其道自下而上行也。』『損反爲益，以損之上九爲初九，是爲損下益上，自上而下下也。』彖傳亦以反對之義釋經，如：

剛來而得中也。訟彖傳

剛來而下柔。隨彖傳

柔得中而上行。噬嗑彖傳

柔來而文剛。賁彖傳

剛反。復彖傳

剛自外來而爲主於內。无妄彖傳

柔進而上行。晉彖傳

柔進而上行。睽彖傳

往得中也。蹇彖傳

其來復吉，乃得中也。解彖傳

柔進而上行。鼎彖傳

進得位。漸彖傳

剛來而不窮。渙彖傳

一連串的往來、內外、進退，都是指的反對之義。

互對的變，或是旁通的變，是意味着一陰一陽，是意味着一闔一闢，是容易理解的。反對的變，不是一陰一陽，不是一闔一闢，是意味着一上一下，是意味着一往一來，或一外一內，是不容易理解的。繫辭傳說：『上下无常，剛柔相易，不可爲典要，唯變所適。』這是說明了互對的變和反對的變，『剛柔相易』，是互對的變；『上下无常』，是反對的變。易便是變，便是要剛柔相變，是互對的取義所在。但上下无常，是反對的取義所在，又作何理解呢？

關於反對的義，從剝復兩卦可以得到正確的理解。首先，復的卦名便是反的意義。復卦辭說：

反復其道、七日來復，利有攸往。

陰消乾從姤、遯、否、觀、剝而坤，再反復到復初九，要經過七日的時間，然後反復到陽息坤的復，這叫『來復』。易以陽代表善的一面，以陰代表惡的一面。所以，對於陽的力量的回復，稱『來復』。而於䷫姤卦，代表陰的力量的回復，不稱來復。却說：

女壯，勿用取女。姤卦辭

同樣，在坤卦的初六，又說：

履霜，堅冰至。坤初六爻辭

都指示出要預防陰的力量的壯大，亦就是要戒備惡的勢力的滋長。所以，無形中，易家形成了扶陽抑陰的思想㉟。這在上面說過，陰陽和乾坤，有時代表相對的兩分，如剛柔；有時代表反對的兩分，如善惡。所以，於陽的回復，稱『來復』，表示欣喜的意思，表示了主人回來的意思。復彖傳亦說；

復亨，剛反。

它大書特書『剛反』，便是說明卦辭所說的『來復』。序卦傳亦說：

剝窮上反下，故受之以復。

它指出陰消乾到了剝上，陽已經是『窮』了，陽已經是到了斷港絕潢，已經是到了山窮水盡，於是來一個『反』，便一變而為復。這個『反』字，如象傳所說：

君子以反身修德。蹇象傳

威如之吉，反身之謂也。家人上九象傳

便是『反身』。如䷖剝，反一個身，便是䷗復。何以見得『反』便是『反身』？如剝上九稱『碩果不食』，這碩果當然是指陰消乾所賸下來的孤陽，這孤陽的反身，便變而爲復的初陽，亦即爲陽息坤的初陽，復初陽，原來便是剝上九的孤陽。因此，易家無形中又形成了『陽道不絕』的思想㊱。這應該是易的微言，我們從說卦傳來看，它以震爲『反生』。惠棟周易述引宋氏（衷）說：

陰在上陽在下，故爲反生。……一曰震春爲生，乾陽反初，故曰反生也。

易家通常以乾的初陽即爲震的初陽，震的初陽是反生，復的初陽亦是反生，彖傳所謂『剛反』，便是陽剛的『反生』。從此，我們對於復彖傳可以得到深一層的了解。復彖傳說：

七日來復，天行也。利有攸往，剛長也。復其見天地之心乎！

有往必有來，七日可以來復，易家認爲這是自然的法則。復初陽的來復，從此，陽剛的力量，一天比一天要長大起來，易家通常認爲這是天地的用心所在。但這是淺說了彖傳。我們玩繫辭傳：

天地之大德曰生。繫下一

這句話，意思是說，天地便是要地上萬物都要得生，『反生』亦得生，震反生，復亦反生，所以彖傳說『復其見天地之心乎！』爲了萬物得生，可以見到天地的一番苦心。我們對於易的取義於『反對』，似乎可以作這樣的理會。而反對的深義，易充分地在剝和復的反對卦表示出來。

但這『反』，從歷史家的眼中，是可以理解的。通常都說『書以道事』。我却說，易亦是道事。書是道過去的事，易是道未來的事。所以，易和史家的理則常是相通的。理則可以適用於過去的事，亦可以適用於未來的事。湯恩比在他的歷史的研究（A study of History）中，敘述他所觀察的歷史發展現象，發現了他的社會律（Social law）。他以爲：一個民族國家的文化受到了相反力量的挑戰（Challenge），而日趨於衰弱分解（Breakdown），能不能由衰轉盛，由弱反强，要看它能不能反應（Response），能反應便能反復（Return），然後能創造（Creation），然後能再創造(Recreation)。他的社會律用語，便是挑戰、反應、反復、創造。哥德（J. W. Goethe）在浮士德（Faust）的天堂序幕中，形象魔鬼(Mephistopheles)想毀滅上帝的創造，向上帝挑戰，上帝接受了他的挑戰，從事創造，從事再創造㊲。易的事理律亦是同樣的說法。當陰消乾，如䷫姤，雜卦傳說：『姤，遇也；柔遇剛也。』柔遇剛，便是陰柔對陽剛的挑戰。到了剝的時候，便是乾陽的分解或是衰弱 Breakdown，而復則是乾陽對於陰消的反應，一變爲陽息坤，然後反復，然後創造。陽息坤到了䷪夬的『剛決柔』，便是陽乾的最高反應，亦便是到了乾九五的『飛龍在天，利見大人。』象傳解釋道：『飛龍在天，大人造也。』便成爲乾陽的創造。所以，復『剛反』，我們可以用湯恩比教授的術語，是乾陽對於坤消的『反應』(Response)，而在乾陽自己，則是『反復』(Return)。

但湯氏的說法，挑戰、反應、反復、創造的說法，祇說明了陽息和陰消的對立，陽接受了陰的挑戰（消），而反應（息），而反復，而創造（造），充分說明了剝和復的反對的一大轉變。而無解於易六十四卦的序列，何以全部是由上反下由下反上的反對的變。湯氏却有一種說法可以解釋易的六十四卦的反對的變。他說，一個社會的轉變時常在兩種架構(Dimention)出現，一種是垂直的轉變（The vertical type of schism），一種是橫截的轉變(The horizontal type of schism)㊳。這恰恰說明了易的對易(旁通)和反易（反對）。對易是橫截的轉變，反易是垂直的轉變。對易是陽和陰、陰和陽的對易和轉變，是架構的橫截的轉變。反易不是陽和陰陰和陽的橫截的轉變，而是上轉爲下，下轉爲上；內變爲外，外變爲內；是架構的垂直的轉變。六十四卦有一陽五陰一陰五陽相互的反對的卦，各有六卦；有二陽四陰二陰四陽相互的反對的卦，各有十五卦；三陽三陰三陰三陽相互的反對的卦，各有十卦；而六陰六陽的卦，各有一卦。除了六陰六陽乾坤兩卦，二陰四陽、二陽四陰頤、小過、離、坎、大過、中孚六卦，共八卦外，餘五十六卦，都是反對的變，是二十八個相互的反對的變。這二十八個相互的反對的變，不是陰變爲陽、陽變爲陰的變，陰和陽沒有變，質和量沒有變，不是質量的變，而是架構的變。陰變爲陽、陽變爲陰的變，是陽面變爲陰面，陰面變爲陽面，是相對的變，是架構的橫截的轉變。上變爲下，下變爲上，是反對的變，是架構的垂直的轉變。雜卦傳於泰否兩反對卦說得淸楚：

䷋否䷊泰，反其類也。

先說明這是兩卦的反對，是兩卦架構的垂直的轉變。這兩卦恰恰是三陰和三陽相類聚的卦，因而亦成爲陰陽兩個類性和羣體的轉變，原來這一類或是這一羣是在上的變爲在下的，那一類或那一羣是在下的變爲在上的，情勢自然是絕大的不同了，彖傳對這兩卦架構因其垂直的轉變，說明了泰是『內陽而外陰，內君子而外小人，君子之道也。』說明了否是『內陰而外陽，內小人而外君子，小人之道也。』內外情勢是這樣的絕大的不同。而易六十四卦就是這樣的在着轉變。我們再看損益兩卦：

䷨損

䷩益

象傳解釋損卦卦象道：『損，損下益上，其道上行。』假定三陽本來在下，損一陽以益上的三陰，這叫『損下益上』，這叫『上行』。它又解釋益卦卦象道：『益，損上益下，民說無疆；自上下下，其道大光。』假定三陽本來在上，損一陽以益下的三陰，這叫『損上益下』，這叫『自上下下』。但損上益下，自上下下，是民說无疆，是其道大光；和損的損下益上，和損的上行，情勢是迥然的不同。所以，雜卦傳說：

損益，盛衰之始也。

架構的垂直的轉變，是這樣的迥然的不同，一個走向盛的一端，一個走向衰的一端。所以架構的橫截的轉變，便是相對的變，用圖來表示，有如左：

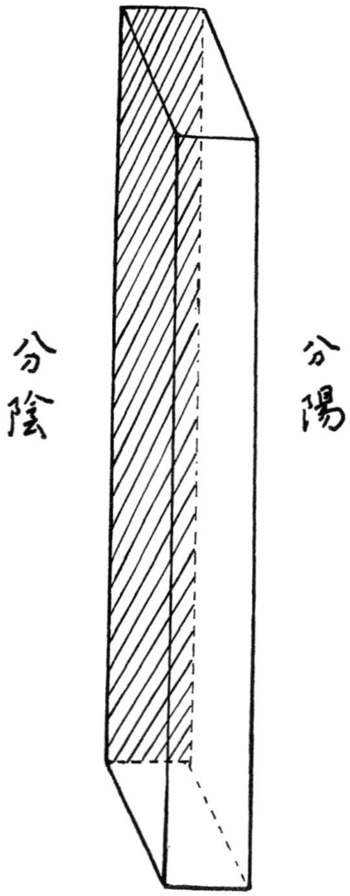

假定一個架構，反一個面，便是面陰和面陽的轉變。而架構的垂直的轉變，便是反對的變，用圖來表示，又如左：

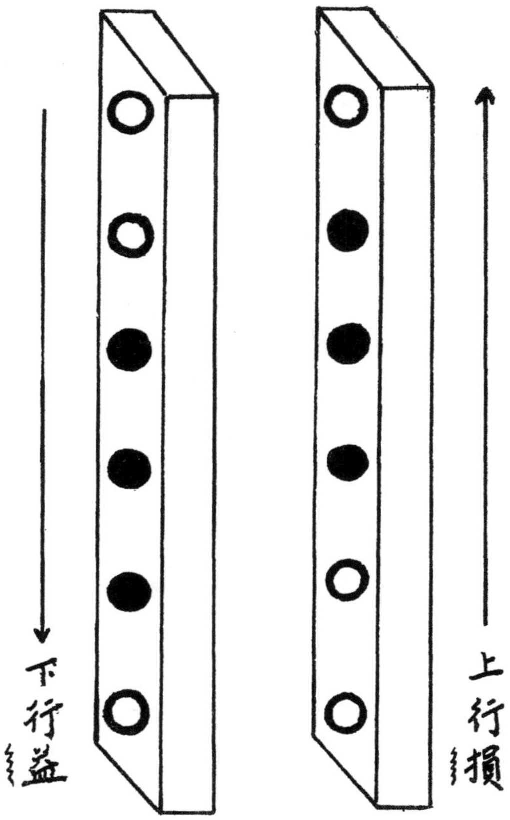

假定一個架構，反一個身，便是上行和下行的轉變。損象傳稱損爲『上行』，自然，益是下行了。易六十四卦的轉變，可以兩言盡之，一種是面陰面陽的轉變，一種是上行下行的轉變；但亦不外是兼兩律的衍變。

六

一般認識論以矛盾律爲根本原理，矛盾律的認識方法，有爲實有，不可能爲絕無，事物自身不可能自相矛盾。但在易的兼兩律的觀點來說，發見事物自身內部的兩端，發見相互背反的兩端，一面是陽面，相反的一面便是陰面，有剛性的，相反的便有柔性的。『福兮禍所伏，禍兮福所倚。』禍和福相互背反，在同一事物自身上相互出見；一切相互背反的要素同時存在或先後發生於同一事物的本身。孔子所說：『我叩其兩端而竭焉。』孔注：『我則發事之始終以語之。』叩作發解，發便是舉發。易家對於事物現象的兩端，舉發了天地、陰陽、剛柔、動靜、乾坤、日月、寒暑、晝夜、幽明、鬼神、盈虛、消長、屈信、闔闢、錯綜、往來、出入、上下、遠近、進退、方圓、小大、外內、多寡、始終、本末、先後、奇偶、道器、形上形下、男女、夫妻、父母、爾我、死生、存亡、君民、尊卑、貴賤、窮通、險易、言行、語默、安危、治亂、善惡、是非、吉凶、君子小人、利害、愛惡這許多的矛盾觀念。易家對於這矛盾觀念，特別警惕。它說：

危者，安其位者也。亡者，保其存者也。亂者，有其治者也。是故君子安而不忘危，存而不忘亡，治而不忘亂，是以身安而國家可保也。易曰：『其亡！其亡！繫于苞桑。』繫下五

易家就在這樣矛盾的心理狀態中過着生活，他要安而不忘危，存而不忘亡，治而不忘亂，因爲安的反面便是危，存的反面便是亡，治的反面便是亂，他夢想長治久安的局面，又怕治不能長，安不能久。它又說：

君子尙消息盈虛，天行也。剝彖傳

易家便是注意這消和息、盈和虛這兩個矛盾觀念。他們認為消和息、盈和虛這兩個矛盾觀念便是天行，便是自然法則。豐彖傳亦說：

日中則昃，月盈則食；天地盈虛，與時消息。

他們認為中了便昃，盈了便食，便是一盈一虛，便是一消一息，一切事物現象便是這樣在着矛盾的發展。我們從下面的話：

易曰：伏羲作十言之教。曰：乾、坤、震、巽、坎、離、艮、兌、消、息。左傳正義

可以知道易家本來將八卦，便是作陰陽的一消一息看，十言便是兩言，便是消息，亦便是兼兩律。

物象是時時變化着的，事象亦是時時變化着的。易家把事象的變化統一於易的第一原理——兼兩律之下，由於這兼兩律可以說明事象的千變萬化，不外是兩端，一陰和一陽。它說：

變化者，進退之象也。繫上二

它以變化的現象，不外是一進一退，陽進陰退，亦不外是一陰一陽。但這祇是將事象變化的根本特性及基本形式加以表現。所謂法則，不僅是這樣而止，它並且將一件事物受其他事物的影響所顯示出的關係，亦要加以尋求。換句話說，前一種法則是闡明事象變化之存在的形式，後一種法則是闡明事象變化之發生的關係。因此，事理學的研究方法，和一般認識論一樣，和一般自然科學一樣，不但要認識存在的形式，而且要尋求發生的關係，前者便是矛盾律，後者便是因果律。在易的事理學，前者稱為兼兩律，後者便是生生律。

易家曾經為易下一個定義：

生生之謂易。

這生生可以拿蛋生雞，雞生蛋，蛋又生雞來說明，便是這樣的生生下去，這是發展的形式，但轉一句，蛋生了雞，則蛋是因，雞是果了；雞生了蛋，雞是因，蛋又是果了；這又是發展的關係。所以，生生的關係便是因果關係。他說：

易有太極，是生兩儀，兩儀生四象，四象生八卦，八卦定吉凶，吉凶生大業。繫上十一

說明了發展的形式，又說明發展的關係。所謂兩儀，所謂四象，所謂八卦，都是指的動態，都是兩種、四種、八種種種動態的符號。

吉凶悔吝者，生乎動者也。繫下一

有各種動態，便有各種不同的吉凶悔吝的成果。當然，在事物發展過程中，動當然是因，而吉凶悔吝是果了。易衹有兩種東西，一種是象，一種是占，象便是事物發展的動態；占（吉凶悔吝）便是事物發展的結果。

爻也者，效天下之動者也；是故吉凶生而悔吝著也。繫下三

便是說，易三百八十四爻都是仿效天下之動，有了這天下之動，當然便要生出許許多多的吉凶和悔吝來了。

許許多多的變化，如果不給它們放到因果關係的系列裏去認識，我們所能知道的祇是變化的表面，而不能知道變化的裏面；我們所能認識的祇是變化的淺處，而不能認識變化的深處。水結冰了，是一種變化。但科學家所要知道的，不祇是水的結冰，而是水在零度時結冰。金子的原子量是一九七·二，是不容易溶解的，但現在溶解了，這是一種變化。但科學家所要知道的，不祇是金子的溶解，而是金子在王水內溶解。結冰是果，零度是因，是零度和

結氷的關係。金子溶解是果，在王水內是因，是王水和金子溶解的關係。科學家所要知道的是因，知道因，則果自然是必然的要發生的。事理學家亦是一樣，他所要認識的是象，從象中認識因，則占的果自然是可推而知。

太史公論六家要旨：『夫陰陽、儒、墨、名、法、道德，此務爲治者也。』如果問儒家何所『務爲治』，我便說，儒家以治事理爲務。大學一篇，便是儒家對於事理學所揭出的體系和綱領。它說：

物有本末，事有始終，知所先後，則近道矣。

一口氣提出本末、始終和先後，都是指的因果原理，便是儒家對于事理的認識方法。易是儒家的經典，易家的認識方法和大學亦是同樣的。易家說：

易之爲書也，原始要終以爲質也。繫下九

以易爲原始要終之書，原始要終便是尋求原因而推斷其終極的成果。他又說：

大明終始。乾彖傳

終和始是易家所亟於要『大明』的。他又說：

懼以終始，其要旡咎，此之謂易之道也。繫下十一

易家所懼的是終和始：

善不積，不足以成名。惡不積，不足以滅身。小人以小善爲旡益而勿爲也，以小惡爲旡傷而勿去也；故惡積而不可掩，罪大而不可解。繫下五

始則以小惡爲旡傷而勿去；終則惡積爲不可掩，罪大而不可解；易家便是這樣地懼始和懼終。但始不易知，換句話

說，原因是不易尋求的。

其初難知，其上易知，本末也。繫下九

初便是始，上便是終。因果原理的形成，從時間來說，始是因，終是果。先是因，後是果。往是因，來是果。初是因，卒是果（卒成之終）。從空間來說，下是因，上是果。前是因，後是果。遠是因，近是果。本是因，末是果。說文本部：『木下曰本』。『本上曰末』。本便是根，末便是杪。本末便是上下。六十四卦的每一卦，立起來看，便是一株樹木，最下的（初）是本，最上的是末。木下的本不易見，木上的末易見。一株樹，便是一株樹的發展進程。一個卦，便是一件事的發展進程。所以說：『其初難知，其上易知。』原因不容易知道，結果容易知道，這便是本和末的關係。

君子務本，本立而道生。論語學而篇

君子所務的是本，便是說，君子所務的是要明因，因難明，因明白了，事物發展的歸結，是不難知道的。易家所務的亦是本。

知微知彰。繫下五

微是本，彰是末。本不易見，所以稱微；末易見，所以稱彰。易家以爲知微，自然知彰。

夫易……微顯而闡幽。繫下六

易家以爲易的目的，便是要把微的顯示出來，把幽的闡明出來，換句話說，便是要尋求事物的原因。

其言曲而中，其事肆而隱。繫下六

肆和曲對文，肆作直解。事物是直的發展，但其所以能這樣發展的原因，是隱而不見的。隱便是微，便是幽。春秋本顯以之隱，易本隱以之顯。便是說，春秋是從顯而求隱，是從事的結果而追求事的原因。易是從隱而知顯，是從事的原因而預期事的結果。

預期事的結果，便是知來。今天的科學家，都是能夠預期事的結果的。一個氣象學家，知道氣象變化的原因，觀測今天的氣象變化，自然能夠預期明天的氣象變化，這是一點不稀奇的。

夫易，彰往而察來。繫下六

往是過去了的，來是未來的。今天以前過去了的事象變化的過程，如果能夠知道得淸淸楚楚，今天以後明天未來的事象變化的歸結，是不難可察而知的。易便是要彰往，然後能察來；往便是因，來便是果。

神以知來，知以藏往，其孰能與于此哉？古之聰明叡知神武而不殺（讀爲衰）者夫！繫上十一

今天以前的過去了的形形色色，都放在肚子裏，自然，今天以後的明天的未來的千變萬化，自然是不是不可知的。但易以爲這是聰明人的事，不是尋常人所能做到的。而這種人，是常會把握機先不會走到衰絕的一路的。

極數知來之謂占。繫上五

占事知來。繫下十二

易家以爲占是易的事，占便是知來，亦就是以易爲知來的事。本來，在理化物象領域內，各種能量之間，存有永恒的關係 Constant relation 是可以量度的。但在理化技術以外的行爲領域，便無此種精確的永恒關係存在，從而亦無量度之可能。但易家則說極數知來，是可以量度的㊴。

夫易，廣矣！大矣！以言乎遠則不禦，以言乎邇則靜而正。繫上六

這遠近亦是因果，遠是因，近是果。所以，它又說：

无有遠近幽深，遂知來物。繫上十

鉤深致遠，以定天下之吉凶。繫上十一

夫易，聖人之所以極深而研幾也。繫上十

它所謂遠，所謂幽，所謂深，所謂幾，都是指的是因，所以它說『鈎深』，它說『致遠』，它說『極深』，它說『研幾』，便是說明易家之致力的所在。祇要能夠鈎深、能夠致遠、能夠極深、能夠研幾，未來的事物是可以知道的，天下之吉凶是可以預定的。

要之，任何事物的發生，需要成因。所謂發生，卽是從其他的事物接受存在。換句話說，事物的發生，其存在並不由於自己，而是由於其他事物。易的因果原理，易的生生律，由於序卦傳便說明了生生的整個行進——當然，這是一個擬議，這是一個假定。首先，它說：『有天地，然後萬物生焉。』從此以後，一個事物，一個事物，從其他的事物繼續地不絕地接受了存在和行進：

有天地，然後萬物生焉，盈天地之間者惟萬物，

故受之以屯——屯者，盈也。屯者，物之始生也。物生必蒙，

故受之以蒙——蒙者，稺也。物稺不可不養也，

故受之以需——需者，飲食之道也。飲食必有訟，

故受之以訟。訟必有衆起，
故受之以師——師者，衆也。衆必有所比，
故受之以比——比者，比也。比必有所畜，
故受之以小畜。物畜然後有禮，
故受之以履。履而泰，然後安，
故受之以泰——泰者，通也。物不可以終通，
故受之以否。物不可以終否，
故受之以同人。與人同者，物必歸焉，
故受之以大有。有大者不可以盈，
故受之以謙。有大而能謙，必豫，
故受之以豫。豫必有隨，
故受之以隨。以喜隨人者必有事，
故受之以蠱——蠱者，事也。有事而後可大，
故受之以臨——臨者，大也。物大然後可觀，
故受之以觀。可觀而後有所合，
故受之以噬嗑——嗑者，合也。物不可以苟合而已，

故受之以賁——賁者，飾也。致飾然後亨則盡矣，
故受之以剝——剝者，剝也。剝窮上反下，
故受之以復。復則不妄矣，
故受之以无妄。有无妄然後可畜，
故受之以大畜。物畜然後可養，
故受之以頤——頤者，養也。不養則不可動，
故受之以大過。物不可以終過，
故受之以坎——坎者，陷也。陷必有所麗，
故受之以離——離者，麗也。

以上是序卦序易上篇三十卦的行進。上篇三十卦，開篇乾坤兩卦爲天地，自從有了天地，以後二十八卦便是二十八個『故受之』。故，說文支部：『使爲之也。』墨子經上：『所得而後成也。』照說文的說法，便是說，每卦的發生，不由於自己，而是由於其他的卦『使爲之』。照墨子的說法，便是說，卦的發生，是由於接受其他的卦『所得而後成』。我們再看序卦序易下篇三十四卦的行進。上篇從有天地說起，下篇亦從有天地說起，但一直說到有上下，中間包括有夫婦。其實，下篇是從八個『有』——有天地、有萬物、有男女、有夫婦、有父子、有君臣、有上下，然後禮義有所錯——單選從夫婦說起，是從少男和少女合成咸卦說起：

有天地，然後有萬物；有萬物，然後有男女；有男女，然後有夫婦；有夫婦，然後有父子；有父子，然後有

君臣；有君臣，然後有上下；有上下，然後禮義有所錯。夫婦之道，不可以不久也；
故受之以恒——恒者，久也。物不可以久居其所，
故受之以遯——遯者，退也。物不可以終遯，
故受之以大壯。物不可以終壯，
故受之以晉——晉者，進也。進必有所傷，
故受之以明夷——夷者，傷也。傷於外者，必反其家，
故受之以家人——家道窮必乖，
故受之以睽——睽者，乖也。乖必有難，
故受之以蹇——蹇者，難也。物不可以終難，
故受之以解——解者，緩也。緩必有所失，
故受之以損。損而不已必益，
故受之以益。益而不已必決，
故受之以夬——夬者，決也。決必有所遇，
故受之以姤——姤者，遇也。物相遇而後聚，
故受之以萃——萃者，聚也。聚而上者謂之升，
故受之以升。升而不已必困，

故受之以困。困乎上者必反下，
故受之以井。井道不可不革，
故受之以革。革物者莫若鼎，
故受之以鼎。主器者莫若長子，
故受之以震——震者，動也。物不可以終動，
故受之以艮——艮者，止也。物不可以終止，
故受之以漸——漸者，進也。進必有所歸，
故受之以歸妹。得其所歸者必大，
故受之以豐——豐者，大也。窮大者必失其居，
故受之以旅。旅而無所容，
故受之以巽——巽者，入也。入而後說之，
故受之以兌——兌者，說也。說而後散之，
故受之以渙——渙者，離也。物不可以終離，
故受之以節。節而信之，
故受之以中孚。有其信者必行之，
故受之以小過。有過物者必濟，

故受之以既濟。物不可窮也，

故受之以未濟終焉。

下篇三十四卦，從有夫婦的咸卦開篇以後，便是三十三個『故受之』。還是說明卦的發生是由於接受其他的卦所得而後成。此外，序卦的語法，除了全部用『故受之』外，其他，如上篇用了七個『然後』，二個『而後』，下篇用了七個『然後』，三個『而後』便是說明前後相生的關係。此外，上篇又用了一個『不可不』，一個『不可』，五個『不可以』，十個『必』。下篇用了一個『不可以不』，一個『不可不』，一個『不可』，七個『不可以』，十五個『必』，便是說明必然相生的關係。

易六十四卦的發生，便是這樣的前卦生後卦，後卦由前卦而生。從兼兩律言，則：

天地感而萬物化生。咸彖傳

日月相推而明生焉。繫下五

便是這樣的相反相生。

愛惡相攻而吉凶生，

遠近相取而悔吝生，

情僞相感而利害生。繫下十二

自然現象是這樣的相反相生，人事現象亦是這樣的相反相生。易家統稱爲『剛柔相推』或是『剛柔相摩』。虞注：『剛推柔生變，柔推剛生化。』事物的發生變化，不是剛推柔，便是柔推剛。從因果律言，則易有太極，是生兩儀；

兩儀生四象；四象生八卦；八卦定吉凶；吉凶生大業；便是這樣的生生。有天地，然後有男女；有男女，然後有夫婦；有夫婦，然後有父子；有父子，然後有君臣；有君臣，然後有上下；有上下，然後禮義有所錯；有了前的事，然後發生有後的事；便是這樣的後浪推前浪，便是這樣的從前事生出後事。事物的變化進展，便是這樣的生生不已。

序卦傳自然是從因果關係來說明上篇三十卦的相互關係的系列，和下篇三十四卦的相互關係的系列。皮錫瑞以爲春秋三世——據亂世、太平世、升平世，是孔子的擬議[40]。更不用說，易六十四卦序次，自然是作易者的擬議。王弼易畧例：『卦者，時也。』一卦便擬議一個時代。上篇三十卦，便是三十個時代；下篇三十四卦，便是三十四個時代。湯恩比教授對於歷史的看法，以爲文化的成長和解體，不是直線形的上升或下瀉，而是浪潮起伏式的曲線形的凸起或凹落。它的旋律是亂 rout—治 rally—亂 rout—治 rally—亂 rout—治 rally—亂 rout，通常是三拍半（Three-and-a-half beats），亦有例外。但亂中亦有小治，治中亦有小亂。文化成長的進展，總是挑戰、反應，再挑戰、再反應，三挑戰、三反應，連續的挑戰、連續的反應[41]。易的卦序，雖然不是如湯氏擬議，爲三拍半的旋律，但卦的秩序是浪潮起伏式的進展，上篇和下篇都有高潮的迭起和低潮的屢見。上篇從乾坤到泰否十二卦，泰是高潮，否是低潮。從同人大有到剝復十二卦，剝是低潮，復又是再起的高潮。從旡妄大畜到坎離六卦，坎下離上，又是半個低潮和高潮。下篇從咸恒到損益十二卦，損益盛衰之始，損是低潮，益是高潮。從夬姤到革鼎八卦，革去故而鼎取新，革是低潮，而鼎爲再起的高潮。從震艮到既濟未濟十四卦，又是一個高潮和低潮，易六十四卦，以未濟終，便是湯氏文化成長的進展旋律，不斷的挑戰，不斷的反應。易家的擬議，承認變化的形式，是兩分的，陰變爲陽，陽變爲陰。易家最怕窮，窮便是湯氏所說的解體，但有通有窮，窮了便變，變便轉而爲通。從窮到通的變化過程，易家常說：

先甲三日，後甲三日，終則有始，天行也。蠱彖傳

利有攸往，終則有始也。恒彖傳

終便是窮，終了便從新再開始。先甲三日過去了，後甲的三日，從新再開始。易上下篇，便是後卦接前卦，前卦終了，後卦開始。屯卦終了，變而爲蒙，屯終了，卽爲蒙之開始。咸終了，卽爲恒之開始。其他各卦都是這樣的『終則有始』，都是這樣的窮變則通。塞翁失馬，塞翁得馬，得爲失之開始，失亦爲得之開始，相因而相生，相反而相生。韓康伯以爲序卦非易之蘊㊷，朱子則以爲謂非易之精則可，非易之蘊則不可㊸。其實，矛盾原理與因果原理的普遍性不同。矛盾原理關係一切實有，而因果原理則只關係到偶有的實有。因果原理的普遍性，比較矛盾原理是次等的。韓康伯對於序卦傳的批評，我們亦可作同樣的看法。序卦傳便是基因果原理而作的，是關係偶有的，不是關係一切實有的。

〔附注〕

①參閱拙著易事理學序論，新亞學報第一卷第一期。

②參閱 Thilly and Wood: A History of Philosophy, XIX.72. The Evolution of Herbert Spencer, New York, 1955 P. 545.

③阮步兵集，漢魏六朝百三名家集本。

④粵雅堂叢書爾雅新義本。

⑤雍正十三年重刊本。

⑥戴果恒，字潤卿，清浙江錢塘人，釋易見說文解字詁林易字下。

⑦許學叢書本。

⑧見近人王承烈易變釋例卷十一通義，油印本。

⑨學海堂經解本。

⑩徐氏自刻本。

⑪周濂溪集，正誼堂全書本。

⑫四部叢刊本。

⑬四部叢刊本。

⑭四部叢刊本。

⑮見說文繫傳。

⑯周易述卷二十，學海堂經解本。

⑰參閱張惠言周易荀氏九家義、周易虞氏義，學海堂經解本。

⑱波氏著有科學和臆說 La Science et l'Hyopothesis; 科學的價值 La Valeur de la Science; 科學與方法 La Science et La Methode;最後的思索集 Denniene Pensee 等著。

⑲參閱 Toynbee: A Study of History, Abridgement of Volume I-VI by D. C. Somervell III.X.2 London 1951, P. 198.

⑳宋朱震漢上易傳，通志堂經解本。
㉑見經義述聞，學海堂經解本。
㉒見四庫全書總目提要。
㉓有周易集注，康熙二十七年崔華刊本。
㉔學海堂經解本，毛西河全集本。
㉕學海堂經解本，潛研堂全書本。
㉖四部叢刊本。
㉗學海堂經解本。
㉘四庫全書珍本本。
㉙道光辛丑戴谿刊本。
㉚學海堂經解本，毛西河全集本。
㉛學海堂經解本。
㉜春在堂全書本，通行本。
㉝學海堂經解本。
㉞學海堂經解本。
㉟見惠棟易例，叢書集成本、學海堂經解本。

㊱同前。

㊲見 D. C. Somervell: Abridgement of Volumes I-VI(Toynbee: A Study of History,)III.XI. PP 217-241.

㊳前書 V. XVI. P. 365.

㊴見周德偉人文現象的理解頁一〇八、一〇九。民國四十三年臺北中央文物供應社印行。

㊵見皮錫瑞經學通論春秋通論。

㊶見 D. C. Somervell 前書 V. XXI. P. 548.

㊷見周易正義周易序卦第十下引文。

㊸見朱子語類，宋黎靖德編，淸同治壬申應元書院版。

墨子小取篇論「辯」辨義

唐君毅

目錄

(一)緣 起

墨子經上下、經說上下、及大取小取六篇，自晉魯勝名之墨辯，並爲作注後，千餘年來，竟成絕學。晚清孫詒讓，承盧文弨畢沅等，對墨子一書校釋之功，作墨子閒詁，而墨子之書乃可讀。然孫氏于墨辯六篇之注解，仍多拘于訓詁之末，失其義之所存。自章太炎梁啓超以降，學者以印度因明及西方邏輯之說，與墨辯之言相參證，新知舊藉，比類以明，條理亦遠勝淸儒之業。顧又多先存他方學術之見，强爲附會之辭。墨辯原文，旣譌脫玆甚，人皆可以意爲之釋。而數十年來釋墨辯之著，亦無慮數十種。愚于二十年前，亦嘗就當時所及見者，偏取而讀之，見諸說矛盾散亂，不可縣理，亦無術以定其是非，遂棄置不顧，自謂將不爲此韓非子所謂畫鬼之業矣。然年來復讀墨辯，念其書旣在，後人終有加以闡釋之責。臆測固不可免，能得彼善于此之解釋，亦復聊勝于無。又見墨辯六篇，唯小取一篇，自成結構，蓋爲所存原書六篇中，最完整者。乃反復細玩其文義，而有會于墨家之論「辯」。更就新亞圖書館所藏，近人如梁啓超、胡適、陳大齊、馮友蘭、黎毓江、譚戒甫諸氏等釋此篇之著，與己之所見，加以比勘，覺諸氏之所釋者，有是有不是，然大皆不免以此篇所謂辯之七事，爲並立之七法。而區區之意，則以爲此篇所論，實非並立之七法，而爲一整個辯論歷程中之七事。蓋必如鄙見，然後可通于此篇之全文，並通于墨子他篇實際上所採之論辯方式。此論辯之方式，與西方之邏輯及印度因明之所陳，實不必盡同。而諸家所言未當之處，蓋同在先存西方邏輯及印度因明之論辯方式于心，故不免比類失當，屈文就義。至于我之所見，是否有當于墨學之眞，則古人往矣，終不可知。當世賢哲，敎之爲幸。

（二）辨小取論「辯」之七事非「辯」之七法

墨子小取篇曰：

『夫辯者將以明是非之分，審治亂之紀，明同異之處，察名實之理，處利害，決嫌疑焉。摹畧萬物之然，論求羣言之比，以名舉實，以辭抒意，以說出故。以類取，以類予。有諸己不非諸人，無諸己不求諸人。或也者，不盡也。假也者，今不然也。效也者，爲之法也。所效者，所以爲之法也；故中效，則是也；不中效，則非也。此效也。辟也者，舉也物而明之也。侔也者，比辭而俱行也。援也者，子然我奚獨不可然也。推也者，以其所不取之同于所取者予之也。是猶謂也者同也，吾豈謂也者異也。』

此上小取篇文，實此篇要旨所在。就文義觀之，此明爲前後貫注者。然因其曾對「假」「或」「效」「辟」「侔」「援」「推」七名，分別作釋，人遂以爲此七名，乃表示不同之立論設辯之法而並立者。故梁啓超早年于其墨子之論理學一文，首以「或」爲西方邏輯中之特稱命題，「假」爲假然命題。胡適于其中國哲學史大綱，改而以「或」爲西方邏輯中之或然命題，「假」爲西方邏輯中之假設。譚戒甫墨辯發微，亦同此意。馮友蘭中國哲學史，兼取二說，而以「或」爲或然判斷，「假」爲假然判斷。梁氏文又以「效」爲西方邏輯中之「格」，「譬」爲西方邏輯中之立證。胡氏于其小取篇新詁，又自易其前說，謂「假」爲虛擬條件而想像其結果，以「或」非辯之一法，又謂「效」爲演繹法，「推」爲歸納法。譚戒甫墨辯發微，以「所效」爲因明中之前陳，即西方邏輯中之主辭，以「效」爲因明中之後陳，即西方邏輯中之賓辭；又以辟侔援推，相當于因明論式中之喻依、合、結、及喻體，並藉以說明小取篇有不同之論式。陳大齊氏之名理論叢，亦視譬、侔、援、推，爲不同之推論法，並以「侔」爲西方邏輯中之加辭與減辭。此皆同由小取篇文，曾對此七名分別作釋之故，遂視此七名，或其中之數者，乃分別表示並立而不同之立論設辯之法者。

然吾人今所首當提出之一問題，卽只由小取篇之文，曾對此七名分別作釋，是否卽足論斷其以此七名或其中之數者，表示並立而不同之立論設辯之法或論式？此七名豈不可如愚之所見，只爲表示一整個之論辯程序中之七事？如吾人視此上所引小取篇文之文義，爲前後貫注者，則視之爲一整個論辯歷程中之七事，豈不較只視爲並立而或不相統屬之七法爲宜？若然，則諸家之所釋，豈不盡失其所據？

以小取篇所論爲並立之辯之七法之說，其最不可通者，在「或」與「假」，根本不能分別獨立，以各成辯之一法。如「或」爲「特稱命題」，或「或然命題」，「假」爲「假然命題」，則一命題之舉出，豈卽足成爲論辯之一法？此不同命題之分別舉出，又豈卽爲不同論辯之法？如「有人爲學者」爲特稱命題，「人是男或女」爲或然命題，「如天雨則地濕」爲假然命題。今只舉出數命題，或可勉强稱爲各是一論，然要不可稱爲辯，更不可謂爲不同之辯論之法？而墨子小取篇，乃明以辯爲論題者。復次，就小取篇之謂「或不盡也」，「假也者今不然也」二語，亦明不足證「或」爲「特稱命題」，或「或然命題」，及「假」爲「假然命題」。故胡適氏繼又于其小取篇新詁，謂「假」爲虛擬條件，而想像其結果之妄想，以「或」爲疑，疑爲辯說之所由起，而非辯之一法，其說固稍進矣。然虛擬條件而想像其結果，實不必爲妄想，且可爲人之思維之一法。顧可爲人之思維之一法者，却又可不與辯論之事直接相干，仍不必卽爲辯之一法。謂或爲疑，乃本于易傳「或之者疑之也」之言。疑若只是個人思想中之事，誠如其言，不能爲辯之一法。然如「或」爲「疑」，非辯之一法，則七法並立之說破，而此疑若只是個人思想中之事，亦非與辯論之事直接相干者。小取此文既爲專以論「辯」爲事者，又何必先及于此個人思想中之「疑」乎？

復次，謂「效」爲演繹法，「推」爲歸納法，或以「所效」相當于主辭，「效」相當于賓辭，以「推」爲因明中之喩體（相當于邏輯中之大前提）及以譬、侔、援、推，各爲一論辯法者，亦皆同於原文無的據，且與小取篇後文所舉之論辯之例證，多無所應合。按小取篇于釋此七事後，即繼以言「譬侔援推之辭」之「行而異，轉而危，遠而失，流而離本」，而歸於謂「言多方、殊類、異故」，並舉物之「或是而然」，或「是而不然」……或「一周一不周」，或「一是一非」者爲例。以文義觀之，此所舉以爲例者，應即辟侔援推之辭之「行而異，轉而危，遠而失，流而離本」者。然此所舉以爲例者，自「白馬，馬也；乘白馬，乘馬也；」以下，從無明白依演繹法歸納法之形式之推論，亦未嘗分別爲譬侔援推四者舉例。然則吾人果何所據，以謂其所舉之例，某屬於效，某屬於侔，某屬於推，……或某爲演繹法之例，某爲歸納法之例乎？吾人豈不可謂其所舉之例，乃兼通於效與譬侔援推之義者乎？

（三）「辨」「或」與「假」

吾于上文，唯致疑難於時賢之說。下文卽當就小取篇之宗趣在論「辯」，及辯論歷程中之七事之義，以釋「或」「假」「效」「辟」「侔」「援」「推」之義。吾今于「或」及「假」，首不以西方邏輯中或然命題，假然命題及假設之觀念爲說，而以爲直就小取篇之原文，及墨辯他篇對此二名之所釋，卽足以明或與假乃一辯論歷程中首二階段宜有之二事。

按小取篇原文曰：「或，不盡也。」何謂盡？按經上曰：「盡，莫不然也。」又經說上曰：「盡，俱（依孫詒讓校改）止動。」何謂動？按經說上曰：「動，或徙也。」何謂止？按經說下曰：「彼彼止於彼，此此止於此，」又曰：「是孰宜止？（據孫校）彼舉然者，以爲此其然也，則舉不然者而問之。」又經說下曰：「止，彼以此其然也，說是其然也；我以此其不然也，疑是其然也。」合此諸文以觀，則知小取所謂「或」爲不盡，即疑其爲「不盡然」，或疑其「非莫不然」之義。「彼彼止於彼，此此止於此」，則止爲定然不移之義。言若「盡然」而「莫不然」，則定然不移，義不徙動，卽「俱止動」也。而人之自以爲其言爲盡然，而莫不然者，亦卽自止於其「以爲此其然」，而「說是其然。」反之，則爲言之「不盡然」而非「莫不然」者矣。而當吾以他人之言爲不盡然，非莫不然時，則吾亦將「舉不然者而問之」，而「疑是其然」。則所謂「或，不盡也。」卽于人之說是其然者，疑其非盡然，非莫不然而不堪止，此正爲與人辯之第一步之事也。

謂「或」爲疑人言之不盡然，不僅可通于墨辯之經上下及經說上下之文，亦可旁證之於他書。王引之經傳釋詞引管子白心曰：「夫或者何，若然者也，」謂或爲若然，卽似然而不必然，可疑其然者也。故易傳曰：「或之者，疑之也。」易傳語，亦爲胡適氏之文所引。彼並本墨辨盡爲莫不然之義，以謂立辭不能使人莫不然，遂有疑，是爲辯說之所由起。譚戒甫墨辯發微同此意，而皆與吾人之說似相近。然此中仍有毫厘之差，不可不辨。因墨辯所謂「以爲此其然」「說是其然」，「莫不然」，乃謂人之指其所立之辭或義，而言其「然」，無「不然」之處，而「莫不然」。莫不然，非謂他人之莫不同意其說，而然其說也。此所謂疑，亦非感于人之或同意某說或不同意某說而起，而是直對人之以其所立之辭與義，其自視爲盡然而莫不然者；意其不盡然而非莫不然，而「疑是其然」也。則「或」

非只為人之主觀心理中之懷疑、為辯說之所由起；實即是辯論之第一步，直對他人所立之辭或義，「疑是其然」，擬「舉不然者而問之」之事也。

吾人如知「或」為于人之所立之辭或義，疑其不盡然，而擬舉不然者而問之之事；則下文所謂「假者，今不然也。」即為由「疑是其然」，而正式舉出不然者而問之之事。吾今果能對人之視為盡然而莫不然者，舉出「不然者而問之」，則足以證人所立之辭或義之為「假」。經下曰：「假必誖，說在不然。」經說下曰：「假必非也而後假，狗假虎也，狗非虎也。」此即謂辭或義之假而誖謬者，在其有所不然而為非者。則吾今之正式舉出不然者問之，此豈非即所以證其為假而誖謬者乎？此正為吾人在辯論中，于他人之所說致疑之後，自然應有之第二步之事也。則「假者，今不然也。」一語，意自顯豁，固不必以不相干之假言命題或假設之名為之說也。

今試再舉墨子非攻篇之論辯為例，以見此「舉不然者而問之，以證人之說之為假」之論辯方式，實為墨子之所常用。

按墨子非攻篇，即所以反對當時飾攻戰、主攻戰之言，而譽攻戰為善之說者。墨子嘗設飾攻戰者之說曰「我貪……得之利。」而墨子之所以非之，則曰：「計其所得，不如所喪之多」，以明攻戰之不利。此其所舉之例，即為「舉不然而問之」，以證主攻戰者之謂攻戰得利之說，乃不盡然者也。如其下文曰：

「今攻三里之城，七里之郭，此不用銳，且無殺而徒得，此『然』也。」此即謂如主攻戰能不用銳，且無殺而徒得，則主攻戰者之謂攻戰得利之說，誠然也。然墨子下文即繼而言曰：「殺人多必數於萬，寡必數於千，然後三里之城，七里之郭，且可得也。……」

此卽就攻戰之必互有傷亡，而有所喪，而「舉不然者而問之」，以明攻戰必得利之說爲假誖之事也。

非攻下又設譬攻戰而視攻戰爲善爲義之說而問之曰：

「今天下所譽善（義）者，其說將何哉？必曰，將爲上中天之利，而中中鬼之利，而下中人之利，故譽之與？意亡非爲其上中天之利，而中中鬼之利，而下中人之利，故譽之與？雖使下愚之人必曰，將爲其上中天之利，而中中人之利，而下中人之利，故譽之。」

此卽設譬攻戰者爲義者之說也。而墨子下文卽非之曰：

「今天下之諸候，……攻伐並兼，……則是有譽義之名，（言被譽爲義）而不察其實也。……。今王公大人天下之諸候，則『不然，……』」（下文卽舉種種攻戰之不中天之利，不中鬼之利，不中人之利諸事爲證，茲從畧。）

此卽就爲攻戰者之所爲，實不合乎義，以見譽攻戰者之「說是其然」者，今實「不然」，而明其言之假誖之論辯方式也。

（四）辨「效」

論辯之事，首在對論敵之說，致疑于其「說是其然」者，「舉不然而問之」，以明其假誖，因明所謂破邪，西邏輯所謂破斥 Distsuction，此在小取篇卽「或」與「假」二項中之事也。然因明破邪後，必繼以顯正，西方邏輯中破斥後，必繼以建立，此在小取篇卽效以下之事也。小取篇曰「效也者，爲之法也。」爲之法，豈非使己之所立，足以爲法而堪效，以引論敵就己義之謂乎？墨子書恒言「既已非之，何以易之」。「或」與「假」所以非人之言，「效」以下之事，正所以立己之所是，以易人之非也。

小取篇謂「效也者，爲之法也」，此法字亦爲墨辯中之一專門之名辭。按經下曰：「一法之相與也，盡類，（類字依王校）若方之相合也。」又經說下曰：「一方盡類，俱有法而異，或木或石，不害其方之相合也。盡類，猶方也」。是見墨辯中所謂法，實近乎西方哲學中，所謂理型，公式，概念，或原則之類。而小取篇此節之全文爲「效也者，爲之法也。所效者，所以爲之法也。故中效，則是也；不中效，則非也。此效也」；故時賢之釋此段文者，多以此所謂效，乃效一抽象普遍之法，或依「故」作法，形成一抽象普遍之原則，視爲大前提，以作一演繹推論之謂。然吾于此後說，則一不能無疑。其中豪厘千里之辨，亦有可得而言者。

按墨辯之言法，以一「方」盡類爲喻。今對各方物，如方木，方石等而言，此方之自身，固是一抽象普遍之公式或原則；而一切堪爲法者，或依「故」所作之法，亦當各爲一抽象普遍之公式或原則。于此抽象普遍之方式或原則，以語言表之，則可形成一演繹推論之大前提，吾亦無異辭。然此中之根本問題，則在墨辯中是否果有「就一法之自身，如一方之自身，而視爲抽象普遍之公式或原則」之思想？墨辯謂一方盡類，乃謂盡一類之方物，無論方木方石，皆有此方之性質或方之法，而于其爲方處相合。此實爲以「方」爲內在于一切具體之方物中之思想。如謂此「方」爲一普遍者，乃以方爲具體事物中之普遍者，而非離于具體事物外之抽象的普遍者。如以「方」喻其餘一切法，則墨辯所謂法，亦宜皆爲具體事物中之普遍者，而非抽象的普遍者。則墨辯雖隨處言「法」，亦儘可從未有就「法」之自身措思，視爲抽象的普遍方式法則之思想，亦可從未有將此方式法則，單獨標舉而出，立之爲大前提，再作推論之意。而此亦無礙于人之在實際上，依于事物之相類處，或內在于不同事物中之普遍的方式法則，以由一類中之事物之情形，以推及同類之事物，如所謂類推是也。

吾人如承認，墨辯所謂法之盡類，唯是謂法爲一類中之具體事物之普遍者之義，則法非他，即同類事物間之相類處。此相類處，亦即同類事物間之共同的方式或法則也。而所謂一事物之效法其他事物，亦即一事物之求亦具某方式，以與具某方式之其他事物求相類之謂，墨辯所謂「若之而亦然」也。所謂一事物堪爲其他事物之所效法，亦即其某一方式，堪爲其他事物所效法之謂。由此而所謂堪效法之辭，亦即其立辭之某一方式，堪爲他辭之所效法，而爲他辭之所「若之而亦然」者之謂。此某一方式，即堪效法之辭之足以爲法處，而堪效法之辭，亦即其足以爲法處之所依，固不須將此方式或法，自具體之辭抽離懸空，而視之爲抽象之普遍者，或孤立之爲一大前提，以爲說也。循此以釋小取篇所謂「效也者，爲之法也；所效者，所以爲之法也」之言，則上一句即言立一辭，當使其所依循之方式，可爲他辭所效法；下一句則言，爲他辭所效法者，即此依循某方式而立之言辭。二者回互成文，是所謂「堪被效法者」或「所效者」，與「往效法者」或「能效者」，同爲具體之言辭，而「法」則內在其間之共同的方式而已。今果如時賢之釋此段者，謂所效者純爲一抽象之法，而此法又有其「所以爲之法」；則若此所以爲之法者，又爲另一抽象之法，以爲其所效……則所效又有所效，即犯無窮過。反之若此「所以爲之法者」，乃指一具體事物之法，則人豈不可直接以具體事物之法，爲其所效，又何必中間多此純效抽象之法之一舉乎？是見謂墨辨之所效之法，必所爲一抽象之法者，于「所以爲之法」一語，必進退皆無善解。而吾今謂效法之事，唯是一效法者，求亦依循或具有效者之法，或方式之事，則不特于此二語，輕而易解，而于墨子此節之文，及全篇之義，皆可暢通無阻。茲于下再進而論之。

小取篇論效一節文之核心，在「故中效，則是也；不中效，則非也。」一語。按本篇首曰：「以說出故。」，大取篇曰：「辭以故生。」，經上曰：「故、所得而後成也」，則「故」卽辭之所得而成之理由。時賢于此，亦皆無異說；而依某一類之理由，以生出某一類之辭，亦卽辭之生成之方式或法也。吾人之辭，欲求足以自立，則必當使此辭之依故而生之方式或法，堪被效法——卽中效，而後「其是」「其然」，乃確定無疑，反之則非，而可疑其不然矣。此卽辯論歷程中，人于經「或」「假」二階段，以對論敵致其疑問，明其不然後，求自立其辭以顯正理之要道也。今試再就墨子之論非攻，以見于立辭之求「中效」而堪效法，實爲墨子之所賴以正面的樹立「攻之當非」之主張者（墨子之非「攻」爲反面的反對攻，然墨子之主張「非攻」，建立「攻之當非」，則爲正面的樹立「非攻之主張者也。此二者須辨別。）

據非攻篇，墨子之論非攻，屢言攻爲虧人自利之事。虧人自利，卽墨子之主非攻之辭，或「攻之當非」所自生之理由，或「其所待而後成者」之「故」也；而依此故，卽虧人自利——以論攻之當非之論辯方式，卽堪效法而中效者也。何以知其爲中效而爲堪效法者？今設有攻以外之某事，而爲虧人自利者，吾人卽可效法此論辯方式，依某事之爲虧人自利之故，而亦論其當非也。此在墨子非攻篇，則爲進而舉出「竊人桃李」、「取人牛馬」等虧人自利之事爲例。然此例之正式舉出，則爲「譬」之事，詳在下節。兹就一辭之立而論，則初只須其立辭之所依之故爲「中效」，其辭之論辯方式堪效法，固不必將效法之而取以爲譬之例，皆舉出也。

（五）辨「辟」

小取篇釋辟曰：「辟（畢沅謂辟同譬）也者，舉他（據王念孫校改）物而以明之也。」

譬喻生于「直告之不明，故以他物爲喻以明之」，此人皆可無異辭。然此中之問題，在譬是否可單獨成爲一論辯之方法，或只當視爲論辯歷程中之一事，如吾人之所說？如人不知彈者，今喻之曰：「彈之狀如弓」。又有人不知人間攻戰爲何似者，今喻之曰：人間攻戰之狀如蟻鬬。此誠皆爲由設譬喻，以使人知己所言之義之道，然其本身却非即是辯論，亦不單獨成爲辯之一法。小取篇首曰：「辯將以明是非……明同異……決嫌疑」，經說下曰：「辯也者，或謂之是，或謂之非，當者勝也」。故必或說彈能傷人，或說彈不能傷人；或說攻戰爲義，或說攻戰爲不義，方有辯。否則，亦須或說彈如弓，或說彈不如弓；或說人間攻戰；狀如蟻鬬，或說非如蟻鬬，方有辯。而此後者之辯，則唯在彼此皆先已了解彈與人間攻戰之狀後，乃能發生。若在他人尚未了解何謂彈何謂攻戰之狀時，吾爲之譬，以明彈與攻戰之狀，則此只是自釋其言之涵義之事，尚非與人辯之事也。則謂在吾人與人論辯之歷程中，爲使人了解吾言，乃作譬喻，以助人之了解，因而辯之歷程中，即包含譬喻之一事，可；然謂譬喻可單獨成爲一辯論之事，或辯論中之一法，則不可也。

抑吾將進而論者，則小取之言譬，實尚不宜只視爲使人喻己意之一般譬喻。因一般之譬喻，儘可隨人之方便，而自由採取，只須其能使人彷佛會意，亦儘可有不同之方式而漫無定準。如吾喻彈如弓，可，喻彈如虹、如丸，亦無不可。然墨子小取篇所謂「譬」，爲「舉他物而以明之。」此所謂明之，當爲連上文而說，言舉譬以明「效」之項下所言之未明者也。此「他物」一名，又屢見于後文之釋「援」與「推」中，是見其義亦當連貫「援」與「推」以爲說，而非泛說之一般譬喻也。然則此所謂舉以爲喻之他物，當爲何物？曰：此當爲在效之項下所立之辭說中所論及之物，之同類之物。此同類與否，依何而定？曰：依吾人是否可對之依同類之「故」，以生同類之辭說而定。今再就墨子非攻篇之設譬之道，以明上文之義。

墨子非攻篇欲證攻戰之爲虧人自利之非，曾舉上節已提及之人之「入人園圃，竊其桃李」「攘人犬豕雞豚」，「取人馬牛」「殺不辜人」等爲例。此皆對墨子所非之攻戰，分別爲一譬。此諸譬非自由任取而來，而實爲依一定之標準，而選擇之同類事物。而其所以爲同類之事物，卽在其同爲虧人自利者，亦卽同爲吾人可依其爲虧人自利之故，而立同類之辭，以言其非者也。夫然，故人若能知此諸譬中之諸事之非，卽足還證攻戰之非。然尅就此譬喩之階段說，則吾人只須舉出此一一之事，而意在以此明彼，卽已盡譬喩之責。至明白的說出其同爲虧人自利而同爲非，則爲此下之階段之辯論之事之侔援推等也。

（六）辨「侔」

小取篇曰：「侔，比辭而俱行也。」何謂比辭而俱行？陳大齊先生于其名理論叢中釋侔一文，曾詳論西方邏輯中之加辭或減辭之屬於侔。如小取篇之謂「白馬，馬也，乘白馬，乘馬也。」，此「乘白馬」「乘馬」，卽加「乘」于「白馬」與「馬」所成之加辭之例。而由「白馬馬也」至「乘白馬乘馬也」，亦卽可稱爲比對二辭，相與俱行；今視爲侔之例，固亦可通。然吾觀小取篇後文，所舉之例，恒爲二例以上並舉之情形，今錄數者，並以甲乙丙丁，標之如下。

甲　白馬，馬也；乘白馬，乘馬也。

乙　驪馬，馬也；乘驪馬，乘馬也。

丙　獲，人也；愛獲，愛人也。

丁　臧，人也；愛臧，愛人也。

……………………　……………………

如上文之二例並舉，乃小取篇作者之有意如此，則所謂比辭俱行，大可非就一例而言，而是就二例以上而言。如上文甲與乙二例，卽爲比辭俱行，丙與丁二例，亦爲比辭俱行。而甲乙丙丁四例，就其構造方式之同有相似而言，亦未嘗非比辭俱行也。若然，則單純的對一辭自身，由加減而引出新辭，未必卽可稱爲侔，必一辭（如乙之驪馬馬也）比照另一辭（如甲之白馬馬也）之如何由加減等，以引出新辭（如甲之乘白馬乘馬也）之方式，以自引出其新辭（如乙之乘驪馬乘馬也），方爲侔也。

吾人上列之說與陳氏之說，對于比辭俱行之解釋，似皆可通，則無論謂單純之加辭減辭爲侔，及比照另一辭之如何引出新辭，以由一辭引出新辭，似皆可稱爲侔。然若取陳氏之說謂單純之加辭或減辭，卽可稱爲侔，則此雖爲一種推論之方式，却可不與辯論直接相干。而如取愚之說，以侔爲比照一辭之引出新辭之方式，以自引出新辭；則侔對辯論之價値卽至大，而明顯爲辯論歷程中，人求立論時，繼譬之事而必然應有之事。今更詳錄非攻篇，對于其所取諸譬之文，條列于後。下括弧中者，乃愚所加，以便明其比對關係者。

甲　今有一人，入人園圃，竊其桃李，衆聞則非之，上爲政者得則罰之（卽謂爲不義），此何（故）也？以虧人自利也（不仁）。

乙　至攘人犬豕雞豚者，其不義又甚入人園圃，竊桃李者，此何故也？以虧人（自利）愈多，其不仁茲甚，罪益厚。

丙　至入人欄廐，取人馬牛者，其不……義，又甚攘人犬豕雞豚。此何故也？以其虧人（自利）愈多，其不仁茲甚，罪益厚。

丁　至殺不辜人，拖其衣裘，取戈劍者，其不義，又甚入人欄廐，取人馬牛。此何故也？以其虧人（自利）愈多，其不仁茲甚；罪益厚。

戊　殺一人，謂之不義，必有一死罪矣。

己　殺十人，十重不義，必有十死罪矣。

庚　殺百人，百重不義，必有百死罪矣。

……………………

今至………攻國（殺千萬人）………

墨子非攻篇，原文有脫誤，文句構造，亦有未嚴格處。然大體而言，則乙丙丁三者，卽皆爲比照甲而立之辭，爲比辭而俱行者，己庚卽比照戊而立之辭，亦爲比辭而俱行者。而此比辭俱行，以次第立新辭之目標，則在逐步逼出攻國之殺千萬人，爲千萬重之不義，而有千萬重之死罪之結論，以成就其非攻之說。果此皆爲比辭俱行之侔之事，則侔在辯論中之價値實至大。而侔之所以爲侔者，則在其比辭而俱行之諸辭，乃對同類而可相譬之事物，依同類之「故」而生者，故可賴以互證其是非也。

（七）辨「援」

小取篇曰：「援也者，子然我奚獨不然也。」時賢多謂援爲援例或類比推理。然若吾人上文之釋侔之論，果能成立，則吾人毋寧謂侔之比辭俱行，更近乎類比推理。如上文之由一事之爲「虧人自利而有罪」，以謂另一事之爲「虧人自利之亦有罪」，此正爲類比推理之形式也。由「臧之爲人而愛臧爲愛人」，以謂「獲之爲人而愛獲爲愛人」，亦爲類比推理之形式也。類比推理者，由「此」之如是，以推「彼之同于此者」亦如是，亦即由「我」之然，以推「同于我之子」之亦然，或由「子」之然，以推「我之同于子者」之亦然也。簡言之，類比推理者，即由此一然以推彼一然之事也。然小取篇之釋援則曰：「子然我奚不然也？」則至少自表面上之文字以觀，並非由此一然以推彼一然之事，而是由此一然以問彼何不然，或由子然以問我何不然之事，亦即求援于此一然，以問彼何不然，或援「子然」爲例，以問「我何不然」之事。此所成者遂只爲一反詰之辭，而爲論辯中之所常用。此反詰之辭固可進一步，引發一推理；然尅就其爲反詰之辭言，則尚非推理，而只爲辯論中之一事，唯所以引發推理，而過渡至推理者耳。此亦即援之所以可稱爲辯之歷程中之一階段之故也。今再舉子墨子非攻篇之言爲例。

按墨子非攻篇，于舉竊人桃李，攘人犬豕雞豚，取人馬牛，殺不辜人等虧人自利之事，並謂之爲不義後又曰：

天下之君子皆知非之，謂之不義，今大爲攻國（大虧人自利），則弗知非而謂之義，此可謂知義與不義之辨乎？」

此上墨子之論辯方式，正爲由此然以問彼何不然，或由子然以問我何不然之方式。蓋天下之君子，既知入人園圃等虧人自利之事爲不義，而自然其說，則何以于攻國之爲不義之說，又不以爲然乎？此墨子之反詰，正爲援之方式之運用也。又非攻篇另有文，今亦加以甲乙丙標之如下：

「(甲)今有人于此，少見黑曰黑，多見黑曰白，則以此人爲不知白黑之辯（辯同辨）矣。

(乙)少嘗苦曰苦，多嘗苦曰甘，則必以此人爲不知甘苦之辯矣。

(丙)今小爲非則知而非之(謂之不義)，大爲非，攻國，則不知非，從而譽之謂之義，此可謂知義與不義之辯乎？」

此上三者，前二者爲比辭俱行之侔，（甲）爲釋不知白黑之辯者，（乙）爲釋不知甘苦之辯者。而所謂「不知……辯」者，卽「于少曰如此，于多不曰如此。」之謂。則凡「于少曰如此，于多不曰如此」皆「不知……辯」之類也。然人于此前二者之「于少曰如此，于多不曰如此」者，皆謂之爲「不知……辯」；然在第三例（丙）中，人于小爲不義知謂之不義，于大爲不義，乃不謂之不義，而反謂之義，此正亦爲「于少曰如此，于多不曰如此」之例，人却不謂其爲「不知……辯，」故墨子乃反詰曰，此可謂「知……辯乎？」此亦正爲援之方式之運用也。

又在小取篇後文一段曰：

「盜，人也；多盜，非多人也；無盜，非無人也。奚以明之？惡多盜，非惡多人也；欲無盜，非欲無人也。

世相與共是之。若若是，則雖盜，人也，愛盜，非愛人也；不愛盜，非不愛人也；殺盜，非殺人也。無難矣。此與彼同類，世有彼而不自非也。……所謂內膠外閉與？……」

墨者論殺盜非殺人，不愛盜非不愛人，與一般之邏輯觀點不同，亦爲荀子正名篇所反對。其意蓋在謂盜雖爲人，然殺盜乃因其爲盜之故而殺之，非因其爲人之故而殺之，于是殺盜非殺人。至不愛盜，亦因其爲盜之故而不愛之，非因其爲人之故而不愛之，故不愛盜非不愛人。此言非無理趣，下文將更及之。而墨家之所賴以證成其說者，則爲就世人之共承認「盜，人也；惡多盜非惡多人，欲無盜非欲無人」爲說。此世人之所共承認者中，卽涵有「就人爲盜之故而惡其多，欲其無，乃與惡人之多，欲人之無，二者不相同」之義，亦卽涵有「別盜于人」之義。小取上段文之論點，卽世人既承認此「別盜于人」之義，而謂「惡多盜非惡多人，欲無盜非欲無人」，何以世人又不承認墨者之依于此「別盜于人」之義，而有之「不愛盜非不愛人，殺盜非殺人」之說？世人既不自非其言，何以又非墨者之所言乎？上段之文，實正涵此一反詰，乃墨者與世人對辯時所宜有，是卽問：「子然我奚獨不然也？」之援。至由此反詰，以歸于子然亦應然，子亦當承認我之然，承認墨子之殺盜非殺人，不愛盜非不愛人之說，則正爲援之下一步之「推」之事也。此于下節再詳之。

（八）辨「推」

小取篇釋推曰：「推也者，以其所不取之同于所取者予之也，是猶謂他（依王校改）者同也，吾豈謂他（依王校改）者異也。」

時賢之釋推，或謂之歸納法，或謂之演繹法，然皆于小取篇本文無確據。此所謂「取」「不取」「予」，初皆當就對辯之人我雙方之活動而言。「取」者，于某事物，自取此說，自取此辭也，「不取」者，于某事物，不取此說，不取此辭也。「予」者，于某事物，予以此說此辭，亦以此說此辭予人，而使人取也。茲先再舉非攻篇之論辯爲證，再及于上段所謂「殺盜非殺人」之辯，以明推之爲承援而起之下一步之事，亦卽一結束辯論歷程之事。

非攻篇于舉「竊人桃李」、「攘人犬豕雞豚」、「入人欄廐取人馬牛」，「殺不辜人」等諸例，以論其虧人自利有罪而不義後，嘗謂「天下之君子」皆知其不義而謂之不義。此卽言：「其虧人自利之不義」，爲天下之君子之所取也。然于攻國之虧人自利之不義之處，則天下之君子無所知，反從而謂之義，不「謂之不義」，此卽天下之君子之所不取也。而非攻篇之全文，則歸結于證明：此「攻國之虧人自利之不義」，乃與「竊人桃李……殺不辜人等虧人自利之不義」爲同類。此卽謂天下之君子，所不取之「攻國之不義」，同于其所取之「竊人桃李，殺不辜人等之不義」也。由此而墨者之論辯，卽爲：此二者既同爲不義，何以于彼謂之不義，于此不謂之不義，而反「從而謂之義」乎？此卽「子然我奚獨不然」之問，上所謂反詰之援也。由此反詰之援之進一步，卽必爲：既于彼之虧人自利，「謂之不義」，則與彼相同而同爲虧人自利之「此」，亦當謂爲「虧人自利之不義」，而將此辭，施予于此之上。「此卽以其所不取之同于所取者予之也。」此予之，乃將此之爲「虧人自利之不義」，亦施予于此之上，亦卽將墨者之此辭此說，施予于天下之君子，使之亦取此辭此說也。于同類之事物，人我雙方，當對之有同類之辭說，乃一切辯論之目標與歸結之所在。他與此同，則我不得謂其異，而有異辭異說，故曰：「是猶謂他者同也，吾豈謂他者異也。」辯論卽止于是矣。

茲再舉上文「殺盜非殺人，不愛盜非不愛人」之論辯，以見推之爲義。如小取篇于「惡多盜非惡多人，欲無盜非欲無人」之後曰：「世相與共是之」，此卽言世人共于「惡多盜」，取「非惡多人」之說，于「欲無盜」取「非欲無人」之說也。而此諸說中，卽涵有「就人之爲盜而惡其多、欲其無，乃與惡人之多、欲人之無，二者不相同」之義，卽涵有或「別盜于人」之義。此亦卽世人所取之「彼」，而不自非者也。然世人雖取上列之說，及其中所涵之義，然世人又不取墨者之「殺盜非殺人不愛盜非不愛人」之說，及其中所涵之「別盜于人」之義。此見世人之不知其所不取之同于其所取，不知此二者同依于「別盜于人」之義而立，亦卽依同類之理由，或同類之「故」而立，而忘此二者既實爲同類之說。今此二者既爲同類之說,何以世人于其所取之彼不自非，而于墨者之說,則非之乎？此亦卽上節所謂反詰之援也。由此反詰之援之進一步，卽必爲：既取別盜于人之義，于「惡多盜」，取「非惡多人」之說，于「欲無盜」，取「非欲無人」之說；則亦當本其所取，于「殺盜」，取「非殺人」之說，于「不愛盜」，取「非不愛人」之說，而承認墨者之所論。此亦卽依于吾人于同類之事物，人我雙方，當對之依同一之理由或故，以有同類之辭說；「他」與「此」同，則不得謂其異，而對之有異辭異說也。

（九）辨「辯」之七事

如吾人以上對或、假、效、辟、侔、援、推之解釋爲不誤，則此七者，實乃論辯歷程中次第相生之七事，而非併列之七法。此論辯之歷程，非一人獨自運思之事，而是在說者與爲論敵者之人己雙方間進行之事。此雙方論辯之根本原則，不外乎小取篇首所謂「以類取，以類予，」「有諸己不非諸人，無諸己不求諸人」。大率在己與人論辯之始，恒以他人之說爲不盡然，故「或」之而疑之，進而舉不然者而問之，就其不然處，以謂人之所言爲「假」；于是乃依故，或理由，以自立一辭說，並使此自立辭說之道，足資效法。乃進而舉其他與所欲論者同類之事物爲譬。于此諸同類事物中之此一例，吾人可依某一故或理由，以立如何之辭說者，于彼一例，當亦可依同類之故或理由，而亦立同類之辭說，由此而有比辭俱行之侔。至當人於同類事物中一例，取如此之辭說，而于另一例，不取如此之辭說時，則反詰其「子然我奚獨不然？」而有援。由此再示人以對此另一例，亦當對之取如此之辭說，而取其初所不取，以使人我共取同類之辭說，以予于同類之事物。此卽推之所以爲辯論之歸結，而使人我於同類事物之辭，皆「以類取」而「以類予」者也。施何辭說于何事物，以示諸人，謂之予；于何事物採何辭說，以有諸己，諸之取。然人之大患，正在于所知之一事物取何辭說者，于另一同類之事物，不取同類之辭說；乃反而對人於此另一事物，取同類之辭說者，謂之爲非，而忘其先實已自取同類之辭說，于其所知之一同類事物。故論辯之道，要在「有諸己而後求諸人，無諸己而後非諸人」，若無諸己，則不當求諸人，若有諸己，則不當非諸人。今吾既于「竊人桃李」「殺不辜人」等事，知其爲虧人自利而不義，並實有此見，存之于心，則吾當依類而知攻國之虧人自利爲不義，並求他人亦依類而視攻國爲不義。此卽有諸己而後求諸人也。至于世人承認「惡多盜非惡多人」「欲無盜非欲無人」，而又非墨者「殺盜非殺人」「不愛盜非不愛人」之說者，則忘其自己正存有與墨者同類之見，是卽非「無諸己而後非諸人」，乃「有諸己而又非諸人」矣。非推恕之道矣。夫然而論辯之功，一方在將吾所知，而兼爲人之所能知之其他同類事物，舉以示人，以便人之依類而推，得于論辯中之同類事物，亦取同類之辭說；一方在反躬自省，當吾反對他人于某事物，存某見，作何說時，吾是否從未嘗對同類之事物存某見，作何說；而非在爲自己之所言，尋求重重疊疊之前提，以建立一形式之論證，如西方邏輯之所重；更非只在指出對方所立之言所犯之「過」，如印度因明之所重。唯由此而後吾人可進而了解小取篇下文所論之譬侔援推之辭，所以「行而異，轉而危，遠而失，流而離本」之故，及其對言之多方殊類異故，何以並無西方邏輯印度因明之形式的說明，而亦不可以邏輯因明之法式衡之之理由。此當於下節詳之。

（十） 言之多方殊類異故——或是而然，或是而不然。

小取篇後半之文，論譬侔援推之辭之「行而異，轉而危，遠而失，流而離本」，及言之「多方、殊類、異故」其所舉之例多瑣屑，而為今之以西方邏輯釋墨學者所喜論。然實則以西方邏輯之法式衡之，多不可通。而可通之者，蓋惟一原則，即就世人或對辯之他方，立辭時之主觀心理中，其辭所指之「實」如何（卽察名實之理），如何取「故」（卽依何理由），及其所已承認之「類」之同異，以定其所生之辭之當否而已。同辭以所指之實異，而辭亦因以異，蓋卽言之「多方」；取故不同，斯有「異故」；依異故而立之辭，其類亦異，蓋卽「殊類」。今先照錄原文，再加以申釋如下。

「夫物有以同，而不率遂同；辭之侔也，有所至而止。其然也，有所以然也；其然也同，其所以然不必同。其取之也，有所以取之；其取之也同，其所以取之不必同。故辟、侔、援、推、之辭，行而異，轉而危，遠而失，流而離本，則不可不審也，不可常用也。故言多方、殊類、異故，則不可偏觀也。夫物或乃是而然，或是而不然，或不是而然（此句依胡適校增），或一周一不周，或一是而一非也。……

(一)白馬，馬也；乘白馬，乘馬也。驪馬，馬也；乘驪馬，乘馬也。獲，人也；愛獲，愛人也。臧，人也；愛臧，愛人也。此乃是而然者也。

(二)獲之親，人也；獲事其親，非事人也。其弟，美人也；愛弟，非愛美人也。車，木也；乘車，非乘木也。船，木也；入（據孫詒讓閒詁所引蘇時學校）船，非入木也。盜，人也；多盜，非多人也；無盜，非無人也。……此乃是而不然者也。

(三)且夫讀書，非書也；好讀書，好書也。且鬬雞，非雞也；好鬬雞，好雞也。且入井，非入井也；止且入井，止入井也。且出門，非出門也；止且出門，止出門也。若若是，且夭，非夭也；壽，夭也，（此三字不可解，疑壽字爲止且夭止四字之譌，否則壽字下當脫止字）。執有命，非命也；非執有命，非命也。……此乃不（依胡適校增）是而然者也。

(四)愛人待周愛人而後爲愛人，不愛人，不待周不愛人；不失（疑衍）周愛，因爲不愛人矣。乘馬，不待周乘馬，然後爲乘馬也；有乘於馬，因爲乘馬矣。逮至不乘馬，待周不乘馬，而後爲不乘馬。此一周一不周也。

(五)居於國則爲居國，有一宅於國，而不爲有國。問人之病，問人也；惡人之病，非惡人也。人之鬼，人也；兄之鬼，兄也。祭人之鬼，非祭人也；祭兄之鬼，乃祭兄也。

之馬之目盼，則謂之馬盼；之馬之目大，而不謂之馬大。之牛之毛黃，則謂之牛黃；之牛之毛衆，而不謂之牛衆。一馬，馬也；二馬，馬也；馬四足者，一馬而四足也，非兩馬而四足也；馬或白者，二馬而或白也，非一馬而或白。此乃一是而一非者也。」

此上所舉之例，分五類，今以一、二、三、四、五標之，合以證成「言之多方殊類異故」、「辭之侔也，有所至而止」、及譬侔援推之辭，可「行而異，轉而危，遠而失，流而離本」之義。此五類之例，似可截然分別；然如何分別，則小取篇，並無嚴格之形式化的說明，而吾人如以西方邏輯之形式的法則衡之，即明有不可通者。

如以（一）與（二）中之例言之，「白馬馬也」，「獲之親人也」與「其弟美人也」，三者之形式同爲 $a \subset b$（即 a 包涵于 b 中）。「乘」之加于白馬與馬，亦當無異于「事」之加于獲之親與人，及「愛」之加于其弟與美人，其形式同爲 $ac \subset bc$。則乘白馬固爲乘馬，獲之事其親，亦應爲事一人，而人之弟果爲美人，則人愛其弟，亦即愛一美人也。仿此，則車船果爲木，入車船即入一種木也；盜爲人之一種，多盜即多盜之一種人，無盜亦即無盜之一種人。此方爲合乎西方邏輯之形式規則之推論。然則何以小取篇謂（一）中之例爲是而然，而（二）中之例，則爲是而不然乎？

時賢多謂此（二）中之例，所根據之規則，乃依于種名（如車盜）個體名（如獲之某親）與類名（如木與人）之不同；故連於種名之辭（如乘車、殺盜）與連于類名之辭（如乘木、殺人、事人）不同；連于個體名之辭（如事獲之親）與連于類名之辭（如事人）亦不同。然果如此說，則在（一）中之例，白馬爲種名，馬爲類名，獲爲個體名，人爲類名，此中亦有個體名，種名，類名之不同；則乘白馬亦應與乘馬不同，愛獲亦應與愛人不同。然則小取篇何以獨謂（二）中之例，爲是而不然，於（一）中之例，又謂之是而然乎？

由上文可知（一）中之例與（二）中之例，實不能依西方邏輯中之同一之形式規則，加以說明。則二者之分別，果何所根據？曰：此根據，實非純爲邏輯的，而實兼爲心理的。所謂兼爲心理的，卽謂此二者之分別，乃初由人于此二類之例中，就其辭所抒之義之分別言，可見人心于事物之如何取故，在事實上之有所不同，故此二類之例爲相異。此中，人于何事物，旣已如何取故，而依之以再進而引生某辭，其故與所引生之辭之關係，可爲純邏輯的。然人對不同之事物，如何取故，則並無邏輯上之必然法則，而純爲心理的也。

吾人今如依人之心理上如何取故之分別，以說明（一）中之例與（二）中之例之分別，此實甚易。譬如在（一）之例中，吾人問：何以乘白馬是乘馬？此卽以吾人之乘白馬，乃依白馬之爲馬之故而乘之，乘驪馬之爲乘馬亦然。卽此中吾人在心理上，乃就白馬驪馬等物之爲馬之故，而取此故，以引生「乘白馬爲乘馬」及「乘驪馬爲乘馬」之辭也。又問：何以吾人愛臧與獲是愛人？此中之臧與獲，或謂爲奴婢之名。無論是否，要之吾人愛臧與獲，非因其與我有何親屬關係，而純因其爲人之故而愛之，故愛臧與獲卽是愛人也。

至於在（二）之例中，何以獲之親爲人，而獲事其親非事人？又何以其弟是美人，而愛弟非愛美人？則此由于獲之親，雖爲一人，然獲之所以特孝事其親之故，却非由于彼爲一人，而由彼爲其親之故；而獲之愛其弟之故，亦因彼是其弟之故，亦非以其爲美人之故也。仿此，故車船雖爲木，然吾人之乘車，入船，乃因車船之爲物之某種形構，而能載人之故，而非因其爲木之故，故乘車非乘木，入船非入木也。又盜雖爲人，然吾人言多盜無盜時，所思者乃關于「盜」之「多」、盜之「無」，而非此爲「人」者之「多」與「無」，故多盜非多人，無盜非無人也。

由上卽知（一）中之例，與（二）中之例之所以不同，並非由其辭之形式之不同，而唯由於吾人在心理上于此二類之例之事物，如何取故之不同。此如何取故之本身，實無必然邏輯之法則。惟在人旣已如何取故之後，乃可說此一定之故，與依此故所引生之辭，有一必然之邏輯關聯。如吾人既由彼爲吾弟之故，而愛之，非以彼爲美人之故而愛之，則吾之愛之，卽爲愛弟而非愛美人。此中之前陳與後陳，或前件與後件間，確可說有一必然性之邏輯關聯。然吾人之何以須就彼爲吾弟之故而愛之，而不就其彼爲美人之故而愛之，則純爲主觀心理的，並無邏輯上之必然理由。世間上亦儘可有一藝術家，覺其弟爲美人，而唯就其弟之爲美人之故而愛之也。則此中人之畢竟依其弟爲其弟之故而愛之，或依其爲美人之故而愛之，亦無必然之邏輯法則也。

（一）（二）中其他之例，可依此類推，不另一一釋。

上文所謂吾人之心理上對事物如何取故之分別，亦卽同時是：吾人在心理上對所用之語言之意義，或重此一方面與或重彼一方面之別（自此而言，亦可謂小取篇爲今日所謂語意學或內包邏輯 Intentional Logic 之前驅）。譬如問：何以乘白馬是乘馬？此是因吾人乘白馬，乃依其物爲馬之故而乘之，亦同時是因吾人在說乘白馬時，吾人所重者，在白馬之爲馬之意義，亦卽白馬一語言中，所涵之馬之意義，而非其中所涵之白之意義。——故說乘白馬是乘馬，可，說乘白馬是乘白不可。又如問：何以愛臧與獲是愛人？此是因吾人之愛臧與獲乃因其爲人之故，亦同時是因吾人在說愛臧與獲時，吾人所重者，在臧與獲之爲人之意義，亦卽臧與獲之二名中，所涵之爲「二人之名」之意義。再如問，何以獲事其親非事人？此卽亦是因獲事其親一語，吾人所重者，非其親之爲人之意義，而唯是其親爲親之意義也。更如問：何以愛弟非愛美人？則因弟之一名在一般義原無美人之意義。在一人之弟爲美人之情形下，對此一人，以「弟」名之，並視「弟」如一專名時，此「弟」之一名，固亦可在外延上涵有指某一美人之義；然在其愛弟時，儘可全不思及其爲美人，則其所用之「弟」之一名中，仍可無美人之意義，故愛弟之一辭，亦不涵具愛美人之意義也。其餘乘車、入船、多盜、多人之例，可以類推，不另釋。

（十一）言之多方殊類異故——不是而然，一周一不周，一是而一非

吾人如知（一）（二）中之例之別，乃依于人之心理上之如何取故之別，與人于其語言所重之意義之別，則對于小取篇（三）中所謂「不是而然」之例，（四）中所謂「一周一不周」之例，及（五）中所謂「一是而一非」之例，亦當知其立辭之方式，皆不能以西方邏輯之形式規則衡之，而其表面上之似相矛盾之情形，皆唯有依于人之心理上如何取故之別，或人于其語言所重之意義之別，方能加以解消。

在（三）中之例，如依邏輯上加辭法言之，則如 a 非 b，ac 卽非 bc；ab既非 b，abc 亦非 bc。讀書既非書，好讀書卽不同于好書而非好書；鬬雞既非雞，好鬬雞亦非同于好雞；且入井既非入井，止且入井亦不同于止入井。其餘仿此。然則小取篇何以言「讀書，非書也；好讀書，好書也。鬬雞，非雞也；好鬬雞，好雞也，且入井，非入井也；止且入井，止入井也……」？依吾人之意，好讀書之所以為好書，——或吾人之所以可由好讀書之辭，以引生出好書之辭——唯由人在好讀書時，人在心理上確對於書與讀，皆有一好，因而好讀書之辭中，卽包涵好書之意義，故吾人卽可依「好讀書」中，所包涵之對「書之好」或「好書」之「故」，以生出好書之辭。依此「故」立為前提，以生出之辭，為結論，其間之關係，固亦為邏輯的。然于「好讀書」，何以只取其所包涵之「對書之好」之一義，而不只取其「對讀之好」之一義，則純為心理的，而非邏輯的也。今吾人若於好讀書中，只取其「對讀之好」之一義，則由好讀書引出之結論，應為「好讀」，非「好書」矣。好鬬雞之例與好讀書之例相似，可不另釋。至于

「止且入井」之一例，所以能成立，則由于吾于「止且入井」時，兼有「止其入井」之義。今取此義，故可以「止且入井」爲前提，以生出「止入井」之結論。然若吾人承認「且入井，非入井也」，吾于「止且入井」中所重者，在「止且」之意，則「止入井」中，無此「止且」之義，則「止且入井」，卽非「止入井」矣。唯在常人之一般心理中，于「好讀書」，恆取其中之「好書」之義；於「好鬬雞」中，恆取其中之「好雞」之義；于「止且入井」中，恆取其中「止入井」之義；此卽小取篇所謂「不是而然」者也。

在（四）之例中「愛人待周愛人而後爲愛人，不愛人不待周不愛人，不周愛，因爲不愛人矣。」一段，依兪樾釋，「周猶徧也」，蓋謂愛人者必待遍愛人，乃得謂爲愛人；不愛人，則不待徧不愛人，而後謂之爲不愛，卽只須于人有所不愛，卽爲不愛人矣。此釋正合于墨家之兼愛之教。然（四）中之下一例，爲「乘馬，不待周乘馬，不乘馬待周不乘馬。」以邏輯之形式規則衡之，此二例明互相矛盾。因若愛人，必待周愛人而後爲愛人，乘馬亦應待周乘馬而後爲乘馬；若乘馬不待周乘馬，則愛人應亦不待周愛人。因此二辭之形式構造爲全同也。胡適氏小取篇新詁，于此遂謂上一例中之小取篇原文，亦應爲「愛人不待周愛人」，以合于下一例之「乘馬不待周乘馬」。然果將小取原文，如是加以校正，則于其下所謂「一周一不周」一語，便無所交代。因此一周一不周，明非就一例內部言，而爲就二例之相似而不同處言。愛人之例乃周之例，乘馬之例，則不周之例也。胡氏謂依兪氏所釋，則小取篇無異自作一互相矛盾之說，此不應有。不知小取篇此文于各節所舉之例，表面觀之，正皆爲在邏輯形式上，可說爲互相矛盾者，其所以實不相矛盾者，則由於人之取故之不同。在此愛人及乘馬之一周一不周之二例中，人于乘馬時，或立乘馬之辭時，可只注意于其有所乘之馬，而只取「有乘于馬」之義，故乘馬不待周乘馬也。至于在愛人時，或說愛人時，則人非復只注意于其有所愛之人，而重在「去愛人」；而愛人之辭，亦不只涵有所愛之人之義，且涵「于人皆愛」之義；依墨家兼愛之教，更必須重此義，以求盡人而愛之。故小取篇謂愛人必待周愛人也。

在五中所舉之諸例，如依一般邏輯之形式規則衡之，亦明表面上有互相矛盾之情形。如謂「人之鬼，非人也；祭人之鬼，非祭人也。」又謂「兄之鬼，兄也，祭兄之鬼，乃祭兄也。」此二者卽互相矛盾。因如人之鬼非人，則兄之鬼亦非兄；如兄之鬼爲兄，祭兄之鬼爲祭兄，則人之鬼亦應爲人，而祭人之鬼亦爲祭人，方能免于邏輯形式上之矛盾。然小取篇之謂兄之鬼爲兄，祭兄之鬼爲祭兄，而人之鬼非人，祭人之鬼非祭人，却自另有其理趣，而爲常識之所首肯。卽人在祭兄之鬼時，人在心理上，恒如覺其兄之尚在，因而于兄之鬼之意義中，人乃重其爲我之兄之意義，而不重其爲鬼之意義。至在祭人之鬼時，則吾人心理上，乃覺其已非人而爲鬼，人此時乃重其爲鬼之意義，而非其曾爲人之意義。緣此人在心理上，對兄之鬼與人之鬼所重之意義各別；于祭兄之鬼時，乃取其兄之故，依其爲兄之義而祭之，故由祭兄之鬼所引生出或推得之辭或結論，遂爲祭兄；而于祭人之鬼時，乃取其爲鬼之故，依其爲鬼之義而祭之，故由祭人之鬼所推得之結論，遂非祭人，而爲祭鬼矣。

在「問人之病，問人也；惡人之病，非惡人也。」一例中，亦有同樣之問題。因問人之病，乃問屬于人之一事，惡人之病，亦是惡屬于人之一事，此二者之邏輯形式全同，此中並無「一是而一非」可說。而小取篇之所以說一是而一非者，唯以在問人之病中，人所關心注目者，在人而不在病；在惡人之病時，人所厭惡者，在病而不在人；故以問人之病爲前提或理由或故，所生之結論或辭，爲問人；而以惡人之病爲前提或理由或故，所生之結論或辭，非惡人也。

在「居于國爲居國，有宅于國不爲有國」之例中，如謂居于國爲居于國之部份之土地，則有宅于國，亦爲有宅于國之部份之土地。如居于國之一部份土地，可稱居國，則有宅于國之部份之土地，亦應可稱爲有國，方合邏輯規則。而小取篇之言二者之別，則唯有就人一般人之心理上，語言意義上，說居于國時，人所思者，乃所居之國之全體之土地，此全體之土地，似皆爲人之行旅所及，故居于國卽居國；而說有一宅于國時，人所思者乃宅之只佔國之一部份之土地，除宅所佔之此一部份土地外，其餘部份之土地皆在其外，故有宅于國非有國也。

復次，「之馬之目盼，則謂之馬盼」；「之馬之目大，而不謂之馬大」。二辭之不同，亦不在二辭外表之形式構造，而由于在此二辭中，吾人對馬與目盼及目大二者之關係，所了解之不同。于馬之目盼中，吾人所了解於馬目者，乃其活動，吾人所此活動可屬于其目，亦可屬于整個之馬，故吾人可依馬之目盼爲理由，以說馬盼。于馬之目大中，了解于馬目者，乃其形相，此目之形相之大，乃只屬于目者，不能說屬于整個之馬。此卽二辭之所以不同也。

至于「之牛之毛黃，則謂之牛黃；之牛之毛衆，而不謂之牛衆。」之例，與上者畧同。此二例之別，則在吾人對「牛」與「毛黃」「毛衆」等之關係之了解之不同。在吾人了解牛之毛黃時，卽同時知毛之附于牛之形體，其黃亦如在其形體之上，故可以牛之毛黃爲理由，以說牛黃。至吾人了解牛之毛衆時，吾人所思及者，惟是此毛之衆。此毛之衆，乃止附于此一牛之毛之衆，而非可用以指牛之形體者，故不能以此爲理由，以說牛衆也。

小取篇之最後一例爲「馬四足者，一馬而四足也，非兩馬而四足也。」及「馬或白者，二馬而或白也，非一馬而或白也。」此二者之異，可說由于此二馬字，實代表不同之概念，在邏輯上爲二名辭。亦可說此二馬字雖皆是馬字，然吾人於此乃思及其不同之意義。吾人說「馬四足」時，吾人乃就「馬」之一字，指一馬之意義而思之，由

「一馬四足」之辭爲故或理由，固不能引出「兩馬四足」之辭也。至吾人謂「馬或白」時，吾人乃就「馬」之一字指兩馬以上之意義而思之，由「兩馬或白」之辭爲故或理由，固亦不能引出「一馬或白」之辭也。

（十二）小取篇亦論辯之宗趣

吾以上二節，不厭覼縷，于小取篇後半篇，所舉之諸例，皆一一就其對偶成文處，以明其外表上皆非依同一之邏輯上推論形式而立，而吾人如以同一之邏輯上之推論形式衡之，將見其正爲互相矛盾衝突者。今吾人所賴以銷解之之道，則在于此對偶成文之辭，知其不同之義，並知吾人對外表形式上相類之辭，在心理上所思及之意義，而所立之爲理由爲故以引出他辭者，儘可實不相同。因而此外表形式上相類之辭，實非眞正相類。此即所以明辭之多方殊類異故也。自小取篇後半篇之意，在明辭之多方殊類異故以觀，則此不特非意在建立邏輯上之普遍的推論形式，且正在證明外表上同一之推論形式，恒不能普遍化，所謂「不可常用」是也。

然吾人雖謂小取篇後半篇之宗趣，不在建立邏輯上之普遍的推論形式，然却又不可說小取篇無邏輯上之原則之提出，更不可說小取篇意在明世間無眞正相類之辭。其所欲人注意者，唯是辭之似相類者，可實非相類；而使人知「辭之侔也，有所至而止，其然也，有所以然也。其然也同，其所以然不必同；其取之也，有所以取之。其取之也同，其所以取之不必同」。此上對偶成文之諸辭，即皆其例也。由此而依小取篇意，吾人欲定二辭之是否相類，欲知吾人可否由一辭之然，以知他一辭之亦然，要在知吾人以此二辭爲然而取之時，其「所以然」或「所以取之」之是否相同，簡言之，即吾人于此二辭，其所取之故或所依之理由，是否相同。辭若異故，則殊類，必同故而後其類同，此卽小取篇所提出之邏輯原則。至于依故所生之辭，其本身之是否有效，而堪效法，亦在此故與由此故所引生之辭，是否有邏輯上必然之關係。若立此故，必有此所引生之辭，不立此故，則無此所引生之辭，是謂大故。所謂「大故，有之必然，無之必不然」是也。若立此故，不必有此所生之辭，而不立此故，必不能有此所生之辭，是謂小故，所謂「小故，有之不必然，無之必不然」是也。大故相當于西方邏輯中所謂充足而必須之理由，小故相當于必須而非充足之理由。時賢論者已多，吾于此亦無異辭。此大故小故之名，雖不見于小取篇，亦爲小取篇之依故生辭之邏輯原則之所涵也。

然小取篇之宗趣，復不能說其只在提出上列之依故生辭之邏輯原則，實又在指出吾人之如何「取故」，乃兼屬于人之心理中之事，並不能只由二辭之外表形式上之相類，卽謂其所取之故爲相同。外表形式上之相類，乃「其然也同」「其取之也同」，而「取故」，則是就其然之「所以然」，而有「其所以取之」。此人之如何取故，乃不必爲人所自覺，亦不必表現于辭之外表形式上者。吾人欲定人之所言之辭之是非，則要在就人在實際上所取之故，與其所生之辭，是否有必然關係而觀，而非在就其外表之形式以觀。故祭人之鬼與祭兄之鬼之二語之形式同，然人于祭兄之鬼，乃取其爲兄之故，是爲祭兄，而祭人之鬼時，則乃取其爲鬼之故，遂非祭人矣。

依小取篇之義，人之如何「取故」之事爲心理的，而不必表現于辭之外表形式中者。此卽同于謂人之如何「取故」，並無事先之規定，亦無邏輯上之必然理由，如上所已論。而此依何故以生何辭之本身，亦可不必皆以語言加以形式化的表達者。如在前文所舉之殺盜非殺人之論辯，其所以能成立，唯在人于殺盜時，乃就盜之爲盜之故而殺之，非就盜之爲人之故而殺之。此中，如將所取之故，另以語言加以形式化的表達，卽可形成一西方邏輯中之普遍原則，或印度因明中所謂「因」及「喻體」。此普遍原則卽「『就盜之爲盜而觀，及待之以何道』不同于『就盜之爲人而觀，及待之以何道』」之原則。此原則復可依于一更高之普遍原則，如「『就一類（如人）中之一種（如盜）而觀此種之特性，及此特性所關聯之事（如殺）』不同于『就一種之屬于一類而觀此類之公性，及此公性所關聯之事』」之原則，或「『種名辭、種概念之內包之意義及其所聯繫之意義』不同于『類名辭類概念之內包之意義及其所聯繫之意義』」之原則。唯依此等普遍原則，墨者方能別盜于人。然此普遍之原則，在墨者之殺盜非殺人之論辯中，並無形式化的表達。卽唯是隱涵的原則。至在墨者之其他論辯，如上述之非攻之論辯中其「虧人自利而當非」之原則，固非隱涵的，而爲明顯的表出者；然墨者之邏輯思想，終未進至了解：一切推論中所隱涵的原則，皆宜有明顯的形式化的表達之義，此卽其不如西方邏輯因明者也。

然墨者對于論辯中所隱涵之原則之形式化的表達，雖未能重視，然缺此表達，亦儘可無礙于辯論之進行。此乃由于辯論之雙方，可爲在實際上同承認此隱涵之原則者。而實際上若辯論之雙方，不同承認若于隱涵之原則，則其言不能相喻，亦不能有共同之結論可得，抑亦可根本無相辯之必要。如在殺盜非殺人之論辯中，墨者誠未如上文之出其別盜于人所根據之原則，然墨者之論辯，亦正可不必待乎此。墨子于此只須指世人與之對辯者，旣承認「惡多盜非惡多人，欲無盜非欲無人」，則亦當承認墨者之「殺盜非殺人，不愛盜非不愛人」之論。其理由卽在此與彼同類。此同類之根據，自在其依同類之故而立，亦卽在其隱涵同一之別盜于人之原則。然此原則之未有形式化的表達，並不礙于人在知二者之同類時，卽在實際上依于同一之原則，由承認其一以承認其二。此卽小取之論辯，特重舉例爲譬，以比辭俱行，外表觀之，若皆爲西方邏輯中之類比推理之故也。

總上所論，故知小取篇之中心問題，實不在建立邏輯上之推論形式，而唯在述論辯歷程中或、假、效、辟、侔、援、推、之七事。此中之要點，則在「立辭必明于其類」，辭之相類者，亦即依相同之「故」而立者。凡依相同之故而立之辭，則此然彼亦然，承認其一，即當承認其二，而取其一，即當效之以取其二，是之謂以類行。而人之心術之大患，則在于辭之相類者，不明其爲相類，乃恒承認己之一，而不承認他人或其他之二。故于「竊人桃李」「攘人犬豕雞豚」等，虧人自利之事，則知非之，而于攻國之虧人自利，則不知非；于「惡多盜非惡多人，欲無盜非欲無人」則是之，于「殺盜非殺人，不愛盜非不愛人」則非之。此皆蔽于其「己之內」之一，而不能以類行，以通達于「外之他人或其他」之二，所謂「內膠外閉」是也。由此而有辯中之七事，以解此膠閉，以使人之立辭，皆明于其類。然辭有相類相侔，而實非相類相侔者，此即由其所指異義，實乃依于不同之故而立，原爲殊類；由此而有小取篇後一半篇之雜取諸似相類，而實非相類之辭而並舉之，以見凡異故者，其辭之形式雖相類，亦實爲殊類，因而亦不當于此，由取其一以取其二。此即小取篇論辯之宗趣也。大約大取篇所重者在人之如何取行，小取篇所論者，則皆在如何取言。蓋依墨子之教，重行過于重言，故于行曰大取，于言曰小取也。

四十九年九月廿六日

天問懸解三篇

蘇雪林

月之盈虧與月兔

屈原於天問天文部份問過太陽以後，又接着以整節文字問月亮道：

夜光何德，死則又育？

厥利爲何，而顧菟在腹？

淮南天文訓「月一名『夜光』」此語或本之天問，或戰國以來爲月之稱，既不可考，惟有姑置。博雅謂「夜光謂之月」，皇甫謐曰「年曆曰月者羣陰之宗，月以宵曜，名曰『夜光』」則更爲後起之語，非本楚辭，則據淮南。月之盈虧，事甚明顯，「死則又育」言其盈虧也。王逸註曰「言月何德於天，死而復生也。一云月何德居於天地，死而復生？」此皆順着原文語氣而言,別無新解。洪興祖補註「書有『旁死魄』『哉生明』『既生魄』死魄,朔也，生魄，望也……。」諸家皆以「好處」釋「德」，猶言月有何好處，乃能死而復生。戴震云「德，常德也。如剛德不變其剛，柔德不變其柔之謂，疑月何德，而死乃復育，如是終古乎？」語具特見，聞一多則更以「生」解之，曰「莊子天地篇曰『物得以生謂之德』。韓非子解老篇曰『德也者，人之所以建生也。』此『德』字義同，故下文曰『死則又育』育卽生也。月之生死，斥生魄死魄。越絕書『魄者，生氣之源也』，生氣之源，與德字義正相應。北堂書鈔一五〇引本文作『夜光何得』得德古通。」語殊警闢，較戴氏更進一步。

我們現在再來解釋「顧菟。」

王逸註「菟一作兔」，洪興祖補曰「菟與兔同。兔而加形容詞爲「顧兔」語殊費解。朱熹楚詞辯證曰「『顧兔在腹』此言兔在月中，則顧菟但爲兔之名號耳。而上官桀曰『逐麋之犬，當顧菟耶？』則顧當爲瞻顧之義，而非兔名。又莊辛曰『見菟而顧犬，亦因菟用顧字，而其義又異，蓋不可曉。』」

毛奇齡天問補註曰「梁簡文水月詩云『非關顧兔沒，』隋袁慶月夜詩云『顧兔始馳光』皆指月言。以兔本善視，故禮曰『兔曰明視』而月腹之兔，名爲月魄，則又善於下顧。」蔣驥引埤雅云「『天下兔皆雌而顧兔爲雄，故皆望之以亶氣』是以『顧兔』爲『月兔』專名。」照蔣意則顧者非月兔下顧乃是地上羣兔仰望天空。兔望月而孕，及自吐其子，皆不合科學，不必深論。筆者認爲「顧兔」或爲一種兔子之特稱，今失其義，如爾雅「盜驪」「夏羊」之類，後人强解，反爲害事，現姑置之存疑之例，以待再考。

聞一多謂古時僅言月中有蟾蜍，兔說乃後起。天問「顧兔」當係蟾蜍二字之音轉，列舉十一說爲證。洽博固可佩，語則穿鑿，難以令人贊同。筆者認月兔之說淵源深遠，決非如聞氏所云爲緯書所附會，請亦以五證明之：

其一、請證以屈原之學力。以屈原辨析名物之精，運詞用字之絲毫不苟，何致連「蟾蜍」二字都寫不出？即說那時尚無此字，但「籧篨」「戚施」「鴻」之爲蟾蜍別名皆早見於詩，他又何致不會寫？我們退一萬步說屈原用方言吧。楊雄方言並無楚人呼蟾蜍曰顧兔之說，且任何地方言都沒有，這能說顧菟即蟾蜍嗎？

其二、請證以古代帝王袞服上的十二章。詩豳風九罭：「袞衣繡裳」周禮「享先王則袞冕。」呂覽及世本均言黃帝命史皇倉頡制端冕袞衣，始以五彩畫十二章如山龍藻斧之屬。十二章究爲何物，不易確定。禮書通故言爲「日」、

「月」、「星辰」、「山龍」、「華蟲」、繪於衣。「宗彝」、「藻」、「火」、「粉米」、「黼黻」，則繡於裳。並繪有袞服之圖，日月在肩際僅覩其半，其中無物。近代日本中虛不折，小鹿青雲合著中國繪畫史就中國古代陶器及各種工藝品推考袞衣上十二章圖案，則上裳圖案凡六：一、「中繪三脚烏之日輪。」二、「中有搗不死藥兔子之月輪」。三、「星辰」。四、「山」，五、「雙龍」，六、「雉。」下裳圖案亦爲六：爲「雙爵」，「水草」，「火焰」，「米點」，「斧鉞」，「亞字紋」等。我們說十二章起於黃帝固難信，但起源甚早則可無疑。

雲笈七籤卷七十二「大還丹契祕圖」有日月二圖，日中爲三足烏，月中則搗藥之兔。又「火候第十二」亦有二圖與契祕圖小異,同卷「眞元妙道修丹歷驗抄」「還丹五行功論圖」第十二,均有日烏月兔之圖。此類書當然晚起，並且是道士們搬演出來哄騙人的。不過他們所根據的日烏月兔的圖案一定甚古，否則騙人的力量便不會怎樣大了。

其三、請證之以劉向之五經通義「月中有兔與蟾蜍者何？月，陰也，蟾蜍，陽也。而與兔並明，陰係於陽也。」劉向乃西漢末年人。那時緯書尚未起。

其四、請證以王充之言。論衡談日篇「儒者曰『日中有三足烏，月中有兔蟾蜍，』夫月者水也。水中有生物，非兔蟾蜍也。兔與蟾蜍，久在水中，無不死者，——且問儒者：烏兔蟾蜍死乎生乎？如死，久在日月，樵枯腐朽；如生，日蝕時既，月晦常盡，烏兔蟾蜍皆何在？」王充乃東漢初年人，他著論衡時，緯書亦尚未大出。充竟謂兔蟾之說乃儒者所常言，可見此說於充前久已存在，且正統學派的儒家居然肯接受此說，我們也可推知月兔與蟾蜍是具有傳統權威的。

其五、請證以緯書。審如聞氏所云「顧兔」二字係由蟾蜍輾轉訛誤而來，則訛誤已成之後，蟾蜍理應消失，何以至今兩存，漢代緯書，蟾兔對舉者甚衆，試援引於左：

(1)詩推度災「月三日成魄，八日成光，蟾蜍體就，穴鼻始明。」宋灼註曰「穴，决也，决鼻，兔也。」

(2)春秋運斗樞「行失搖光，則兔出月」宋灼註曰「陰不銜陽，故兔出月也。」

(3)春秋元命苞「月之爲言，闕也，兩設蟾蜍與兔者，陰陽雙居，明陽之制陰，陰之倚陽。」又曰「兔居月中者，陰裏陽也，卯故兔屬，卯，老兔。」

(4)春秋說題辭「兔爲積陰，西方之象也。」宋灼註「金氣積爲月，」又曰「坎爲水，積陰之象也。」

(5)易乾鑿度亦有與推災度相同文句，見藝文類聚引。

(6)張衡靈憲「懸象著明，莫大乎日月，月者陰精之宗，積而成獸，象兔蛤焉。其數偶。」

(7)黃帝占書「月望而月兔不見者，所見之國崩，大水滔民。」

(8)少室神道石闕銘，開母廟石闕銘所刻之畫，也是蟾兔共見。古詩十九首亦有「三五蟾兔滿，四五蟾兔缺」之語。

綜上五證，顧菟爲蟾蜍之訛不攻自破。

現在我們可以將月兔顏色來討論一下。傅玄擬天問「月中何有？白兔搗藥。」宋謝莊月賦「臣聞日以陽德，月以陰靈，擅扶光於東沼，嗣若英於西溟，引玄兔於章臺，集素娥於后庭。」傅玄謂月兔色白，當然指月光皎潔而言，謝莊以兔色爲黑，則或者以月中黑影爲兔。蔣驥云「按顧菟在腹，指月中微黑處。說者謂是地之影。蘇子瞻詩『九州居月中，有似蛇蟠鏡，妄言桂兔蟇，俗說皆可屏』是也。」

凡物老則不能復少，死則不能復生。月之死而復活，實由於月生氣最盡旺，生命力最強大，蓋月爲生命之源故也。按此說爲世界民族所共有，淵源極古。西亞古時謂月之虧缺，乃由於天上有七個惡靈，與月神辛(Sin)交戰，使月受創而然。但月總能憑藉其本身充沛的生命力，戰勝惡靈而復圓，光明逾昔。所以西亞人稱月爲「自己創造的胎實。」(un fruit qui de lui même.se cré-e)月之自缺復圓，爲戰勝黑暗及死亡之象徵。

西亞人又謂「水氣」(moisture)來自月，草木蔬穀非水氣不能生長，水氣既來自月，故月控制地球一切植物，爲「肥沃」之代權者(He Controlled nature as a fertiljing agency)進而牛羊牧畜也歸月神照管，再進而人類子孫也歸他轄制了。蘇末民族稱月爲「人類之友」(friend of man)也是爲了這個緣故。

印度相信有一種仙草名曰「莎馬」(Soma)產自月中，猶希臘人所謂羣神日常飲用之「仙漿」，(neetar)印度羣神欲戰勝阿脩羅者,非飲莎馬液不可,印度人又以某種植物取名莎馬，謂卽是月中那種仙草，莎馬所釀之酒，名曰「樹血」(blood of trees)(因爲初民相信人類生命在於血液之中)，婆羅門祭司以供月神，亦以自飲。後月天子旃陀羅(Chandra)之名竟與莎馬同義，其妻蘇爾雅(Sury'a)亦然，莎馬竟人格化而爲神了。

月兒圓滿時，其狀如杯如椀，人們又說它卽是「盛不死藥之杯」(goblet cotaining the Ambrosia),不死藥卽是莎馬。印度人也和西亞人一樣謂月爲生物生長所需水氣之源，月遂成羣泉之首,稱之曰「生命之水」(The water of life)淮南天文訓「積陰之寒氣久者爲水，水氣之精者爲月。」又曰：「月者，陰之宗也。」又曰「方諸見月，則津而爲水。」緯書亦言「坎爲水，積陰之象」謂此語非出一源，我又有何術以破其固陋！

這樣看來，屈原問「夜光何德，死則又育？」聞一多以「德」釋爲「生命」是非常值得讚許的。

月中之有常娥，見歸藏，「昔常娥以不死之藥服之，遂奔月爲月精」，又見淮南子覽冥訓「譬若羿請不死之藥於西王母，姮娥竊以奔月，」均無常娥變爲蟾蜍之說。張衡靈憲始謂羿妻爲月中蟾蜍。大約月中本有蟾蜍，又有常娥奔月故事，張衡遂敷合二事以爲一事吧？

但在遠古時代，蟾蜍對月是不利的，她是要和月做對頭的。淮南說林訓「月照天下而蝕於蟾蜍」，晉傅玄詩「蟾蜍食明月」唐盧仝韓愈亦有月蝕詩，言蝦蟆食月事。美洲紅人亦謂月蝕係被巨蛙所吞。或謂美洲土人與亞洲同種，當白令海峽未斷時由亞遷美者，如此，則蟾蜍蝕月傳說之古，還在人類尚未分家之前呢。

日本藤田豐八著「中國神話考」頗多可喜之發現。他主張中國蟾蜍當是印度羅喉（Rahu）頭顱的衍變。筆者也認兩者間有關。惟中國食月之蟾蜍乃係整個，印度蝕月之羅喉則僅一首，我倒懷疑印度故事是後來變遷而成的，在蟾蜍之後，不在其前。蟾蜍何以食月！當是覬覦月中的不死藥的緣故。藤田豐八謂條頓民族神話亦傳有不死之藥，隱於月中，狼精Managiam常追飲之。印度「羅喉執月」也由不死藥而起。

倘問食月者何必一定爲蟾蜍？爲蛙？則此事甚難回答。古人所謂惡靈，非龍則蛙，若翰啓示錄自言魂遊天庭，見三個污穢的魔鬼，狀如青蛙。西洋藝術家繪畫或雕刻魔鬼像，每作蛙形。我國亦有崇祀蛙神之俗，述異記言江西金谿縣有蛙神，傳自晉。聊齋誌異有「青蛙神」亦言「江漢之間俗事蛙神最虔」，五通篇則言「五通靑蛙，惑俗已久。」今江浙尚有其祀，其源何自，待考。

月兔之說，西亞希臘此時尚無，有待於將來地下資料之發現，印度則多至不可勝數。一切經音義卷二十三：『月中兔者，佛昔作兔王，爲一仙人投身入火，以肉施彼，天帝取其體骨置於月中，使得淸凉，又令地上衆生，見而發意。』

大唐西域記卷七三獸窣堵波條：

烈士池西，有三獸窣堵波，是如來修菩薩行時燒身之處。劫初時，於此林野，有狐、兎、猿，異類相悅。時天帝釋欲驗菩薩行者，降靈變化，爲一老夫，謂三獸曰「二三子，善安穩乎？無驚懼邪？」曰「涉豐草，遊茂林，異類同歡，既安且樂。」老夫曰「聞二三子情厚意密，忘其老弊，特來遠尋，今正饑乏，何以饋食？」曰「幸少留此，我躬馳訪。」於是同心虛己，分路營求。狐沿水瀕，銜一鮮鯉，猿於林樹，採異華果，俱來至止，同進老夫，惟兎空還，游躍左右。老夫謂曰「以吾觀之，爾曹未如，猿狐同志，各能役心，惟兎空還，獨無相饋，以此言之，誠可知也。」兎聞譏議，謂猿狐曰「多聚樵蘇，方有所作。」狐猿競馳，銜草曳木，既已蘊崇，猛燄將熾，兎曰「仁者，我身卑劣，所求難遂，敢以微躬，充此一餐。」詞畢入火，尋卽致死。是時老夫，復帝釋身，除燼收骸，傷歎良久，謂猿狐曰「一何至此，吾感其心，不泯其迹，寄之月輪，傳之後世。」故彼感言，月中之兎，自是而有。後人於此，建窣堵波。

這故事又見於雜寶藏經卷二，經律異相卷四十七。

藤田豐八云印度人在吠陀經裏卽以Sasa爲月中之兎。月稱「兎像的」(Sasadhara)又稱「月兎的」(Sasabhrit)；又稱「兎像」(Sasachana)此外則Sasalakshaman，Sasanka，皆屬「兎像」之義，而Sasin則爲「有兎之義。謂屈原「顧菟」之說，卽由此起云云。但大唐西域記及一切經音義等書，他却不會提及。

照筆者的意見，月兎與蟾蜍一樣也是人類尚未分家時的傳說。墨西哥遠在南美，也謂月中有兎，見James Hasting

的倫理宗教百科全書（Encydopaedia of religon and ethics）這難道也是印度傳去的嗎？

兔在月中搗不死藥，月方死而又育，關係於此，「厥利維何？」厥字屬之於月，王逸註「言菟何所貪利而居月之腹」大謬。聞一多謂顧菟爲不利於月之蟾蜍所衍變，（抱不死藥奈月的嫦娥變作蟾蜍乃出後人附會，上文已言）當然也是錯了。

女岐與九子母

天問「女岐無合，夫焉取九子？」王逸注：「神女無夫，而生九子也。」朱熹曰「女岐之事，無所經見，無以考其實，釋氏書有九子母之說，疑卽謂此，然亦荒無所考矣。」

按九子母傳說，我國古代似頗盛。丁晏天問箋云「女岐或稱九子母。呂氏春秋有始覽諭大篇『地大則有常祥不庭，岐母羣祇，天翟不周。』高誘注，以岐母爲獸名，非也。漢書成帝紀，『元帝在太子宮，生甲觀畫堂。』顏注引應劭曰：『堂畫九子母』天問本依圖畫而作，意古人壁上多畫此像，西漢去古未遠，猶沿此制，應氏之說是也。」

荊楚歲時記「四月八日，長沙寺閣下，有九子母神，是日市肆之人無子者，供養薄餅以乞子，往往有驗。」可見九子母是屬於母神（Mother Goeddess）之一種。至唐宋時的九子母尙傳於衆口。御史臺記有以下故事：

唐任瓌畏妻，杜正倫弄之。瓌曰：「婦當畏者三：少妙之時，如生菩薩，及兒女滿前，如九子魔母；至五六十時，傅施妝粉，或青或黑，如鳩盤荼。」

但這個故事附合到另一人身上，孟棨本事詩云：

中宗朝御大夫裴談，崇奉釋氏，妻悍妒，談畏之如嚴君，嘗謂人妻有可畏者三：少妙之時，視之如生菩薩，豈有人不畏生菩薩者耶？及男女滿前，視之如九子魔母，安有人不畏九子母耶？及五十六十，薄施妝粉，或青或黑，視之如鳩盤荼，安有人不畏鳩盤荼耶？

任瓌陳末人，隋時曾爲韓城尉，入唐助高祖拒破王世充，後屢立戰功，拜邗州都督；遷陝州，卒。杜正倫，隋末人，入唐，太宗曾表直秦王府文學館，顯慶（高宗年號）初，進同中書門下三品，遷中書令，封襄陽縣公，補橫州刺史卒。裴談則唐中宗時人，時代較晚，且本事詩叙裴談語較任瓌爲詳，顯然是抄襲御史臺記。孟棨之所以要把這個很有風趣的「怕婆理論」附會到裴談身上者，正因裴談怕婆的聲名，在中宗時甚大。故本事詩又記了下面一段情事：「時韋庶人頗襲武氏之風軌，中宗漸畏之。內宴唱回波詞，有優人詞曰『迴波爾時栲栳，怕婦也是大好，外邊只有裴談，內裏無過李老。』韋后意色自得，以束帛賜之。」

宋錢穆父有九子，蘇東坡戲呼之爲「九子母丈夫」（猶言他是九子母的丈夫），贈詩有「九子羡君門戶壯」之句。

朱熹謂『九子母出釋氏書，現在的佛經只有「鬼子母」，沒有「九子母」，我們現在且將「佛說鬼子母經」大意撮引於下。』此經現收大藏經密部四，畧言佛遊大兜國，時國中有一母多子，性極惡，常喜行盜人子噉之，如是非一。阿難及衆沙門，出行輒見亡子家啼哭，歸以白佛。佛告阿難及衆沙門，是國中盜子者，非凡人，故現鬼子母，喜行盜人子，是母有千子，五百子在天上，五百子在世間，千子皆爲鬼王，一王復數萬鬼，如是五百鬼王，在天上嬈諸天，在世間嬈帝王人民如是，天亦無奈何。阿難白佛言，鬼子母今來在國中，今寧可勑令不盜人子耶？佛令悉歛取鬼子母之子著精舍中。鬼子母歸不見其子，出行街里遍索不得，復出城外索亦不得，便行城中啼哭。於是者十日，母便發狂，啼哭自擗撲，仰天大呼，爲狂粱語，亦不復能飲食。佛遣沙門，召之來，告以從此若不再盜噉人子，當還其子。鬼子母聽從之，從佛受戒，即得須陀洹道。以後鬼子母改名浮陀摩尼鉢，妹名炙匿，國中無子者向之求子，皆能如願。

寶積經亦有鬼子母事畧云：鬼子母者，是鬼王般迦妻，有子一萬，皆有大力，其最小子曰賓迦羅。此鬼子母凶暴妖虐，殺人兒以自噉，人民患之，仰告世尊。爾時即攝取其子賓迦羅盛著鉢底。鬼子母周遍天下，七日之中，推求不得，至佛所問兒所在，佛答言世間人民或有一子，或三五子，而汝皆殺害，汝有萬子，惟失一子何苦惱憂愁而推覓之耶？母告佛言，我若得見賓迦羅，永不殺世人子。佛即使鬼母見賓迦羅於鉢下，盡其神力，不能取，還求於佛，言汝今受三般五戒，盡壽不殺，當還汝子，鬼子母受戒已訖，即還其子。但鬼子母本以食人爲生，今已戒殺，如何得食？故訶唎底母經言佛許以凡人間有齋供，先令鬼子母飽食。今佛教徒每放燄口及行齋供事，必以紙條書「敬供鬼子母」字樣，即由於此。

訶哩底母經言鬼子母爲大藥乂之女，名訶哩底，唐言歡喜（或作「訶利底」「訶利帝」「呵利陀」「訶黎蒂」）容顏端嚴，有五千眷屬，常住支那國，生五百子，有大威力，本經未言她食人事。

毘奈耶雜事三十一，言鬼子母之前身爲懷孕牧女，時有獨覺佛出世，牧女赴會舞蹈，墜其胎兒，發惡願來世生王舍城，盡食人子，後果生爲娑多藥乂長女，與建陀國半乂羅藥乂長子半支迦藥乂結婚生五百兒，恃其豪强，日日食王舍城男女云云。

訶利底本作 Hariti，她是印度「母神」，無子者向之求子，今印度人猶虔奉之。「訶帝母眞言經」言繪像供奉事云：「若有女人，不宜男女，或在胎中墮落，斷緒不收，皆由四大不能調適，或被鬼神作諸障難，或是宿業因緣，不宜男女，應取白氎，或長一肘，或長五寸，隨意大小，畫訶利底母，作天女形，純金色，身著天衣，頭瓔珞，坐宣臺，下垂兩足，於垂足兩旁，畫二孩子，於兩膝上各坐一孩子，左手懷中抱一孩子，右手持吉祥果。「大藥叉女歡喜母幷愛子成就法」言畫像應作天女形，極令姝麗，身白紅色，天繒寶衣，頭冠耳璫，白螺爲釧，種種瓔珞，莊嚴其身……

義淨南海寄歸傳曰：「西方諸寺，每於門屋處，或在食厨處，塑畫母形，抱一兒子，於其膝下，或五或三，以表其像，每日於前，盛陳飲食。其母卽是四天王衆，大豐勢力，其有疾病無兒息者，饗食薦之，咸皆遂願。

世界大女神，無不兼爲「母神」者，如西亞的意士塔兒，（Ishtar）婆（Bau）媽媽（Mama）媽咪（Mamie）地母穆梅吞（Mammetun）皆有母神性。

西亞尚有暴風雨神恩利爾（Enlil）之妻潤利爾（Nin-lil）也是母神，其塑像爲懷中抱子作乳哺狀。甚至佛教之觀世音菩薩，亦兼母神之責。希臘月神狄愛娜本爲誓願不婚之神道。但在小亞細亞易弗所（Ephesus）月神廟中的月神像胸前竟有乳多副，表示其爲子孫繁殖之神。盖母神爲人類所共同需要，不下於肥沃之神。若無適當人選，則守貞的（例如狄愛娜），不婚的（例如觀音）也被强拉來充數了。

現在問題要回到九子母了。今日印度佛經旣僅有鬼子母，而唐人筆記言崇奉釋敎的怕婆裴談，以「生菩薩」，「鳩盤荼」與「九子母」並舉，則九子母當亦來自釋典。何况宋朱熹又明說「釋氏書有九子母之說」，朱熹讀書極精審，決非隨筆牽合。鄙意南海寄歸傳及印度所傳畫訶里底像，懷中及膝下僅有孩子三個或五個，決無五百之衆，當時傳入中國的佛經或作九子母經，否則孟棨本事詩及朱熹，不會那麽說的。又我以爲九子母經傳入中國較早，訶哩底母經則唐時傳入。（訶哩底母乃唐不空奉勑譯）九與鬼一聲之轉而已。

現在又要問，既如此，天問的「女岐」是否卽九子母呢？是的，「夫焉取九子」不說明白了嗎？

但問題又來了，天問天文部份共四十四句，既承認它並無錯簡，則女岐四句係在天文問題內了。九子母或鬼子母只是「母神」而已，與天文什麽相干呢？原來這與天文還是相干的。游國恩引史記天官書「尾爲九子」以釋天問此文，聞一多許爲「特識」謂天官書索隱引宋均曰「尾屬後宮場故得兼子，子必九者，取尾有九星也。後漢書言成帝生甲觀畫堂，而堂畫有九子母，如晉宮殿之有「螽斯」「則子」之類，皆取其宜子之兆云云。說是說得很對，但他們雖知女岐之爲九子母，九子母又卽是天文上的尾宿，却不知九子母卽印度鬼子母，又不知此二母者，均爲世界共有之「母神」，則猶有一間之未達。

女岐之來源是印度嗎？筆者認爲亦來自西亞，女岐與伯强是一對，伯强卽禺彊，禺彊又卽是西亞水主哀亞(Ea)，我們都知道哀亞之妻爲唐克娜(Damkina)。相傳人類乃她所創，她又是母神，西亞母神的話我們暫不說，我國尾宿內有一星曰「傳說」晉書天文志「傳說一星在尾後，主王后爲祭祀以祈子孫，廣求後嗣。尾宿之所以稱九子星，豈不與此有關？筆者於十餘年前撰「天問后羿射日神話」，卽主張傳說爲中國母神，可見我的見解尙可稱爲正確。

哀亞爲人類始祖，（參考拙著河伯與水主）唐克娜亦爲人類創造者。天地日月星辰造成之後，便該輪到人類的創造了，所以屈原將禺彊夫婦安置於此處，天問的結構，請問何等嚴密？王逸乃謂屈原隨意呵壁所題，太好笑了。

「無合」二字稍難解。枚乘七發「九寡之珥以爲約。」李善注列女傳「魯之母師，九子之寡母也。」張湛注：「九寡，九度寡也。」聞一多謂「女」「母」形近，「岐」「師」聲近，「母師」即是「女岐」，是極，不過我以爲還該注意此處的「寡」字。蓋枚乘的「九寡」是一專名，無非指其寡婦而有九子罷了。寡居無偶而有九子，不是「無合」又是甚麼？然唐克娜本有夫，爲什麼說她無合呢？或者尾宿九子卽原始人類，乃唐克娜所造者，與其夫無關，故屈原云然。又西亞某大女神生有多子，自云非由夫而得。唐克娜與西亞女神相混者爲數非一，也許這個女神故事便是她的故事吧。

再者我們知道哀亞有神子七位（見拙著論九歌少司命），但哀亞又有魔子七位，皆爲暴風雨神，(The seven storm demons)。「七」之衍而爲「九」，亦猶印度之衍爲「五百」「一萬」。禺彊爲箕星，主風，箕尾又相連接，他們的兒子爲暴風雨神，亦無怪。

但照「無合」一詞看來，這七個暴風雨神或者是唐克娜獨自產生的。蓋世間魔怪之子，其生多不由父。梁任昉述異記「南海小虞山有鬼母，能產天地鬼，一產十鬼，朝產之，暮食之，今蒼梧有鬼姑神是也。」這個鬼母與印度鬼子母頗相類，不過一食人，一自啖其子罷了。古代芬蘭有一歌，言一老婦產九子：一爲「狼人」(Were Wolf)，二爲「蛇」(Snake)；三爲「哩西」(Risi)；四爲「蜴蜥」(Lizard)；五爲「夢魘」(Nightmare)；六爲「風濕症」(Jointeche)；七爲「痛風」(Gout)；八爲「憂鬱症」(Speen)；九爲「絞腸痧」(Gripe)。見卡斯脫(Th. H. Caster)所著世界最古的故事(The oldest stories in the world)，這個故事與九子母（雖然也是一產九子）無關，與唐克娜更無關，不過暴風雨之子，也帶魔性，且尾宿在西洋天文上屬於天蝎星座，天蝎也是妖物。如此或者有人要問，魔母何足爲母神以兆多子呢？此則膠柱之見，原始神道本皆爲魔，以後人類文化進步，神亦漸變而爲善良，尾爲母神何害？卽以魔性而論，也是無妨，印度鬼子母爲食人惡魔，還不是一樣被崇爲母神呢。

現在請將「伯彊何處？惠氣安在？」二句，趁便在這裏一爲解釋。王逸說伯彊是大厲疫鬼，王夫之以下諸楚辭專家，多主爲禺彊，甚是。「伯」者言其爲羣神領袖，如春秋五霸，實際爲五伯，言其爲諸侯領袖也。「伯」又爲「父」，今俗猶呼父曰「伯伯」，乃「爸爸」聲轉。哀亞爲人類之父，(The father of man) 到中國爲禺彊，故曰「伯彊」。其爲水神時則爲「河伯」，此句又足與其妻女岐爲母神映帶成趣。

屈原問「伯强何處」是問他立身在什麼地方？西亞天文，哀亞爲黃道(Ecliptic)之北極星（Pole Star 此星在天龍座）。莊子大宗師的「禺疆得之，立乎北極」，所立乃天文上之北極，非地球上之北極也。屈原問伯强何處，正可以此答之。但禺疆又爲風神，風屬天文上之箕星，游國恩，聞一多考據得不錯。我們又可說禺彊是在東方蒼龍第六宿上，與尾宿密邇，無怪它們要成爲夫婦。。哀亞爲仁慈之神，惠氣猶之惠風，乃他所獨掌。王逸說禺彊爲大厲疫鬼，疫鬼又何足以致惠氣呢？王逸只好這樣解說「言陰陽調和則惠氣行，不調和則厲疫興」，我們也不必笑他說話彎曲，一個人不懂得世界神話是無法解釋屈原作品的。

共工頭觸不周山

天問「鯀何所營？禹何所成？康囘馮怒，地何故以東南傾？」這四句問的大地形勢西北高，東南低的緣故。地勢之所以如斯，古人說這是由於共工首觸不周山釀成的結果。

共工觸倒不周的故事，除天問此文外，又見列子與淮南論衡等書。今援引於次。

（Ａ）列子湯問第五「其後共工氏與顓頊爭爲帝，怒而觸不周之山。折天柱，絕地維。故天傾西北，日月星辰就焉。地不滿東南，故百川水潦歸焉。」

（Ｂ）淮南天文訓「天受日月星辰，地受水潦塵埃，昔者共工與顓頊爭爲帝，怒而觸不周之山，天柱折，地維絕。天傾西北，故日月星辰移焉。地不滿東南，故水潦塵埃歸焉。」

又原道訓「昔共工之力，觸不周之山，使地東南傾，與高辛爭爲帝，遂潛於淵，宗族殘滅，繼嗣絕祀。」

（Ｃ）王充論衡談天篇「儒書言共工與顓頊爭爲天子，不勝，怒而觸不周之山，使天柱折，地維絕。女媧鍊五色石以補蒼天，斷鼇足以立四極。天不足西北，故日月移焉。地不足東南，故百川注焉。」

（Ｄ）司馬貞補三皇本紀「女媧亦木德王，盖宓犧之後，已經數世，金木輪環，周而復始，特舉女媧以其功高而充三皇，故頻木王也。當其末年也，諸侯有共工氏，任智刑以强霸而不王，以水乘木，乃與祝融戰，不勝而怒，乃頭觸不周山崩，天柱折，地維缺。女媧乃鍊五色石以補天，斷鼇足以立四極，聚蘆灰以止滔水，以濟冀州。」

論衡乃東漢人，司馬貞則唐人，他二人的話當然是根據列子淮南及古代傳說。筆者之所以將它引在這裏，是因他們都提到女媧鍊五色石補天事。按此事列子湯問第五固亦有之。但言其在共工觸山以前。淮南覽冥訓也有一段關於女媧補天的故事，僅言「往古之時，四極廢，九州裂，天不兼覆，地不周載，火濫炎而不滅，水浩洋而不息。」於是女媧乃鍊石補天云云。與共工觸山又好像是兩不相涉。論衡及三皇補記將兩個神話連貫起來，當然值得我們注意。

現且將共工與歷代帝王之關係列舉於次。

（一）共工與顓頊　顓頊乃昌意之子，黃帝之孫，也是夏禹的祖父。他當然是歷史人物了。可是在列子淮南裏儼然是個神人。女媧本是伏羲之妹，她的時代也遠在顓頊之前，然在山海經裏，女媧又名女丑，靈恝，窫窳，與顓頊爲夫婦。（女媧與伏羲爲夫婦，伏羲也卽是顓頊）

山海經講到共工與顓頊關係，均語焉不詳。大荒西經講到不周山，又言「有國曰淑士。顓頊之子，有神十人，名曰女媧之腸，處栗廣之野，橫道而處。」及女丑被十日炙死，十子以不死藥救之而活等等，這話雖簡單，但構成了一個如火如荼，聲容並茂，偉大的后羿射日神話，筆者於十餘年前所寫天問裏的三個神話便曾詳論，此處從畧。

（二）共工與帝堯　書堯典「帝曰『疇咨，若予采。』驩兜『都，共工方鳩僝功。』帝曰『吁，靜言庸違，象恭，滔天。』帝曰『咨四岳，湯湯洪水方割，蕩蕩懷山襄陵，浩浩滔天，下民其咨，有能俾乂』竹書記年「堯十九年命共工治河。」史記五帝本記「堯又曰：」『誰可者？』驩兜曰『共工旁聚布功可用。』堯曰『共工善言，其用僻，似恭漫天，不可。』堯又曰『嗟四嶽，湯湯洪水滔天，懷山襄陵，下民其憂，有能使治者？』

逸周書史記篇　「昔有共工自賢，自以無臣，久空大官，下官交亂，民無所附，唐氏伐之，共工以亡。」唐氏卽是唐堯。

（三）共工與帝舜　書舜典「流共工於幽州，放驩兜於崇山，竄三苗於三危，殛鯀於羽山，四罪而天下咸服。」孟子萬章上「舜流共工於幽州，放驩兜於崇山，殺三苗於三危，殛鯀於羽山，四罪而天下咸服。」

汲冢周書「共工壅防百川，墮高堙庳，以害天下，皇天弗福，共工用滅。」

國語周語「昔共工棄於此道也，虞於湛樂，淫失其身。欲壅防百川，墮高堙庳，以害天下。皇天弗福，庶民弗助，禍亂並興，共工用滅。」

兩書均未言共工滅亡之時代，但流共工於幽州者是舜，我們便把這件功德派歸舜吧。

淮南本經訓「舜之時，共工振滔洪水，以薄空桑。」

（四）共工與大禹　荀氏議兵篇「故仁人之兵，所存者神，所過者化，若時雨之降，莫不說（悅）喜。是以堯伐驩兜，舜伐有苗，禹伐共工，湯伐有夏，文王伐崇，武王伐紂，此四帝二王，皆以仁義之兵，行於天下也。」又荀子成相篇「禹有功，抑下鴻，辟除民害逐共工，北決九州，通十二渚，疏三江。」

戰國策秦策一「蘇秦曰：昔者神農補遂，黃帝伐涿鹿而禽蚩尤，堯伐驩兜，舜伐三苗，禹伐共工，湯伐有夏，文王伐崇，武王伐紂，齊桓任戰而伯天下，由此觀之，惡有不戰者也？」

山海經關於禹之與共工的戰鬥，也有些片斷。譬如大荒西經提到不周山，則言「有禹攻共工山國。」大荒北經言共工之臣名相繇，九首蛇身，禹湮洪水，殺之，海外北經也提到那九首人面蛇身的相柳，被禹所殺。

中國古書言顓頊在位七十八年壽九十七歲，崩後，高辛氏帝嚳即位，帝嚳在位七十年、壽九十九歲。帝崩，子摯嗣立，在位九年，爲諸侯所廢，推堯爲天子。堯在位百載，壽百十有八歲。舜受禪爲天子，在位四十八載，壽百有十歲。又過二年，禹始即位，自顓頊算來有三百餘年了。若連上伏羲女媧，那更要加上幾百年了。這個共工究竟是人是神？他爲什麽這麽長壽？竟能歷事這許多朝代的天子？

高誘也知道這事太蹊蹺，所以他在註荀子議兵篇的時候，便說到「書曰『流共工於幽州』者，皆堯之事，此云禹伐共工，未詳也。」於成相篇則註曰「今尚書舜流共工於幽州，此云禹，未詳。」等到他註戰國策。便學了乖，說道「共工，官名也，霸於水火之間，任知訓（一無訓字）刑之後嗣子孫也。他註淮南文天訓也說「共工，官名，霸於宓犧之間，其子孫與黃帝之孫顓頊爭位云云。」而尚書堯典註也說「共工官名」國語周語韋昭注引賈侍中（逵）云「共工，諸侯，炎帝之後，姜姓也。顓頊氏衰，共工侵陵諸侯，與高辛氏爭王也。或云共工堯時諸侯，爲高辛所滅。」但韋昭隨又駁賈氏道「言爲高辛所滅，安得爲堯諸侯？堯時共工與此異也。」朱熹亦曰「共工，官名，蓋古之世官族也。」文選辨命論李善引許愼淮南註則曰「共工，古諸侯之强者。」這樣則共工並非人臣，而是堯舜禹的敵國了。

梁啓超太古及三代載記則曰「據汲冢竹書，共工銜命治水，又在鯀前四十餘年，則堯時水工前後歷歲，殆逾六十。要之斯役必稽時甚久，故種種譌說，緣會而生。誠參稽以求其近是；大抵水禍初興，負責救治者厥惟共工，而數十年不惟無效，災情反增，於是人民咸怨，以當時冥昧之心理，或轉疑水禍實治水者所招致，此頭觸不周之說所由起也。既已代遠年湮，重以喪荒孑遺之後，傳說益復龐雜，故羣情集矢共工，事實愈傳而愈譌。考共工兩見堯典，其爲堯臣甚明，而百家多載與顓頊爭帝之說，甚則女媧所止之水，其禍源亦蔽罪共工。爲之說者，謂共工乃古大族之名酋，建號始於羲農，顓堯之時，襲號者乃其苗裔，（按此乃採淮南天文訓高誘註的意見。）然夷考凡言共工史蹟者，雖互有出入，而大致相同，無一不與水有繫屬，（原註管子言共工氏之在水處什之七，陸處什之三，亦與水有關係）則爲同一傳說而謬岐年代甚明，故知女媧時顓頊時原非有水，實則皆堯時之水也。共工既不能舉績，次乃及鯀……當時共工及鯀之政策，在修隄防，禹則反之，務濬河道，後人以爲成敗所攸判，斯固然矣。」（此文現收梁氏國史研究六篇中。）

任公先生不知道照古書所述，共工不惟不是世官，也非古大族之名酋（此說等於諸侯），他本身還是大一統的帝王哩。國語魯語不曾這樣說嗎？「昔者共工氏之伯九有也，其子曰后土，能平九土，故祀以爲社。」禮記祭法不是又曾這樣說嗎？「是故厲山氏之有天下也，……共工氏之霸九州也……」「伯九有」「霸九州」不知是指鄒衍的大九州，還是指我們中國的小九州？便說是小九州吧，我國秦以前還沒有一個君主具有這樣的資格！（筆者所論係指我國眞實的歷史以言，僞造的史料不在此例）

共工既是古代大一統的帝王，他怎會做堯舜的臣子？梁氏之辯，豈非多餘？而况他又說頭觸不周，女媧鍊石這種驚天動地，偉麗絕倫的神話是民衆怨恨共工治水無效，揑造出來的，我想當時民衆卽曰「冥昧」，也不致會把活生生的一個人附會成神，而且「爭帝」之說又作何解？所以不懂神話決不能研究中國古史，以任公先生之學問與理解，尙作此不近情理之論，其他抑可知矣！

筆者認共工本神話人物，因他原屬水神，堯舜禹三氏既有洪水的傳說，僞造堯典舜典者遂將此公抓來，强派他爲治水之臣。因他原是惡神，所以又說他治水無功，終於被放。戰國諸子將共工當做禹的敵國，則係受山海經一類的影響而然。孟子雖常引堯典，諸子則似未見此書，也許這類僞史當時流傳並不甚廣。這話暫時擱過，我們現在再來討論天問吧！

天問「康回馮怒」馮，馮皮切，列子「帝憑怒」註云「憑，大也。」春秋傳「震雷馮怒」注云「馮，盛也。方言馮，怒也。楚曰馮。」注云「恚盛貌。」

康回，王逸謂爲共工之名，當然是順著原文口氣信口而說的。丁晏天問箋「康回，當作庸回，字形相近誤也。左傳文十八年，『靖譖庸回，天下之民，謂之窮奇。』杜預註『庸，用也，回，邪也。謂共工其行窮，其好奇。』靖譖庸回，猶堯典之靖言庸違也。」康成注書，以爲共工名氏，未聞，叔師以康回爲共工名，恐非。」

我們現在且把左傳原文引來一看，原文是：

昔帝鴻氏有不才子，掩義隱賊，好行凶德，醜類惡物，頑嚚不友，是與比周，天下之民，謂之渾敦。少皞氏有不才子，毀信廢忠，崇飾惡言，靖譖庸回，服讒蒐慝，以誣盛德，天下之民謂之窮奇。顓頊氏有不才子，不可教訓，不知話言，告之則頑，舍之則嚚，傲很明德，以亂天常，天下之民，謂之檮杌，縉雲氏有不才之，貪於飲食，冒於貨賄，侵欲崇侈，不可猒盈，聚斂積實，不知紀極，不分孤寡，不恤窮匱，天下之民，謂之饕餮。

杜預原註渾敦是「驩兜」，窮奇是「共工」檮杌是「鯀」，饕餮是誰，杜預未說，後人指爲三苗，當然是由虞書舜典舜之正四罪而附會的。我們現在就姑承認左傳的四凶便是舜典的那四個罪人吧。但左傳所加於每一凶人種種惡德的評語，只不過是一大串形容詞而已。決不能從中挖出二字當作那凶人之名。假如可以，我們也可以說驩兜的名字是「醜類」或「惡物」鯀的名字是「教訓」或「話言」，三苗的名字是「飲食」或「貨賄」了。天下恐怕沒有這樣名字吧？何况杜預明註「庸」爲「用」，「回」爲「邪」，把它當作形容詞嗎？所以王逸鄭玄的說法我們決不可遵從。

「康回」既非「庸回」那麼天問這兩字究竟作何解說呢？筆者認爲這是個形容詞，有時也可作副詞，是形容

「憤怒」的。我們看詛楚文（即秦祭巫咸文），便有「康回無道，淫佚甚亂」之語，（按此係秦惠王指斥楚懷王之言）便可知「康回」兩字頗近「猖狂」，康回馮怒等於「狂怒」「震怒」。

「康回」既是副詞，則共工首觸不周山故事的一組文字，沒有主詞了。屈原作品文法極其精密，決不如此。因之我懷疑此文前面的「鯀何所營？禹何所感？」兩句，非屈子原文。

按王逸註鯀禹之二語云「言鯀治洪水，何所營度？禹何所成就乎？」洪興祖補曰「汩陳其五行，此鯀所營也。六府三事允治，此禹所成也。」

鯀禹治水本屬神話，鯀禹亦皆為天神，以他們與共工並列，本亦無害，何況照山海經及先秦子書，禹與共工本有點交涉呢！筆者所以反對其為屈子原文者，理由之一：當然是為了共工觸山這樣一個大故事而居然沒有主詞，事實上說不過去，理由之二：共工與顓頊爭帝，既屢見山海經，此乃戰國時流行之書，屈原作品大半根據此書而作，何必捨顓頊而言鯀禹？理由之三：屈原在天問夏代歷史部份言及鯀禹之處指不勝屈，現在地理部份，即涉及鯀禹，亦應設法避免(他是有這種能力的)何況兩者關係並不深。理由之四：這一組文字沒有主詞雖然並不算不通，但上面兩句必須與共工本身故事有關始可，現在的兩句却不然，不惟文氣軟弱，而且文理上也變成了兩橛了，因此我斷定這兩句是漢人瞎湊上去的。

至於不周山在中國何處，山海經裏是在西北海外大荒之隅(大荒西經)又曰，西北三百七十里曰不周之山（西山經）畢沅引王逸高誘，註皆云不周山在崑崙西北。又引漢書張揖曰「不周山崑崙東南二千三百里。」他們都以崑崙在于闐，則不周山也該在新疆了。其實不周山原是神話地理。淮南地形訓「西北曰不周之山，曰幽都之門。」據印度、希臘、希伯來及北歐的古說。大瀛海西爲地府所在地，極樂世界實在地府，這話將詳拙註離騷「西海」，現在只有不談。

古人想像天爲固體之物，天塌下來，可以將地壓得下陷。共工觸斷不周山的天柱，天向西北傾斜，東南之地並未蒙受壓力，怎會變成下陷的形勢呢？這是很顯淺的道理，但古人却沒有想到。（連最善於疑古的王充，都沒有提到此點）屈原是個心細如髮的人，他却看出了破綻，所以問道：「康回馮怒，地何故以東南傾？」天問所有問題，並不是眞的疑問，只是些考題，現在這兩句却是連屈原自己也想不通的眞的疑問了。

聞一多楚辭校補，以太平御覽三六，事類賦注六引此文無「故」字，遂主張將原句改爲「地何以東南傾？」謂天問詞例，凡言「如何」者，皆曰「何以」言「爲何」者，皆曰「何」，從無曰「何故」者，更無「何故以」三字連用之理。聞氏那知道屈原在這裏變更詞例，是有他絕大道理的呀！

現在要問共工頭觸不周的故事也是域外傳來的嗎？是固是，不過域外關於此故事，僅有片斷的證據，並無完整的體系，而且變遷太多，原來面目已是糢糊莫辨，現在我只有將所獲得的一點資料，叙述如下。

這個故事的中心點在那個不周山，即所謂「天柱」問題。

西亞有一個最早的故事，言天帝阿努（Anu）有臣曰戈馬比（Koumarbi）篡帝位。天帝使其以男子而懷孕生一風神，長大後將戈馬比逐下天庭，阿努復登寶座。戈不甘，去找海王，海王授以謀畧，復自高山孕一石孩，置之深淵之底的背負天地之巨人渦白羅黎（Oupellouri）肩上。石孩長大極速，不久即成大柱，自深海直抵天庭，欲將天庭頂塌，天神用盡戰術，無法將其打敗，最後智慧大神哀亞獲得原始截分天地之仙刀，將石孩雙脚砍斷，使其跌入海中，天庭始獲安全。

這個故事（見卡斯脫世界最早的故事）距今已四千餘年，乃蘇末人所傳述者。據卡斯脫說戈比馬乃侯黎（舊約聖經作曷黎）人的主神，赫提人滅侯黎，侵佔其領土，也接受了這個故事，用赫提文將這個故事寫下，傳流至今。故事既經過幾個民族輾轉傳述，當然已非原型，但這個故事中的幾個節目，仍然值得我們注意，譬如戈馬比「篡天帝位」他第一次孕出「風神」，第二次孕出「石孩」。「海王授策」，石孩係擱置「深淵」之中，肩負天地的巨人背上，石孩成一生長極速之「石柱」幾將天庭頂翻。「智慧神亦即水主哀亞」用仙刀將石孩砍斷。

希臘柏洛美索士（Prometheus）盜火神話與上述故事也有若干關聯。柏洛美索士共有兄弟四人，或云渠等之父乃鐵丹族巨人迦伯特；或云是宇宙初開闢時的天亦可說第一任天帝 Uranus，或云是海王普賽頓；或云他們祖母即大瀛海。尚有若干異說不具引。四兄弟中之阿特臘士（Atlas）乃一大力士。荷馬史詩說他身體之長可測量深淵，肩負上置地球與天體的巨柱。希西奧德（Hesiode）則謂阿特臘士兄弟四人本為立於大地四極，以頭頂戴天體者，其作用有如天柱。這兄弟四人，因反叛天帝的緣故，被宙士將天球置阿氏頭頂及兩臂間，使其永久負此重量，作為懲罰。奧韋德（Ovide）則說英雄波索士示以女妖馬杜薩之首，他遂化為大山，鬍鬚化為密林，他的頭顱則化為山頂，其身體各部份一一變化為峯巒壑谷之形。天宇及星辰常棲止此山，一如他以往之負天者然。奧韋德又謂他以天軸置之雙肩間云。

一說阿特臘士曾統治過大地極西邊沿的土地和海洋。那是一個極美麗的王國，牧畜成羣，園囿無數，園中樹林皆閃耀黃金之色，所結果實也是金的。這就是希臘神話所最艷稱的金蘋果。這名貴的金蘋果，守以阿特臘士的三女，總名曰赫絲白麗德斯（Hesperides）及一百頭毒龍，其名曰臘東（Ladon）。

英雄赫邱利（Hercules）受命作十二苦役，其一係取金蘋果。他不知此果在何處，問鎖繫高加索山的盜火者柏氏始知爲阿特臘士之物。訪得阿特臘士，阿說若赫氏肯代擔天球片時，他願意親自去取。及其取得金蘋果回，又說要由他去交，意圖擺脫這個負天的苦役。赫邱利騙他道：我代你頭頂天體是可以的，但請你將天體暫時接過去，讓我在頭頂上墊點東西，那巨人信以爲眞，復將天體頂在自己頭上，赫邱利拾起金蘋果拔脚便跑開了。由那巨人在背上叫喚，理也不理。

阿特臘士所變的大山，有的說在高加索，有的說在大地極西，有的說在阿迦底（Arcadia），有的說在摩里打尼（Mauritanie），有的說在意大利，有的說在非洲。

希臘人又說風神赫梅士乃阿特臘士的孫兒，阿特臘士曾授風神及赫邱利以天文之學，創渾天儀的製法，又算術亦其所發明者云。

因阿特臘士的王國係在大地極西的陸地和海洋，所以大西洋名曰Atlantic Ocean；「西方樂土的」曰Atlan tean；希臘古代建築巨柱每頂於力士頭頂，此種人形柱名曰Atlantes。中國鳳首盉，或云戰國時器，四人形共頂盉身，亦形柱之意也。

我國的禺疆是水神，是不周山風之所生，故此他又是天文上的箕星，主風。西亞的哀亞是水主，後又和水星尼波混而爲一，希臘水星是風神赫梅士。這些話在后羿射日神話裏還要仔細解說。

北歐神話則謂宇宙初開闢時，有大樹乃火山灰石所成，名曰Yggdrasil茁自巨人Ymir之體。此樹載負天地，其極大之根分爲三叉，一達於深淵，卽米嘉巨蛇處，一達Jotunheim，巨人等所居處；一達於Niflheim卽亡靈之域。巨人Ymir橫臥於樹下，有時他想試着擺脫這天地的重負，動彈一下，樹震動了，大地也便發生了地震。這個灰樹儼然像天柱，Ymir則像共工，又像我國及印度所說的那隻背負大地的巨鼇。

印度天帝釋與阿修羅大戰的故事，佛經記載不少，尚未見有天柱之說。僅摩訶婆羅多（Mahabharata）史詩言及卡洛斯皇子杜里奧赫那（Duryodhana）戰敗後潛身深淵者數日，卒被殺，其兄弟子侄，戰死畧盡，與淮南原道訓所言共工潛淵絕祀相近，疑出一源。

說了半天，共工究竟是蘇末戈馬比變成的呢？還是希臘阿特臘士變成的呢？我以爲他的源流仍該索之西亞。按西亞古代謂宇宙未開闢時代僅有汪洋無際之大水，充塞整個空間，名曰Apsu或曰Abyss，其義曰「深」（deep），卽深淵也。在阿迦底最古時代認此深淵爲生氣之精靈體，其後逐漸賦以女性之性質，而認爲深淵之神哀亞之母，所以哀亞也名Apsu。他母親卽原始女妖蒂亞華滋（Tiawath）但後來人們又從女妖身上將Apsu取出，成爲女妖之夫，使他們成爲一對，西亞古代創世史詩，戮妖創世之主角，隨時代地域而異，深淵大神卽水主哀亞也曾與Apsu發生戰鬥，他終於獲得勝利。他將那男怪的冠冕奪下，鎖而殺之，拆散他的筋絡。他又在這男怪的身體上建築他自己的屋宇。

這個原始水主Apsu，傳到我國，卽成爲共工。另一個Apsu，卽成爲顓頊。兩人都是水主，雖有神魔之別，實則一神之所衍化罷了。左傳昭十七年傳「共工氏以水紀，故爲水師而水名」。王符潛夫論五德表「黑帝顓頊……身號高陽，世號共工；其德水行，以水紀，故爲水師而水名。」王符將顓頊共工當作一人，雖大招後人非議，却極可佩。頭觸不周的故事，無非是 Apsu 與哀亞爭奪水主之位的戰爭，此共工與顓頊爭帝之由來也。這故事在西亞已殘缺不全，僅有梗概，希臘也變得面目盡失，印度竟好像沒有，而我國獨差不多完全保存，我們還不足自傲嗎？

畧論兩漢樞機職事與三台制度之發展

陳啓雲

漢世御史、謁者、尙書、侍中、常侍、黃門諸官，均掌樞機之職。尙書、御史、謁者於東漢分爲三台；而侍中、黃門則於漢末形成門下省與尙書省相對立。以上諸官之職司，或則先後遞轉，或則同時並立，其相互關係本極錯綜，加以史志記述，多有簡錯，考其實迹，轉覺迷離。舉例言之：如

漢初御史、謁者、尙書，同掌機事，其相互關係若何？

武成之間、尙書、中書二官互見，其爲一官抑二官？

續志所列尙書曹名及數目，本注及小注互異，究以何者爲眞？

此等問題，固爲治史者所當究，而西漢之世，文書奏上、頒下、分發之制，所歷之官前後有異；東漢以還，御史、謁者、尙書三台，陸續疏外，宮豎之患因以成形；就中迹象亦須論列，以故特草此文，畧加排比以明其遞轉之經過。

一

先論第一問題：御史、謁者、尙書後來發展爲三台。御史爲憲台掌文法，謁者爲外台掌引導，尙書爲內台掌詔命。惟漢初似無如此明顯之劃分。

尙書爲漢世樞機正官，然其見用，乃在武帝以後。武帝以前，樞機之任，在御史、謁者之手。

就御史而言：漢初御史大夫之職，並不專在監察。漢書高帝紀詔御史大夫昌下相國，相國酇侯下諸侯王，御史

中執法下郡守。刑法志：高皇帝七年制詔御史，孝文十三年下令制詔御史，而丞相蒼、御史大夫敬並覆奏。史記三王世家：御史大夫湯下丞相，丞相下中二千石，二千石下郡太守諸侯相，丞書從下下當用者如律令。足徵是時御史大夫較爲親近，似是天子與丞相百官間之津梁。故漢舊儀云御史衞尉府在宮中不鼓，又曰御史大夫寺在司馬門內。（三輔黃圖：漢未央宮、四面皆有公車司馬門，凡言司馬者宮垣之內，兵衞所在。）漢書周昌傳：拜昌御史大夫，嘗燕入奏，（注：孟康曰：以上宴時入奏事，師古曰：燕謂安閑之居也。）高祖方擁戚姬。此與靳恒云漢制反支日亦通奏事，正可比對（見文獻通考）。昌傳又云：高帝欲廢太子，昌曰臣期期不奉詔。高后紀：呂后薨，羣臣謀誅諸呂，時平陽侯窋行御史大夫事，見相國產計事郎中令賈壽使從齊來語云云，窋聞其語，馳告丞相平，又時尚有南軍未下，因令平陽侯告衞尉毋內相國產殿門。今按御史大夫在內與知機密，故能獨聞呂產密語，又御史衞尉府同堯爲在宮中，御史可出入禁內，故使之傳令衞尉所掌宿衞兵也。其時御史大夫位望猶輕；據周昌傳云：昌爲御史大夫，趙符璽御史，趙人方與公謂御史大夫昌曰：君之史趙堯，年雖少，然奇士，君必異之，是且代君之位，昌笑曰堯年少刀筆吏耳，何至是乎，居頃之，堯侍高祖，高祖獨心不樂，堯進云云，於是徙史大夫昌爲趙相，既行久之，高祖持御史大夫印弄之曰誰可以爲御史大夫者，熟視堯曰：無以易堯，遂拜堯爲御史大夫。趙堯果以年少刀筆吏，一語見信，遂超擢御史大夫之位，而高祖猶云無以易之，其職之輕也可知。漢初先後任御史大夫者，如周苛、周昌、趙堯、任敖輩，其位望較諸蕭、曹、王、陳、周諸相，實不足道。中國歷代樞機官之位望均遜於行政長官，如兩漢尚書之於公卿，魏晉唐初中書之於尚書，唐末樞密之於中書，此與漢初御史之於丞相，正可對觀。

文景以還，御史大夫由於親近見用之故，權位日重，張蒼、申屠嘉、陶靑、劉舍、衞綰等均由此入相，而晁錯、張湯諸人，其威權甚且超越丞相之上（各見本傳）。自是御史大夫之行政權力日大，正式成爲副丞相。其主要徵象見諸史證者有三：詔書不再言御史大夫下丞相，而只言制詔丞相御史大夫，二者並稱（如封丙吉孫左遷母將隆哀帝改元諸事）一也。其事有關丞相者，則制詔御史（見劉屈氂、王商傳等）；有關御史大夫者，則制詔丞相（如丙吉傳封御史大夫事）二也。有政事則下丞相御史大夫並議（如王尊上書言便宜事，梁平王子立嗣事，太傅奏立事；又張放傳：丞相宣，御史大夫方進同奏放。），二官或相駁議（如于定國與貢禹），然多連名奏事（如朱博爲相，已受傅石之風，然仍與趙玄議共奏立，玄初不肯，後卒許聯名奏事。），有災異亦同免（如于定國與薛廣德），地方有事則共受訪詔按問（如丙吉時虜入邊郡事），且遣御史與丞相同往處理（見薛寶翟方進傳）三也。此時御史大夫府，當已不在宮中，故宣帝欲與御史大夫魏相議密事，須加相給事中乃可入內（見本傳）。御史大夫出外分掌相職以後，中丞遂成爲侍御史之主管，接掌樞機，權位亦日重，甚至可與御史大夫相抗衡。史記酷吏傳：湯爲御史大夫，河東人李文，嘗與湯有隙，已而爲御史中丞，悉數從中文書事，有可以傷湯者，不能爲地。漢書張湯傳悉作荐，服虔注曰：荐，藉也，文與湯故有隙，已爲御史中丞，藉己在內台中，文書有可用傷湯者，因會致之，不能爲湯作道地。以張湯當時之權勢，內雖弗平，然竟無如之何，後藉魯謁居飛書誣告之力，始得論殺之。又杜欽傳：孫宏前爲中丞時，方進爲御史大夫，舉掾隆可侍御史，而宏奏隆前奉使欺漫，不宜執法近侍，方進以此怨宏。此中丞在內獨典樞機，御史大夫名義上雖爲長官，然對之已無若何控制力量。御史本有二丞，其一丞隨大夫在外，史冊無藉藉名，較之中丞，相去不啻天淵。

百官表：御史大夫掌副丞相，中丞在殿中蘭台掌圖籍秘書，外督部刺史，內領侍御史員十五人，受公卿奏事，舉劾按章，此卽指景武間制度而言也。

御史而外，謁者亦掌樞機，百官表：「謁者掌賓讚受事」。漢書魏相傳：「高皇帝所述書，天子所服第八（注：如淳曰：……於施行詔書第八）曰：大謁者臣章，受詔長樂宮曰：會羣臣議天子所服，以安天下。相國何等議云云。大謁者襄章奏，制曰可。」則漢初謁者亦掌文書機事。其與御史職權之劃分，已不可詳考。惟就其時謁者權勢遠不若御史顯赫一點推測，謁者所掌，恐僅止於奔走轉遞等役使之任，於文書內容，或不與知。就叔孫通朝儀，及張釋之傳所載，謁者主要職事在於賓贊侍從。蔡邕獨斷：羣臣上書若罪法劾案，卿校送謁者台，此已為東漢初年制度（考另見後），然亦限於罪法劾案。武、成間尚書制度興起後，謁者職事仍為奔走服役，與尚書職權衝突不大。朱博傳：「召玄詣尚書問狀……請詔謁者召博玄詣廷尉詔獄。」王嘉傳：「召嘉詣尚書責問……假謁者節召丞相詣廷尉詔獄。」此皆由尚書按問，然後交謁者執行也。又金欽馮參等傳亦以謁者召罪臣入詔獄。

關於尚書官之起源，據新序謂：齊宣王欲建大室，香居入諫，王召尚書書之。又戰國策：司空馬說趙王曰：文信侯相秦，臣事之為尚書。是其時秦齊均已有尚書之官。續百官志：尚書令一人，本注曰承秦所置。又通典職官：秦置尚書丞一人，是秦尚書官僅有令、丞各一。至通典謂秦尚書四人不分曹名，實誤。漢官儀云：「初秦代少府遣吏四人，一在殿中主發書，故號尚書，尚猶主也，漢因秦置之。」通典訛為「秦時少府遣史四人，在殿中主發書，謂之尚書。」遂有尚書四人之說。通典又云：秦置六尚，謂尚冠，尚衣，尚食，尚沐，尚席，尚書。亦足徵尚書僅得一人，卽尚書令。（按漢書有尚食，見惠帝紀，周亞夫傳：漢儀注省中猶有五尚，尚食，尚冠，尚衣，尚席，尚帳。尚書已不在數，）西漢尚書四——五人，乃武成間陸續增置者（見後）。又漢初郎官隸郎中令，由郎署分遣各司給事，其後始去給事之號，而有某某郎之名目（見嚴耕望秦漢郎吏制度考），是尚書郎亦爲後來增設。張安世傳，以父任爲郎，用善書給事尚書，是武帝時猶以郎官給事也。漢書藝文志載蕭何律曰：太史試學童能諷書九千字以上，乃得爲史，又以六體試之，課最者以爲尚書御史史，書令史（見說文序作尚書史）。然則武帝以前，尚書組織可考者，僅爲令一人，丞一人（？）令史若干人而已。其行事初亦不見於史文。由是觀之，漢初尚書官與御史比較，相去甚遠：

①就淵源論：御史在秦時即稱顯官（見史記）；尚書不過少府一吏（初學記引漢官儀）。

②就組織論：漢初御史組織相當龐大和完整（見百官表）；而尚書人員可考者無幾。

③就位望論：御史大夫爲副相，中丞亦居顯要，而尚書令乃以給事郎轉任（漢書張安世傳任爲郎，用善書給事尚書，精力於職，上奇其材，擢爲尚書令）。

④就行事論：武帝以前，御史職典機要劾奏百官，史不絕書，而尚書行事乃無所聞（見史記漢書）。

故漢初御史與尚書之職權劃分，雖無明確史料可徵，然以情理測之，恐其時樞機之職幾盡在御史手中，尚書令不過處理若干文具事務而已。尚書屬少府，少府原爲供應御用財物及役使之機構，其證一也。其後文書事務仍爲尚書署之要務，由僕與右丞對掌，其證二也。續百官志：「右丞假署印綬及紙筆墨諸財用庫藏」，注蔡質漢儀曰：右丞與僕射對掌授廩假錢穀。」宋書禮志：「尚書令僕射，尚書手板頭復有白筆，以紫皮裹之，名笏，朝服肩上有紫生袷囊，綴之朝服外，俗呼曰紫荷，或云漢代以盛奏事，負荷以行，未詳也。」是其遺跡劉宋時尚存，證三也。又官制事務官多以久次遷轉，甚少超升者，漢末尚書猶存此制，（孔光傳）亦一旁證。

漢武帝以後，尙書、領尙書、平尙書事、受尙書事、幹尙書事、中尙書等名稱均漸出現，尙書署漸次掌握樞機全權，因此便與御史職掌不斷發生衝突：

史料有關御史與尙書職權混雜之記載第一次，見於史記三王世家褚先生所補之宮文書中，文云：「大司馬臣去病昧死再上疏皇帝陛下云云。三月乙亥，御史臣光守尙書令奏未央宮。制曰下御史。六年三月戊申朔乙亥御史臣光守尙書令，丞非，下御史書到。言：丞相臣靑翟，御史大夫臣湯，太常臣充大行令臣息太子少傅臣安行宗正事昧死上言（中引去病疏及制語）云云。」索隱曰：按奏狀，有尙書令官位，而史闕其名。錢大昕曰：索隱說非也，光以御史守尙書令，非別有尙書令而失其名也。日人瀧川資言考證曰：果如錢說，丞非二字不可解，疑丞上奪臣字，非尙書丞名，此時尙書令闕，故丞代理其事也，上文守尙書令下，亦當有丞臣非三字。今按如瀧川說，不論作「守尙書令臣丞非」抑或作「守尙書令丞臣非」，文義終欠穩妥。而原書上句明謂御史臣光守尙書令。瀧川添字作解，實屬牽强，仍當以錢說爲是。西漢樞機職事，武帝以前，在於御史，武帝以後，則在尙書。上引文書，正爲二者職事遞轉之遺迹。元狩年間，樞機職權仍在御史而名義則已轉爲尙書，故有此特殊之稱謂。中國官制，然二職由混通而遞轉之際，多以兼官形式出之，此亦一例。自後御史與尙書之職權，常有重覆，茲畧就史證所及，列比如下：

御史（中丞）	尙書（令）
①在殿中蘭台掌圖籍秘書（百官表）	①在殿中主發書（漢官儀）主文書衆事（續百官志）
②受公卿奏事，舉劾按章（百官表）	②受羣臣表章奏議（蔡邕獨斷）劾舉文案過失（參閱拙作兩晉三省制度之淵源，特色及其演變第七節）

③舉奏部刺史二千石，加以貶退稱進（薛宣傳）	③上使尚書選第中二千石，定其高下之差（馮野王傳）
④外督部刺史，總領州郡及部刺史奏事（百官表、陳咸傳、薛宣傳）	④總領臣下奏事，部刺史奏事，有期會，當對尚書（陳遵傳、並參閱拙作兩晋三省制度）
⑤侍御史掌注言行，糾諸不法，按治臣下罪狀（北堂書鈔引漢舊儀息夫躬杜延年未豐韓延壽傳）	⑤紀錄臣下功過，百官有罪，由尚書劾治及問狀（見拙作兩晋三省制度）

上述種種，顯然爲尚書侵蝕御史職權之結果。因御史制度完成較早，表中所載職事，當與漢初一致。尚書發展較晚，上列各點事實，均見於漢武以後，此爲尚書於西漢中葉以後發展而侵蝕御史職掌無疑。或曰：御史所掌者爲監察執法；尚書所掌爲樞機行政；二者職事之對象雖同爲御前文書，然性質畧不相同，並無衝突與侵蝕之處。此說似是而實非。御史府在武帝以前兼掌樞機，御史大夫爲御史長官，而掌副丞相，是又兼理政務，不專於監察之職，一也（見前）；漢初制度簡僕，分化未精，百官羣司，在職務範圍之內，均有糾舉按劾之權，故丞相可按治百官兼理獄訟（按：丞相屬官有司直，掌舉按百官不法，位同監司，見百官表及鮑宣傳；又有賊決二曹主盜賊罪法事，見後漢書注引漢官儀；大臣有罪，丞相可依法按誅之，申屠嘉傳鄧通鼂錯二事及劉屈氂傳田仁事可證，衞綰傳坐不理諸官囚之不辜者見免，薛宣傳爲左馮翊姦軌絕息，辭訟者無不至丞相府。其餘丞相舉劾按治百官之證，見漢書各傳者不勝枚舉），司隸校尉爲地方官，然以京畿在三輔治內，故可糾舉中都百官（陳湯傳以太官獻食丞爲司隸奏免，鮑宣傳：爲司隸，使吏鉤止丞相據史，摧辱丞相。諸葛豐傳，擢爲司隸校尉，刺舉無所避，京師爲之語曰間何濶，逢諸葛。）等而下之，至於公車令，於其職掌之內，亦有劾奏太子王侯之權力（見張釋之傳及注）。可知當時行

政，監察及司法，並未分化，故御史不當獨司監察之職二也，通典云：「及御史大夫轉爲司空，而中丞出外爲御史台率，卽今之御史大夫任也。」（按唐御史大夫專管監察）。歷代職官表亦謂：「秦漢御史大夫與今都御史之職不同，自東漢省御史大夫，而以中丞爲台率，始專糾舉之任」云云。均認爲御史之「專任糾舉」爲西漢中葉以後（亦卽尚書侵蝕御史樞機職事以後）演變之結果。

武帝以後，有中朝制度，領、受、平、典、幹尚書諸官，諸將軍及侍中、常侍、散騎諸吏給事中等加官爲內朝（見劉輔傳，並參閱錢大昕三史拾遺，陳樹鏞漢官荅問，勞幹論西漢的內朝與外朝），平典執事，而御史之官不與焉，宣帝時，御史大夫魏相加給事中乃得入議機密可徵(本傳)。自後御史日見疏外，漢書外戚傳載建平中司隸解光奏元延間成帝與趙昭儀私殺後宮許美人，及故中宮史曹宮胤子事，皆乘以綠綈方底，封御史中丞印云云。何焯曰：御史中丞在殿中蘭台，周禮小宰掌建邦之宮刑，以治王宮之政令，凡宮之糾禁，鄭氏曰若今御史中丞，蓋漢宮中事，皆御史中丞所掌，故用其印封。周壽昌曰：據此御史中丞印當藏殿中，與御史大夫別一印也，漢凡定著令，卽制詔御史，此益可證。啓雲按上引諸說均爲漢初制度，據外戚傳記成帝殺許美人兒狀云：「帝詔使嚴持綠囊書予許美人，告嚴曰美人當有以予女，受來置飾室中簾南，美人以葦篋一合盛所生兒緘封，及綠囊報書予嚴，嚴持篋書置飾室簾南去，帝與昭儀坐，使客子解篋緘未已，帝使客子偏兼皆出，自閉戶，獨與昭儀在，須臾開戶，嘑客子偏兼使緘封篋及綠綈方底推置屛風東，恭受詔持篋方底予武，皆封以御史中丞印曰：告武篋中有死兒埋屛處，勿令人知，武穿獄樓垣下爲坎埋其中。」其事極秘，自成帝與昭儀殺兒起迄籍武埋兒止，參與其事者，僅客子、偏、兼、恭等數人。其後司隸解光遣從事據史驗問知狀者，亦僅掖庭獄丞籍武，故中黃門王舜、吳恭、王偏、臧兼等人，獨不見御史中丞名目。埋兒綠篋以中丞印封，而中丞反不與知，此時中丞已見疏外，但名義上宮庭機事仍必經之，故有上述情狀，此時中丞印信亦當不在本官之手。其後元壽元年正三公分職，改御史大夫爲大司空，正式變成行政官，不復爲御史之長，與機事相去益遠。中丞雖別爲御史台率，然亦畧疏外。百官表：「御史大夫，成帝綏和元年更名大司空，金印紫綬，祿比丞相，置長史如中丞官，職如故；哀帝建平二年，復爲御史大夫；元壽二年復爲大司空，御史中丞更名御史長史。」而續漢志：「御史中丞一人，本注曰御史大夫之丞也，及御史大夫轉爲司空，因別留中爲御史台率」云云。與表有異。今按：御史本有二丞，一丞常隨大夫在外，所置長史當卽以此丞改任，由是觀之，續志所言，或亦可靠。惟續志實以光武官簿爲底本，尚書御史並稱台官在東京以後，西漢御史多稱蘭台，又光武之世，中丞復見重，稱爲獨坐（另見後），續志所云「留中」一事，當指東京制度。是則西漢末葉，御史大夫改爲大司空，御史丞改爲司空長史，而中丞另爲御史長史，此或爲中允之論。中丞改稱長史，亦爲疏外之一端焉。

二

與尚書關係極密切而又最糾纏不淸者，爲武成間中書之官。由於史籍記述不詳，而班書又多互錯之處，遂致歷來對中書謁者令、尚書令、中尚書、尚書、中謁者諸官之廢置同異，諸說紛紜，莫衷一是。就同異而論，大畧可分爲二種說法：

一、主中書尚書爲一官，武成間有中書而無尚書者，有續百官志，晋書職官志，通典及近人劉師培等諸家；

二、以武成之間，中書、尚書實爲二官，並置不廢者，有漢官儀，文獻通攷，王先謙補注，漢官答問及近人勞幹等。

就諸家所引史證而論，自以後者爲可信，惟此二說，在相當程度內，似仍有加以調和折衷之可能：

一、在武帝至成帝間，「內廷文書」業務（包括領尚書、平尚書、受尚書、幹尚書、中尚書）並未中斷，且日見重要，此點爲各家所公認，已成定論。惟主理此等文書者，究爲何官，則爲爭論之中心。竊意欲解決此一問題，宜就（中）尚書令與（中）尚書員二者分而觀之。

二、就尚書令而論：武成之間，中書（謁者）令與尚書令曾同時出現多次：如武帝時有守尚書令光（見史記三王世家）；有張安世擢爲尚書令（漢書本傳），又有司馬遷爲中書令（本傳）；昌邑王宣帝間，有尚書令讀奏（見霍光傳）；又有中書謁者令(見楊惲傳)；而元帝時中書令石顯顓權，顯友人五鹿充宗爲尚書令，二人用事（見京房傳，此條最明）。則中書（謁者）令與尚書令實爲二官並置不廢，此點亦成定論。

三、就尚書令與中書（謁者）令職權之分別而言，二者亦不相同。尚書令職掌在於處理御前文書（尚書令主奏下文書衆事、及贊奏、封詔，見續百官志、漢舊儀及蔡邕獨斷）；中書（謁者）令所掌，則爲文書之出入後宮，霍光傳：封事輒下中書令出取，不關尚書；楊惲傳：中書謁者令宣持單于使者語視諸將軍中朝；北堂書鈔引漢官儀：漢舊置中書官領尚書事（漢官舊儀畧同。唐六典引漢舊儀亦謂中書令領贊尚書，出入奏事）；劉向傳：中書宦者弘恭，石顯弄權，堪領尚書事，顯幹尚書事，堪希得見，常因顯曰事云云，皆其證也。

四、中書令與中書謁者令爲同一官之簡稱，如石顯於賈捐之朱雲陳湯京房匡衡，萬章諸傳，稱中書令；於王尊傳則稱中書謁者令，而成帝紀注臣瓚之言，初稱中書謁者令，繼又稱中書令，尤爲明證。

五、惟中尚書與中書究竟是否一官，則爲一大疑問。漢書只有中尚書（石顯傳）；中謁者（賈捐之傳）；中書謁者令，及中書令(見前)；而無中書謁者名目。各傳所稱中書（謁者）之官，似僅限於令、僕射、與丞。百官表少府屬官有中書謁者等七官令丞（按官本作官令丞），又云成帝建始四年，更名中書謁者令爲中謁者令，均未提及謁者。成帝紀注臣瓚曰：「漢初中人有中謁者令，孝武加中謁者令爲中書謁者令，置僕射，宣帝時任中書官，弘恭爲令，石顯爲僕射，元帝卽位數年，恭死，顯代爲中書令，專權用事，至成帝乃罷其官。」是中書（謁者）官，始終僅限於令僕也。（按通典秦少府屬官有中書謁者令丞，錢大昕亦謂中書謁者令漢初卽有，然通典述西漢中尚書官制頗多紊誤，其說是否可信，有待更攷。）石顯傳：「石顯……弘恭……皆少坐法腐刑爲中黃門，以選爲中尚書，宣帝時任中書官……恭爲令顯爲僕射」云云，今按史文，恭顯以「中尚書」，遷爲「中書官」，則二者明有不同，蓋中書謁者令僕爲中書官，而中尚書則否也，宋祁曰任中字下當有尚字，添字作解，顯見牽强，且亦斷無以中尚書轉任尚書官之理。賈捐之傳：「捐之前言……中謁者不宜受事……立止。」而此時正爲中書令任事之秋，足見中謁者之職權與中書令僕亦不相同。若無其他有力反證，則中書之官只有令僕，而不包括中書（謁者）員一點，似亦可爲定論。劉向傳：「中書宦官弘恭石顯弄權……顯幹尚書事，尚書五人，皆其黨也。」成帝以前，尚書只有四員，今云五人，蓋連尚書令五鹿充宗言之。是石顯以中書謁者令專制尚書，其黨皆任尚書官，亦無中書謁者員數也。

六、然則中尚書究爲何官耶？今考，漢書載蕭望之言尚書政本之疏語，有二，石顯傳云：「望之以爲尚書百官之本，國家樞機，宜以通明公正處之，武帝游宴後庭，故用宦者，非古制也，宜罷中書宦官。」望之本傳則謂：「望之以爲中書政本，宜以賢明之選，自武帝游宴後庭，故用宦者，非國舊制……白欲更置士人。」陳樹鏞謂上引一言尚書，一言中書，二者實爲互文，因以證班書以尚書中書爲一事之誤。今按：此處「中書」二字，若解釋爲中書謁者令官，則殊不可通。蓋中書（令）與尚書（令）本爲二官，不應有此互文，又中書自始卽爲宦者，不得爲政本，不得有賢明之選，亦不當爲武帝改用宦者，更不當更置士人爲之。然此處中書一辭，若釋爲「中尚書」，則班書固不誤也。漢制濶畧，宦者與士人界限不嚴，宮官多參用士人，（如大長秋、詹事、中常侍、中謁者之類）其後諸官以宦人爲之者，多冠以中字，如中少府、中太僕、中謁者等。高后紀：八年春，封中謁者張釋卿爲列侯。注孟康曰：宦官也，如湻曰灌嬰爲中謁者，後常以閹人爲之，諸官加中字者，多閹人也。武帝時，尚書參用士人與宦者，其爲士人則曰尚書，其爲中人，則曰中尚書。故弘恭石顯由中黃門選爲中尚書（非中謁者），再由中尚書改任中書謁者令僕。然則中尚書與中書謁者（令）爲二官而與尚書爲一官，以故班書有此互文。蕭望之以爲尚書政本，只宜以士人爲之，武帝參用宦者而有中尚書名目，非舊制，故應罷中尚書也。西漢尚書參用中人，不爲改制，故漢書無武帝改制之文。

七、是則西漢武成之間，有二官：一爲尚書，掌君主文書，或以宦者爲之，則稱「中尚書」；一爲中書謁者令、僕、丞，主出入（幹、領）尚書事。中書官以親幸故，權過尚書，惟文書處置之職仍在尚書，故中書令僕又須引用其朋黨任尚書官，互相勾結，以資援奧。

八、班書述中書尚書之制，未嘗有誤，惟其於成帝紀及百官表均以初置尚書員五人緊接建始罷中書官句之後，易滋誤解，致引起續百官志及通典錯合中書尚書爲一官耳。

武成之間，本爲尚書制度之興起階段，其與御史，中書謁書之糾纏不淸，正爲二者樞機職事遞轉之明證。

三

西京御史尚書之地位，至東漢又生變化。漢高以匹夫崛起市井中，又乘秦末喪亂之餘，自天子不能具鈞駟，而將相或乘牛車（食貨志）。時宮庭制度潤畧，有政事，天子常躬與百官廷議，而宰相御史，多得入內共決機要。其時上下百官，多爲天子舊日袍澤，中外界限不嚴。灌嬰以軍功而任中謁者；審食其以軍功爲左丞相，監宮中（見史記呂后紀及史漢陳平王陵附傳）；而郎中令及諸郎官宿衛宮殿者，均爲士人。高祖躬追反走之周昌（本傳），武帝時嚴、朱、吾丘、終軍、相如、東方等，均以文字或爲郎或爲謁者或爲侍中給事中，近侍宮中。東方朔尤爲親近，嘗於宣室辟戟請斬董偃（各見本傳），若輩亦士人也。周仁傳，景帝初立拜郎中令，得幸入內，於後宮秘戲，仁常在旁，終無所言；又揚雄待詔承明之庭；韓生以易待詔殿中；執金吾廣意待詔五柞宮；東方朔、蘇武、劉暗、翼奉待詔官者署；李尋栗邸賀待詔黃門；上述諸人，亦以族姓待詔宮禁，均其證也。此外皇室事務，丞相多能與知，蕭何傳：何守關中，侍太子，立宗廟、社稷、宮室。張湯傳：會有人盜發孝文園瘞錢，丞相靑翟朝與湯約俱謝，至前，湯會獨丞相以四時行園當謝，湯無與也，不謝。」周亞夫傳：上廢栗太子，亞夫固爭之不得，上由此疏之。又劉屈氂傳：丞相爲祖道送至渭橋，與廣利辭決，廣利曰願君侯早請昌邑爲太子云云，是武帝時太子廢立，丞相仍得定議，不若東京之世，嗣君繼立，盡操諸外戚寺豎之手，錄尚書事三公均不與聞也。武帝以後，皇室範圍日益擴展，其與政府間之距離亦日有增加。按皇室發展在物質上之象徵爲宮室之擴充。史記高祖本紀：蕭丞相營作未央宮，立東闕、北闕、前殿、武庫、太倉。其時宮殿製作甚簡，然高祖已責爲過度。其後陸續增設，單就未央一宮而言，已有六十殿，其中尤以武帝時增置者爲多，詳見三輔黃圖。人事方面則宮官近侍之人數，亦大爲增加，此見漢書百官表序，及續百官表對漢武奢廣舊制之批評。至於權力運用方面，最重要者，爲中朝之興起及其與外廷之分立。中朝又稱內朝，其制詳見錢大昕三史拾遺，陳樹鏞漢官答問，及勞幹論西漢的內朝與外朝，今不贅。西漢中內朝官，均以士人爲之。以故弘恭，石顯雖權重一時，一旦失勢，卽便夷滅，西漢內權雖重而終不見有常侍之禍者，其故在此。

內外之分，至東京而益嚴，宮廷制度亦因以確立。前漢宮官之參用士人者，至此一律改用宦官，如：

中常侍——西漢參用士族（見後漢書朱穆傳及宦者傳，元帝時許嘉，成帝時龐閎，哀帝時王閎宋宏，皆以士人任中常侍，成帝欲以宗室劉歆爲中常侍，大將軍王鳳以爲不可而止。）東京胥用宦者（續百官老本注，另有攷辨見後）。

大長秋——承秦將行宦者，景帝更爲大長秋，或用士人，中興常用宦者（百官表及續百官志本注）。

長信長樂少府——西漢用士人，夏侯勝、薛廣德、貢禹、平當、夏侯堯、金涉均以名儒族爲長信少府；平晏、夏侯藩爲長樂少府（漢書本傳）。東京長信長樂少府及職吏皆宦者（續百官志）。

後漢書宦者傳：漢興，仍襲秦制，置中常侍官，然亦引用士人以參其選，皆銀璫左貂，給事殿省，中興之初，宦官悉用閹人，不復雜調它士。注劉攽曰：按自前漢宦官即是閹子，何乃言中興乎，蓋宦字當作內，謂省內官不用他士也。今按：宦字或爲宮字形似而誤。蓋禁中本包括殿省與後宮，至是除侍中外，士人只能給事殿中，而不能入後宮，「宮」「殿」之間，界限分明，於是殿中諸官均漸疏外，宮中另有中常侍、中宮尚書、中宮謁者、中黃門、小黃門等，與侍中尚書、謁者、黃門侍郎諸宦對當。據續百官志：

侍　中：掌侍左右，贊導衆事，顧問應對。	中常侍：宦者，掌侍左右，從入後宮，贊導內衆事，顧問應對。
黃門侍郎：掌侍從左右，給事中，關通中外。	小黃門：宦者，掌侍左右，受尚書事，上在內宮，關通中外。
尚　書：主文書衆事。	中宮尚書：宦者，主中文書。
謁　者：掌贊賓受事，及上章報問。	中宮謁者：宦者，主報中章。

續百官志蔡質漢儀云：「侍中舊與中官俱止禁中，武帝時侍中莽河羅挾刃謀逆，由是侍中出禁外，有事乃入，事畢即出，王莽秉政，侍中復入與中官共止，章帝元和中，侍中郭舉與後宮通，拔佩刀驚上，舉伏誅，侍中由是復出外。」可見侍中亦只於章帝元和以前得入後宮也，東京之世，其官轉卑（續百官志注蔡質漢儀：「今官出入禁中更在尚書下」），後爲冗散（劉陶傳乞爲冗散拜侍中，曹褒傳「拜侍中……於南宮東觀盡心集作」，順帝紀「遣侍中……盡心祈雨」，帝紀「侍中……坐言宦者下獄死。」），非有詔不得見（楊原傳「爲侍中特蒙引見」，曹褒傳「拜侍中……章和元年正月乃召褒詣嘉德門，」），多以處外戚子弟（耿弇傳、賈復傳、竇憲傳、馮魴傳、泗水王歙傳及各后

紀）。只有竇憲任侍中獨擅權勢。（見本傳）

後漢書朱穆傳：上疏曰：案漢故事，中常侍參選士人，建武以後，乃悉用宦者，自延平以來，浸益貴盛，假貂璫之飾，處常伯之任，天朝政事，一更其手。注漢官儀曰：中常侍，漢興或用士人，銀璫左貂，光武以後，專任宦官，右貂金璫。似是中常侍自光武以來，即盡用寺豎，與前引續志之說相合。竇憲傳云：和帝即位，太后臨朝，憲以侍中內幹機密，出宣誥命，肅宗遺詔，以篤爲虎賁中郎將，篤弟景瓌並中常侍，於是兄弟皆在親要之地云云。是和帝之世，侍中尚可留中，而中常侍猶參用士人也。

朱穆傳又云：後穆因進見，口復陳曰：漢家舊典置侍中、中常侍各一人，省尚書事，黃門侍郎一人傳發書奏，皆用姓族，自和熹太后，以女主稱制，不接公卿，乃以閹人爲常侍，小黃門通命兩宮，自此以來，權傾人主云云。則宮官制度之確立，實在和熹鄧后以後。宦者傳序：宦官永平中始置員數，中常侍四人，小黃門十人，和帝即祚幼弱，而竇憲兄弟專總權威，內外臣僚莫由親接，所與居者，唯閹宦而已，故鄭衆得專謀禁中，終除大憝，遂享分土之封，超登宮卿之位，於是中官始盛焉。自明帝以後，迄乎延平，委用漸大，而其員稍增，中常侍至有十人，小黃門廿人，改以金璫右貂，兼領卿署之職，鄧后以女主臨政，而萬機殷遠，朝臣國議，無由參斷，帷幄稱制，下令不出房闈之間，不得不委用刑人，寄之國命，手握王爵，口含天憲，非復掖廷永巷之職，閨牖房闥之任也。亦謂宦官權重在和熹之後。至於原日西京左右曹之任，亦由宦者取代，據續百官志：舊有左右曹，上殿中，主受尚書奏事。其證也。西京以士族爲中朝之制不復存在，由是內樞之職，盡操寺豎之手。靈帝紀：熹平四年十月改平準令爲中準，使宦者爲令，列於內署，自是，諸署悉以閹人爲丞令，此則更以寺豎出司外職焉。

四

仲長統昌言法誡篇曰：光武皇帝愠數世之失權，忿彊臣之竊命，矯枉過直，政不任下，雖置三公，事歸台閣，自此以來，三公之職備員而已。注：台閣，謂尚書也。似尚書之大見用，自光武始。然哀帝時潁川鍾光爲尚書令，領廷尉，用事有權（見前漢書何並傳）；更始自立分封重臣，尚書胡殷爲隨王（見劉玄傳）；遣尚書令謝躬率六將軍攻王郎，得專征伐，而冀州牧龐萌亦將兵屬之（見光武紀及吳漢、龐萌等傳）；又更始二年，尚書僕射鮑永行大將軍事，安集北方，得自置偏裨（見馮衍傳）；其時左丞相曹竟子詡爲尚書，父子用事（見馮異傳）；又據彭寵傳：寵爲蒼頭所殺，其尚書韓立等，共立寵子午爲王。觀此等行事，尚書之專顯秉權，自西漢已然。劉玄傳：豫章李淑上書，以尚書顯官與公卿六位並舉，可見一斑。

光武帝躬親政務，百官無定權，唯在所任。申屠剛傳：時內外羣官，多帝自選舉，加以法理嚴察，職事過苦，尚書近臣至乃捶撲，牽曳於前，羣臣莫敢正言。其初則不用功臣而任三公（見賈復傳），稍後帝用明察，不復委任三府（見朱浮傳）。事歸台閣（見仲長統傳），而尚書令朝會專席，稱爲獨坐（見北堂書鈔引漢舊儀及後漢書宣秉傳）。百官上書，均上尚書，副本乃上公府卿寺。魯相史晨奏銘，太常耽無獨山碑，樊毅復革下民租奏，均具載白官上尚書公文式，惟孔廟置守廟百石卒史碑，司徒吳雄奏事但云奏雒陽宮，蓋三公奏事獨與羣臣異也。（見集古錄、洪适隸釋、容齋續筆、潛研堂金石跋尾，授堂金石跋及金石萃編）。

鮑昱傳注漢官儀曰：凡制書皆璽封，尚書令重封，唯赦贖令司徒印露布州郡。漢代詔書由尚書保存，此等公文檔案，累積爲「故事舊章」，而形成處理政務之法律根據（見拙作兩晉三省制度之淵源特色及其演變第三節）。光武之所以重用尚書官，亦卽以其熟知故事，使遵舊典也。伏湛傳：光武卽位知湛名儒舊臣，欲令幹主內職，徵拜尚書，使典定舊制。又侯霸傳：建武四年，拜尚書令，時無故典，朝廷又少舊臣，霸明習故事，收錄遺文，條奏前世善政法度有益於時者，皆施行之。均其明證。尚書既掌「故事舊章」，公文經達尚書署，尚書諸官自可據此故事舊章加以處置。明帝時，宋均拜尚書令，每有駮議，並嘗刪剪疑事；鍾離意爲尚書僕射，獨敢諫爭，數封還詔書。肅宗初，陳寵爲尚書，是時承永平故事，尚書決事，率近於重（各見本傳）。上述決事，駮議、刪剪、封還詔書諸例，均爲尚書處事職權之一端。自是朝有政事，君主獨與尚書議（郅壽傳：章帝時遷尚書令，朝廷每有疑議，常獨進見，肅宗奇其智畧。朱暉傳：元和中，召拜尚書僕射，因上便宜密事，深見嘉納，皆其證也。）或則交諸尚書官通議：朱暉傳：章帝末年，穀貴，縣官用度不足，朝廷憂之，尚書張林上言云云，於是詔諸尚書通議，暉奏據林言不可施行，事遂寑，後陳事者復重述前議，帝然之，有詔施行，暉復獨奏云云，帝卒以林等言爲然，得暉重議，因發怒切責諸尚書，暉等皆自繫獄，三日詔勑出之，曰國家樂聞駮議，黃髮無愆，詔書過耳，何故自繫。暉因稱病篤，不肯復署議，尚書令以下惶怖，諸尚書不知所爲，乃共劾奏暉云云。又郅壽傳：復徵爲尚書僕射，因朝會譏刺憲等下吏當誅，侍御史何敞上疏理之曰：臣伏見尚書僕射郅壽，坐於台上，與諸尚書論擊匈奴，言議過重，遂繫獄考劾大不敬，臣愚以爲壽機密近臣，匡救爲職，若恒默不言，其罪當誅，又台閣平事，分爭可否，雖唐虞之隆，三代之盛，猶謂諤諤以昌，不以誹謗爲罪云云。均爲尚書議政之史證。和安以後，宮官日盛，內樞權職盡入寺宦之手（見前考），尚書因而逐漸疏外，由近侍之職變成朝廷外官（參閱拙晉三省制度之淵源特色及其演變一文）。此類議事制度，亦有所改變，據西域傳：延光二年，敦煌太守張璫上書陳三策，朝廷下其議，尚書陳忠上疏云云。是尚書議事，已須以奏疏形式出之，而與外廷百官同。周舉傳：陽嘉三年，河南三輔大旱，五穀災傷，因召見(尚書)舉及尚書令成翊世、僕射黃瓊問以得失。後永和元年，災異數見，省內惡之，詔公、卿、中二千石，尚書詣顯親殿問云云，郡臣議者多謂宜如詔旨，舉獨對云云，於是司徒黃尚、太常桓焉等七十人同舉議，帝從之。又黃瓊傳：順帝時稍遷尚書僕射，初瓊隨父在台閣，習見故事，及後居職，達練官曹，爭議朝堂，莫能抗爭。此時尚書非特召不得常覲見，其爭議政事得失，亦在朝堂之上，與公卿並列焉。周舉傳又謂：舉拜尚書與僕射黃瓊同心輔政，名重朝廷，左右憚之云云。是和安以後，尚書與君主之關係雖日以疏遠，然其位望亦因而日重，逐漸由內侍小官變爲外朝重臣焉。（按關於尚書及錄尚書官疏外之經過，尚書處事之制度及其與典尚書事等內樞機構之關係，尚書與外官並稱之由來，及尚書獨立發展而成爲百官師長之由來各端，已見拙作兩晉三省制度一文，今畧）。

五

一般而論，尚書於東漢以前純粹機樞機關，於中唐以後爲純粹執行機關，而於東漢末葉至李唐初年間則樞機與行政職事兼而有之。關於初唐尚書如何由樞機兼行政機關轉變爲純粹執行機關，近人嚴耕望氏於論唐代尚書省之職權與地位一文已有論列（中研院史語集刊第二十四本）。關於魏晉以來，尚書機關雖已疏外，然其樞機性能反有增加，在外朝處於總持國政之地位，拙作兩晉三省制度一文已詳加攷證。至於尚書何時由純粹樞機變而成爲樞機兼行政機關一點，則頗難加以斷言。蓋「樞機」掌政令之發佈，而行政爲政令之執行，二者本只毫厘之差。古制簡易，分化未精，加以史料有限，論列爲難。約言之，則曰：當與尚書之轉爲外朝官，同其先後焉。茲先就尚書分曹發展情形加以攷察。

尚書在漢武帝時有四曹，至成帝加一爲五（據漢書成帝紀注漢舊儀及後漢書光武紀注漢官儀，晉書職官志同。續漢志本注及宋書百官志誤，通典語氣亦欠明確。攷見後）。

常侍曹——主丞相御史事；
二千石曹——主刺史二千石事；
戶曹——主庶人上書事；
主客曹——主外國夷狄事；
三公曹——主斷獄事。

此五曹除三公曹爲後加者外，餘四曹分類性質如：「丞相」「御史」「刺史」「二千石」「庶人」「外國夷狄」等，均以「人物之身份」爲標準。其所謂「主××事」者，即指對該官員往來文書之處理也（絕非管轄該官甚明）。至於庶人，因與政府無文書直接來往之職份，故特指明「上書事」，其他各曹亦應有「（文書）事」之義，其不言者，畧文也。此時尚書既就文書來往，對象之不同而分職，其職務在主治文書自無疑問。獨後加之「三公曹」，根據「業務性質」而分職，其業務即爲刑獄。故刑獄權爲尚書最早獲得之一種執行權也。（另有關於尚書刑獄權發展之實例，見拙著兩晉三省制度一文，今畧）。

東漢關於尚書分曹之記載，最爲混亂與矛盾，或疑其中必有誤者。然一代記述，當有所據，其所以互異之原因，似由於尚書組織與職權之不斷發生改變，諸家記錄各根據其中某一時期之制度爲標準，後人把本屬縱的發展程序作爲横的制度而攷釋，遂覺各種說法互相歧異焉。今就發展之觀點將有關後漢尚書分曹名目及職掌之各種說法，畧加分析：

續百官志本注：成帝初置尚書四人，分爲四曹，常侍曹尚書主公卿事；二千石曹尚書主郡國二千石事；民曹尚書主凡吏上書事；客曹尚書主外國夷狄事，世祖承遵，後分二千石曹，又分客曹爲南主客曹，北主客曹，凡六曹。宋書百官志同。此說沿西京舊制，以文書來往對象之身份爲分職標準，與續百官志小注引蔡質漢儀，宋書百官志引應劭漢官，晉書職官志，及通典諸家以尚書業務性質爲分職標準者有異。續志序自謂：世祖節約之制，宜爲常憲，故依其官簿，粗注職分，以爲百官志。是司馬彪本知東漢官制有各種不同之變化，而特以光武時代爲其記述之標準。又光武初年，制度草創，一以遵循舊制爲務，後漢書侯霸及伏湛等傳言之極明，本注「世祖承遵」一語當爲可信。由是觀之，續志本注所述，爲光武時之尚書制度無疑。然西京本有三公曹，此則不見，後人多以此疑續志有誤。今攷續志二千石曹下小注：「漢舊儀曰：亦主刺史。蔡質漢儀曰：掌中都官水火盜賊辭訟罪眚。」其時二千石曹明兼西京二千石與三公二曹職事，此亦與本注「節約」一語相合。本注云：後分二千石曹。秦蕙田五禮通攷曰：「案後漢六曹尚書，志但云世祖分二千石曹，不言所分爲何名。應劭以爲三公曹二人，吏曹(即常侍曹亦曰選部)，二千石曹（亦曰賊曹），民曹、客曹各一人。蔡質漢儀、杜佑通典亦同。然則六尚書實止五曹耳。晉志又云後漢因前漢五曹加中都官曹、爲六曹。杜佑駁之云：據應劭漢官稱二千石曹，主中都官事，則不應更有中都官曹，諸說紛紛，迄無定論，應劭漢官有三公曹之名，而前漢無之，則三公曹爲光武所立無疑，而公卿之事本屬常侍曹主之，則光武所分者乃常侍曹，非二千石曹也」。

啓雲按：三公曹實成帝所置，秦說以爲光武初立實誤。且前漢三公曹所掌爲斷獄，秦氏誤以三公曹掌公卿之事，遂謂光武所分者爲常侍曹。光武初年，節約省官，二千石曹兼掌中都官郡國二千石及水火盜賊辭訟罪眚事，併三公曹。司馬彪續百官志既依光武官簿，粗注職分，官簿無三公曹名目，故續志亦無之，追溯而上，遂有成帝四曹之說，宋書百官志及五禮通攷之誤卽因此。據宋志及通典引應劭漢官，其後三公曹典州郡攷課，而二千石曹改典獄訟，於西京職制適爲互調，此亦足見此二曹確曾一度合併，其後又分二千石曹而復三公曹，致有此變也。

前漢及光武初	（光武中？）	後漢末
二千石曹：主刺史州郡二千石事	（二千石曹？）	二千石曹：掌水火盜賊辭訟罪法
三　公　曹：主斷獄事		三　公　曹：掌集課州郡

宋書百官志：「應劭漢官云……三公尚書二人主天下歲盡集課；吏曹掌選舉齋祀；二千石曹掌水火盜賊詞訟罪法；客曹掌羗胡朝會法駕出護駕；民曹掌繕治功作鹽池苑囿；吏曹任舉，多得超遷。則漢末曹名又與光武時異也。」

上引曹職，通典汎稱爲後漢之制，晉志則以之爲光武時制度，蓋光武後分二千石曹而復立三公曹，典州郡攷課事，與宋京末年分職相同也；今攷應劭所述分曹，乃根據尙書業務之性質爲分職標準者，與前引成帝及光武初年制度迥異。由處理「某官文書」而發展至處理「某項業務」，明爲光武以後陸續演變之結果，宋志謂應劭之說爲漢末曹名必有所據。至晉志所述中都官曹，不見於他家記述，杜佑因以爲既有二千石曹主中都官事，不應更有中都官曹；今攷光武後分二千石曹而宋志引應劭漢末之制，二千石曹所掌無中都官事，此時中都官曹當已分立。晉志謂二千石曹主辭訟事，中都官曹主水火盜賊事，按水火盜賊詞訟罪法本爲一事，卽通典所謂賊曹職掌，不當分在二曹，此顯因中都官曹本由二千石曹分出致誤。然則中都官所掌當爲公卿中二千石等中都官事。又攷公卿事，成帝及光武初，本屬常侍曹職掌，而據蔡質漢儀，常侍曹改典常侍黃門御史事，蔡質分曹亦以業務性質爲標準，當非早期制度。且西京丞相御史事重，故以專曹典之，當時常侍黃門勢位猶微與尚書同爲近侍之官，其文書往來，實無專曹典司之需要（西京尚書業務以文書來往之重要對象而分職）。東京以後常侍黃門職事日重，而三公權職日輕，因轉以專曹典常侍黃門事，三公文書則併在中二千石曹與諸中都官同而資節約，其後二千石曹職事日繁，故重新分而爲二，一掌水火盜賊詞訟罪法，一掌公卿諸中都官文書（故稱中都官曹）。據前攷，光武分二千石曹所立曹司乃有二說，一爲中都官曹，一爲三公曹，三公曹名目及職掌與宋志引應劭東漢末年制度相合，而中都官曹不見於他家記述，故知中都官曹之分，當在三公曹之先。據蔡質漢儀三公尚書典三公文書，蓋初則分二千石曹以掌諸中都官文書，繼則改爲三公曹也。西京舊制州郡攷課在丞相御史二公府（參閱漢書張蒼、于定國、丙吉、鮑宣、龔勝傳，續百官志引漢舊儀所載尤明），東京之世州郡攷課，名義上仍屬三公（見續百官志：安帝、順帝紀、李忠、郎顗、朱浮傳），三公攷課簡序，明責定奪，然後出文書以付尚書（見宦者傳），故三公曹又由典公府文書轉而掌理州郡集課之職。至於常侍曹本典常侍黃門事，而光武躬親政事，內外羣官多自選舉（見後漢書申屠剛傳），其後內官日重，常侍黃門居日月之側，選舉署置皆由特拜，不歸有司（見李固傳，其時常侍聲勢振天下，子弟祿仕曾無限極，武宣羊䝰，初拜便眞）。常侍曹尚書由典沿文書發展爲選部亦自順理成章。或據續志注蔡質漢儀謂常侍曹世祖改爲吏曹典選舉，歷帝相沿，靈帝末年，又稱選部云云。今攷：光武初年以吏事責三公，攷課選舉仍在公府，稍後事歸台閣，而三公虛位（見賈復、李忠、朱浮、仲長統傳）。安帝初尚書僕射陳忠上疏已有：「今之三公，雖有其名，不當其實，選舉誅賞，一由尚書」之語，延光二年楊震爲太尉亦云：「朝廷欲令三府辟召，故宜有尚書勑」（各見本傳）。是選舉辟召均在尚書，與蔡質之說相合。尚書既典奏劾文案，諸人（舉主）選案，及各官任狀，均經其手，尚書以樞機之職，進而官非選事，自屬當然，惟此仍爲樞機而非行政權也。順帝紀：陽嘉元年閏十二月辛卯詔曰：「間者……選舉不實，干預其人……今刺史二千石之選，歸任三司。」郎顗傳：順帝年間奏對大事曰：「今選舉皆歸三司……每有選用，輒參之掾屬，公府巷門，賓客塡集，送去迎來，財貨無已，其當選者，競相薦謁，各遣子弟，充塞道路，開長姦門，興致浮僞，非所謂率由舊章也。尚書職在機衡，宮禁嚴密，私曲之意，差不得通，偏黨之恩，或無所用，選舉之任，不如還機密云云」。注云：欲使尚書專掌選也。此時選舉實權還在公府，其間州郡守長，光祿郎吏，及公府掾史之選用，仍分在光祿勳，中郎將及諸公府（見魯恭、陳蕃、李國、楊震傳）。左雄傳：陽嘉二年廣陵孝廉徐淑年未及舉，台郎疑而詰之，乃譴却郡。是選舉之權，半在舉主（行政官），半在尚書（樞機權）。張綱傳：順帝末爲御史，大將軍梁冀諷尚書以綱爲廣陵太守，因欲以事中之。則其時委派之權又在尚書矣。韓韶傳：尚書選三府掾能理劇者以韶爲嬴長。此桓靈間，尚書之選職也。王允傳：趙戩初平中爲尚書典選舉。又董卓傳：更以賈詡爲尚書典選。證之續志注及晉注：靈帝以栗鵠爲選部尚書，其時尚書選舉權之發展已漸成熟。（按其後曹魏立九品中正制度，還舉之權歸大小中正，而委任之權在尚書官，然尚書選案仍須受中正次第所約束。及晉世用人之權，盡在尚書選案，中正評第但爲虛應故事，於是尚書選舉之權，乃發展至最高峯焉。參見拙作兩晉三省制度一文）

至於尙書之財政權，發展更晚：漢西京錢穀分在司農及少府；大司農掌國家「一般稅收」，以調度政府行政費用及征伐、土木、邊郡之支出；少府掌山海池澤等「特殊收入」，命曰禁錢，以供皇室用度，洎乎東漢，山澤陂池之稅收亦倂入大司農，少府只掌中服御諸物衣服寶貨珍膳之屬，不復掌禁錢。於是大司農總持全國財政調度之責（以上見漢書百官表、食貨志、陳平傳，張敞傳、趙充國傳、毋將隆傳、召信臣傳，續漢書百官志等）。後漢先時尙書雖已與知政財，如：馮勤傳：「除爲郎中，給事尙書，以圖議軍糧。」又朱暉傳：「永和中爲尙書僕射，時穀貴，縣官用度不足，朝廷憂之，尙書張林上言……於是詔諸尙書通議……。」然此猶不過爲尙書謀議之職，非所謂「財務行政」也。韋彪傳：「詔尙書……其賜錢二十萬。」鐘離意傳：「時詔賜降胡子縑，尙書案事，誤以十爲百，帝見大司農上簿，大怒，召郎將笞之。」又「時交趾太官張恢，坐臧千金，徵還伏法，以資物簿入大司農（注：簿文記也），詔班賜羣臣。」此時財穀文簿，亦在司農手中，尙書則每奉詔案事，因亦參知其事焉。惟據桓帝紀：「延熹九年正月已酉，詔曰：其令大司農絕今歲調度征求，及前年所調未畢者勿復收責云云。」是漢末度支之職猶在大司農也。宋志引漢末尙書分曹職掌（見前），無度支錢穀事，其民曹掌繕治功作監池苑囿，所分亦不過少府之任而已（按尙書本屬少府）。獻帝紀云：「興平元年穀一斛五十萬，豆一斛二十萬，人相食啖，白骨委積，帝使侍御史侯汶出太倉米豆爲饑人作糜粥，經日而死者無降……使侍中劉艾出讓有司，於是尙書令以下皆詣省閤謝，奏收侯汶考實。」此似尙書已掌實際財用之職，然亦以樞機官之身份與知財務而已，觀其收攷侯汶一節可知。及至曹魏始有度支尙書（見書鈔六十御覽二一六引朱鳳晉書及晉書安平獻王孚傳）。晉制司農所統無幾，江左則或置或否（均見晉書職官志），陵夷至劉宋，大司農只掌九穀六畜之供膳羞者（見宋書百官志）。國家財政盡操於尙書之手（見晉書杜豫、張華、紀瞻傳及御覽二一七引晉起居注）。於是尚書之財權亦發展完成。

再就國家軍政而論，漢初有太尉掌全國武事，旋省、以丞相兼其職，武帝置大司馬，屬內朝官，非舊太尉之職。東京復置太尉，據續志本注有掌四方兵事之文，疑不過歲課而已。後更陵遲，與司徒司空均成論道之官。又云太尉主天，部太常、衛尉、光祿三卿，此與軍政相去日遠。兩漢尚書分職無兵曹名目（客曹主護駕，二千石曹主水火盜賊雖近於武職，然與兵政無干）。曹魏始置五兵尚書及中、外、別、都、騎五兵曹郎（見宋書百官志）。晉初雖無五兵尚書，然有左、右、外、中、別、都、騎七兵曹郎，太康中又立五兵尚書(見宋書百官志及晉書百官志)。此後歷代相沿，均有兵尚。由是觀之，財務軍事二大部門之納入尚書組織，均在曹魏以後。迄東京末造，尚書諸曹職掌，除「集課」、「選舉」、「刑獄」以外，餘胥爲枝節細事，其分配亦無一定標準，如「齋祀」或歸「吏曹」，或歸「三公曹」，跡近雜湊，均非合理之分配。可見東漢以來，尚書對公卿事權只爲零星之侵蝕，其本職仍在樞機。時人論議，或謂宜重公卿（如仲長統、朱浮、蔡邕），或謂宜重尚書（如郎顗），尚無「統併」之語，及晉世尚書令僕任總機衡，八座曹郎又分庶職，於是九寺併於尚書之論始興焉（見晉書荀勗傳）。

六

尚書制度興起以後，尚書、御史、謁者之職權陸續調整，而成爲三台：尚書爲中台，御史爲憲台，謁者爲外台（文選注漢官儀）。尚書職典機密文書，已見前論。據續百官志本注：謁者掌賓贊受事及上章報問。御史中丞侍御史掌察舉非法受公卿羣吏奏事，有違失舉劾之。則東京之初三者職權仍多混合，與漢武成間同，此似爲光武遵循之之故。據蔡邕獨斷：羣臣上書凡四品，曰：章、奏、表、駁議；若罪法劾案，公府送御史台，卿校送謁史台通。是御史謁者所掌僅限於罪法劾案而已，其餘悉歸尚書。漢舊儀：「御史，詔書以朱鉤施行，詔書下有違法令，施行不便，曹史白封還尚書對不便狀。按此則與後世門下省封駁之制相近。惟據蔡邕獨斷，及前論東京尚書處理文案職制，均不見御史封駁尚書之迹象。東京之世，駁議及封還詔書之例，惟見於尚書諸官（見前論尚書文案職制下）。

就范曄後漢書紀傳所載，御史職權多爲侍役（見章帝紀元和三年二月；及虞延傳），治獄（見獻帝紀竇憲傳寒朗傳韓棱傳種暠傳），及外任（安帝紀有五條，又順帝紀、桓帝紀、靈帝紀、朱祐傳、韋彪傳、杜詩傳、桓典傳、滕撫傳、度尚傳、法雄傳、李恂傳、南夷傳、西南夷傳、西羌傳等）。和紀注三州志所述侍御史職事，亦不言知詔奏機事。獨郅壽傳謂：壽下吏當誅，侍御史何敞上疏理之曰……臣伏見尚書僕射郅壽，坐於台上與諸尚書論擊匈奴，言議過差，……遂繫獄考劾大不敬，臣愚以爲壽機密近臣，匡救百機，……台閣平事，分爭可否，……不以誹謗爲罪，……臣敞謬豫機密，言所不宜，罪名明白，當塡牢獄，先壽僵仆云云。粗觀似其時御史仍與尚書之官同豫機密。實則永和之世知機密者，外爲尚書，內爲外戚中宦，御史之官疏外已久；且就引文所言，初議擊匈奴事者，僅爲尚書諸官，御史並未與知，後郅壽獲罪考劾，何敞乃獲知其始末；敞所謂願先壽而僵仆者，亦只爲對「申理郅壽罪獄一事」負責，而非對「擊匈奴之議」負責也。此亦可證明御史僅知罪法按劾事，而不與知文書機密內容。紀傳所載謁者職事，亦以役使（如和帝紀永年四年事；禮儀志、竇憲傳、韋彪傳、鄧訓傳、何熙傳）；出行（明帝紀、和帝紀、安帝紀、靈帝紀）；按獄（如光武紀、廿二年九月、劉隆傳、竇憲傳、寒朗傳）；監國、監軍、監家（阜陵質王延傳、耿恭傳、宋均傳、竇融傳）；及外任（光武紀二十四年、二十六年，明紀、順紀、獻紀、耿恭傳,任隗傳、杜茂傳、馬援傳、張宗傳、度尚傳、李恂傳、龐參傳、南蠻傳、西羌傳)。亦不言知文書機事(詔章內容)。

再就實際史例而論:御史之官於西漢中葉以還,即已逐漸疏外(見前),光武遵循舊制,御史職權稍重,與尚書令,司隸校尉,均朝會專席,號曰:三獨坐(見後漢書宣秉傳,又書鈔引漢舊儀,唐六典初學記引漢官儀畧同)。光武以後,內官日重,號稱中台之尚書諸官已見疏遠,御史台官亦然。尚書疏遠之結果,由內朝文書之職漸變而爲外廷樞機。御史則由宮廷執法轉而代表中樞,監軍郡國。杜詩傳:建武元年爲侍御史,安集洛陽,時將軍蕭廣放縱兵士,詩敕曉不聽,遂格殺廣,還以狀聞,世祖召見,賜以棨戟,復使之河東,誅降逆賊楊異等。已開御史監軍之先例。明章和三帝時,國內無事,但遣御史赴郡國案獄,若武帝繡衣直指故事(見竇憲、寒朗、韓棱等傳),或使之持節赴邊地慰撫夷狄,如西京中郎將故事(見李恂傳)。章帝元和間,韋彪上疏有「御史外遷,動據州郡」之語,其時朝廷之意態可知。安帝以還,地方多故,御史監軍,史不絕書:如延平三年六月辛巳遣侍御史分行青冀二州災害,督錄盜賊(安帝紀),永初三年,蒼梧、鬱林、合浦蠻夷反叛,二月遣侍御史任逴督州郡兵討之:永初三年海賊張伯路等爲亂,遣侍御史龐雄督州郡兵擊之,永初四年,伯路復起,黨衆浸盛,乃遣御史中丞王宗持節發幽、冀諸州郡兵擊之(安帝紀及法雄傳),永初五年以任尚爲侍御史,擊衆羌於上黨羊頭山,其秋漢陽人杜琦與羌通謀,侍御史唐喜領諸郡兵討破之(西羌傳)。永初六年六月遣侍御史唐喜討漢陽賊王信破斬之(安帝紀),順帝建康元年八月楊、徐盜賊范容周生等寇掠城邑,遣侍御史中丞馮赦督州郡兵討之(順帝紀、滕撫傳作馮琨)。桓帝延熹三年九月太山琅琊賊勞丙等復叛,寇掠百姓,遣御史中丞趙某持節討之(桓帝化)五年五月長沙零陵賊起攻桂陽蒼梧南海交阯，遣御史中丞盛脩督州郡討之（桓帝紀、度尚傳同），熹平五年，諸夷反叛，執太守雍陟，遣御史中丞朱龜討之（西南夷傳），光和二年十月，巴郡板楯蠻夷，遣御史中丞蕭瑗督益州刺史討之（靈帝紀、南蠻傳作三年，餘畧同），又黃布賊起滎陽，桓典以侍御史奉使督軍（本傳）。據漢儀謂：侍御史出督州郡賦稅運漕軍糧。則東京御史出監州郡殆爲常制。和帝紀注引十三州志曰：侍御史周官即柱下史，秩六百石，掌注記言行，糾諸不法，員十五人，出有所案，則稱使者焉。今考：後漢書稱使者之例甚多，如和帝紀永元十一年、十四年，順帝紀永建三年，質帝紀永嘉元年，靈帝紀，熹二年、四年，魯恭傳、李郃傳等，似此種種，均爲御史外任之強烈史證。

西京謁者已以奔走服役，奉行尚書政令爲職（見前）。東京謁者稱爲外台，亦較尚書御史畧爲疏遠。據蔡邕獨斷，罪法劾案，公府送御史台，卿校送謁者台。則二者權勢，更不相牟。光武有三獨坐，而謁者台主不與其數。自後謁者僕射亦不見有若何政事權，其機構於三台之中最爲疏外。謁者主朝會導引贊禮等職事，見於續漢書禮儀志甚詳。至於持節奉册，封拜百官，與奪印綬（見光武紀建武二年，和帝紀永元四年，及鄧訓、竇憲、韋彪等傳），及案行郡國，考劾疑獄（見光武紀廿二年，和帝紀永元六年，安帝紀延平元年，及劉隆、竇憲、雷義等傳），亦爲謁者常職，與前述西京制度畧同。光武以來，又多以謁者監軍與御史同：如建武中青冀盜賊屯聚山澤，張宗以謁者督諸郡兵討平之，十六年琅琊北海盜賊復起，又督二郡兵平之（張宗傳）；盧芳據高柳與匈奴連兵，數寇邊民，十二年遣謁者段忠，將衆郡弛刑配茂鎭守北邊（杜茂傳）；十七年卷人維汜弟子李廣等共聚會徒攻沒皖城，遣謁者張宗將兵數千討之（馬援傳）；二十四年武陵蠻寇臨沅，遣謁者李嵩，中山太守馬成討蠻（光武紀），明帝即位，遣謁者張鴻討叛羌允吾（明帝紀），中元二年，守塞諸羌皆復相率爲寇，遣謁者張鴻領諸郡兵擊之（西羌傳）；章帝時遣秦彭與謁者王蒙、皇甫援發張掖、酒泉、敦煌三郡及鄯善兵會柳中擊車師(耿恭傳)；和帝永元十年，謁者王信、耿譚分領北軍五營、黎陽雍營、三輔積射及邊兵羌胡屯抱罕及白石（西羌傳）；安帝時，擢龐參拜謁者，使督三輔諸軍屯（龐參傳）；順帝陽嘉四年，謁者馬賢擊鍾羌大破之（順帝紀）。桓帝延熹三年，武陵蠻六千餘人寇江陵、荆州刺史劉度，謁者馬睦、南郡太守李肅皆奔走（南蠻傳）。延熹五年，賊寇益陽，衆漸盛，遣謁者馬睦督荆州刺史劉度擊之（度尚傳）；獻帝建安三年，遣謁者裴茂率中郎將段煨討李傕夷三族(獻帝紀)。均爲謁者監軍之史例。據耿恭傳：恭將五校士三千人副車騎將軍馬防討西羌，雖獲全勝，然大忤於防，及防還，監營謁者李譚奏恭不憂軍事，被詔怨望，坐徵下獄免官。則監營謁者乃代表中樞監臨在外將領者也。

又據宋均傳：均爲謁者，會武陵蠻反，詔使乘傳發江夏奔命三千人往救之，會伏波將軍馬援至，詔因令均監軍，及馬援卒於師，均乃與諸將議欲權承制降諸蠻，諸將皆伏地莫敢應，均曰專之可也，乃矯制入賊營散其衆，遣歸本郡，爲置長吏而還。觀此則監軍謁者之權重可知。東京之世，謁者屢兼邊職，遂爲故事，因輒以謁者領護羌校尉職，如西羌傳：永平元年，以謁者竇林領護羌校尉居秋道，明年下獄死，謁者郭襄代領校尉事；又耿恭傳：永平十七年始置西域都護戊己校尉，以謁者關寵爲戊己校尉(注劉頒云寵是己校尉)屯前王柳中城；李恂傳：徵拜謁者，使持節領西域副校尉；再據前引南蠻傳及度尚傳：則謁者馬睦監鎮荆州諸地似亦常任也。此均以謁者代表中樞，出鎮各地之史證。餘如光武紀：建武二十六年，南單于降服，雲中、五原、朔方、北地、定襄、雁門、上谷、代八郡民歸於本土，遣謁者分將弛刑補理城廓；西羌傳：永建四年，復置朔方、西河、上三郡，使謁者郭璜督促徙者，各歸舊縣。亦爲謁者奉勅出外行事之例。東京謁者，除代表中樞監軍州郡外，又常以之監護諸侯國及權臣家，如皐陵質王延傳：使謁者一人，監護延國，不得與吏人通；竇融傳：帝以穆（融長子）不能脩尙，而擁富貲居大第，常令謁者一人監護其家，居數年，謁者奏穆父子自失勢，數出怨望語，帝令將家屬，歸本郡。

至於中樞遇有特殊職事，未設專官，亦輒以謁者代領其職，明帝紀：遣將作謁者王吳修汴渠，自滎陽至於千乘海口；按任隗傳云：將作大匠，自建武以來，常謁者兼之，至隗乃置眞。此以謁者暫領將作之職，而有將作謁者之名也。

至安順以後，宦官日盛，侵及外職，謁者行使之任亦漸爲中謁者所分焉（如安帝紀元初二年，靈帝紀光和二年，建寧四年等）。

綜上所論：漢初本以御史大夫及大謁者掌機職，稍後，大夫權重變爲副相，而中丞代其機職。武帝以後，尙書機構代興，典領內樞，御史轉居監司，謁者則奉勅執役。武成之間，御史與尙書職事之混同及尙書與中書謁者名目之錯合，均爲二官代興遞轉之際所留下之蛛絲馬迹。東京肇建，群雄擾攘，其時尙書地位已極尊顯。光武遵循，三台並立。自後宮廷制度確立，中外界限分明，於是宦官權勢日重，三台之官，日益疏外。尙書疏外之結果，初由內樞而變爲外樞，與廷朝公卿並列，繼由外樞轉而侵蝕公卿事權，發展至六朝，遂成爲總領外廷政令政務之最高衙門。御史及謁者疏外之結果，成爲中央政府監領郡國之代表人，典軍撫夷，竟成常任（按中郎將本亦近衞之職，東京疏外結果，亦出而監軍，乃有東南西北中郎將名目，其發展趨向與御史可相印證）。魏晉復以御史專任監司，然時風所尙，監職終不得舉，但作聞風奏事，不知政務，而晉武帝省謁者僕射，以謁者倂蘭台，江右復置僕射，後又省（晉書職官志），其官更無足輕重矣。此兩漢三台制度發展之概畧也。

李商隱詩探微

孫甄陶著

目次

自序

李商隱詩之隱僻難解者，千古成謎。昔賢箋釋，每病在先入爲主與各徇偏見。茲成是篇，自謂可畧洗前人之習。如曰不然，請待來哲！

著者，於香港九龍塘。四五，四，二十。

又是篇於年前承錢博士賓四先生有所提示，久未整理。近在美國加州大學東亞圖書館The East Asiatic Library蒐求資料，頗獲補充。錢先生之提示，彌足珍貴，於此併誌銘感。中華民國四十九年二月著者增訂後記於美國三藩市。

第一章 引言

李商隱在唐代是一個很負盛名的文士，舊唐書文苑傳和新唐書文藝傳他所以都能各佔一席，大概也因其詩文成就之大。新舊唐書傳大致都說他能爲古文，從事令狐楚幕，楚能章奏，遂以其道授商隱。時温庭筠，段成式俱用是相誇，號「三十六體」（小學紺珠說：三人皆行十六，故曰「三十六體」。），而沒有特別提及他的詩如何如何的好。其實他的詩，在「晚唐」卽已爲時所重，與温庭筠，杜牧齊名，世號「温李」，亦稱「李杜」，因此爲別於「盛唐」之李白，杜甫，而有「前李杜」與「後李杜」之稱了。

一 商隱詩備受前賢推重

商隱的詩雖與温庭筠、杜牧齊名，而後人的批評，却仍以他的爲勝。淸人賀裳載酒園詩話說：

『義山之詩，妙於纖細，……然亦有極正大者，如：肅皇帝挽辭「小臣觀吉從，猶誤欲東封」；過故崔兗海宅與崔明秀才話舊因寄杜趙李三掾「莫凴無鬼論，終負託孤心」；惻然有攀髯號泣及良士不負死友之志，非温所及。…………』

何焯義門讀書記說：

『「晚唐」中牧之，義山俱學子美。牧之豪健跌宕，不免過於放，學者不得其門而入，未有不入於「江西派」

者；不如義山頓挫曲折，有聲有色，有情有味，所得爲多。』

而四庫提要亦說：

『商隱詩與温庭筠齊名，詞皆縟麗。然庭筠多綺羅脂粉之詞，而商隱感時傷事，尚頗得風人之旨。……』

朱鶴齡箋註李義山詩集序又說：

『義山之詩，乃風人之緒音，屈宋之遺響；蓋得子美之深，而變出之者也。豈徒以徵事奧博，擷采妍華，與飛卿柯古爭霸一時哉！………』

其實遠在「北宋」之初，義山詩已備受時人之崇拜，一時學之者有甚於唐人之學「老杜」。宋劉貢父(名攽)中山詩話說：『祥符，天禧中，楊大年（億），錢文僖（惟演），晏元獻（殊），劉子儀（筠），以文章立朝。爲詩皆宗尚李義山，號「西崑體」。後進多窃義山語句。嘗內宴，優人有爲義山者，衣服敗裂，告人曰：「吾爲諸館職撏撦至此」！聞者歡笑。子儀畫義山像，寫其詩句，列左右，貴重之如此。』

蔡寬夫詩話說：

『白樂天晚年，極喜義山詩，云：「我死得爲爾子足矣！」義山生子，遂以白老名之。……』王荆公晚年，亦喜義山詩，以爲唐人知學「老杜」而得其藩籬，惟義山一人而已。……』其爲古今名賢之所推重如此。

宋葉夢得石林詩話說：

『唐人學「老杜」，惟商隱一人而已。雖未盡造其妙，然精密華麗，亦自得其彷彿。故國初錢文僖與楊大年，劉中山皆傾心師尊，以爲過「老杜」。至歐陽文忠公始力排之，然宋莒公兄弟雖尊「老杜」，終不廢商隱。王荆公亦嘗爲蔡天啓言，學詩者未可遽學「老杜」，當先學商隱，未有不能爲商隱而能爲「老杜」者。」

而四庫提要亦說：

『自宋楊億，劉子儀等沿其流波作西崑唱酬集，詩家遂有「西崑體」，致伶官有撏撦之譏。劉攽載之中山詩話以爲口實。元祐諸人，起而矯之，終宋之世，作詩者不以爲宗。胡仔漁隱叢話至摘其馬嵬詩，渾河中詩，詆爲淺近。後江西一派，漸流於生硬粗鄙，詩家又退而講「温李」。……』

觀此，商隱詩在我國詩的範圍裏，已自成一家，自有其叫座能力與特殊地位；只許後人因勢利導，發揚光大；而不是後人可能隨一時之喜怒而摧殘毀滅一筆勾銷的。

二　商隱詩前賢均感註釋不易

明高棅（一名廷禮）唐詩品彙說：

『「晚唐」杜牧之之豪縱，温飛卿之綺靡，李義山之隱僻，許用晦之偶對，「晚唐」變態之極也。』

李商隱詩是「晚唐」的巨擘，早成定論；惟其隱僻乃爲研究商隱詩的一大問題。明胡震亨唐音統籤癸籤說：

『唐詩……有兩種不可不注，如「老杜」用意深婉者，須發明；李賀之詭譎，李商隱之深僻及王建宮詞，自有當時宮禁故實者，並須作注，細與箋釋。……』

元遺山有詩云：「望帝春心託杜鵑，佳人錦瑟怨華年；詩家總愛「西崑」好，獨恨無人作鄭箋」。盖謂義山詩用事頗僻，惜無人注釋也。乃遺山鼓吹，一選郝天挺所注義山詩，尤蕪謬不通；門牆士親承詩教者尚如此，可望之他人乎？……』

可見其詩隱僻，註釋實在也不容易。四庫提要說：

『李商隱詩，舊有劉克，張文亮二家注本，後俱不傳。故元遺山論詩絕句，有「詩家總愛西崑好，只恨無人作鄭箋。」之語。明末釋道源始爲作注，王士禎論詩絕句所謂「獺祭曾驚博奧殫，一篇錦瑟解人難。千秋毛鄭功臣在，尚有彌天釋道安。」者，卽爲道源是注作也。然其書徵引雖繁，實冗雜寡要，多不得古人之意。鶴齡（卽朱鶴齡，字長孺。）刪取其什一，補輯其什九，以成此注。後來注商隱集者，如程夢星，姚培謙，馮浩諸家，大抵以鶴齡爲藍本，而補正其闕誤。』

馮浩更把朱鶴齡行世已歷百年之本，並程夢星，姚培謙之箋本，徐逢源之未刊箋本，集其扼要而準確者採之，而成玉谿生詩詳註六卷。四庫提要謂鶴齡本所作年譜，於商隱出處及時事，頗有疎漏，故多爲馮浩注本所糾。可是馮浩在玉谿生詩詳註發凡第二條內却還說：

『……疑而未晰者，尚間有之。蓋義山不幸而生於黨人傾軋宦豎橫行之日，且學優奧博，性愛風流；往往有正言之不可而迷離煩亂掩抑紆迴寄其恨而晦其跡者，索解良難，所無如何耳。』

自馮浩註本出，諸本皆廢，其後惟陸祁孫合肥札記有說玉谿詩數條，大抵蹈襲前人，故與馮氏翻案，非僻卽謬。錢振倫（楞仙）得其遺文二百餘篇於永樂大典，與弟笣先同任箋注；但疏通證明之功，已遠不逮馮氏。可是馮註較諸家雖善，而於史學實疏，其論詩長於鈎稽，而短於意逆，故穿鑿時亦不免。近人張爾田（字孟劬），致力於玉谿詩十餘年，於民國初年，始成玉谿生年譜會箋四卷，取朱氏以下諸譜，加以整理，訂其譌，增其闕，修其繁；而特別對於馮浩年譜剔抉幽隱，蒐羅遺墜，每年譜下條分件繫，遠紹旁搜；博采唐人文集說部及金石文字以正劉宋新舊唐書之失。其精湛不苟之處，頗勝於馮氏；王國維至以朱馮諸家之書，比於齊魯韓毛之序，而以其書則擬於鄭君之譜與箋。可是他自己却還承認其「大旨則實以馮氏爲據依」（參閱張爾田編纂玉谿生年譜會箋卷首劉承幹序，王國維序及自序。）因此覺得他的箋註不但沒有什麽特別新穎的見解，而且很多因襲馮氏的舊說。如果我們發見馮註有穿鑿附會的地方，則他所因襲馮說的箋註，也同樣的在所不免了。

第二章　註家見解的同異及其迷惑

一　同——先入爲主的同

馮浩所謂『義山不幸而生於黨人傾軋宦豎橫行之日，且學優奧博，性愛風流；往往有正言之不可而迷離煩亂掩抑紆迴寄其恨而晦其跡者，索解良難，所無如何。』的話，他認爲這就是商隱詩隱僻不可解的原因。至於他認爲可解的，他又作如下的聲明說：

『說詩最忌穿鑿，然獨不曰以意逆志乎？今以知人論世之法，求之言外隱衷，大堪領悟，似鑿而非鑿也。如無題諸什，余深病前人動指令狐，初稿盡爲翻駁；及審定行年，細探心曲，乃知屢啓陳情之時，無非借豔情以寄慨。蓋義山初心，依恃惟在彭陽，其後郎君久持政柄，舍此舊好，更何求援？所謂「何處哀箏隨急管」者，已揭其專一之苦衷矣。今一一詮解，反浮於前人之所指，固非敢稍爲附會也。若云通體一無謬戾，則何敢自信！』(見馮浩玉溪生詩詳註發凡第八條)

他這種見解，完全是受了朱鶴齡的影響。朱鶴齡在箋註李義山詩集序裏說：

『或曰：「義山之詩，半及閨闥，讀者與玉臺香奩例稱。荆公以爲善學「老杜」何居？」予曰：「男女之情，通於君臣朋友，國風之螓首蛾眉，雲髮瓠齒，其辭甚褻，聖人顧有取焉。離騷託芳草以怨王孫，借美人以喻君子，遂爲漢魏六朝樂府之祖。古人之不得志於君臣朋友者，往往寄遙情於婉孌，結深怨於蹇修，以序其忠憤無聊，纏綿宕往之致。唐至太和以後，閹人暴橫，黨禍蔓延，義山阨塞當塗，沈淪記室。其身危，則顯言不可而曲言之；其思苦，則莊語不可而謾語之。計莫若瑤臺璚宇歌筵舞榭之間，言之可無罪，而聞之足以動。其梓州吟云：「楚雨含情俱有託」，早已自下箋解矣！』

這裏所謂寄遙情於婉孌，不就是馮浩所謂無非借豔情以寄慨嗎？所謂閹人暴橫，黨禍蔓延，義山阨塞當塗，沈淪記室。其身危則顯言不可而曲言之；其思苦，則莊語不可而謾語之等語，不就是馮浩所謂『義山不幸而生於黨人傾軋宦豎橫行之日，且學優奧博，性愛風流，往往有正言之不可而迷離煩亂掩抑紆迴寄其恨而晦其跡者』的一段話嗎？而朱鶴齡這種見解，却又受到釋道源的影響。清朱彝尊靜志居詩話說：

『石林（釋道源）好讀儒書，嘗類纂子史百家爲小碎集，又以餘力註李義山詩三卷。其言曰：「詩人論少陵忠君愛國，一飯不忘，而目義山爲浪子，以其綺靡華豔，極玉臺金樓之體而已。第少陵之志直，其詞危；義山當南北水火，中外箝結，不得不紆曲其指，誕謾其詞；此風人小雅之遺，推原其志義，可以鼓吹少陵。」惜其書未刊行，會吳江朱長孺箋義山詩，多取其說，間駁其非。……』

這裏所引釋道源之言，便是朱鶴齡與馮浩之說的淵源所自。他們這類見解，活像一脈相承的了。

二　異——各徇偏見的異

獨是對令狐父子的關係，朱鶴齡與馮浩的見解却有些不同。馮浩謂義山初心，依恃惟在彭陽，其後郎君久持政柄，舍此舊好，更何求援？云云，已如前說。朱鶴齡則謂：

『義山蓋負才傲兀，抑塞於鈎黨之禍。而傳所云「放利偷合，詭薄無行」者，非其實也。夫令狐綯之惡義山，以其就王茂元，鄭亞之辟也；其惡茂元，鄭亞，以其爲「贊皇」所善也。「贊皇」入相，荐自「晉公」，功流社稷。史家之論，每曲牛而直李；茂元諸人，皆一時翹楚，綯安得以私恩之故，牢籠義山，使終身不爲之用乎？綯特以仇怨「贊皇」，惡及其黨，因併惡其黨「贊皇」之黨者，非眞有憾於義山也。「太牢」與正士爲讐，綯父楚比「太牢」而深結李宗閔，楊嗣復；綯之繼父，深險尤甚。會昌中，「贊皇」擢綯臺閣，一旦失勢，綯與不逞之徒，竭力排陷之。此其人可附離爲死黨乎？義山之就王鄭，未必非擇木之智，渙邱之公，此而目爲放利偷合，詭薄無行，則必將朋比奸邪，擅朝亂政，如八關十六子之所爲，而後謂之非偷合非無行乎？』(見朱鶴齡箋註李義山詩集序)

而徐逢源却說：

『唐之朋黨，二李爲大，牛僧孺爲李宗閔之黨魁，故又曰「牛李」。楊嗣復，李宗閔，令狐楚與李德裕大相仇怨，義山爲楚門下士，是始乎黨牛之黨者也。迨從鄭亞辟，令狐綯以爲忘家恩，憾之不置。義山歸窮自解，綯不之省。徐州歸後，復以文章干綯，乃補太學博士，則終乎黨牛之黨矣。論者以爲王茂元壻，又從事桂林，遂謂黨「贊皇」之黨；不知茂元自有王涯爲之道地，又得中人之助，所恃不獨一「衞公」也。惟鄭亞始終爲「衞公」所引，然從亞非義山本懷，又不過一年，觀其酬令狐郎中詩云：「補羸貪紫桂，負氣託青萍」；則心事和盤託出，不過爲貧而仕耳，非有心負綯者。傳所云放利偷合，則不誣也。……集中刺「衞公」詩，不一而足，若衞公一絕，尤其顯然者。』(見馮註李義山詩集玉谿生年譜)

馮浩又不以爲然，說道：

『按朱長孺序，過褒義山，徐氏盡翻朱說，尤偏執矣！夫李牛之黨，實繁有徒；然豈人人必入黨中，不此卽彼，無可解免者哉！既同時矣，同仕矣，勢不能不與之欵接；要惟爲黨魁者，方足以持局而樹幟；下此小臣文士，絕無與於輕重之數者也。……義山少爲令狐楚所賞，此適然之遇，原非爲入黨局而然；惟是開成時，既以綯力得第，而乃心懷躁進，遽託涇原。此舊傳所云綯以背恩，惡其無行也。綯之惡義山，實始於此。……其後以鄭亞爲李衛公所善，逐李並及鄭，而綯之惡義山，尤不能釋然矣……夫義山之歷就諸幕，皆聊謀祿仕，既並非黨李之黨，更烏得以補太學博士之一節，而謂終於黨牛之黨也哉？集中嘆「衛公」詩，吾詳味之矣；刺「衛公」詩絕鮮，其李衛公一絕，傷之，非幸之也。惟上杜悰詩「惡草雖當路」，乃實斥「衛公」者，以投贈之故，冀聳尊聽，不惜違心而弄舌耳。要而論之，義山不幸而生於朋黨傾軋之日，所遇皆此輩，未免爲其波染；若其踪跡名位，絕無與於黨局；卽綯之惡其背恩，僅一家之私事耳。安得過信史書，各徇偏見，而必謂其黨李之黨，或謂其黨牛之黨也哉？……』(見同上年譜)

他更有一個極不客氣的批評說：

『又按義山既不足以論黨局矣，而統觀全集，其無行誠不能解免。當得第而未仕，則遽背恩而赴涇原；茂元卒，又欲修好於令狐；令狐出刺吳興，又卽賡桂管之辟，泰然有不憚牽牛妒之句。桂府遽罷，「衛公」叠貶，令狐入居禁近，則又哀辭祈請，如醉如迷。迨至令狐宿憾終不可釋，乃始眞絕望，而以漫成五章，揭生平之大畧，竊隱附於「衛公」，以冀取重於千載後也。一人之筆，矛盾互持，植品論交，兩無定守。嗚呼，

文人鉥肝雕腎於畢生，而徒博後世浮華無實之誚者，其皆自貽伊戚也夫！』（見同上年譜末段）

此論未免近刻！張爾田在他的玉谿生年譜會箋（卷三，第四十七頁，「大中二年戊辰，義山三十七歲」條。）裏面，另有一個近似折衝而有恕辭的見解說：

『又案義山一生關係黨局，新舊兩傳，實發其隱，朱氏長孺以義山之就王鄭，比諸「擇木」「渙邱」，謂其黨於「贊皇」。徐氏湛園據哭楊虞卿，蕭澣諸詩，及太學博士一除，則謂其黨於「太牢」。馮氏既駁正徐說矣，又謂其無關黨局。此三說皆甚辨，而不知皆非也。以余考之，義山少為崔戎，令狐楚所憐，戎被遇於裴度，楚進用於皇甫鎛，義山之從二公，乃遭遇適然，本非為入黨局，此不足深辨。惟至登第釋褐，藉令狐為之道地，則固不能不謂其與牛黨有關矣。故成昏「涇原」，重官秘省，遂致大受黨人排笮；不然，昏宦亦人恒情，子直何至惡其背恩，且責其「放利偷合」哉！然則令狐之怨義山，實始於是時，而義山之去牛就李，亦於是時而決。會昌初，義山受選天官正書秘閣，觀無題二章，一則曰「身無彩鳳雙飛翼，心有靈犀一點通」；一則曰「豈知一夜秦樓客，偷看吳王苑內花」；艷羨內省之情，溢於言表，時「衛公」方當國也。未幾，遽丁母憂，攀附不及，服闋入京，則武宗已崩，而「衛公」亦斥外矣。相思詩「腸斷秦台吹管客，日西春盡到來遲」；茂陵詩「誰料蘇卿老歸國，茂陵松柏雨蕭蕭」；大有遲暮自傷之感，非李黨有意疏之也。故大中元年，遂從鄭亞於「桂海」，亞貶又屬意李回於「湖南」，及回不敢奏辟，遇合無緣，乃始眞絕望，不得不轉而向令狐告哀矣。然而一時所賦篇什，幽憶怨斷，恍惚迷離，其詞有文焉，其聲有哀焉，義山始願不負李黨，亦可見已。迨至陳情不省，子直宿憾終不能釋，然後從盧宏正，從柳仲郢。宏正則劉稹平，德裕用為河北兩鎭宣慰使；仲郢則德裕奏尹京兆，皆「贊皇」所厚遇者（案仲郢其先本牛黨，舊書傳曰，德裕知其無私，奏爲京兆尹。謝日言曰，「下官不期太尉恩獎及此，仰報厚德，敢不如奇章門館」。德裕不以爲嫌。嘗感李德裕之知，大中朝，李氏無祿仕者，仲郢領鹽鐵時取德裕兄子從質爲推官，知蘇州院事，令以祿利贍南宅。令狐綯爲宰相，頗不悅，仲郢與綯書自明曰：「任安不去，常自媿於昔人；吳詠自裁，亦何施於今日。李太尉受責既久，其家已空，遂絕蒸嘗，誠增痛惻」！綯深感嘆，尋與從質正員官。是仲郢固亦去牛就李者，宜其始終恩禮義山，蓋有同情，較之子直伐異忌能，誠不可以道里計矣。）於是以漫成五章，明揭生平，以表襮其始終欽仰「衞公」之初心；由是觀之，安得謂其無關黨局也哉？若夫哭楊虞卿，蕭澣，贈杜悰，盧鈞諸詩，此不過人生交際之常，卽如文集爲王茂元，鄭亞諸啓狀於牛黨，皆通書訊候，彼身受黨魁殊遇者且然，何況義山？豈一介儒生，卽不許有親故往還乎？至博士一除，乃子直情不可恕，原非美遷。李衞公一絕，傷其投荒，非幸其賈禍。凡此諸說，固不足以盡黜朱氏也。要之以黨論義山，與其謂之牛黨，無寧謂之李黨；朱氏所謂李黨者，據其迹也；余之所謂李黨者，原其心也；若僅執其迹求之，則義山固無解於牛黨矣。觀其成昏未久，知茂元之不足恃，則僕僕作「湘潭」之行，希望楊嗣復。及李黨疊敗，知李回不能携之赴鎭，則又僕僕作「巴蜀」之行，希望杜悰。嗣復與悰，皆牛黨中人，依違去就，何一無特操乃爾！然而義山則已逆料後人必有以此爲口實者，而先自剖矣。席上作詩曰：「料得也應憐宋玉，一生惟事楚襄王」；靑陵台詩曰：「莫訝韓憑爲蛺蝶，等閒飛上別枝花」；當時心跡，和盤託出。千載之下，方讀而悲之；而奈何解者不察，尙紛紛致辨於恩牛怨李之間也耶？』

此論之於商隱，似亦難免於回護。其他議論商隱，尚有更犯情感偏見者，這裏不須引述。獨四庫提要則說：

『商隱以婚於王茂元之故，爲令狐綯所擠，淪落終身，特文人輕於去就苟且目前之常態。鶴齡必以爲茂元黨李德裕，綯父子黨牛僧孺；商隱之從茂元，爲擇木之智，渙邱之公。然則令狐楚方盛之時，何以從之受學；令狐綯見讎之後，何以又屢啓陳情？新舊唐書，班班具在！鶴齡所論，未免爲回護之詞。』

這確是比較有歷史根據的持平之論。可是古今來「文人輕於去就苟且目前之常態」者多矣，而新舊唐書之傳李商隱，於求全之毀，則又未免過甚。在舊唐書則曰「無特操，恃才詭激」；在新唐書則曰「忘家恩，放利偸合」。一若商隱之「名宦不進，坎壈終身」，即由於「無特操，恃才詭激」，「爲當塗者所薄」，乃至於此；而其爲令狐綯「謝不通」，則又由於「忘家恩，放利偸合」。假定我們以爲新舊唐書所說的話是沒有錯，那麼與他同時的柳仲郢，一樣是從牛黨而轉入李黨的人，一樣是「無特操，放利偸合」的人，而却終身顯達，爲什麼不「爲當塗者所薄」？而牛黨中人，又爲什麼不以其「忘家恩，放利偸合」，使之「名宦不進？」乃獨以此爲小臣文士的李商隱罪！謂非史家成敗論人，則又何說？我們所應爲商隱鳴不平者以此，而不必爲其輕於去就苟且目前的文人常態作回護。

至說到成敗論人這個毛病，固不祇新舊唐書之對李商隱爲然，甚至有關國家百年大計的大人大事，又何嘗不如此！卽就有唐一代而言，史稱唐高祖李淵爲圖奪取帝位，於隋恭帝義寧元年六月間，不惜自爲手啓，卑辭厚禮，稱臣於突厥始畢可汗，藉與相結，資其士馬以益兵勢。到後來其子唐太宗時代，據通鑑卷一百九十三唐紀九說：『太宗貞觀三年，十二月，戊辰，突利可汗入朝。上謂侍臣曰：「往者「太上皇」以百姓之故，稱臣於突厥，朕常痛心。今單于稽顙，庶幾可雪前恥」！』他們做了這一件辱沒國家民族的事，怎麽不痛心，應該還捏一把汗！好在他們父子功業盛大，且能殲滅突厥；「天可汗」的聲威，震驚中外，一下子便把前愆盡蓋了。不然的話，「兒皇帝」的帽子，早就落在這大唐天子的頭上，還要等待到後起之秀的石晉皇帝嗎？然則我們似又不必因史家的成敗論人而獨爲李商隱叫屈了。

綜上所述，註家對於李商隱的看法，既有同異兩種：其同，爲先入爲主的同；其異，爲各徇偏見的異。無論其爲同爲異，兩者俱各有所蔽，於是便生迷惑。以此箋註其詩，宜其歧異紕繆，附會臆說，相因而至了。

三　註家的迷惑

商隱與令狐父子的關係，各種不同的意見畧如上述；然因他們意見的紛歧，於是對商隱詩的隱僻作風，看法便各不同。卽如李衛公一詩，徐逢源謂其顯然含諷刺李德裕之意，而馮浩則謂傷之非幸之也。他如上杜悰詩，「惡草雖當路」一句，馮浩謂其實斥「衛公」者，而朱鶴齡引錢龍惕箋則謂「惡草」指僧孺黨白敏中諸人。其注釋之歧異，乃竟若是！至如無題諸什，前人動指令狐，不特箋注者爲然，詩話、筆記，以及評商隱詩者，都幾於未能免俗。如九日詩云：

『曾共山翁把酒時，霜天白菊繞階墀。十年泉下無消息，九日樽前有所思。不學漢臣栽苜蓿，空教楚客詠江蘺。郎君官貴施行馬，東閣無因再得窺。』（見馮註李義山詩集卷三・第二十三頁）

對於這詩，孫光憲北夢瑣言一則說：

『李商隱員外依彭陽令狐楚，以箋奏受知。相國既沒，彭陽之子綯，繼有「韋平之拜」，疎隴西，未嘗展分。

重陽日，義山詣宅，於廳事上題詩云云。綯覩之慙悵而已，乃扃閉此廳，終身不處。』

孫光憲是「五代」末「北宋」初人，時代較「晚唐」爲近，此說也許有些根據；可是後人看這詩，原則上認爲確與令狐父子有關，但對北夢瑣言所說這一故事，却還紛紛其說。不過既承認了這一原則，則商隱集中此類的詩，便被陸續發現不少。較著者，如野菊一首說：

『苦竹園南椒塢邊，微香冉冉淚涓涓。已悲節物同寒雁，忍委芳心與暮蟬。細路獨來當此夕，淸樽相伴省他年。紫雲新苑移花處，不取霜栽近御筵。』(見馮註李義山詩集卷三·第三十九頁)

楊守智說：『與九日篇同旨。「淸樽相伴」，卽「曾共山翁把酒時」也；「不取霜栽」，卽「不學漢臣栽苜蓿」也；追思其父，深怨其子。』紀昀與何焯之評亦云然。這些總算說得過去，最奇怪的，元好問論詩絕句所謂『佳人錦瑟怨華年』，與王士禎論詩絕句所謂『一篇錦瑟解人難』的一首認爲最不可解之錦瑟詩，而唐詩紀事竟以爲令狐楚之青衣名錦瑟。宋人緗素雜記以適怨淸和爲解，分配中間四句。許彥周詩話，以爲適怨淸和，一作感怨淸和，令狐楚侍人，能彈此四曲。又有謂義山莊事楚，必綯之青衣云云。劉貢父中山詩話亦謂「錦瑟」，當時貴人愛姬之名。如此愈說而愈支離了！善夫心史（李義山錦瑟詩攷證的作者，見東方雜誌第二十三卷第一號，民國十五年一月十日出版）之言曰：

自北宋以來，通人皆好解錦瑟詩，蓋積疑已歷千餘年，諸公皆欲破此疑，而其疑益甚！最初所見，如劉貢父中山詩話云：『錦瑟，當時貴人愛姬之名。』羌無故實，已爲後世所譏。稍後出者，黃朝英之靖康緗素雜記云：『義山錦瑟詩，山谷讀之，殊不曉其意，後以問東坡。坡曰：「此出古今樂志，錦瑟之爲器也，其絃五十，其柱如之，其聲也適怨淸和，以中間四句配之，一篇之中，曲盡其意」。』此則假蘇、黃問答以取重。果如所云，義山直賦瑟耳。中間使事豕對，以分配適怨淸和四字，如近人作詩鐘者然，豈非板滯不靈；而於思華年及末二句，又作何解？晁公武讀書志云：『朝英，建州人，紹聖後舉子。』蓋與蘇、黃時代相接之人。二公名重，動爲談藝家所挾以服衆，其可笑如此。

以此類推，其他如聖女祠、重過聖女祠、垂柳、贈柳、謔柳、及無題（用句首二字爲題，卽等於無題；如錦瑟，自喜，碧城，爲有等詩，均包括在無題一類之內。），失題諸作，聚訟紛紜，固自有由來矣！

第三章　要求了解李商隱詩的各種意見

一　從錦瑟一詩來看

現在我們先看錦瑟一詩，詩云：

『錦瑟無端五十絃，一絃一柱思華年。莊生曉夢迷蝴蝶，望帝春心託杜鵑。滄海月明珠有淚，藍田日暖玉生煙。此情可待成追憶，只是當時已惘然！』（見同治庚午季冬刊於廣州倅署之李義山詩集輯評，以下簡稱「輯評本」，卷上第一頁）

這詩很多人以爲是商隱悼亡之作。商隱誠然是有悼亡的事實，誰也不能禁止或反對他作悼亡的詩，而他却自有悼亡的佳作。如房中曲（見民國三年正月崇古山房石印本馮註玉谿生詩詳註，以下簡稱「馮註本」，卷四第十頁），屬疾（見同上第二十二頁），兩首，悼亡之情節顯然。他如王十二兄與畏之員外相訪見招小飲時予以悼亡日近不去因寄（見同上第十一頁），及楊本勝說於長安見小男阿袞（見同上第二十二頁），兩首，亦很坦白地表露他的悼亡之意。他悼亡是不怕公開的一件事，何必紆迴委曲地用文詞隱僻解人難索的錦瑟詩來寄其哀慟？若謂錦瑟詩爲風懷之一類，則商隱詩類似這一類文辭隱僻的豔體詩正多，如鏡檻（見同上卷一第四十一頁），碧瓦（見同上卷三第三十二至三十三頁），促漏（見同上第三十六頁），無題之『相見時難別亦難』（見同上第三十八頁）及『昨夜星辰昨夜風』（見同上卷一第四十頁）等數首，無一不可作風懷詩看；可是作風懷詩者，固非史無前例：朱彝尊生當滿清盛世，專制君主正在着力提倡風化以維持其政體的表面莊嚴之時，而朱彝尊亦身爲名儒，竟因爲他的風懷詩一篇，不肯割愛；便決計寧可不吃兩廡冷肉，而不可讓詩集裏刪去這詩，此卽其著者。李商隱生在「晚唐」，君主沒有滿清的專制，對於男女兩性關係，也不如滿清防閑之嚴，而商隱亦未必攷慮過作吃兩廡冷肉之想。然則他要做風懷詩，又何所用其隱諱而必要寫出此類深僻或至晦澀的詞句？

因此有人以爲這是他個人的風流韻事，如唐詩紀事竟以爲令狐楚之青衣名錦瑟，又有謂義山莊事楚，必綯之青衣云云，此亦羌無故實之論。張爾田玉谿生年譜會箋（卷四，第四十八至四十九頁，「大中十二年戊寅，義山四十七歲」條。）錦瑟一題下箋曰：『此爲全集壓卷之作，解者紛紛，或謂寓意令狐青衣，或謂悼亡，迄不得其眞象。惟何義門云，此篇乃自傷之詞，騷人所謂美人遲暮也，其說近似。蓋首句謂行年無端將近五十，「莊生曉夢」，狀時局之變遷；「望帝春心」，嘆文章之空託。而悼亡斥外之痛，皆於言外包之。「滄海」「藍田」二句，則謂「衛公」毅魄，久已與珠海同枯；令狐相業，方且如玉山不冷。「衛公」貶珠崖而卒，而令狐秉鈞赫赫，用藍田喻之，卽「節彼南山」意也。結言此種遭際，思之眞爲可痛，而當日則爲人顚倒，實惘然若墮五里霧中耳。所謂「一絃一柱思華年」也，隱然爲一部詩集作解疑。義山題此以冠卷首，後人因之，故諸本皆首此篇也。義門又謂義山集三卷，猶是宋本相傳舊次，始之以錦瑟，終之以井泥，合二詩觀之，則吾謂自傷者，更無可疑矣。斯眞定論，諸家臆說，亦可以少息也哉！又困學紀聞引司空表聖云，戴容州謂詩家之景，如藍田日暖，良玉生烟，，可望而不可置於眉睫之前也。李義山玉生烟之句，蓋本於此，此說是也。可望而不可前，非令狐不足當之，借喻顯然。戴容州叔倫，蕭穎士門人，貞元十六年進士，在義山前，其語必有所出，唐時佚書固多也。「種玉」「埋玉」之解皆誤，不可從。馮注又引錄異傳吳王小女曰玉，抱之如烟然事，以詰此句；夫玉乃人名，借作物用，詩家從無如此隸典者，況精純如義山乎？尤紕繆矣！』張爾田自謂如此箋釋，可成定論；但既謂「隱然爲一部詩集作解疑」，更引何義門之說，謂此乃自傷之辭，且肯定義山題此以冠卷首，是則此詩乃屬開宗名義之第一篇，自可以堂皇冠冕彰明較著之詞出之，又何必紆迴隱僻含混模糊費解若是，而使後人有「一篇錦瑟解人難」之嘆？故仍不無可疑。

二　從無題二首來看

次看無題二首，詩云：

『昨夜星辰昨夜風，畫樓西畔桂堂東。身無綵鳳雙飛翼，心有靈犀一點通。隔座送鈎春酒暖，分曹射覆蠟燈紅。嗟余聽鼓應官去，走馬蘭臺類轉蓬。

聞道閶門萼綠華，昔年相望抵天涯。豈知一夜秦樓客，偷看吳王苑內花！』（見馮注本卷一第四十至四一頁。）

這兩首詩，給後人穿鑿附會到眞是「寃枉難招」了！紀昀固謂『皆狎邪之作，無所寓意，深解者失之。』又特指出「昨夜星辰」一首，爲『實有本事者』。（見輯評本卷上第四十二頁）他在四庫提要裏，李義山詩集三卷的一條，也說：『無題之中……有實屬狎邪者，「昨夜星辰昨夜風」之類是也』。而趙臣瑗山滿樓唐詩七律箋註曰：『此義山在王茂元家竊窺其閨人而爲之，或云在令狐相公家者非也。觀次首絕句，固自寫供招矣，又何疑焉。』馮浩曰：『此二篇定屬艷情，因窺見後房姬妾而作，得毋其中有吳人耶？趙箋大意良是，他人苦將上首穿鑿，不知下首明道破矣。』又曰：『秦樓客，自謂壻於王氏也。但義山兩爲秘省房中官，一在開成四年，是年卽出尉宏農；一在會昌二年，而王茂元於武宗即位初由涇原入朝，會昌元年，出鎮陳許，則踪跡皆不細合矣。或茂元在鎮，更有家在京，或係王氏之親戚，而義山居停於此；頗可與街西池舘及可嘆等篇參悟，亦大傷輕薄矣！』張爾田看到，大概是忍不住了，便在玉谿生年譜會箋（卷二，第四十六頁，「會昌二年壬戌，義山三十一歲，編年詩」條。）無題二首（指「昨夜星辰」二首。）一題下箋曰：『此初官正字歆羨內省之寓言也。首句點其時其地，「身無」二句，分隔情通；「隔座」二句，狀內省諸公聯翩並進得意情態；結則艷妬之意，恐已不能身厠其間，喜極故反言之也。次章意尤顯了，萼綠華以比「衞公」，閶門在揚州。舊紀，寶歷二年，鹽鐵使王播奏揚州舊漕河水淺，今從閶門外古七里港開河向東取禪智寺橋東通舊官河是也，此指淮南。下言從前我於「衞公」，可望而不可親，今何幸竟有機遇耶！「秦樓客」，自謂茂元壻也。觀此則秘省一除，必李黨汲引無疑。義山本長章奏，中書掌誥，固所預期；當「衞公」得君之時，藉黨人之力，頗有立躋顯達之望；而無如文人命薄，忽丁母憂也。此實一生榮楛所由判歟！自趙臣瑗謂「此義山在茂元家竊窺其閨人而作」，於是解者紛紛，不知是年茂元方鎮陳許，即開成四年，義山釋褐校書，茂元亦在涇州，踪跡皆不相合。馮氏亦知其不通，則又創爲茂元有家在京之說，更引街西池舘等篇實之。義山不但「無特操」，且從此爲名教罪人矣，何其厚誣古人如是哉！』綜上幾個箋釋，自當以張爾田的一個較爲別開生面。我們雖仍嫌其比附過於曲折，却不能不同情其爲商隱被誣的憤慨！

至於商隱的其他無題詩，在這裏不妨附帶說說。近人蘇雪林女士，著玉谿詩謎（商務印書館民國三十六年十二月初版），認定李商隱的無題詩是與戀愛有關，力證『他戀愛的對象非尋常女子可比，如果彰明昭著地寫將出來，不但對方名譽將爲之破壞，連生命都很危險的。……他到底不敢說，而又不忍不說，於是他祇得嘔心挖腦，製造一大批巧妙的詩謎，教後人自己去猜。……所以義山的無題詩，可以算得千古言情詩中別開生面的作品。』她所說商隱愛那不比尋常的女子是誰，就是女道士和宮人。她的話未必完全不對，但是宮闈不肅，是有唐一代傳統的家風，宮人與外間人戀愛，未必便有生命的危險，也許一時更會傳爲風流佳話。此在唐詩紀事有例可證：

『開元中，頒賜邊軍纊衣，製於宮中。有兵士於短袍中得詩曰：「沙場征戍客，寒苦若爲眠？戰袍經手製，知落阿誰邊。蓄意多添線，含情更著綿。今生已過也，重結後生緣！」兵士以詩白於帥，帥進之玄宗。命以詩遍示六宮曰：「有作者勿隱，吾不罪汝。」有一宮人自言萬死，玄宗深憫之，遂以嫁得詩人，仍謂之曰：「我與汝結今生緣！」邊人感泣。』

唐詩紀事又說：

『顧況在洛乘春，與三友遊於苑中，坐流水上。得一梧葉，上題詩曰：「一入深宮裏，年年不見春。聊題一片葉，寄與有情人。」況明日於上游亦題詩葉上，放於波中，詩曰：「花落深宮鶯亦悲，上陽宮女斷腸時。帝城不禁東流水，葉上題詩欲寄誰？」後十餘日，有人於苑中乘春，又於葉上得詩以示況，詩曰：「一葉題詩出禁城，誰人酬和獨含情。自嗟不及波中葉，蕩漾乘春取次行！」』

這一段事，青瑣高議謂在『唐僖宗時，于祐於御溝中拾一葉，上有詩，祐亦題詩於葉，置溝上流，宮人韓夫人拾之。後值帝放宮女，韓氏嫁祐成禮，各於笥中取紅葉相示曰：「可謝媒矣！」韓氏有「方知紅葉是良媒」句。』雲溪友議則謂『宣宗朝有題紅葉隨流者，盧渥舍人應舉偶得之，藏於中笥。及宣宗有旨許宮人從人，盧所獲人覩紅葉曰：「當時偶題，不意君得之。」』無論拾葉的人，是顧況也好，是于祐也好，乃至是盧渥也好，而此一事實，總不會是完全虛構的。自玄宗以至僖宗，二百年來，宮人都可作「紅杏出牆」之想，並可給人作風流韻事來看，難道商隱和宮人鬧戀愛，便會使名譽被破壞，生命有危險嗎？至於幽居深宮，正承新寵的宮人，若與之發生戀愛，踪跡不密，誠恐有生命的危險；不過商隱僅屬「名不掛朝籍」的小官，而宮禁却深於似海的侯門，他有什麽力量與憑藉，能與她們認識而至發生戀愛呢？何况商隱自來伉儷情深，有詩可證。其王十二兄與畏之員外相訪見招小飲時予以悼亡日近不去因寄一首說：

『謝傅門庭舊末行，今朝歌管屬檀郎。更無人處簾垂地，欲拂塵時簟竟牀。嵇氏幼男猶可憫，左家嬌女豈能忘？秋霖腹疾俱難遣，萬里西風夜正長！』

這首悼亡詩，一往情深，說得也凄怨動人。紀昀評云：『義山悼亡，而妻之兄弟親串，乃燕飲歌管；事固可憤，語亦太激。』然觀此並可見商隱之爲人，既愛其妻，未必便好色而嗜作狹邪。我這話也不是故爲廻護，而有可根據的事實如下：按商隱於赴蜀依東川節度使柳仲郢時，柳嘗賜以樂籍張懿仙，他上啓力辭。啓說：

『商隱啓：兩日前於張評事處伏覩手筆，兼評事傳指意，于樂籍中賜一人，以備紉補。某悼傷以來，光陰未幾；梧桐半死，方有述哀；靈光獨存，且兼多病。眷言息胤,不假提攜;或小於叔夜之男,或幼於伯喈之女。檢庾信荀娘之啓，嘗有酸辛；詠陶潛通子之詩，每嗟飄泊。所賴因依德宇，馳驟府庭，方思効命旌旄，不敢載懷鄉土。錦茵象榻，石館金臺，入則陪奉光塵，出則揣摩鉛鈍。兼之早歲，志在立門，及到此都，更敦夙契。自安衰薄，微得端倪。至於南國妖姬，叢台妙妓，雖有涉於篇什，實不接於風流。况張懿仙本自無雙，曾來獨立；既從上將,又託英僚。汲縣勒銘,方依崔瑗;漢庭曳履，猶憶鄭崇。寧復河裏飛星，雲間墜月；窺西家之宋玉，恨東舍之王昌。誠出恩私，非所宜稱。伏惟克從志願，賜寢前言；使國人盡保展禽，酒肆不疑阮籍。則恩優之禮，何以加焉；干冒尊嚴，伏用惶灼。謹啓。』上河東公啓（見李義山文集卷三・上河東公啓三首之第一首）

朱彝尊謂：『按義山自茂元女亡後，終身不娶。觀其與「河東公」辭張懿仙啓，可知其篤於伉儷。』（見輯評本卷下第四十頁，河陽詩，朱評。）循此理推，商隱對於一個很現成而可順理成章得來的張懿仙，尚辭而不受；難道偏會酷嗜狹邪，却要戀愛宮人和女道士嗎？這一說似可不攻而自破了。又如果我們相信他那上河東公啓所說，都是由衷之言，則他所謂『南國妖姬，叢台妙妓，雖有涉於篇什，實不接於風流。』的話，不但可作爲他不嗜狎邪的證據，卽他的一般艷情詩，也可作如是觀了。

三　從碧城三首來看

又次看碧城三首，詩云：

『碧城十二曲闌干，犀辟塵埃玉辟寒。閬苑有書多附鶴，女牀無樹不棲鸞。星沈海底當窗見，雨過河源隔座看。若是曉珠明又定，一生長對水晶盤。

對影聞聲已可憐，玉池荷葉正田田。不逢蕭史休回首，莫見洪崖又拍肩。紫鳳放嬌銜楚佩，赤鱗狂舞撥湘絃。鄂君悵望舟中夜，繡被焚香獨自眠。

七夕來時先有期，洞房簾箔至今垂。玉輪顧兔初生魄，鐵網珊瑚未有枝。檢與神方教駐景，收將鳳紙寫相

思。武皇內傳分明在，莫道人間總不知。』（見輯評本卷上第五十三頁）

這三首詩，朱彝尊解釋道：

『三詩莫得其解，予細按之，似皆爲明皇，太眞而作。何以知之？玩第三首結句而悟之。蓋以明皇爲武帝，唐人之常也，則其爲明皇無疑。「碧城」四句，以仙家况宮中之繁麗也。「星」，小星也；「雨」，靈雨也；「星沈雨過」，武惠妃已薨也。「當窗隔座」，太眞後入宮也。結以飛燕比惠妃，合德比太眞，言惠妃不死，而一生專寵，猶或不至召亂也。「對影」句，實寫太眞之美也；「玉池」句，指賜浴華淸時也。「蕭史」謂壽王；「洪崖」謂祿山也。「放嬌」，「狂舞」，謂其恃寵之態也。「鄂君」，謂明皇也；「獨自眠」，蜀道雨淋鈴時也。「七夕」二句，點長生殿私語事也。月「初生魄」，則不復圓矣；「珊瑚未有枝」，則不可期矣；猶言『他生未卜此生休』也。「神方」二句，言鴻都道士之渺茫也。「武皇」二句，總結三首，和盤託出，所謂微而顯也。』（見輯評本卷上第五十三至五十四頁，碧城三首朱評）

何焯亦說：

『唐人率以明皇爲武帝，小馮云：「讀落句方知其事之隱」。』（見同上何評）

殊不知明皇，楊妃之事，在唐代實不須隱，且極公開；先後詩人彰之篇什者甚多，卽本集中明譏毒刺，不一而足。如馬嵬云：

『冀馬燕犀動地來，自埋紅粉自成灰。君王若道能傾國，玉輦何由過馬嵬！』（見馮註本卷五第二十頁）

華淸宮云：

『華淸恩幸古無倫，猶恐蛾眉不勝人。未免被他褒女笑，只教天子暫蒙塵。』(見同上第十五頁)

這兩首詩，嘲諷楊妃，眞佻薄得可以，正是嬉笑有甚於怒罵，而且絲毫也沒有隱諱。他在這兩詩既不用隱諱，又何必在碧城三首偏要隱晦其詞？紀昀對這三詩，也弄他不淸楚，爽脆地如此說道：

『三首確是寓言，亦無題之類，摘首二字爲題耳。然所寓之意，則不甚可知。胡孝轅以「不逢蕭史」一聯，謂刺當時貴主。朱竹垞又以「七夕來時」一句，定爲追刺「明皇」。援據支離，於詩無當。義山一集，佳什多矣，不食馬肝，未爲不知味也！』(見輯評本卷上第五十四頁碧城三首紀評)

實則胡震亨（卽孝轅）之說何嘗不是？馮浩更有所引申（詳後章），張爾田並贊成其說。他在玉谿生年譜會箋（卷四，第五十四頁，「大中十二年戊寅，義山四十七歲，不編年詩」條。）碧城三首一題下箋曰：

『此詩向無定解，惟胡孝轅戊籤云：「此似詠其時貴主事，味蕭史一聯，及引用董偃水精盤故事，大指已明，非止爲尋恒閨閣寫艷也」。其說大通，已詳馮箋矣。若謂指「明皇」「貴妃」，則必非也。大抵義山信道，好以仙情艷語入詩，有實有本事者，亦有別有寄託者；細審實不易分別，苟所解於通體不甚融洽，固不如仍舊說之爲愈矣。』

此論自甚穩當，特紀昀當日未深思耳。其他故存偏見或比附欠切者，於此不具論。

四　從聖女祠重過聖女祠三詩來看

再看聖女祠，重過聖女祠，前後共三首；第一首，聖女祠云：

『杳靄逢仙跡，蒼茫滯客途。何年歸碧落，此路向皇都。消息期青雀，逢迎異紫姑。腸迴楚國夢，心斷漢宮巫。從騎裁寒竹，行車蔭白榆。星娥一去後，月姊更來無？寡鵠迷蒼壑，羈凰怨翠梧。惟應碧桃下，方朔是狂夫。』（見馮註本卷一第二十八頁）

這詩如何解釋？何焯說：

『通篇皆寓流滯周南之感。』（見輯評本卷中第三十二頁聖女祠何評）

徐逢源說：

『此益知爲令狐楚作無疑。楚卒於山南鎮，義山往赴之，此北歸道中之作。』（見馮註本卷一第二十九頁）

馮浩說：

『余既悟出，證之徐而益信。今細箋之曰：起四句點歸途經過也，以下多比令狐。「消息」四句，謂我望其入秉國鈞，而今不可再遇，夢醒高唐，心斷漢宮矣！「從騎」二句，謂奉其喪而歸。「星娥」二句，謂令狐既化，更得知已否。「寡鵠」二句，謂已之哀情。結謂惟有其子可以相守，借用小兒字也。一字不可移易，而義山初心不負，於此可見。其後重過一章，眞有隔生之痛矣！』（見同上）

張爾田說：

『「杳靄逢仙跡」，徐湛園云：「此爲令狐作，楚卒於「山南」，義山赴之，此北歸道中之作。」馮氏釋之曰：「起四句點歸途經過也，以下多比令狐。「消息」四句，謂我望其入秉國鈞，而今不可再得，夢醒高唐，心斷漢宮矣！「從騎」二句，謂奉其喪而歸。（爾田又稱，此詩「馮氏謂奉楚喪而歸時作，最確，」云云。）「星娥」二句，謂令狐既化，更得知已否。「寡鵠」二句，謂己之哀情。結謂惟有其子，可以相守，借用小兒字也。」箋曰：「馮說精湛極矣！聖女象，水經注在故道水西南秦岡山上，自興元至鳳州，出扶風郡之陳倉縣大散關時所經。唐時當有祠也。此類詩，解者當沈思眇慮以領之」。』（見玉谿生年譜會箋，卷一，第四十七頁，編年詩，聖女祠條。）

第二首，重過聖女祠云：

『白石巖扉碧蘚滋，上清淪謫得歸遲。一春夢雨常飄瓦，盡日靈風不滿旗。蕚綠華來無定所，杜蘭香去未移時。玉郎會此通仙籍，憶向天階問紫芝。』（見馮註本卷三第二十九頁）

這首詩的解釋，何焯說：

『此自喻也，名不挂朝籍，同於聖女淪謫。……』又說：『看來只借聖女以自喻，文亦飄忽』（見輯評本卷上第二頁，重過聖女祠何評）

馮浩說：

『自巴蜀歸，追憶開成二年事，全以聖女自況，「淪謫」二字，一篇之眼。義山自慨由秘省清資而久外斥也。三四謂夢想時殷，好風難得，正頂次句之意。五六不第，正寫重過，實借慨投託無門，徒匆匆歸去也。七句望入朝仍修好於令狐，八句重憶助之登第，卽赴興元而經此廟之年也。』（見馮註本卷三第二十九至三十頁馮浩註）

張爾田說：

『此隨仲郢還朝時作，「上淸淪謫得歸遲」，一篇之骨。「來無定所」，似指桂州府罷，來京選尉，旣又假京兆參軍；徐州府罷，復遷太學博士也。「去不移時」，似指參軍，未幾又赴徐幕博士，未幾又赴梓幕也。結則廻憶子直，助之登第，正經過此廟之年；今則無復靈風，只有付之夢雨而已，尙堪復問也哉！馮編於大中二年蜀遊時，考當時歸途仍由水程，聖女祠在陳倉大散關之間，非其行踪所歷矣。』（見玉谿生年譜會箋卷四，第四十二頁，編年詩，重過聖女祠條。）

爾田又說：

『聖女祠，在褒斜道中，雖由蜀入京所必經，然以詩意味之，當在梓州府罷時作也。』（見同上）

第三首，聖女祠云：

『松篁台殿蕙香幃，龍護瑤窗鳳掩扉。無質易迷三里霧，不寒長著五銖衣。人間定有崔羅什，天上應無劉武威。寄問釵頭雙白燕，每朝珠館幾時歸？』（見馮註本卷六第八頁）

這一首詩，何焯再沒有話說。錢龍惕的見解，和朱彝尊一樣，他說：

『此章全是寄託，不然，何慢神若此！』（見同上卷六第九頁本章尾註，及輯評本卷中第二頁本章朱評）

馮浩說：

『此與前所編二首迥不相似，必非途次經過作也。程氏（夢星）謂爲女冠作，似之，但無可細詳。』（見同上）

張爾田箋曰：

『實詠聖女，是馳赴興元時作，時義山未娶，故觸緒致感，謂有寄託者失之，與後一首不同也。』（見玉谿生年譜會箋卷一，第四十七頁，編年詩，聖女祠條。）

他們這幾位註家，於聖女祠三詩，箋到第三首時，似已感到有些不能自圓其說了，而以張爾田斤斤然於祠的時地解釋，尤爲執着。

綜觀上述聖女祠詩三首，後人解釋之者，各人對各詩的見解不同，同是一人而對此同一題目的三詩，其解釋亦各異。惟有紀昀所說：『合聖女祠三詩觀之，却是刺女道士之淫佚。』（見輯評本卷中第三十二頁，聖女祠紀評）的話，似較得竅，但仍未算探驪得珠。於此可見商隱詩是不容易得到一個正確的註釋。怪不得梁啓超在其中國韻文內所表現的情感一文裏說：

『義山的錦瑟，碧城，聖女祠等詩，講的什麼事，我理會不着。拆開一句一句叫我解釋，我連文義也解不出來。但我覺得他美，讀起來令我精神上得一種新鮮的愉快。須知美是多方面的，美是含有神秘性的；我們若還承認美的價值，對於此種文字，便不容輕輕抹煞。』

這於無可奈何中，也只好如此說了。

其實商隱詩集中，如錦瑟，碧城，聖女祠一類的詩，不容易註釋者正多，我們如何可能獲得比較滿意和正確的解釋，似宜另闢一條新途徑，從當日客觀的環境去研究；不宜老是先入爲主地循着舊路走，仍把一切無題隱僻晦澀之作，皆從令狐父子關係，悼亡，風懷，狹邪或豔遇等等着想，則得之矣。

第四章　我們應如何求了解隱僻的李商隱詩

商隱的詩，不是全部隱僻的，也不是凡屬「無題」，「失題」或選擇詩中首兩字爲題的詩，便是隱僻的。大概他要隱僻的便隱僻起來，不要隱僻的不管他有題無題失題也一樣可以很坦率地大聲疾呼慷慨陳辭的。

一　商隱詩不必隱僻的道理

譬如當時藩鎭專橫跋扈，擁兵自固，他看了實在覺得有些不順眼，於是滿懷憤慨的詩便來了。如井絡云：

『井絡天彭一掌中，漫誇天設劍爲峯。陣圖東聚烟江石，邊柝西懸雪嶺松。堪嘆故君成杜宇，可能「先主」是眞龍。將來爲報奸雄輩，莫向金牛訪舊踪。』（見馮註本卷三第二十六頁）

這首詩是明罵藩鎭負固的，可是他以詩首「井絡」二字爲題，就是等於無題，而無題却不隱僻。重有感一首云：

『玉帳牙旗得上遊，安危須共主君憂。竇融表已來關右，陶侃軍宜次石頭。豈有蛟龍愁失水？更無鷹隼與高秋。晝號夜哭兼幽顯，早晚星關雪涕收。』（見同上卷一第十五頁）

這首詩是有感於「甘露之變」，而罵藩鎭無用的，意思也很顯露。壽安公主出降一首云：

『潙水閙貞媛，常山索銳師。昔憂迷帝力，今分送王姬。事等和强虜，恩殊睦本枝。四郊多壘在，此禮恐無時。』（見同上卷一第二十五頁）

這首詩是責備中央政府不應與藩鎮妥協以致有辱國體的。他不止對藩鎮敢罵，就是對本朝天子也一樣敢加批評。即上一首已批評到當今皇帝的了。而漢南書事云：

『西師萬衆幾時迴，哀痛天書近已裁。文吏何曾重刀筆，將軍猶自舞輪臺。幾時拓土成王道，從古窮兵是禍胎。陛下好生千萬壽，玉樓長御白雲杯。』(見同上卷三第十六頁)

這首詩是頌揚唐宣宗能降黨項而又能赦之使其安業的一事，製題隱約而詩却率直。至於嚴酷批評先皇的，除上述華淸宮，馬嵬各一首外，餘如另一首華淸宮，馬嵬，及驪山有感，龍池諸篇（均見馮註本卷五），俱屬嘲諷玄宗寵幸楊妃的故事。語尖刻而顯露。富平少侯一首及陳後宮二首（均見馮註本卷一第三至五頁），則皆詠嘆敬宗童昏失德，宴飲女樂爲日不足之事，居然明刺到當代帝王。可見商隱沒有爲尊者諱的意念，這也許是唐代詩人的習氣。

唐代君主，還有一個很大的毛病，就是多嗜餌丹求仙。趙翼廿二史劄記卷十九，唐諸帝多餌丹藥條云：

『古詩云：「服食求神仙，多爲藥所誤」。自秦皇漢武之後，固共知服食金石之誤人矣！及唐諸帝，又惑於其說，而以身試之。貞觀二十二年，使方士那羅爾娑娑於金飈門造延年之藥。高士廉卒，太宗將臨其喪，房元齡以帝餌藥石，不宜臨喪，抗疏切諫。是太宗實餌其藥也。其後高宗將餌胡僧盧伽阿逸多之藥，郝處俊諫曰：「先帝令胡僧那羅爾娑娑依其本國舊方合長生藥，徵求靈草異石，歷年而成，先帝服之無效。大漸之際，高醫束手，議者歸罪於胡僧，將申顯戮；恐取笑外夷，遂不果。」李藩亦謂憲宗曰：「文皇帝服胡僧藥，遂致暴疾不救。」是太宗之崩，實由於服丹藥也。乃憲宗又惑長生之術，皇甫鎛與李道古等遂薦山人柳泌，僧大通待詔翰林。尋以泌爲台州刺史，令其採天台藥以合金丹。帝服之，日加躁渴。裴潾上言：「金石性酷烈，加以燒煉，則火毒難制。」不聽。帝燥益甚，數暴怒責左右，以致暴崩。是又憲宗之以藥自誤也。穆宗即位，詔泌，大通付京兆府决杖處死。是固明知金石之不可服矣；乃未幾，聽僧惟賢，道士趙歸眞之說，亦餌金石，有處士張臯上書切諫，詔求之，臯已去不可得。尋而上崩。是穆宗又明知之而故蹈之也。敬宗即位，詔惟賢，歸眞流嶺南，是更明知金石之不可服矣；尋有道士劉從政說以長生久視之術，請求異人冀獲異藥，帝惑之，乃以從政爲光祿卿，號「昇元先生」，又遣使往湖南江南及天台採藥。是敬宗又明知之而故蹈之也。武宗在藩邸，早好道術修攝之事，及即位，又召趙歸眞等八十一人於禁中修符籙鍊丹藥。所幸王賢妃私謂左右曰：「陛下日服丹，言可不死，然膚澤日消槁，吾甚憂之」。後藥發燥甚，喜怒不常，疾既篤，旬日不能言。宰相李德裕請見不得，未幾，崩。是武宗又爲藥所誤也。宣宗親見武宗之誤，然即位後，遣中使至魏州，諭韋澳曰：「知卿奉道，得何藥術，可令來使口奏」。澳附奏曰：「方士不可聽，金石有毒不宜服。」帝竟餌太醫李元伯所治長年藥，病渴且中燥，疽發背而崩。懿宗立，杖殺元伯。是宣宗又爲藥所誤也。統計唐代服丹藥者六君，穆敬昏愚，其被惑固無足怪；太憲武宣皆英主，何爲甘以身殉之？實由貪生之心太甚，而轉以速其死耳。……』

商隱生當憲穆敬武宣之世，對於這幾位以身殉丹藥的君主，正耳聞目擊其事，宜其深致慨歎。所以有漢宮詞（見輯評本卷上第四十二頁），漢宮（見同上第六十四頁），瑤池（見同上第七十七頁），武夷山（見同上卷中第十八至十九頁），海上（見同上第三十六頁）諸作，皆泛刺唐代各帝王餌藥求仙之無聊。其過景陵云：

『武皇精魄久仙昇，帳殿凄凉烟霧凝。俱是蒼生留不得，鼎湖何異魏西陵！』（見同上第三頁）

唐書謂憲宗服方士柳泌金丹，毒發多躁怒，元和十五年正月，暴崩。謚曰：「聖神章武孝皇帝」，葬景陵。是這首詩則直刺唐憲宗求仙之無效的。華嶽下題西王母廟說：

『神仙有分豈關情，八馬虛追落日行。莫恨名姬中夜沒，君王猶自不長生。』(見同上第三十七頁)

這首詩是專刺唐武宗求仙而仍不免一死的，且暗寓王才人死事。王才人就是上引廿二史劄記唐諸帝多餌丹藥條所說的王賢妃，新唐書謂她於武宗崩後即自經幄下，宣宗嘉其節，贈「賢妃」云云。昭肅皇帝輓歌辭三首（見同上第四十頁），亦有許多詞句涉及武宗以仙死的詠歎。商隱之所以專刺憲宗及武宗而不及穆宗敬宗及宣宗者，則因宣宗死在他之後，而穆敬昏愚不足怪，這也許是春秋責備賢者之義。他如覽古（見馮註本卷一第五頁），詠史（見同上卷二第一頁），茂陵（見同上卷二第三十六頁）諸篇，其含有諷刺當代帝王之意，皆顯而易見。鄠杜馬上念漢書一首（見同上卷四第三十四頁），似諷刺唐宣宗重視外戚者。大抵唐代君主，皆有人君之度；所以唐代詩人，以君主爲對象而做詩，差不多都敢盡量暴露其諷刺的微旨，蓋不止商隱一人爲然了。

就是譏彈時政，在當時也是很平常的事。商隱此類借喩隱諷的詩也很多，如行次西郊作一百韻一首，實在是借慨有唐一代盛衰本源，而末段尤寫得有聲有色。他說：

『……巍巍政事堂，宰相厭八珍。敢問下執事，今誰掌其權？創痍幾十載，不敢扶其根。國蹙賦更重，人稀役彌繁。近年「牛醫兒」，城社更攀援。盲目把大旆，處此京西藩。樂禍忘怨敵，樹黨多狂狷。生爲人所憚，死非人所憐。快刀斷其頭，列若豬羊懸。鳳翔三百里，兵馬如黃巾。夜半軍牒來，屯兵萬五千。鄉里駭供億，老少相扳牽。兒孫生未孩，棄之無慘顏。不復議所適，但求死山間。爾來又三歲，甘澤不及春。盜賊亭午起，問誰多窮民。節使殺亭吏，捕之恐無因。咫尺不相見，旱久多黃塵。官健腰佩刀，自言爲官巡。常恐値荒迥，此輩還射人。愧客問本末，願客無因循。鄜塢抵陳倉，此地忌黃昏。我聽此言罷，寃憤如相焚。昔聞舉一會，羣盜爲之奔。又聞理與亂，在人不在天。我願爲此事，君前剖心肝。叩頭出鮮血，滂沱汚紫宸。九重黯已隔，涕泗空沾脣。使典作尚書，厮養爲將軍。愼勿道此言，此言未忍聞。』（見輯評本卷下第五十六至五十九頁）

「晚唐」政治的敗壞，影響社會的不寧，人民的痛苦，於此一覽無遺。而作者絲毫未嘗隱諱，殆欲借此以舒其積憤。還有淮陽路一首（見馮註本卷二第十九頁），也是此類諷刺時政之作。驕兒詩一首（見輯評本卷下第五十四至五十五頁），則是感慨的意味較長，其末段說：

『……請爺書春勝，春勝宜春日。芭蕉斜卷箋，辛夷低過筆。爺昔好讀書，懇苦自著述。顦顇欲四十，無肉畏蚤蝨。兒愼勿學爺，讀書求甲乙。穰苴司馬法，張良黃石術。便爲帝王師，不假更纖悉。况今西與北，羌戎正狂悖。誅赦兩未成，將養如痼疾。兒當速成大，探雛入虎穴。當爲萬戶侯，勿守一經帙。』

我們再參看他的漫成五章之第三章說：

『生兒古有孫征虜，嫁女今無王右軍。借問琴書終一世，何如旗蓋仰三分！』（見馮註本卷三第三十九至四十頁）

便知這兩詩，是同一用意，訴說他自己不合時宜半生潦倒的痛苦，也是寫得很坦白的。

綜上所引商隱各詩，其所抒發的見解，無一非正當合理，而辭語亦不塵下。所以四庫提要指出朱鶴齡謂其詩寄託深微，多寓忠憤，不同於溫庭筠，段成式綺靡香艷之詞，則所見特深者以此。大抵他作詩的對象，多屬與王室及政治有關的事，凡可以坦然抒寫出來的，其辭旨絕不隱僻。如上述責罵藩鎮，諷刺帝王，譏彈時政諸作，他寫得何嘗不顯而易見，有什麽隱僻之可言呢？

二　商隱詩必要隱僻的大道理

不過唐代政治的大患，除藩鎮外，尙有三種：（一）宦官之禍。（二）宮闈之禍，亦稱「女禍」。（三）朋黨之禍。這些爲禍的人物，多半是女子小人，在唐代所做傷天害理的事太多，而又多屬個人陰事。商隱生當斯世，於此等事皆耳熟能詳，正言之而不可，怎能不憤然發之於詩，以示口誅筆伐？惟觸犯時忌，揭發陰私，最爲人所痛恨，好容易招致殺身之禍；何況此輩多是女子小人！這可决定是他所做的詩有一部份要隱僻的眞因，絕不必懷疑到他個人做了甚麽不可告人之事。商隱之世，宦官朋黨之禍最烈，女禍早已不如前代之甚，只有遺毒影響社會風化而已。我們試把當日宦官之禍，女禍之遺毒及朋黨之禍，一一畧加分析，則商隱詩的隱僻，總可獲得較多的了解。玆分述於下：

（一）宦官之禍：廿二史劄記卷二十唐代宦官之禍條說：

『東漢及前明宦官之禍烈矣，然猶窃主權以肆虐天下，至唐則宦官之權，反在人主之上：立君、弑君、廢君，有同兒戲，實古來未有之變也。推原禍始，總由於使之掌禁兵，管樞密，所謂倒持太阿而授之以柄。及其勢已成，雖有英君察相，亦無如之何矣！……自德宗懲涇師之變，禁軍倉卒，不及徵集，還京後不欲以武臣典禁兵，乃以「神策」「天威」等軍，置護軍中尉，中護軍等官，以內官竇文場、霍仙鳴等主之，於是禁軍全歸宦寺。其後又有樞密之職，凡承受詔旨，出納王命多委之；於是機務之重，又為所參預。是二者皆極重要之地，有一已足攬權樹威，挾制中外；況二者盡為其所操乎！其始猶假寵竊靈，挾主勢以制下；其後積重難返，居肘腋之地，為腹心之患。即人主廢置，亦在掌握中。僖宗紀贊謂自穆宗以來八世，而為宦官所立者七君。……』

中尉仇士良，歷順憲穆敬文武六主，嘗殺二王一妃四宰相，矯詔立一帝。貪酷二十餘年，暴甚寇盜，而始終恩禮不衰。武宗朝累進觀軍容使，兼統左右軍，尋以左衞上將軍內侍監致仕。宋孫甫唐史論斷卷下敬宗昭愍遇害條說：

『……內臣仇士良致仕，戒其黨曰：「今日為諸君言久遠計，天子莫教閑；閑則讀書，讀書則近文臣，重文臣則廣納規諫，減玩好，省游幸。如此則吾輩恩澤漸薄，權力不重。諸君常以毬獵聲樂惑亂之。游幸之所，極奢侈，盡奇伎，使一處盛於一處。如此，則不暇讀書，不親萬機，不知外事。吾輩恩澤，永無疎間。觀士良之言，則內臣奸巧，惑亂人主之術盡見矣。……』

宋范祖禹唐鑑卷之二十文宗一節說：

『太和二年：自元和之末，宦官益橫，建置天子在其掌握，威權出人主之右，人莫敢言。三月，帝親策制舉人賢良方正。劉蕡對策，極言其禍。其畧曰：「陛下宜先憂者，宮闈將變，社稷將危，天下將傾，海內將亂。」又曰：「陛下將杜篡弒之漸，則居正位而近正人；遠刀鋸之賤，親骨鯁之直；輔相得以專其任，庶職得以守其官。奈何以褻近五六人，總天下大政，禍稔蕭牆，姦生帷幄？臣恐曹節，侯覽復生於今。」又曰：「忠賢無腹心之寄，閽寺擅廢立之權；陷先君不得正其終，致陛下不得正其始。」又曰：「陛下何不塞陰邪之路，屛褻狎之臣，制侵淩廹脅之心，復門戶掃除之役。戒其所宜戒，憂其所宜憂；既不能治其前，當治其後；既不能正其始，當正其終。」又曰：「臣非不知言發而禍應，計行而身戮；蓋痛社稷之危，哀人生之困；豈忍姑息時忌，竊陛下一命之寵哉！」賢良方正裴休，李郃等二十二人皆中第。考官馮宿等見蕡策，皆嘆服；而畏宦官，不敢取詔下，物論囂然稱屈。諫官御史欲論奏，執政抑之，奈何！李郃上疏，自以所對遠不及蕡，乞回所授以旌蕡直，不報。蕡由是不得仕於朝，終於柳州司戶。』

據說劉蕡乃楊嗣復門生，中尉仇士良謂嗣復曰：「奈何以國家科第，放此風漢耶！」嗣復懼而答曰：「昔與蕡及第時，猶未風耳。」商隱對於劉蕡不第這一件事，憤慨極了，所以有贈劉司戶蕡詩一首說：

『江風揚浪動雲根，重碇危檣白日昏。已斷燕鴻初起勢，更驚騷客後歸魂。漢廷急詔誰先入，楚路高歌自欲翻。萬里相逢歡復泣，鳳巢西隔九重門。』（見馮註本卷二第十一頁）

後來不久，劉蕡死了，他於是大作其哭劉蕡詩，前後共有四首，其哭劉蕡一首云：

『上帝深宮閉九閽，巫咸不下問銜寃。黃陵別後春濤隔，湓浦書來秋雨翻。只有安仁能作誄，何曾宋玉解招魂！平生風義兼師友，不敢同君哭寢門。』（見同上第十五至十六頁）

哭劉司戶二首云：

『離居星歲易，失望死生分。酒甕凝餘桂，書籤冷舊芸。江風吹雁急，山木帶蟬曛。一叫千廻首，天高不爲聞！

有美扶皇運，無誰荐直言。已爲秦逐客，復作楚寃魂。湓浦應分派，荆江有會源。並將添恨淚，一灑問乾

坤。』（見同上第十六頁）

哭劉司戶蕡一首云：

『路有論寃謫，言皆在中興。空聞遷賈誼，不待相孫宏。江濶惟迴首，天高但撫膺。去年相送地，春雪滿黃陵。』（見同上第十六至十七頁）

這幾首詩的辭氣，寃憤異常，可是隻字不敢涉及宦豎專橫。幸而劉蕡這件事，是一時驚動朝野而傳之史冊的。否則，但觀其詩，如何能把本事根究出來，不就是其他不可解的詩一樣嗎？這是商隱詩隱僻的所在，動觸時忌，是他所不敢的。有感二首却有些不同，詩云：

『九服歸元化，三靈叶睿圖。如何本初輩，自取屈氂誅。有甚當車泣，因勞下殿趨。何成奏雲物，直是滅萑苻。證逮符書密，辭連性命俱。竟緣尊漢相，不早辨胡雛。鬼籙分朝部，軍烽照上都。敢云堪慟哭，未免怨洪爐。

丹陛猶敷奏，彤庭飆戰爭。臨危對盧植，始悔用龐萌。御仗收前殿，兇徒劇背城。蒼黃五色棒，掩遏一陽生。古有清君側，今非乏老成。素心雖未易，此舉太無名。誰瞑含寃目，寧吞欲絕聲！近聞開壽讌，不廢用咸英。』（見輯評本卷中第十至十二頁）

這兩詩是有感於「甘露之變」而發的。「甘露之變」，世所共知，故措語顯然，但猶不敢直斥宦寺，試從詩中想覓一些像『將來爲報奸雄輩，莫向金牛訪舊蹤。』的句子，都渺不可得！唐鑑卷二十文宗一節說：

『九年（太和）十一月，帝與李訓，鄭注謀誅中官，訓及王璠，郭行餘，李孝本，羅立言，誅中官，不克，訓出奔。仇士良等知帝預謀，怨憤出不遜語，帝慙懼不復言（廿二史劄記，唐代宦官之禍一條說：「……學士崔慎由夜直，忽仇士良召至秘殿，令草詔更立嗣君，慎由以死拒之。士良引至小殿，見帝。士良等歷數帝過，帝俯首而已。……」云云。）士良等遣禁兵露刃出閤門，逢人卽殺，死者千六百餘人，横屍流血，狼藉塗地。擒王涯，賈餗，舒元輿等繫兩軍，或斬李訓首送京師。左神策出兵三百人，以李訓首引王涯，王璠羅立言，郭行餘；右軍出兵三百人，擁賈餗，舒元輿，李孝本獻於廟社，徇於兩市。命百官臨視，斬於獨柳之下，梟其首於興安門外，親屬無問親疏皆死，孩穉無遺。時數日之間，殺生除拜，皆決於兩中尉，帝不預知。鳳翔監軍斬鄭注，獻其首梟之，滅其族。仇士良等各進階遷官。自是天下事皆決於「北司」，宰相行文書而已。宦官氣益盛，廹脅天子，下視宰相，凌暴朝士，如草芥焉。

開成元年，帝自李訓之敗，意忽忽不樂，兩軍毬鞠之會，什減六七。設宴享，聲伎盈庭，未嘗解顏。閒居或徘徊眺望，或獨語嘆息。十月，帝於延英謂宰相曰：「朕每與卿等論天下事，則不免愁。」對曰：「爲理者不可以速成。」帝曰：「朕每讀書，恥爲凡主。」他日，復謂宰相曰：「我與卿等論天下事，有勢未得行者，退但飲醇酒求醉耳。」對曰：「此皆臣等之罪也。」

四年（開成）十月，帝疾少間，坐思政殿。召當直學士周墀，賜之酒，因問曰：「朕可方前代何主？」墀對曰：「堯舜之主也！」帝曰：「朕豈敢比德堯舜？」所以問卿者，何如周赧，漢獻耳」！墀驚曰：「彼亡國之主，豈可比至德？」帝曰：「赧獻受制於强諸侯，今朕受制於家奴；以此言之，朕殆不如」！因泣下霑襟。墀伏地流涕，自是不復視朝。」

看上述宦豎之專橫，爲帝王之唐文宗尚受威脅至此，商隱還敢隨便說話嗎？因此，我們可以推斷他的詩，如同中牡丹爲雨所敗二首（見輯評本卷下第六十七頁），明神（見馮註本卷二第二十五頁）一首，無愁果有愁曲北齊歌（見馮註本卷二第卅一頁）一首，皆屬與此有關；只因沒有詳細的本事可考，自難一一强爲解說。以此類推，其他許多不可解的無題詩，也許有與閹禍相涉。這是我們研究李商隱詩之隱僻的第一條線索。

（二）女禍之遺毒：廿二史劄記卷十九唐女禍條說：

『……唐高祖初爲晉陽留守時，宮監裴寂私以宮人入侍。後太宗起兵，使寂以此事挾高祖，謂二郞舉義旗，正爲寂以宮人侍公，恐事發族誅耳。高祖意乃決。是高祖之舉兵，實以女色起也。及太宗殺弟元吉，卽以元吉妻爲妃；廬江王瑗以反誅，而其姬又入侍左右。是兩代開創之君，皆以女色縱慾。孰知貞觀之末，武后已在宮中。其後稱制命，殺唐子孫幾盡，中冓之醜，千載指爲笑端。韋后繼之，穢聲流聞；並爲其所通之武三思榜其醜行於天津橋，以傾陷張柬之等。尋又與安樂公主毒弒中宗。宮闈女禍，至此而極。及玄宗平內難，開元之治，幾於家給人足，而一楊貴妃足以敗之。雖安史之變，不盡由於女寵，然色荒志怠，惟耽樂之從，是以任用非人而不悟，釀成大禍而不知。以致漁陽鼙鼓，陷沒兩京，而河朔三鎭，從此遂失，唐室因以不競。追原禍始，未始非色荒之貽害也。』

安史亂後，肅宗猶惑於張后，后頗預政事，與李輔國相助，多以私謁撓權。後又與越王係謀誅李輔國；若非事洩爲輔國所殺，則武韋之禍，不難復見。自是厥後，后妃干政之跡已歛，惟文宗時，楊賢妃有寵，以帝晚稍多疾，陰請以安王溶爲嗣，密爲自安地。帝謀於宰相李珏，珏非之，乃立陳王成美。妃與宰相楊嗣復宗家，及仇士良立武宗，遂擿此事譏而殺之（事見唐書安王溶楊嗣復傳）。商隱詩似頗有借慨此一類事者。

如曲江（見馮註本卷一第四十四頁），景陽井（同上），東阿王，涉洛川（見同上卷五第二十七至二十八頁），景陽宮井雙桐（見同上卷六第二十三頁）諸作，亦彷彿與此有關。只以本事模糊，辭隱意晦，故解釋亦不宜穿鑿了。

至於中冓之醜，在唐代雖曰武韋諸后開其端，太宗女合浦公主之驕恣淫亂，先已起領導作用；而安樂太平諸公主，則實承其緒。安樂太平兩公主，固險狠橫暴，穢迹彰聞；而肅宗女郜國公主，順宗女襄陽公主，並公然恣爲淫亂；即代宗女昇平公主，亦驕縱成性。唐代公主所以敢於如此者，近則受武韋淫惡的傳染，遠則有「南朝」諸公主穢亂的示範。史稱劉宋宮闈之亂，無復倫理。（一）趙倩尙文帝女海鹽公主，始興王濬出入宮掖，與主私通；倩知之，與主肆詈搏擊，至引絕帳帶。事上聞，文帝詔離婚，殺主所生母蔣美人。（二）孝武閨庭無禮……又與南郡王義宣諸女淫亂，義宣因此發怒，遂舉兵反。義宣敗後，帝又密取其女入宮，假姓殷氏，拜爲「淑儀」。左右宣泄者多死。殷卒，帝命謝莊作哀冊文。（三）前廢帝子業，以文帝女新蔡公主爲「貴嬪」，改姓謝氏，殺一宮婢代之，詭言主薨，以武賁鈒戟鸞輅龍旂送還其家。（四）帝（即前廢帝）姊山陰公主淫恣過度，謂帝曰：『妾與陛下雖男女有殊，俱託體先帝。陛下後宮數百，而妾惟駙馬一人，事不均平，一何至此！』帝爲置面首左右三十人。公主又以吏部郎褚淵貌美，就帝請以自侍。備見逼迫十餘日，淵誓死不回，乃得免。（五）明帝內宴，裸婦人而觀之，以爲歡笑。王皇后獨以扇障面，帝怒曰：『外舍寒乞，今共爲樂，何爲不視』？后曰：『爲樂之方甚多，豈有姑姐妹相聚，而裸婦人形體？以此爲樂，實外舍所無』！帝大怒。（以上見廿二史箚記卷十一宋世閨門無禮條）蕭梁之世，（六）臨賀王正德妹長樂公主適謝禧，正德與姦，乃燒主第，縛一婢，加金釧於其手，聲云主燒死而藏於家，呼爲柳夫人，生一子，其事稍露。後因奪張準雉媒，準於衆中罵曰：『雉媒非長樂主，何可掠奪！』皇太子恐帝聞之，亟爲和解，乃送還雉媒。(見南史臨賀王正德傳)（七）臨川王宏與帝女永興公主私通，遂謀弒逆。會齋期，公主使二僮伺帝；丁貴嬪疑之，令宮帥擒獲，稱宏所使；帝殺二僮，秘其事。以漆車載主出，主恚死。（見南史臨川王宏傳）（八）梁武與殷叡素舊，乃以女永興公主妻其子鈞；鈞形貌短小，爲主所憎。每被召入，先滿壁書殷叡字，鈞輒流涕而出；主又命束而反之。鈞不勝怒而言於帝，帝以犀如意擊主碎其背。此皆見於紀傳者。宮庭內習尙如此，宜乎士大夫視聯姻帝室爲畏途。且凡爲公主者皆淫妬，人主亦自知之。故江斅當尙主，明帝使人代斅作辭婚表，徧示諸公主以愧厲之。（見廿二史劄記宋世閨門無禮條）元孝友傳疏言，將相多尙公主，王侯娶后族，故無妾媵，習以爲常，舉朝略是無妾，天下殆皆一妻。父母嫁女，必教之以妬；姑姊逢迎，必相勸以忌。以刼制爲婦德，能妒爲女工。（見廿二史劄記北齊百官無妾條）唐代與南朝及北齊，時間距離不遠，故唐之公主，一方面自身絕不重視名節。諸公主列傳稱，高祖至肅宗諸帝公主，再嫁者凡二十七人，甚有三嫁者，安樂公主之再嫁，且至大赦賜酺賜動。而他方面則士大夫以聯姻帝室爲畏途，觀昇平公主之於郭曖，若非有郭子儀關係，則其處境之危可知。加以玄宗自以臨淄王定內難，因是疑忌宗室，不令出閤。議者皆以爲幽閉骨肉，虧傷人倫。天寶之末，建中之初，宗室聚於一宮，所以悉爲安祿山，朱泚所魚肉。宰相李德裕於文宗朝嘗勸帝聽宗室年高屬疏者出閤，且除諸州上佐，使攜其男女出外婚嫁。（參閱唐鑑卷二十文宗節）這一件不令宗室出閤及攜同男女出外婚嫁的事，在當時很覺嚴重，既騰於諫章，復見於歌詠。元稹詩上陽白髮人末段說：

『……此輩賤嬪何足言，帝子天孫古稱貴。諸王在閤四十年，七宅六宮門戶閟。隋煬枝條襲封邑，肅宗血胤

無官位。王無妃媵主無壻，陽亢陰淫結災累。何如決壅順衆流，女遣從夫男作吏。』（見元氏長慶集）

唐代諸公主，能嫁者則如上述儘管一嫁再嫁三嫁；不能嫁者又將如何？據有可攷的史實，則求爲女冠就是她們的一條好出路。因爲道教於唐爲盛，唐姓李氏，謂與教主老子同宗，自高祖以來，唐帝多信奉道教。高祖追尊老子爲「太上玄元皇帝」，以道士隸宗正寺，班在諸王之次。高宗乾封元年，還自岱岳，過眞源，謁老君廟，追尊爲「玄元皇帝」。中宗詔諸州各治道觀。武后時，榮國夫人死，后丐太平公主爲道士以資冥福。睿宗以二女西城，隆昌兩公主爲女官，以資天皇天后之福。玄宗效之，亦以女追福於睿宗。開元末，帝夢「玄元皇帝」告云：『吾有像在京城西南百餘里，汝遣人求之，吾當與汝興慶宮相見。』帝遣使求，得於盩厔樓觀山間。閏四月，迎置興慶宮。五月，帝畫「玄元」眞容，分置諸州開元觀。（參閱唐鑑）又置「崇玄學」，令生徒習道德經及莊文列子，以應貢舉。一時公卿大臣，如李林甫等亦多捨宅爲觀，楊貴妃亦曾一度爲女道士，號太眞。入道幾成爲一種最時髦的風尚。帝王崇信之者，則餌丹藥，求神仙，如上述太宗，憲宗，穆宗，敬宗，武宗，宣宗諸帝之所爲。若在諸公主之入道，其居心放蕩者，表面上之目的爲求易地靜修，而實際上則爲排遣幽居深宮不自由無兩性生活的苦悶。據唐書諸公主列傳所載，歷代出家修道的公主有如下述：

一、睿宗女：金仙公主，玉眞公主，萬安公主。

二、代宗女：華陽公主。

三、德宗女：文安公主。

四、順宗女：潯陽公主，平恩公主，邵陽公主。

五、憲宗女：永嘉公主。

六、穆宗女：安康公主，義昌公主。

唐書云：

『金仙玉眞兩公主，築觀京師，以方士史崇玄監工築觀，作者日萬人。』又稱：『安康公主爲道士，乾符四年，以主在外頗擾人，詔與永興，天長，寧國（俱敬宗女），興唐（文宗女）四主還南內。』

胡震亨說：

『唐初公主多自請出家，與二教人媟近。商隱同時如文安，潯陽，平恩，邵陽，永嘉，永安，義昌，安康諸主，皆先後丐爲道士，築觀於外。史即不言他醜，於防閑復行召入，頗著微詞。』

這話更足證明她們入道實在是爲排遣幽居深宮不自由無兩性生活的苦悶，只是唐人對於當時貴主的浪漫行爲，已屬司空見慣，而且是發生於在外所築之「觀」，更算不得什麼大不了的一囘事，以史家的眼光來看，自然値不得大書特書；何况新唐書諸公主列傳贊曰：『婦人內夫家，雖天姬之貴，史家猶外而不詳。又僖昭之亂，典策埃滅。故諸帝公主，降日薨年，粗得其槩，亡者闕而不書。』云云，這也許是「史即不言他醜」的緣故。不過在詩人的想法，就有點不同。以爲此類中菁之醜，實屬有傷風化，非加以諷刺不可。但諷刺過於明顯，則又犯揭發他人陰私的毛病；而開罪女子小人，尤易招尤取禍，這也是商隱詩有一部份要隱僻的原因。話雖如此，有時却仍顧不得十分周到，也不免露出馬脚。如中元作說：

『絳節飄颻空國來，「中元」朝拜上淸廻。羊權雖得金條脫，温嶠終虛玉鏡臺。曾省驚眠聞雨過，不知迷路

爲花開。有娀未抵瀛洲遠，青雀如何鴆鳥媒！』(見馮注本卷六第十一頁)

這詩首二句所描寫，惟入道公主赴廟參神時節，方有此種氣象，情景偪眞。第三句言暗有所歡，第四句言終無下嫁，誠如馮浩所註。玆不必全首逐句詳加箋釋，即此已可參透此中消息了。又細玩『羊權雖得金條脫』一句，不免使我們腦海裏，又聯想到商隱的『昨夜星辰昨夜風』的無題二首，其次首絕句『聞道閶門萼綠華』一首，恐怕也與諷刺入道公主有關，因爲萼綠華是夜降於羊權家的。

我們但從唐代諸公主『先後丐爲女道士，築觀於外，史即不言他醜，於防閑復行召入，頗著微詞。』的話，去推求其隱，則商隱之聖女祠及重過聖女祠三首，無疑是爲當年諸公主而諷詠的了。何以言之？我們不必深求，但從題目望文生義，便已可窺其梗概。所謂「祠」者，即諸公主所築於外之「觀」；所謂「聖女」者，即「聖天子」或「聖人」之女；合併而言之，「聖女祠」者，即聖天子之女的道觀也。再就其詩（各詩全文已見前章。）的內容以觀，我以爲應作如下的注釋：

第一首，聖女祠，是五言排律。由『何年歸碧落』至「心斷漢宮巫」六句，說明「聖女」異於常人，與天家有關。『從騎裁寒竹』兩句，說明其侍從，其服用，皆可擬於天上者。『星娥一去後』至『方朔是狂夫』六句，即胡震亨所謂『於防閑復行召入，頗著微詞。』之意也。

第二首，重過聖女祠，是七律。首句『白石巖扉碧蘚滋』，狀其祠。次句『上淸淪謫得歸遲』，言其身份乃從天而降者。三四兩句『一春夢雨』『盡日靈風』云云，影射其入道的風流韻事。五句『萼綠華來無定所』至末『憶向天階問紫芝』四句，亦即『於防閑復行召入，頗著微詞。』之意。

第三首，聖女祠，也是七律。首句『松篁臺殿蕙香幃』，寫其祠內的佈置。第二句『龍護瑤窗鳳掩扉』，言其祠是在皇室庇護之下的。第三四兩句『無質易迷三里霧，不寒長著五銖衣』，言其入道不過是徒有其表的。第五句『人間定有崔羅什』以至末句『每朝珠舘幾時歸』，又卽是『於防閑復行召入，頗著微詞。』之意。

綜觀這三首詩，諷刺築觀在外之貴主，假出家入道爲名，縱淫樂爲實。這三詩的本事大約相類似，故其詩意之諷刺亦相彷彿。情節顯然，似更不必過事深求其隱。若只知向令狐父子關係着想，或視爲他自己個人的感遇，或以爲全是一種寄託，皆不免蔽於一見，舍近而圖遠了。

其次碧城三首（全文已見前章），胡震亨說：『此似詠其時貴主事，味詩中蕭史一聯及引用董偃水精盤故事，大旨已明，非止爲尋恒閨閣寫豔也。』馮浩亦以爲『胡孝轅（震亨字）謂刺入道公主者近之。』惟本事旣無可攷，則註釋未必準確。若從第三首最末『武皇內傳分明在，莫道人間總不知。』二句以推求之，則詩中主人，似爲憲宗或武宗之女，或其本事在憲宗或武宗時代所產生，因爲憲宗之謚曰「聖神章武孝皇帝」，商隱過景陵詩云：『武皇精魄久仙昇』，這「武皇」卽指憲宗而言。馮浩的注釋（見馮註本卷五第十頁）有云：『……三章，程箋頗妙，謂紀其迹之彰著而致警於人言之可畏也。首句遡歡會也；次句以深藏引起下聯兎曾在腹，網未收枝；比喻隱而實顯，當與藥轉參看。……』這說很值得同意。藥轉一首云：

『鬱金堂北畫樓東，換骨神方上藥通。露氣暗連青桂苑，風聲偏獵紫蘭叢。長籌未必輸孫皓，香棗何勞問石崇。憶事懷人兼得句，翠衾歸臥繡簾中。』（見馮註本卷五第六頁）

馮浩註釋之曰：『此篇舊人未解，……頗似詠閨人之私產者；次句特用換骨，謂飲藥墮之；三四謂棄之後苑，五六借以對襯；結則指其人歸臥養疴也。穢瀆筆墨，乃至此哉！』實則公主在外鬧戀愛而致私產，信有之矣！祗以無本事可攷，故未可臆測妄斷。

其他隱僻的詩，如鏡檻（見馮註本卷一第四十一頁），玉山（見馮註本卷三第十四頁），一片（即『一片飛烟隔九枝』之一首，見同上第四十二頁），嫦娥（見同上卷六第十六頁），明日（見同上卷五第十一頁），代越公房妓嘲徐公主及代貴公主各一首（俱見同上卷五第三十五頁）等作，皆隱隱約約，似詠入道公主者。商隱詩之諷刺入道公主與諷刺或詠嘆女道士者不同，諷刺入道公主者其辭隱，有如上述；諷刺或詠歎女道士者其辭較顯，如天平公座中呈令狐令公（見同上卷一第七頁），和韓錄事送宮人入道（見同上卷一第三十六至三十七頁），風（即「撩釵盤孔雀」一首，見同上卷五第七頁），銀河吹笙（見同上卷六第九頁），月夜重寄宋華陽姊妹（同上卷六第二十頁），燒香曲（見同上卷五第二十一至二十二頁）等篇皆是。

唐代宮闈不肅的習氣，自武韋穢亂以來，直至唐末，雖未嘗更有甚於武韋者，然亦未嘗有顯著的改變。自諸公主丐爲道士之風盛行後，宮闈與道觀，來往頻繁，女道士漸可混跡宮庭，而宮妾自亦可涉足道觀。加以文宗開成三年六月，出宮人四百八十，送兩街寺觀安置。從此宮庭與道觀之間，於防閑一節，似更談不到了。從這一點看，商隱詩之隱僻者，有些似爲諷刺貴主，亦似爲諷刺女冠，抑又似爲諷刺宮妾。例如上舉鏡檻一首，風一首，銀河吹笙一首，即可作此類觀。可是更有因痛恨她們放浪而爲詩毒刺，幾至於詈罵者，如可嘆一首云：

『幸會東城宴未迴，年華憂共水相催。梁家宅裏秦宮入，趙后樓中赤鳳來。冰簟且眠金縷枕，瓊筵不醉玉交杯。宓妃愁坐芝田館，用盡陳王八斗才。』（見同上卷五第十三頁）

這詩頸聯之用意甚顯，其實銀河吹笙一首總結『不須浪說緱山意，湘瑟秦簫自有情。』二句，亦刺之甚深者。至屬於冷嘲熱諷的一類作品，爲數較多。如吳宮一首（見同上卷五第十二至十三頁），無題二首（卽『昨夜星辰……』及『聞道閶門……』二首，見同上卷一第四十至四一頁），曲池一首（見同上卷一第四十二頁），促漏一首（見同上卷三第三十六頁），昨日一首（卽『昨日紫姑神去也』一首，見同上卷三第四十一頁），李夫人三首（見同上卷四第廿三至廿四頁），蜂一首（見同上卷五第十至十一頁），偶題二首（見同上第十三頁），無題二首（卽『長眉畫了繡簾開』二首，（見同上第十八頁），閨情一首（見同上第十九頁），擬意一首（見同上第二十五頁），燕台詩四首（見同上第二十八至三十頁），丹邱一首（見同上第三十八頁），河內詩二首（見同上第三十九至四十頁），河陽詩一首（見同上卷六第一頁），水天閒話舊事一首（見同上第十一頁），楚宮（卽『十二峯前落照微』一首，見同上），判春一首（見同上卷五第二十二頁），景陽宮井雙桐一首（見同上卷六第二十三頁），如此不下二三十首，其中亦有諷刺的意味較淺而感歎的意味較深的。

商隱於李肱所畫松詩書兩紙得四十一韻一詩中有句說：『憶昔謝四騎，學仙玉陽東。』再證以戊辰會靜中出貽同志二十韻一首，及同學彭道士參寥一首，則知商隱曾於少年時學仙於玉陽山。馮浩玉谿生年譜謂其時當在敬宗寶曆元年。玉陽山者，連接王屋山之分支。其山有二，東西對峙。相傳唐睿宗女玉眞公主修道之所，其地築有道觀。誰氏子詩曰：

『非癡非狂誰氏子，去入王屋稱道士。或云欲學吹鳳笙，所慕靈妃媲蕭史。』

大抵當時的風尙如此，商隱學仙，得毋類是？雖然我們不相信他沈溺於狹邪，可是習俗移人，我們仍很難不懷疑他有時亦會逢場作戲。觀其所作碧瓦一首（見馮註本卷三第三十三頁）及獨居有懷一首（見同上卷五第十六頁），並上述擬意一首，我們總覺得他對於這些風流旖旎的遭遇，未必全然置身事外！

上述水天閑話舊事云：

『月姊曾逢下彩蟾，傾城消息隔重簾。已聞珮響知腰細，更辨絃聲覺指纖。暮雨自歸山峭峭，秋河不動夜厭厭。王昌且在牆東住，未必金堂得免嫌。』（見馮註本卷六第十一頁）

這就是他身不在其中而僅有所親聞的。於是我們不免聯想到七月二十八日夜與王鄭二秀才聽雨後夢作一首，也似是身不在其中而却有所聞見的。其詩云：

『初夢龍宮寶燄然，瑞霞明麗滿晴天。旋成醉倚蓬萊樹，有個仙人拍我肩。少頃遠聞吹細管，聞聲不見隔飛煙。逡巡又過瀟湘雨，雨打湘靈五十絃。瞥見馮夷殊悵望，鮫綃休賣海爲田。亦逢毛女無憀極，龍伯擎將華嶽蓮。恍惚無倪明又暗，低迷不已斷還連。覺來正是平階雨，獨背寒燈枕手眠。』（見同上卷二第十四頁）

這詩中『少頃遠聞吹細管，聞聲不見隔飛煙』兩句，所聞者似較『已聞珮響知腰細，更辨絃音覺指纖』兩句所聞者爲模糊一些，然而爲「聞」而非「見」則一。次則『有個仙人拍我肩』一句，與碧城三首之第二首第四句『莫見洪崖又拍肩』一句聯貫起來一看，則似以洪崖自比。『逡巡又過瀟湘雨，雨打湘靈五十絃。』兩句，又似與碧城第一首第六句『雨過河源隔座看』及第二首第六句『赤鱗狂舞撥湘絃』都相關連。因此我又想起千古成爲疑問的錦瑟詩（全文已見前章），亦有許多與此相關。如第一句『錦瑟無端五十絃』，這「五十絃」是否卽『雨打湘靈五十絃』之「五十絃」？其第三四句『滄海月明……』『藍田日暖……』，是否與『鮫綃休賣海爲田』一句有關？末二句

『此情可待……』云云，是否卽『恍惚無倪明又暗，低迷不已斷還連』之意？都很值得研究。

他如宮中曲（見馮註本卷一第四十頁），無題二首（卽『鳳尾香羅薄幾重』二首，見同上卷四第十二頁），隋宮守歲（見同上卷四第二頁），齊宮詞（見同上卷五第三頁），百果嘲櫻桃及櫻桃荅（見同上第十五頁），楚宮（見同上第卅五頁），夢澤（見同上第三十六頁），陽城（一作無題，見同上第三十八頁），楚吟（見同上卷五第卅三至卅四頁），聞歌（見同上卷六第十頁）等十餘首，是否亦屬上述一類諷刺感嘆之作？還有表面上是詠物，而實際是隱有寓託的詩，如鳳（見同上卷三第十一頁），燈（見同上第十五頁），越燕二首（見同上卷四第七頁），荷花（見同上卷五第十三頁），鴛鴦（見同上卷五第三十七頁），贈荷花（見同上卷六第十九頁），高花（見同上第二十四頁），嘲桃（見同上第廿五頁），及柳詩凡八首，如垂柳、謔柳、贈柳等，蜨詩凡四首，固未必全無牽涉當日宮禁故實者。但從出家入道公主，女冠，宮妾的關係，與宮庭的軼事，細加探討，或許對於上述各詩的本事，有所發明，化隱僻而爲坦易。這是我們研究李商隱詩之隱僻的第二條線索。

（三）朋黨之禍：朱鶴齡李義山詩集序中有云：「義山蓋負才傲兀，抑塞於鈎黨之禍，』這是一句實話。唐代朋黨之禍，始於「中唐」，卽在商隱的時代，世稱牛李黨。一般人的意見，以爲李黨多君子，故稱爲「君子黨」；牛黨多小人，故稱爲「小人黨」。其實呢，牛黨多小人，固然矣；而李黨多君子，則又殊不盡然！李德裕爲李黨的黨魁，其德量竟無過人之處。據宋陳振孫白香山年譜舊本末段說：

『……公（指白居易）與德裕本無深怨，蓋自元和中，其父吉甫爲相，而牛僧孺，李宗閔對策切直。吉甫泣訴於憲宗，考官坐貶，而公嘗上書救之，李絳與吉甫友叶，而公又與絳善；其後牛李與德裕迭爲相，其黨亦迭爲軒輊。楊虞卿汝士與宗閔尤厚，號黨魁。而公夫人虞卿從妹矣，故德裕惡公。武宗聞公名，欲召以爲相。德裕言居易衰病，其弟敏中，文詞不減居易，且有器識，遂以爲翰林學士。孫光憲北夢瑣言云：劉禹錫太和中與德裕同在東都分司，禹錫謁德裕曰：「曾得白居易文集否？」德裕曰：「累有相示，未嘗一披，今爲吾子覽之。」既啓復卷曰：「吾於斯人不足久矣，其文章精絕，何必覽之！但恐回吾之心。」其見抑也如此。』

白居易是個甚麼樣人呢？其年譜說：

『……公超然利害之外，雖不登大位，而能以名節始終；惟其在朋黨之時，不累於朋黨故也。故元稹、裴度之深仇也；公雖厚於稹，而亦親於晉公；晉公在位，公爲丞郎。李宗閔，牛僧孺之死黨也；公雖厚於僧孺，而未嘗昵於宗閔；僧孺當國，公方自杭州求分司。李紳、德裕之至交也；公雖惡於德裕，而與紳唱酬往來，情分極不薄。公於交遊，無所適莫，可見於此矣！然則公之論牛李，自是舉諫爭之職，而非以內私交；其師臯慕巢，厚善自是，篤姻婭之好，而非以狥權勢。……』

那麽，他就是個無黨無派的人。李德裕理應能涵容他而事實却不能涵容他，這就是德量不足的關係。年譜說：

『……公能信於裴度、李紳，而不能信於德裕，何哉？晉公之德量，固非公垂之比；而文饒之忌刻，又在公垂之上！其進敏中以抑居易，自以爲得策；及其失勢，擠之而下石焉者，乃其所謂有器識者也。自古朋黨，雖起於小人之傾危，而成於小人之剛褊。以文饒之才畧，號稱賢相，而不免禍者，其心未能休休有容故也。……』

所謂「君子黨」領袖的德量尚如此，則其下焉者不問可知。相傳唐人小說周秦行紀，爲德裕之門客所僞託，欲藉以傾陷牛僧孺者。倘事果非虛，則其政治道德之墮落，手段之卑劣，殆尤不堪問了！所以年譜又說：

『……按唐朋黨之禍，始於元和之初，而極於太和，開成，會昌之際。三十年間，士大夫無賢不肖，出此必入彼，未有能自脫者。權位逼軋，福禍伏倚；大則身死家滅，小亦不免萬里投荒。……』

商隱就在這個時代，躬逢其盛。他的上司，朋友，戚屬，有「李黨」的人，也有「牛黨」的人。就其顯者而論，令狐楚及其子綯，楊虞卿，蕭澣，杜悰，盧鈞等，都屬「牛黨」；王茂元，鄭亞及其子畋，柳仲郢，封敖等，則屬「李黨」；而茂元與仲郢，却還不是絕對「李黨」的人。所以他在政治上人事方面的環境，這一點畧與白居易相似。他處此黨局猜嫌之會，而對於當日政治氣氛的惡劣，人才的闒茸，固不願默爾而息，而又不敢坦率直言，致遭小人之嫉忌，這也許另是商隱詩有一部份要隱僻的原因。如井泥四十韻一首（見馮注本卷二第二至四頁），似暗寓黨人倖進，人才冗濫之意。五松驛一首（見同上卷一第十八頁），似寓感歎牛李黨人於「甘露事變」後傷殘零落之意。賦得雞一首（見同上卷二第十九頁）似刺藩鎮之割據留後，亦似刺牛李黨人在朝之專恣。安定城樓一首（見輯評本卷中第二十一頁），紀昀說：『刺同侶猜忌之作』，也許是受黨禍的牽累或影響。槿花一首（即『風露凄凄秋景繁』一首，見馮註本卷三第十八頁），似警告朋黨中人之恃寵生驕者。宮辭一首（見同上卷六第八頁），意亦相同。宮妓一首（見同上第七頁），似刺黨人之自逞機變，弄巧反拙者。蠅蝶鷄麝鸞鳳等成篇一首（見同上卷六第二十六頁），似刺朋黨成羣結黨蠅營狗苟之狀。春風一首（見同上卷五第十二頁），意亦與前首畧同。凡此等隱諷之作，未必每篇都比喻恰當。譬如上述嘲桃一首說：

『無賴夭桃面，平明露井東。春風爲開了，却擬笑春風。』

這詩固可疑其爲諷刺有關宮禁故實者，但也未嘗不可視爲諷刺白敏中對李德裕「落井下石」之一事；甚至謂爲風懷或艷情之作，又有何不可！倘能覓得當日朋黨傾軋的故實而詳加攷究，則這一類難解的詩，或許能得到更準確無誤的注釋。這是我們研究李商隱詩之隱僻的第三條線索。

三 商隱詩之隱僻還有其他種種原因

不過我們還得要知道，商隱詩之隱僻，原是他自己本身的一種怪嗜好。他詩集中不可了解的詩很多，如日高（見馮註本卷一第四頁），東南（見同上第三十六頁），無題（卽『萬里風波一葉舟』一首，見同上卷三第廿二頁），搖落（見同上第二十四頁），如有（見同上第三十七頁），一片（見同上卷五第三頁）等篇，看來皆不明其旨。但此均屬無題之作，猶可說也；可是有題目的詩，如海上謠（見同上卷三第七至八頁），利州江潭作（見同上第二十九頁），卽日（見同上第三十六頁），西溪（見同上卷四第二十一頁），柳下暗記（見同上第二十五頁），擬沈下賢（見同上卷五第十一頁），卽日（見同上第三十七頁），韓翃舍人卽事（見同上第三十四頁），城外（見同上卷六第二十四頁）諸作，又在說些甚麽呢！就是他自己和人的詩，如和鄭愚贈汝陽王孫家箏妓二十韻（見同上卷六第二十七頁至二十八頁）一首，亦覺語多難解。又如李衞公一首云：

『絳紗弟子音塵絕，鸞鏡佳人舊會稀。今日致身歌舞地，木棉花暖鷓鴣飛。』（見同上卷三第十三頁）

這詩題目說得淸淸楚楚是詠李德裕的，但意思究竟是說他好話抑或壞話，却仍令人揣摩不淸。紀昀說：『末句如指南遷所居，不應云歌舞地！如指舊地，不應云木棉鷓鴣，殊不可解』！徐逢源說：『集中刺衞公詩，不一而足，若衞公一絕，尤其顯然者』。馮浩說：『集中嘆衞公詩，吾詳味之矣！刺衞公詩絕鮮。其李衞公一絕，傷之非幸之也。』對此一詩，已有這樣的三個意見；再攷這詩的本事，亦言人人殊。新唐書本傳云：『德裕不喜飲酒，後房無聲色娛。』是與這詩第二句不符。可是樂府雜錄云：『望江南本名謝秋娘，李德裕鎭浙西，爲亡姬謝秋娘製。』則又似非無聲色之娛者。續博物志云：『衞公好餌雄朱，有道士李終南，借以玉象子，令求勾漏瑩徹者致象鼻下，象服之，復吐出，人乃可服。衞公服之有異，乃於都下採聘名姝至百數不止，象砂不復吐。』則又似次句之類了。這個本事傳聞異辭竟如此，是難怪其詩也令人難以索解。還有一首，出關宿盤豆館對叢蘆有感云：

『蘆葉梢梢夏景深，郵亭暫欲灑塵襟。昔年曾是江南客，此日初爲關外心。思子臺邊風自急，玉孃湖上月應沉。淸聲不遠行人去，一世荒城伴夜砧。』(見同上卷二第十八頁)

題目明明說有感，但所感的是甚麽，難道就是感到『昔年曾作江南客，此日初爲關外心』那樣簡單嗎？所以商隱的詩，不惟不容易解，而且不能肯定的去解。紀昀謂董曲江嘗曰：『義山詩固多寄託，然亦有止是艷詞者。如柳枝五首（見馮註本卷五第三十一至三十二頁），倘不留一序，何不可作感慨遇合解！』卽此足破注家癥結云云。錢龍惕說：『樊紹述園池記，元人以分其句讀爲能事，其說有三，究不知樊之句讀何如，而昌黎銘樊，美其「文從字順」；則知元人直爲樊所欺，兼爲韓所欺也。此等詩亦園池記也，何可爲其所愚！』他如此評商隱詩的隱僻，倒是別開生面。

我們如果客觀一點去看，更覺得商隱詩的隱僻，還有幾種構成的原因：錢龍惕說：『義山，學杜者也；間用「長吉體」作射魚、海上、燕台、河陽等詩，則不可解。飛卿，學李者也；卽用「太白體」作湖陰，擊甌等詩，亦多不可解。疑是唐人習尙，故爲隱語；當時之人，能自喻之，傳之既久，遂莫曉所謂耳。』（見馮註本卷三第三十四頁射魚曲註）此其一。馮浩說：『唐末紀載龐雜，附會者多，不足盡信。』若根據唐末紀載以考證商隱詩，其舛謬自所難免。此其二。宋江少虞皇宋事實類苑畧說，楊億嘗言至道中(宋太宗時)，偶得玉谿生百餘篇，其後孜孜求訪，凡得五七言詩，長短韻歌並雜言共二百八十二首。唐末浙右多得其本，故錢「鄧帥」若水嘗留意摭拾，纔得四百餘首云云。至清初流傳者，已有六百首。朱鶴齡箋註李義山詩集凡例亦謂義山詩，藝文志止三卷，想後人掇拾於散佚之餘，故詩與題或不相應，又作詩之歲月，多不可考云云。大抵經過唐末黃巢、李茂貞，王行瑜、朱温等及「五季」之亂，原集殆不可復見，此蒐輯佚篇時，未加細辨，不惟次序顚倒，間亦雜以他人之作，遂成今本，註家已多一重辨別的困難；加以唐代以前書冊，經「五季」喪亂後，散佚亦多。宋楊億謂商隱爲文，多簡閱書冊，左右鱗次，號「獺祭魚」。可是經過歷代喪亂之餘，其當時所簡閱的書冊，後來散佚不完者决不在少數。而當日的史乘與掌故，歷久亦有失傳。最顯著者，唐宣宗一朝，簡策遺落；武宗實錄，亦亡於「五季」。因此其詩的本事既不可考，則詩的辭旨便隱僻起來了。此其三。基此三因，我們可以肯定的說一句，商隱的隱僻詩，如果要全部都能很準確地註釋出來，絲毫沒有穿鑿附會的話，除非我們具千百年眼，舉古今來已散佚的書冊。復聚而精研之，取其詩以相印證，庶幾有豸。

四　與令狐父子關係馮註終難免穿鑿附會

至於與令狐楚及令狐綯父子的關係，在他的詩中，都寫得很顯明，絕無暗晦隱僻之處。如謝書（馮註本卷一第六頁）一首，是感令狐楚之授以章奏之學的。天平公座中呈令狐令公(同上第七頁）一首，是涉及女冠的游戲筆墨，寫給令狐楚看的。令狐八拾遺綯見招送裴十四歸華州(同上第十八頁)一首，大概是酬應之作。和友人戲贈二首（見同上第十九頁），文苑英華作和令狐八綯戲題，也是與令狐綯說笑的游戲筆墨。彭城公薨後贈杜二十七勝李十七潘二君並與愚同出故尚書安平公門下（見同上第三十三頁）一首及撰彭陽公誌文畢有感（見同上第三十四頁）一首，都是悼念令狐楚之作。酬別令狐補闕（見同上卷二第九頁）一首，似有向令狐綯解釋誤會之意。贈子直花下（見同上第十五頁）一首，似屬酬應之作，本事未詳，難解。寄令狐郎中（見同上第二十四頁）一首，是向令狐綯自陳身世意在修好之作，是一首很好的詩。紀昀說：『一唱三嘆，格韻俱高。』云云。夢令狐學士（見同上卷三第二十八頁）一首，意亦與前首相似。酬令狐郎中見寄（見同上卷三第五頁）一首，於應酬之外，仍有期望釋嫌之意。寄令狐學士（見同上第十四頁）一首，卽上述九日結句『郎君官貴……』『東閣無因……』之意。令狐舍人說昨夜西掖玩月因戲贈（見同上第三十七頁）一首，意是干謁，而以戲贈爲名，前人固評之矣。而注家囿於新舊唐書本傳側重於商隱與令狐父子離合關係之說，遂把其隱僻難解之詩，一一强爲解釋與令狐父子有關，而以馮浩爲尤甚。馮浩說：『如無題諸什，余深病前人動指令狐，初稿盡爲翻駁，及審定行年，細探心曲，乃知屢啓陳情之時，無非借艷情以寄慨。蓋義山初心，依恃惟在彭陽；其後郎君久持政柄，舍此舊好，更何求援？所謂「何處哀筝隨急管」者，已揭其專一之苦衷矣。今一一銓解，反浮於前人之所指，固非敢稍爲附會也。』（見馮註本玉谿生詩詳註發凡第八條）然而就我們所見，如聖女祠『杳靄逢仙跡』一首，如何可解釋是爲令狐楚而作？（而張爾田且竟認爲「馮說精湛極矣」！）促漏一首，如何又可牽强說入「寄意令狐」？甚至詠物諸詩，如燈（見同上卷三第十五頁），腸（見同上第三十三頁，張爾田亦曰「馮說妙矣」！），哀箏（見同上三十五頁），木蘭花（見同上第三十一頁），及𧍪（即『葉葉復翻翻』一首，見同上卷六第二十五頁），皆謂爲令狐而作！其實木蘭花一首，亦見陸龜蒙集，究爲誰作，似尙待考證，却又被解爲『此在令狐家假物託意之作！』虧他還說『非敢稍爲附會』！商隱有知，當不禁啞然失笑，或且怪其太小覷了我這憤時憂國的大詩人。若優人解事，也應另來一套撏撦之譏，給聞者歡笑了。

五　商隱詩工於諷刺文辭詭激尖薄自食其報

商隱之不爲令狐綯所重，决非因牛李黨的關係，因爲他『官不挂朝籍』，那裏夠得上黨的關係？前文馮浩之說，已詳析之矣。令狐綯之薄商隱，除或如四庫提要所云，特『輕於去就，苟且目前』之外，則舊唐書文苑傳所謂『恃才詭激』的話，當是另外說中了他一個重大的毛病。我們看他的詩，概可想見其爲人。如上述馬嵬，華淸宮，可歎，無題之『長眉畫了繡簾開』二首，高花，嘲桃等，都是明譏毒刺之作。馮浩看了已忍不住，便在可嘆一篇之末評之曰：『義山詩軼者多矣，而此種大傷忠厚之篇，其不幸而傳者乎！』又在無題二首之末注曰：『語易解而尖薄已甚，宜其名位不達矣！』可是他愛諷刺的，不一定是本朝人物，遠在魏晉「南北朝」，高興起來，也一樣的諷刺。如北齊二首說：

『一笑相傾國便亡，何勞荊棘始悲傷！小憐玉體橫陳夜，已報周師入晉陽。

巧笑知堪敵萬機，傾城最在著戎衣。晉陽已陷休囘顧，更請君王獵一圍。』（見輯評本卷上第十一頁）

這兩詩的諷刺，妙在不加議論，而毒刺之意全見。所謂『有案無斷，其旨更深』者是也。他不但要諷刺高居上位當政的要人，卽公子王孫，僧人，乃至同僚，興到時也可諷刺，致怨。如公子一首云：

『一盞新羅酒，凌晨恐易消。歸應衝鼓半，去不待笙調。歌好惟愁和，香濃豈惜飄。春場鋪艾帳，下馬雉媒嬌。』（見輯評本卷上第三十二頁）

這詩，紀昀說：『極刻畫紈袴性情，愈工愈佻，未協雅音。』

其少年一首云：

『外戚平羌第一功，生年二十有重封。直登宣室螭頭上，橫過甘泉豹尾中。別館覺來雲雨夢，後門歸去蕙蘭叢。灞陵夜獵隨田竇，不識寒郊自轉蓬。』（見同上第三十四頁）

這詩極言其驕侈豪縱之態，而折枝舐痔於田竇，則又奴隸之才，其諷刺之毒辣可知矣！僧院牡丹一首云：

『葉薄風才倚，枝輕霧不勝。開先如避客，色淺爲依僧。粉壁正蕩水，湘幃初卷燈。傾城惟待笑，要裂幾多繒。』（見馮註本卷六第二十四頁）

玩其『開先如避客，色淺爲依僧』兩句，則知其爲刺僧之隱事，眞極尖薄之能事了！及第東歸次灞上却寄同年一首又說：

『芳桂當年各一枝，行期未分壓春期。江魚朔雁長相憶，秦樹嵩雲自不知。下苑經過勞想像，東門送餞又差池。灞陵柳色無離恨，莫枉長條贈所思。』（見輯評本卷中第四頁）

何焯謂其末句，『一派奚落。』紀昀則說：『致怨同年，語尤過激，義山蓋褊躁人也！』云云。怨毒之於人甚矣，他也似乎有些自覺。所以有感一首說：

『非關宋玉有微辭，却是襄王夢覺遲。一自高唐賦成後，楚天雲雨盡堪疑。』(見同上第廿七頁)

紀昀加以解釋說：『義山深於諷刺，必有以詩賈怨者，故有此辨；蓋爲似有寓意而實無所指者作解也。前二句言雖有諷刺，亦因人之憒憒而然；後二句乃言由此召疑。』商隱這詩和紀昀這解釋，又可爲商隱的某一部份隱僻詩下一註脚，而破註家的癥結了。此外如城上一首云：

『有客虛投筆，無憀獨上城。沙禽失侶遠，江樹著陰輕。邊遽稽天討，軍須竭地征。賈生游刃極，作賦又論兵。』(見馮註本卷三第六頁)

這詩露才揚已，他卽以賈生游刃有餘自譽。其縣中惱飲席一首云：

『晚醉題詩贈物華，罷吟還醉忘歸家。若無江氏五色筆，爭奈河陽一縣花。』(見輯評本卷中第六十一頁)

紀昀也說他『露才揚已』。然此猶不過表示他恃才而已，更有表現其傲兀太甚者。如西溪一首說：

『近郭西溪好，誰堪共酒壺？苦吟防柳惲，多淚怯楊朱。野鶴隨君子，寒松揖大夫。天涯常病意，岑寂勝歡娛。』

這詩何焯說他『自不欲人共，非無人與共也，通體是傲。』云。證以上引各詩，則舊唐書文苑傳說他『恃才詭激』，自屬事實；而他因爲深於諷刺，以詩賈怨者多，則使其『名宦不進，坎壈終身』者，當必不止令狐綯一人，而又必不盡因『無特操』，『忘家恩，放利偷合，』可斷言了。

商隱之深於諷刺，於身後仍不免自食其報。在當代已有人對他表示不滿，唐陸魯望集有一段話說：『吾聞淫畋漁者謂之暴天物，天物且不可暴，又可抉擿刻削，露其情狀乎？使自萌卵至於槁死，不能隱伏，天能不致罰耶？長吉夭，東野窮，玉谿生官不挂朝籍而死，正坐是哉，正坐是哉！』迨至今日，蘇雪林女史的玉溪詩謎，尙將其一部分隱僻的詩，解作商隱與女道士及宮嬪的戀愛史；是固難怪昔人把他看做「才人浪子」，甚至謂「錦瑟」乃令狐楚的青衣，無題二首爲竊窺王茂元後房姬妾而作，幾乎更要把他變成「名教罪人」，亦正坐是哉！

第五章　李商隱的才學及其詩的評價

一　商隱詩的弱點

宋蔡寬夫詩話說：『義山詩合處，信有過人；若其用事深僻，語工而意不及，自是其短；世人反以爲奇而效之！故「崑體」之弊，適重其失，義山本不至是云。』據我看來，商隱詩用事深僻，羅引故實，或演成堆金砌玉，繁碎不堪，則有之；或闕其本事，不解所指，則亦有之。屬於前者，如碧瓦（見輯評本卷上第三十頁）一首，頗有艷辭，然僅傷於繁碎而已，其流弊所及，如人日卽事一首云：

『文王喻復今朝是，子晉吹笙此日同。舜格有苗旬太遠，周稱流火月難窮。鏤金作勝傳荆俗，剪綵爲人起晉風。獨想道衡詩思苦，離家恨得二年中。』(見同上卷下第十七頁)

這一首詩，我們從任何一個角度來看，都不會覺得他好，而堆砌纖俗拙劣，則一望便知。其尤有甚者，如詠史一首云：

『歷覽前賢國與家，成由勤儉破由奢。何須琥珀方爲枕，豈得珍珠始是車？運去不逢青海馬，力窮難拔蜀山蛇。幾人曾預南薫曲，終古蒼梧哭翠華。』(見同上卷上第四十一頁)

這詩堆砌拙俗，更有甚於前首。紀昀評以「惡劣」二字，宜矣！屬於後者，如韓翃舍人卽事一首說：

『萱草含丹粉，荷花抱綠房。鳥應悲蜀帝，蟬是怨齊王。通內藏珠府，應官解玉坊。橋南荀令過，十里送衣

香。(見同上卷上第三十一頁)

這一首詩，眞不可解。紀昀說：『此不得其本事，亦不能解其詩；然就詩論，詩自不佳。』其擬沈下賢一首云：

『千二百輕鸞，春衫瘦著寬。倚風行稍急，含雪語應寒。帶火遺金斗，兼珠碎玉盤。河陽看花過，曾不問潘安。』(見同上第五十九頁)

這與前首差不多，不得其本事，故不能解其詩。紀昀說：『不解所指，然不解處，卽是不佳處；未有鉅手名篇，而僻澁其字句者。』此論不爲無理。他如行至金牛驛寄興元渤海尚書（見同上卷中第三十五頁）一首，則是俗調的顯著者；春日寄懷（見同上卷下第十七至十八頁）一首，則是滑調的顯著者。他的詩還有一個毛病，就是愛用字句銜疊而下，集中此類詩，爲數不少。如：

『迴頭問殘照，殘照更空虛。』「殘照」兩字，銜疊而下。(見馮註本卷三第三十六頁槿花二首，末二句)

『莫羨仙家有上眞，仙家暫謫亦千春。』「仙家」兩字，銜疊而下。(見同上卷五第二頁，同學彭道士參寥一首)

『强下西樓去，西樓倚暮霞。』「西樓」兩字，銜疊而下。(見同上第五頁，閒遊末二句)

『無悰託詩遣，吟罷更無悰。』「無悰」兩字，銜疊而下。(見同上樂遊原末二句)

『莫嘆佳期晚，佳期自古稀。』「佳期」兩字，銜疊而下。(見同上第六頁向晚末二句)

『迴腸九迴後，猶有剩迴腸。』「迴腸」兩字，銜疊而下。(見同上卷六第十九頁和張秀才落花有感末二句)

『行到巴西覓譙秀，巴西惟是有寒蕪。』「巴西」兩字，銜疊而下。（見輯評本卷上第六十二頁梓潼望長卿山至巴西復懷譙秀末二句）

凡此等類的詩句，幾於舉不勝舉。只見其苟且率筆，調俗而近剽滑，一無是處。這些就是商隱詩的弱點。至謂其語工而意不及，則誠不免小覷商隱了！

二　商隱詩才氣橫溢

我們不能因爲自己缺乏唐代故實，無法解釋李商隱的隱僻詩，反而說他的詩語工而意不及。誰也知道商隱才氣磅礴，做詩斷不至有「辭不達意」「以辭害意」或只見辭而不見意之理。他的才華，就是靠他根柢很深的學問來撐腰。他的學問，在詩中可見者，不止有儒家之言，且有道家之言，更有釋家之言。他的集中，有贈送前劉五經映三十四韻（見馮註本卷一第三十八至三十九頁）一首，就無異寫了一篇經學興廢史，這可算做他對儒家學問的代表作。他自稱會『學仙玉陽東』，所以對於道家的學問，也很講究。集中有戊辰會靜中出貽同志二十韻（見同上卷三第十九至二十一頁），於道家的典故，頗有演繹。這就是他在詩中所表現的道家學問。還有鄭州獻從叔舍人褒（見同上卷二第十九至二十頁）一首，元微先生（見同上卷五第四頁）一首，贈華陽宋眞人兼寄清都劉先生（見同上卷六第十頁）一首，及尙有涉及道士女冠等題詠，都是道味湛深之作。至於談禪說偈的詩，則有五月六日夜憶往歲秋與澈師同宿（見同上卷三第四頁）一首，題僧壁（見同上卷四第二十六頁）一首，題白石蓮花寄楚公（見同上第三十頁）一首，詠三學山（見同上第三十七至三十八頁）一首，別臻師二首（見同上卷五第十三至十四頁），奉寄安國大師兼簡子蒙（見同上卷六第二十二頁）一首，北青蘿（見同上第二十四頁）一首，明禪師院酬從兄見寄（見同上第二十六頁）一首，各詩皆味含禪悅；而詠三學山，別臻師二首，及北青蘿諸篇，意尤深遠。商隱之爲此，無非以博自矜，貪使才氣；然而他的偉大作品，就因他的博奧多才而產生出來了。

三　商隱詩的分類及舉隅

商隱既多才博學，所以他的詩，不特能自立門戶，且能摹仿前賢，楷模後世，而成爲「晚唐」詩人的中流砥柱。因此我們對於他的傑作，在此實有作一個詳爲分析論評的必要。茲述於下：

（一）屬於自立門戶一類的詩，此即商隱本色的詩。他的本色詩，又可細分爲兩種，一種是可解的，一種是隱僻的。

（甲）可解的本色詩：商隱詩之最能慷慨陳詞者，當是長律。此類長律，其稱最者，應推上舉的行次西郊作一百韻，驕兒詩，有感之『九服歸元化』二首（已節錄或全錄於上章）等篇，及哭遂州蕭侍郎二十四韻（見輯評本卷下第二十七至二十八頁），大鹵平後移家到永樂縣居書懷十韻寄劉韋二前輩二公嘗於此縣寄居（見同上第三十九頁）等篇。其最逞才者，於長律中，應推五言述德抒情詩一百四十韻獻上杜七兄僕射相公（見同上第四十九至五十二頁），送千牛李將軍赴闕五十韻（見同上第二十八至三十二頁），李肱所遺畫松詩書兩紙得四十韻（見同上第四十三至四十五頁），偶成轉韻七十二句贈四同舍（見同上第四十七至四十九頁），及擬意（見同上第六十七至六十九頁），獨居有懷（見同上卷中第三頁）等篇；次則贈送前劉五經映三十四韻（題已見前）戊辰會靜中出貽同志二十韻（題已見前），亦屬此類佳構。他的短篇，非無慷慨陳辭之作，如上引井絡，重有感，漢南書事，壽安公主出降等篇皆是。此外尚有如覽古（見輯評本卷中第四十七頁），隨師東（見同上第四十九至五十頁）等篇甚多，惟以短篇寥寥數語，而欲以陳辭慷慨取勝，究屬不易；於是轉而爲逞才之作。短篇逞才之詩，「晚唐」詩人多從一人一地一事一物入手，此固一時風尚，而商隱居然爲此中領導的人。其隋宮七律一首（見同上卷上第三十七至三十八頁），七絕一首（見同上第四十七頁），籌筆驛（見同上第三十八至三十九頁），韓冬郎卽席爲詩相送一座盡驚他日余方追吟連宵侍坐徘徊久之句有老成之風因成二絕寄酬兼呈畏之員外二首（見同上卷中第一頁），聞歌（見同上第七頁），晚晴（見同上第十八頁），淚（見同上第三十頁），小桃園（見同上第三十八頁）梓州罷吟寄同舍（見同上第四十一頁），暮秋獨遊曲江（見同上第四十三頁），賈生（見同上第五十一頁），夜雨寄北（見同上卷上第十六頁），曉坐（見同上第六十一頁），北禽（見同上第十九至二十頁），寄令狐郎中（見同上第二十七頁），越燕二首（見同上第三十六至三十七頁），落花（見同上第四十七頁），訪隱者不遇成二絕(見同上第四十九頁)，柳（卽『曾逐東風拂舞筵』一首，見同上第五十頁），對雪二首（見同上第五十四頁），悼傷後赴東蜀辟至散關遇雪（見同上第十至十一頁），樂遊原（見同上第十一頁），蜂（見同上第五十四至五十五頁），辛未七夕（見同上第五十六頁），雨（見同上第五十八頁），齊宮詞（見同上第六十三頁），離亭賦得折楊柳二首（見同上第七十三頁），夢令狐學士（見同上第七十五頁），偶題二首（見同上卷下第二頁），月（七絕一首，見同上），寓目（見同上第十三頁），回中牡丹爲雨所敗二首（見同上第六十七頁），蟬(見同上卷上第九頁)，柳（卽『動春何限葉』一首，見同上第十三至十四頁），贈柳（見同上第十九頁），謔柳（見同上），風雨（見同上第二十四頁），荷花（見同上第六十六頁），春雨（見同上卷中第十四頁），鴛鴦（見同上第十五頁）等數十首，均屬此類逞才之作。

商隱的本色詩，如上所舉，佳什其中亦有不少，其本色最深而辭句較簡者，於此實有錄出一二以示舉例的必要：（子）見於長律者，除有感二首全文已見前章外，如獨居有懷云：

『麝重愁風逼，羅疎畏月侵。怨魂迷恐斷，嬌喘細疑沈。數急芙蓉帶，頻抽翡翠簪。柔情終不遠，遙妬已先深。浦冷鴛鴦去，園空蛺蝶尋。蠟花長遞淚，箏柱鎮移心。覓使嵩雲暮，迴頭灞岸陰。只閒涼葉院，露井近寒砧。』

這詩眞可謂淸詞麗句，情韻動人了。（丑）見於七律者，如春雨云：

『帳臥新春白袷衣，白門寥落意多違。紅樓隔雨相望冷，珠箔飄燈獨自歸。遠路應悲春晼晚，殘宵猶得夢依稀。玉璫緘札何由達，萬里雲羅一雁飛！』

這詩紀昀謂其『宛轉有致，但格未高』云。其實這就是「晚唐」本色的詩，具有「晚唐」時代的濃厚色彩，與「盛唐」者各有千秋，不能以此定其格之高下的。其辛未七夕云：

『恐是仙家好別離，故敎迢遞作佳期？由來碧落銀河畔，可要金風玉露時？淸漏潮移相望久，微雲未接過來遲。豈能無意酬烏鵲，惟與蜘蛛乞巧絲？』

這是一首「舊瓶新酒」的詩，題目熟極，而詩則花樣翻新的。蜂云：

『小苑華池爛漫通，後門前檻思無窮。宓妃腰細纔勝露，趙后身輕欲倚風。紅壁寂寥崖蜜盡，碧簷迢遞暮巢空。靑陵粉蝶休離恨，長定相逢二月中。』

這可說是「晚唐」詠物詩之工緻者。不管詩的寓意是怎樣，就詩的本身而論是佳的。回中牡丹爲雨所敗二首云：

『下苑他年未可追，西州今日忽相期。水亭暮雨寒猶在，羅薦春香暖不知。無蝶殷勤收落蘂，有人惆悵臥遙帷。章臺街裏芳菲伴，且問宮腰損幾枝！
浪笑榴花不及春，先期零落更愁人。玉盤迸淚傷心數，錦瑟驚絃破夢頻。萬里重陰非舊圃，一年生意屬流塵。前溪舞罷君廻顧，併覺今朝粉態新。』

這兩詩雖屬詠物，却有寓意，有唱歎；與前首詠蜂者有異曲同工之妙。（寅）見於五律者，如贈柳云：
『章臺從掩映，郢路更參差。見說風流極，來當婀娜時。橋廻行欲斷，隄遠意相隨。忍放花如雪，青樓撲酒旗。』

這詩風姿裊娜，情意纏綿，「晚唐」五律之絕佳者。蟬云：
『本以高難飽，徒勞恨費聲。五更疎欲斷，一樹碧無情。薄宦梗猶汎，故園蕪已平。煩君最相警。我亦舉家清。』

這詩以蟬自喻而仍切蟬，詠物詩中得其正格者。（卯）見於七絕者，如夜雨寄北云。
『君問歸期未有期，巴山夜雨漲秋池。何當共剪西窗燭，却話巴山夜雨時。』

這詩氣足神到，允推高唱。寄令狐郎中云：
『嵩雲秦樹久離居，雙鯉迢迢一紙書。休問梁園舊賓客，茂陵秋雨病相如！』

這詩十分蘊藉，極唱嘆之妙。齊宮辭云：
『永壽兵來夜不扃，金蓮無復印中庭。梁臺歌管三更罷，猶自風搖九子鈴。』

這詩妙在從小物寄慨，全不著議論，而極有情致。訪隱者不遇成二絕云：

『秋水悠悠浸墅扉，夢中來數覺來稀。玄蟬去盡葉黃落，一樹冬青人未歸。城郭休過識者稀，哀猿啼處有柴扉。滄江白石樵漁路，日暮歸來雨滿衣。』

這兩詩的是「晚唐」本色的七絕，已闢宋詩的門徑了。柳云：

『曾逐東風拂舞筵，樂遊春苑斷腸天。如何肯到清秋日，已帶斜陽又帶蟬！』

鴛鴦云：

『雌去雄飛萬里天，雲羅滿眼淚潛然。不須長結風波願，鎖向金籠始兩全。』

上兩首都是詠物詩，弦外有音，唱嘆有情，而姿致尤佳。商隱的七言絕詩，佳者殆不勝枚舉。葉燮（字星期）云：『李商隱七絕，寄託深而措辭婉，可空百代無其匹也。』他這話不是毫無所見。（辰）見於五絕者，如悼傷後赴東蜀辟至散關遇雪云：

『劍外從軍遠，無家與寄衣。散關三尺雪，回夢舊鴛機。』

這詩，紀昀說：『盛唐餘響。「回夢舊鴛機」。猶作有家想也。陳陶隴西行曰：「可憐無定河邊骨，猶是春閨夢裏人。」是此詩對面。』云云。樂遊原說：

『向晚意不適，驅車登古原。夕陽無限好，只是近黃昏。』

這詩與前一首散關遇雪詩，俱饒有感慨，而後一首尤爲傑出。前首傷身世，後首則憂家國了。

商隱不止多才而多逞才之作，並且富於感情，故感情亦往往流露於詩中之字裏行間。如上述王十二兄與畏之員外相訪見招小飲時予以悼亡日近不去因寄一首，辭雖憤激，而「故劍情深」之感，則已盡情流露。哭劉蕡各詩，意緒激昂，感情亦極流露。故驛迎弔故桂府常侍有感云：

『饑烏翻樹晚鷄啼，泣過秋原沒馬泥。二紀征南恩與舊，此時丹旐玉山西！』(見同上卷中第四十三頁)

這詩殆爲悼鄭亞而作，語極悲酸動人。過故崔兗海宅與崔明秀才話舊因寄舊僚杜趙李三掾云：

『絳帳恩如昨，烏衣事莫尋。諸生空會葬，舊掾已華簪。共入留賓驛，俱分市駿金。莫憑無鬼論，終負託孤心。』(見同上卷下第四至五頁)

這却是性情之作。暮秋獨遊曲江云：

『荷葉生時春恨生，荷葉枯時秋恨成。深知身在情長在，悵望江頭江水聲！』(見同上卷中第四十三頁)

這詩不止感情流露，而且感情泛濫。若就詩格論，朱彝尊說他已似花間了。

(乙)隱僻的本色詩：這一類詩，誠如紀昀所言，不解所指的詩，其不解處，即是不佳處，未有鉅手名篇，而僻澁其字句者。但這也不能一概論，又誠如梁啓超所言，義山的錦瑟，碧城，聖女祠等詩，講的什麼事，我理會不着。拆開一句一句叫我解釋，我連文義也解不出來。但我覺得他美，讀起來令我精神上得一種新鮮的愉快。須知美是多方面的，美是含有神秘性的；我們若還承認美的價值，對於此種文字，便不容輕輕抹煞。此亦卽淸人馮班(字定遠)所謂此等詩不解亦佳，如見西施，不必識姓名而後知其美之意。因此我們認爲商隱這一類隱僻的本色詩，不能說沒有佳作，但也不覺得佳作很多。卽各上面梁啓超所舉出的錦瑟，碧城，聖女祠等詩，全數共七首，確實都是佳作，全文已錄於上，茲不復贅。其他見於長律者，如西溪云：

『悵望西溪水，潺湲奈爾何！不驚春物少，只覺夕陽多。色染妖嬈柳，光含窈窕蘿。人間從到海，天上莫爲

河。鳳女彈瑤瑟，龍孫撼玉珂。京華他夜夢，好好寄雲波。』(見輯評本卷上第三十三頁)

這詩眞有『流水落花春去也，天上人間』之概。其無題四首之前二首說：

『來是空言去絕踪，月斜樓上五更鐘。夢爲遠別啼難喚，書被催成墨未濃。蠟照半籠金翡翠，麝熏微度繡芙蓉。劉郎已恨蓬山遠，更隔蓬山一萬重。

颯颯東風細雨來，芙蓉塘外有輕雷。金蟾齧鎖燒香入，玉虎牽絲汲井迴。賈氏窺簾韓掾少，宓妃留枕魏王才。春心莫共花爭發，一寸相思一寸灰！』(見同上第四十三頁)

這兩詩的寓意，雖不可確知，但寫來却凄豔動人。無題一首說：

『照梁初有情，出水舊知名。裙衩芙蓉小，釵茸翡翠輕。錦長書鄭重，眉細恨分明。莫近彈棊局，中心最不平。』(見同上第四十五頁)

這詩寓意雖不易曉，而辭句却精豔絕倫。又一無題云：

『相見時難別亦難，東風無力百花殘。春蠶到死絲方盡，蠟炬成灰淚始乾。曉鏡但愁雲鬢改，夜吟應覺月光寒。蓬山此去無多路，青鳥殷勤爲探看。』(見同上第五十二頁)

這詩，憑已蒼說：『第二句畢世接不出』，可見其氣力渾雄爲何如矣！宮妓一首說：

『珠箔輕明拂玉墀，披香新殿鬥腰支。不須看盡魚龍戲，終遣君王怒偃師！』

這詩旨隱詞微，十分蘊藉。常娥云：

『雲母屛風燭影深，長河漸落曉星沈。常娥應悔偷靈藥，碧海青天夜夜心！』

這也是一首蘊藉的詩。如有云：

『如有瑤臺客，相難復索歸。芭蕉開綠扇，菡萏薦紅衣。浦外傳光遠，煙中結響微。良宵一寸焰，回首是重幃。』（見同上卷下第六十四頁）

這篇語雖不甚可解，而詩却很工麗。還有偶題二首說：

『小亭閒眠微醉消，山榴海柏枝相交。水文簟上琥珀枕，傍有墮釵雙翠翹。

清月依微香露輕，曲房小院多逢迎。春叢定是饒棲鳥，飲羅莫持紅燭行。』（見同上第二頁）

這詩香豔而且來得神秘，與上舉無題，如有兩首五律的豔體有些不同。所以商隱的詩，其無題，失題及凡屬隱僻的一類，多以豔辭爲工，就不免給人們兩種猜測，好的說他美人香草之遺，壞的說他浪子才人狹邪冶遊之作了。

屬於商隱本色的詩，帶着濃厚的「晚唐」詩的色彩，而自成一格的，亦有可得而述者。如賦得月照冰池說：

『皓月方離海，堅冰正滿池，金波雙激射，璧彩兩參差。影占徘徊處，光含的皪時。高低連素色，上下接清規。顧兔飛難定，潛魚躍未期。鵲驚俱欲遶，狐聽始無疑。似鏡將盈手，如霜恐透肌。獨憐遊玩意，達曉不知疲』。（見同上卷中第六十八至六十九頁）

這是唐代的試帖體詩，帶有「晚唐」本色而極工緻者。集中還有一首賦得桃李無言，也是同屬一類的詩，却不及這詩的工妙，當句有對說：

『密邇平陽接上蘭，秦樓鴛瓦漢宮盤。池光不定花光亂，日氣初涵露氣乾。但覺游蜂饒舞蝶，豈知孤鳳憶離鸞。三星自轉三山遠，紫府程遙碧落寬。』（見同上第四十八頁）

朱彝尊說：『此格僅見』，可是纖巧極矣！又無題二首之第一首云：

『八歲偷照鏡，長眉已能畫。十歲去踏青，芙蓉作裙衩。十二學彈箏，銀甲不曾卸。十四藏六親，懸知猶未嫁。十五泣春風，背面下鞦韆下。』(見同上卷上第四十六頁)

這詩直起直收，貌似仿古而實自成一格。七月二十八日夜與王鄭二秀才聽雨後夢作（見同上第二十六至二十七頁，全文已錄於前章）一首，朱彝尊亦謂『律詩而無對偶，古詩而叶今調，此格僅見』云云。他如過故崔兗海宅與崔明秀才話舊因寄舊僚杜趙李三掾（全文已見前章）一首，全首是工整的對，因他來得自然，驟讀之下却不覺得其爲對。杏花一首，開頭四句云：

『上國昔相値，亭亭如欲言；異鄉今暫賞，脉脉豈無恩。……』(見同上第七十二頁)

這四句以上兩句與下兩句相對，四句而成一聯，也許亦是他特創之格。此外當有許多格調新奇的句子，如：

『新蒲似筆思投日，芳草如茵憶吐時。』(見過故府中武威公交城舊莊感事，同上卷下第十五頁)

『自攜明月移燈疾，欲就行雲散錦遙。』(利州江潭作，見同上卷中第二十二頁)

『誰言瓊樹朝朝見，不及金蓮步步來！』(南朝，見同上卷上第十二頁)

等句，皆各有其特獨之處。而疊韻雙聲，在他的詩中亦數數見。如：

『迴廊簷斷燕飛出，小閣塵凝人語空。』(過伊僕射舊宅，見同上卷中第五頁)

『落日渚宮供觀閣，開年雲夢送煙花。』(宋玉，見同上第五十頁)

『何由羞五霸，直自瞥三皇。』(見贈送前劉五經映三十四韻)

『鎖門金了鳥，展障玉鴉义。』(病中聞河東公樂營置酒口占寄上，見同上卷下第六十六頁)等句，皆屬此類；而以「迴廊」「小閣」一聯，尤爲雙聲叠韻中之巧變者。卽『夢爲遠別啼難喚，書被催成墨未濃。』(無題，見前)一聯，何焯亦謂：『夢別，書成；爲遠，被催；啼難；墨未；皆用雙聲叠韻對』云云。要而言之，商隱之爲此，亦無非貪使才吧。

(二)屬於摹仿前賢的詩，商隱本是才人，做詩能自立門戶，自然也會摹仿前賢。他曾去摹仿的甚多，而摹仿得最成功的就是「學杜」。宋王安石以爲唐人知學「老杜」而得其藩籬，惟義山一人。葉夢得亦謂唐人學「老杜」，惟商隱一人而已；雖未盡造其妙，然精密華麗，亦自得其彷彿。朱弁、范晞文及淸人賀裳、何焯諸人的評論，大致相同。他們亦有能舉出商隱學杜的詩句者，如王安石說：

『……每誦其「雪嶺未歸天外使，松州猶駐殿前軍。」「永憶江湖歸白髮，欲回天地入扁舟。」與「池光不受月，暮氣欲沉山。」「江海三年客，乾坤百戰場。」之類，雖「老杜」無以過也。』(見蔡寬夫詩話)

朱弁說：

『李義山擬「老杜」詩云：「歲月行如此，江湖坐渺然。」眞是「老杜」語也。其他句「蒼梧應露下，白閣自雲深。」「天意憐幽草，人間重晚晴。」之類，置杜集中，亦無愧矣！然未似「老杜」沈涵汪洋，筆力有餘也。……』(見風月堂詩話)

商隱集中似杜甫的詩，當不止這麽多，茲列舉數首如下：

『城窄山將壓，江寬地共浮。東南通絕域，西北有高樓。神護靑楓岸，龍移白石湫。殊鄉竟何禱，簫鼓不曾

休。』（見同上卷第十六頁，桂林）

『惜別夏仍半，回途秋已期。那修直諫草，更賦贈行詩。錦段知無報，青萍肯見疑！人生有通塞，公等繫安危。警露鶴辭侶，吸風蟬抱枝。彈冠如不問，又到掃門時。』（見同上卷中第五頁，酬別令狐補闕）

『荒村倚廢營，投宿旅魂驚。斷雁高仍急，寒溪曉更清。昔年嘗聚盜，此日頗分兵。猜貳誰先致？三朝事始平。』（見同上卷中第十七頁，淮陽路）

『路到層峯斷，門依老樹開。月從平楚轉，泉自上方來。薤白羅朝饌，松黃暖夜盃。相留笑孫綽，空解賦天台。』（見同上卷下第十一頁，訪隱）

以上四首詩，各有酷似杜詩之處，而第四首前四句不但逼肖杜詩，並且四句同一句法，又成一格。此類學杜詩屬於五律者尚有訪秋（見同上卷中第五十四頁），陸發荆南始至商洛（見同上第五十五頁），題鄭大有隱居（見同上第五十八頁），及晉昌晚歸馬上贈（見馮註本卷四第十三頁）等多篇，不能盡錄。其屬於七絕而似杜者，當推漫成五章，玆錄於下：

『沈宋裁辭矜變律，王楊落筆得良朋。當時自謂宗師妙，今日惟觀屬對能。
李杜操持事畧齊，三才萬象共端倪。集仙殿與金鑾殿，可是蒼蠅惑曙雞。
生兒古有孫征虜，嫁女今無王右軍。但問琴書終一世，何如旗蓋仰三分！
代北偏師銜使節，關中裨將建行臺。不妨常日饒輕薄，且喜臨戎用草萊。
郭令素心非黷武，韓公本意在和戎。兩都耆舊皆垂淚，臨老中原見朔風。』（見輯評本卷中第六十二至六十三頁）

這幾首詩，並不算很精采，不過學杜甫之論詩絕句而已。其學杜而最得其神髓的詩，於五言長律中，竟得一首，就是送從翁從東川弘農尚書幕，茲錄如下：

『大鎮初更帥，嘉賓素見邀。使車無遠近，歸路更煙霄。穩放驊騮步，高安翡翠巢。御風知有在，去國肯無聊。早忝諸孫末，俱從小隱招。心懸紫雲閣，夢斷赤城標。素女悲青瑟，秦娥弄玉簫。山連玄圃近，水接絳河遙。豈意聞周鐸，翻然慕舜韶。皆辭喬木去，遠逐斷蓬飄。薄俗誰其激，斯民已甚恌。鸞皇期一舉，燕雀不相饒。敢共頹波遠，因之內火燒。是非過別夢，時節慘驚颷。末至誰能賦？中乾欲病痟。屢曾紆錦繡，勉欲報瓊瑤。我恐霜侵鬢，君先綬挂腰。甘心與陳阮，揮手謝松喬。錦里差鄰接，雲台閉寂寥。一川虛月魄，萬崦自芝苗。瘴雨瀧間急，離魂峽外銷。非關無燭夜，其奈落花朝。幾處逢鳴佩，何筵不翠翹。蠻童騎象舞，江市賣鮫綃。南詔知非敵，西山亦屢驕。勿貪佳麗地，不爲聖明朝。少減東城飲，時看北斗杓。莫因乖別久，遂逐歲寒凋。盛幕開高宴，將軍問故僚。爲言公玉季，早日棄漁樵。』(見同上卷下第四十二至四十三頁)

何焯謂這詩『筆勢十分跳躍，人己分合，大亂心目，不容不嘆爲奇事』！紀昀亦謂：『沈雄飛動，此亦得杜之藩籬者，中晚纖穠清淺之作，舉不足以當之！』商隱學杜而備受讚揚一至於此，其成功抑可知矣！

何義門（焯）讀書記云：『義山五言，出於庾開府；七言，出於杜工部；不深究本源，未易領其佳處。七言句法，兼學夢得。』此語未必盡然。但商隱詩有時摹擬庾信，頗得其神似；如寓懷（見同上卷下第六十四至六十五頁）一首，即何焯所謂極似庾信者。還有直逼齊梁之作，如齊梁晴雲一首，效徐陵體贈更衣一首，又效江南曲一首（俱見同上卷中第四十四至四十五頁），紀昀說：『以上三首，皆酷擬齊梁，非惟貌似，神亦似之。』即此可見商隱之善爲摹仿古詩，原是具有摹擬的天才，非一般人可及的。

至於唐朝諸先輩的詩，如高適，岑參，錢起，韓愈，李賀，元稹，白居易，劉禹錫等所作，商隱詩都有些與相類似者。如偶成轉韻七十二句贈四同舍（見同上卷下第四十七至四十九頁）七言長律一首，馮浩謂其音節殊類高岑。紀昀則謂其『直作「長慶體」，接落平鈍處，未脫元白習徑，中間沈鬱頓挫處，則元白不能爲也』云云。晚晴（見同上卷中第十八頁）一首，紀昀謂『輕秀是錢郎一格，五六再健，則大歷以上矣』云。韓碑（見同上卷上第二十一至二十二頁）一首，也是古今來膾炙人口的佳篇，體格却極似韓愈的詩。何焯謂可繼石鼓歌，氣調魄力，旗鼓相當云。又李肱所遺畫松詩書兩紙得四十韻（見同上卷下第四十三至四十五頁）一首，紀昀謂其『前半規橅昌黎，語多龐雜，「淮山」以下，居然正聲。入後層層唱嘆，興寄橫生，伸縮起伏之妙，畧似工部韋諷錄事宅觀曹將軍畫馬歌』云。至於似李賀的詩，有效長吉（見同上第七頁）一首，句平易絕不奇詭，名爲「效長吉」而實不類「長吉體」。但無愁果有愁曲北齊歌（見同上卷中第四十三至四十四頁）一首，房中曲（見同上）一首，射魚曲（見同上第六十三頁）一首，日高（見同上第六十四頁）一首，宮中曲，海上謠（俱見同上第六十四至六十五頁）各一首，燕臺四首（見同上卷下第二十一至二十三頁），河陽詩（見同上第三十九至四十頁）及燒香曲(見同上第七十頁)等共十餘首，則皆極似「長吉派」的。其喜聞太原同院崔侍御臺拜兼寄在臺三二同年之什(見同上第十八至十九頁)一首，何焯謂其極似夢得。題小松（見同上第十四頁）一首，則謂其『落句殆有夢得看花之感耶！』行次昭應縣道上送戶部李郎中充昭義攻討（見同上第十四至十五頁）一首，則謂『頗似夢得「相門才子稱華簪」篇，落句猶有開寶風氣，……』云云。他的詩似元稹白居易者，即紀昀所謂似「長慶體」的。幾篇都屬長律。如戲題樞言草閣三十二韻（見同上第四十五至四十六頁）一首，紀昀稱爲「長慶體」之佳者。行次西郊作一百韻（見前）一首，則謂『亦是「長慶體」，而氣格蒼勁，則胎息少陵。故衍而不平，質而不俚，雖未敢遽配北征，然自在南山以上。』甚至如馮浩謂似高岑的偶成轉韻七十二句贈四同舍一首，紀昀亦謂直作「長慶體」，但沈鬱頓挫處，則元白不能爲。又關門柳（見同上卷中第五頁）一首，紀亦謂『類白樂天不著意詩』云云。商隱詩之類似唐代諸先輩者大致如此，其亦有與同一時代的名詩人所作相類似者。如上述暮秋獨遊曲江一首，已似花間集之楊柳枝；離亭賦得折楊柳二首（見同上卷上第七十三頁）之第二首云：

『含煙惹霧每依依，萬緒千條拂落暉，爲報行人休盡折，半留相送半迎歸。』

這詩若置之温庭筠集中，殆不可復辨了。宿晉昌亭聞驚禽(見同上卷中第十六頁)一頁，紀昀謂甜熟如許渾一輩詩。井泥四十韻（見同上卷下第五十九至六十一頁）一首，何焯謂其『後半與牧之杜秋詩極相似，天問之遺。』云云。

四　商隱詩負有繼往開來的偉大任務

商隱詩之屬於摹擬一類者，還有一點要研究清楚，就是他對於前賢的詩，究竟有意摹擬抑或無意摹擬。我以爲杜甫是唐詩之祖，他的詩似杜者，也許是刻意摹擬的。效齊梁體各詩，也當然有意摹擬。惟對高、岑、錢、韓、李、元、白、劉各體的詩，恐未必有意摹擬。證以上述同時代詩人的詩，如温庭筠、許渾、杜牧諸人之作，也有與他所作的相似者，則非屬摹擬可知。再看後一代宋人的詩，如「西崑」諸人及王安石（何焯謂『水精如意玉連環』；荆公屢仿此云。是指夜雨寄北的一類詩。）的詩，有些是刻意摹擬他的；這種自然會與他的相似，我們姑置不論。可是蘇軾的詩，類似他的也可隨便舉得一些出來。如和子由澠池懷舊（見蘇文忠公詩集卷三）一首，紀昀說：『前四句不及崔司勳黃鶴樓詩，而撒手遊行之妙，則不減義山杜司勳一首』（即贈司勳杜十三員外一首，見輯評本卷下第九頁）。刁景純賞瑞香花憶先朝侍宴次韻（見蘇文忠公詩集卷十一）一首，紀也說：『後四句寓興深微，置之玉溪生集中，不可復辨。』李鈐轄坐上分題戴花（見蘇文忠公詩集卷九）及往年宿瓜步夢中得小絕錄示謝民師（見同上卷四十二）各一首，他都說有玉溪生意味。而詩句中，間亦有甚相似者。如商隱詩之贈從兄閬之（見輯評本卷中第三十二至三十三頁）一首，其第五六句：『幽徑定攜僧共入，寒塘好與月相依』與蘇軾詩之和仲伯達（見蘇文忠公詩集卷二十五）一首之第三四句：『繡谷只應花自染，鏡潭長與月相磨』，不是一個很相類似的格調麼？商隱詩還有極似「江西派」詩句的，如復至裴明府所居（見輯評本卷中第四十七頁）一首之第五六句：『求之流輩豈易得，行矣關山方獨吟。』之類便是。而時代遠至南宋，他的詩還有與相類似者。如贈鄭讜處士（見同上第四十六至四十七頁）一首，紀昀謂其意似後來劍南集詩。水齋（見馮註本卷四第三十七頁）一首，田蘭芳謂第五六句已開劍南門庭云云。準此以觀，商隱的時代在前，蘇軾、黃庭堅、陸游諸人的時代在後；商隱的詩，斷不能去摹擬蘇軾、黃庭堅與陸游；而蘇、黃、陸諸人詩，本與商隱不同家數，未必有意去摹擬商隱；猶之商隱之未必去摹擬高、岑、錢、韓、李、元、白、劉者一樣。可見一個具有天才的大詩人，其詩的作風，決不爲一個短短的時代所限，即如商隱雖以詩鳴於「晚唐」，而其詩却不單純含有「晚唐」詩的色彩，竟能上追齊梁，下開兩宋「江西」「劍南」的詩派。這就是他有偉大天才之故，也就是他造詣精深功力過人之處。

紀昀在蘇文忠公詩集卷三十九贈王子直秀才一詩，寫上一段詩評說：

『宛然劍南之先聲！王粲七哀，旣開少陵之派；鮑照行路難，已導太白之前。文章與世變更，而機括往往先露。如此之類，指不勝屈，作者亦莫知其所以然也。』

這也可作爲對上述一段話的另一解釋。我前曾論蘇詩，謂：

『此乃繼往開來之盛事也！如東坡之詩，其似「晚唐」玉谿生者，蓋接「西崑」之緒餘，所謂繼往者也。其似劍南者，則爲日後陸放翁詩之所祖；黃山谷詩，亦淵源於東坡，故東坡詩亦爲「江西詩派」之先導；是皆所謂開來者也。』（見蘇東坡及其詩詞，香港學海書樓講學錄第一集）

此不特蘇軾的詩爲然，商隱的詩亦然。其似高、岑、錢、韓、李、元、白、劉諸家的詩，所謂繼往者也；其似蘇、黃、陸諸家的詩，所謂開來者也。惟夠偉大的詩人，始有這種氣魄，衝破時代的藩籬，負起繼往開來的任務。蘇軾是如此，李商隱也是如此。我們看蘇軾的詩在宋代所佔的地位與勢力，就可想見商隱的詩在唐代所佔的地位與勢力；看宋初「西崑」諸公之瘋狂地崇拜，和大詩人王安石之傾倒，更可知其所造，爲不同凡響了。

參考書擇錄

舊唐書（廿四史，商務印書館百衲本。）

新唐書（同上。）

四庫全書總目第七十八卷（卷一五一，集部，別集類四。）

玉谿生詩詳註（淸馮浩註，民國三年正月崇古山房石印本。）

附玉谿生年譜（同上。）
附玉谿生詩詳註發凡（同上。）
李義山詩集輯評上中下三卷（清同治庚午季冬刋於廣州倅署。）
附箋註李義山詩集序（清朱鶴齡撰。）
李義山文集五卷（四部叢刋初編集部，商務印書館影印本。）
唐音統籤（明胡震亨撰。）
玉谿生年譜會箋四卷（張爾田編纂，求恕齋叢書，南林劉氏求恕齋刻，民國丁已仲秋出版。）
北夢瑣言（宋孫光憲撰。）
玉溪詩謎（蘇雪林著，商務印書館民卅六年十二月初版。）
唐詩紀事（石印本）
廿二史劄記（清趙翼撰，光緒甲午中春廣雅書局刻本。）
唐史論斷（宋孫甫撰，商務印書館叢書集成初編本。）
唐鑑（宋范祖禹撰，商務印書館國學基本叢書本。）
南史（廿四史，商務印書館百衲本。）
白香山詩集（唐白居易撰，仿宋通行本。）
附白香山年譜舊本（宋陳振孫訂。）

元氏長慶集（唐元稹撰，商務印書館影印本。）
雲溪友議（唐范攄撰。）
樂府雜錄（唐段安節撰。）
蘇文忠公詩集（宋蘇軾撰，民國十年上海掃葉山房石印本。）
蘇東坡及其詩詞（著者撰，香港學海書樓講學錄第一集。）
東方雜誌第二十三卷第一號（民國十五年一月十日商務印書館出版。）

敦煌琵琶譜讀記

饒宗頤

一、引　言

唐開元天寶間，西域樂譜輸入日多，時人極愛好之。酉陽雜俎云：

玄宗常伺察諸王，寧王常夏中揮汗鞔鼓，所讀書，乃龜茲樂譜也。上知之，喜曰：天子兄弟當極醉樂耳。

（卷十二，據四部叢刊本）

是當日流行有所謂「龜茲樂譜」。此類樂譜，今無傳本，惟敦煌石室所出，列伯希和目三八〇八長卷，背有品弄、傾盃樂等十調，似可定爲龜茲樂譜之一例。又敦煌所出舞譜，巴黎倫敦俱藏之，疑與龜茲舞有關。（說見附錄）是譜國人多名曰工尺譜，然所記乃琵琶絃柱名，與工尺不類，正其名稱，宜題作「琵琶譜」云。

二、卷子情狀

是譜現藏巴黎國家圖書館抄本部，余旅法京時，曾假觀幷過錄一遍。原卷正面爲「長興四年（後唐明宗年號，公元九三三）中興殿應聖節講經文」，首尾完具，末題「仁王般若經抄」，尾段有「宋王忠孝奉堯天筭」等語，似出宋人補錄。（全文已由向達鈔出，載其所著「唐代俗講考」附錄一。）樂譜卽書于卷背，可能出五代時樂工之手。

譜之筆跡有三種，自品弄至傾盃樂慢曲子第三首爲一類，由是空數行；接書之字體，較爲工整，至長沙女引爲一類；由長沙女引過遍，字體頗草率，以至卷末水鼓子，下卽殘闕。長沙女引過遍處，細審之，紙係黏接，中間有無缺字，不可得知。

此譜王重民于敦煌曲子詞集會叙及之，題爲「工尺譜」，云：「載傾盃樂等八譜」。任二北敦煌曲初探仍之，而指出譜有九調，王氏漏列「急胡相問」。然余覩原卷，開首爲「品弄」一調，在傾盃樂前，實爲十調。

法京敦煌卷子，現多重行裝裱，此卷亦已裱成長軸，譜字點畫，審辨較易。余所見此譜影本，有向達氏所攝，（現複製于潘懷素譯林謙三「敦煌琵琶譜解讀研究」之卷首。）及日本東京大學教授岸邊成雄見貽兩種，卷首皆斷爛，「品弄」二字，尤糢糊不清，幷爲裝裱前之攝本。林謙三原文刊于奈良學藝大學紀要(Vol.V,No.1,1955)，末附摹寫本一葉及五線譯譜，於「品弄」二字，仍加以問號。蓋林氏未覩原卷，故不敢决定。又卷中有校改之處，如急胡相問第一行第五字之「ス」，卽以墨點去，故影本作ㄨ形。諸影本于首末兩段，不甚清晰，玆再將余所過錄者，重爲摹出，以備考校焉。

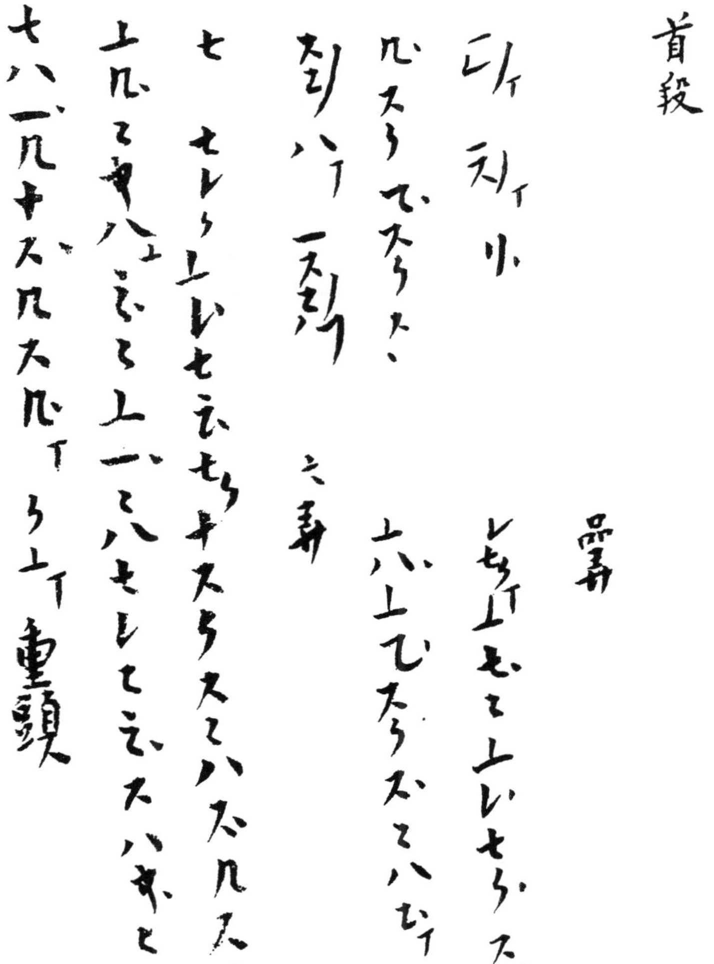
首段
重頭

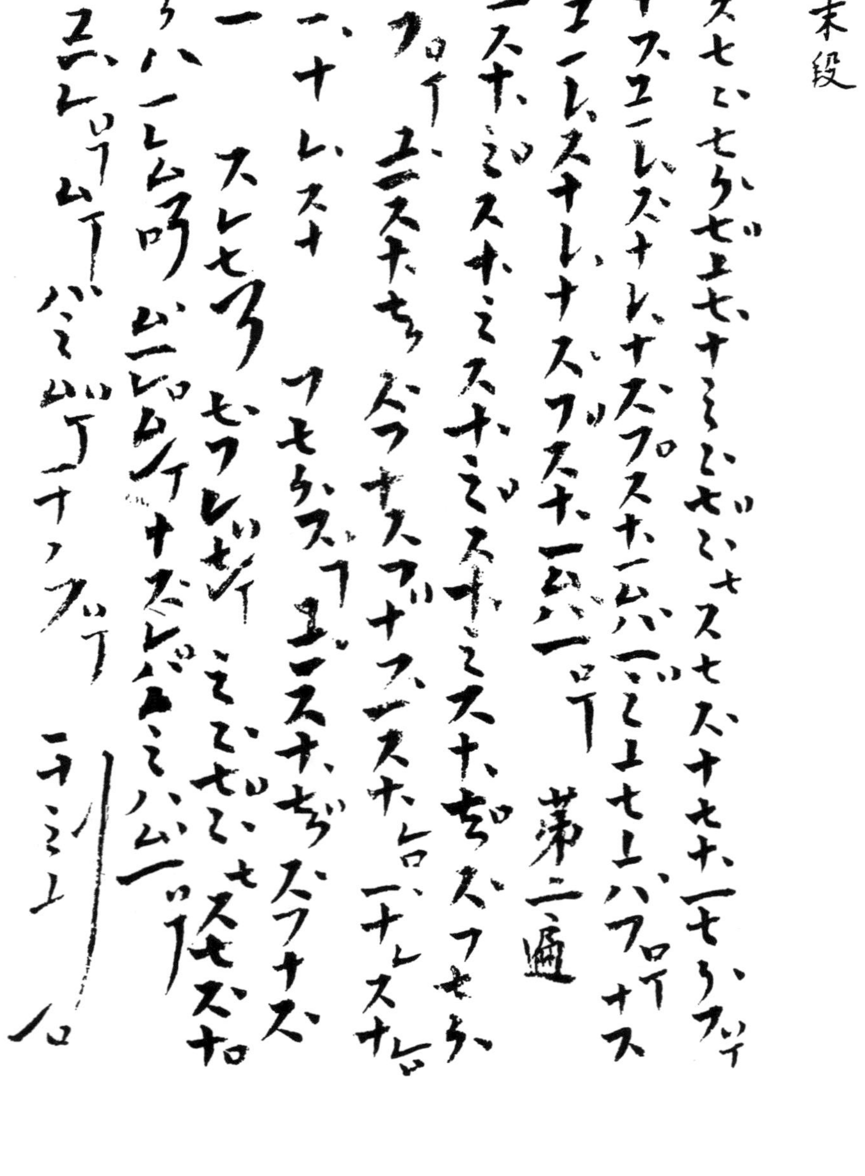
末段
第二遍

三、曲調考畧

是譜共曲調十：曰品弄、傾盃樂、西江月、心事子、伊州、水鼓子、急胡相問、長沙女引、撒金砂、營富，茲畧爲考述如下：

〔品　弄〕　品弄應即「品令」，弄爲小曲，與「令」義同。周淸眞片玉集單題類，有品令梅花一首，入商調。宋人品令有數體，山谷有六十五字體，呂渭老有六十四字體，秦淮海又有五十一字、五十二字二體，石孝友有四十九字體。是譜品弄非一遍，又有重頭者，宋詞殆截取其首遍，故曰「品令」。

〔傾盃樂〕　傾盃曲在北周爲六言。（許敬宗上恩光曲歌詞啓云：「近代有三臺、傾盃樂等艷曲之例，始用六言」。）至貞觀間，裴神符造琵琶傾盃樂曲。（詳下），又傾盃曲，太宗時因內宴詔長孫無忌撰辭，（見唐志及通志卷四九）玄宗時，舞馬曲亦用傾盃樂。（見明皇雜錄及唐音癸籤十三）舊唐書樂志記「玄宗日旰，即內閑廐，引蹀馬三十匹，傾盃樂曲，奮首鼓尾，縱橫應節。」新唐書樂志亦言「玄宗嘗以馬百匹盛飾，分左右，施三重榻，舞傾盃數十曲。」（又通考卷一四五記之尤詳）張說之集有舞馬詞，六言六首，注分聖代昇平樂及四海和平樂二種，說者謂即明皇時之傾盃樂也。唐會要「諸樂」條，太常梨園別教院，教法曲樂章等，內有傾盃樂一章。傾盃蓋梨園當日誦習之曲。降及宣宗，喜吹蘆管，復自製新傾盃樂，事載樂府雜錄。（唐音癸籤十四列入觱篥曲）蓋唐時宴集，每奏傾盃曲。歐陽詹詩：「等閒逐酒傾盃樂」，鮑溶詩：

「玉管傾盃樂」，幷其證。

唐代，傾盃樂所屬宮調，今可知者，有太簇商、（見羯鼓錄）黃鍾商、中呂商，（天寶十三載七月十日太樂署供奉曲名。）至宋因舊曲更造新聲。宋史九十五樂志所載，計傾盃樂有正宮、南呂宮、道調宮、越調、南呂調、仙呂宮、高宮、小石調、大石調、高大石調、小石角、雙角、高角、大石角、歇指角、林鍾角、高般涉調、黃鍾羽、平調、中呂、黃鍾宮、雙調、林鍾商、歇指調、仙呂調、中呂調、般涉調，凡二十七調。其見柳永樂章集者：仙呂宮有傾盃樂，大石調有傾盃樂及傾盃，林鍾商有古傾盃，黃鍾羽有傾盃，散水調亦有傾盃及傾盃樂，格調之繁，可以概見。

日本雅樂亦有傾盃樂，據大神基政撰龍鳴抄上所記，又名「醉鄉日月」。有序、破，拍子十六，二反三反；換頭，急拍子十六，三反。（羣書類從三四二）由四人舞云。

〔西江月〕　詞譜謂此調始於歐陽烱，然敦煌兩出雜曲子，已有西江月三首。此樂譜屢注重字，卽重頭，又一爲慢曲子。張先子野詞西江月有二：一入中呂宮，一入道調宮。柳永樂章集，西江月入中呂宮。

〔伊　州〕　樂府詩集七十九，伊州歌辭五首，及入破五首。引樂苑云：「伊州，商調曲，西京節度蓋嘉運所進也。」按蓋嘉運於開元二十五年至二十八年爲安西道節度使。（見萬斯同唐鎮十道節度使表）此曲卽是時所進。伊州隋爲伊吾郡。貞觀四年置西伊州，屬涼州都督府，今新疆哈密。唐書樂志「開元二十四年，升胡部于堂上。而天寶樂曲，皆以邊地名，若涼州、伊州、甘州之類。」白居易詩：「老去將何散老愁？新教小玉唱伊州。」温庭筠詩：「一曲伊州淚萬行」是也。

伊州本爲大曲，可摘遍唱。故陳陶聽金五雲唱歌，有句云：「歌是伊州第三遍，唱著右丞征戍詞。」據樂府詩集，第三遍乃「聞道黃花戍，頻年不解兵，可憐閨裏月，偏照漢家營，」非摩詰詩。宋洪炎（玉甫）詩云「爲理伊州十二疊」。（艇齋詩話引）似宋時此曲有十二疊。敦煌是譜伊州有三：一在營富下，其二在心事子下，一慢曲子，一急曲子，似爲摘遍者。

唐時伊州屬側商。宋時凡七商曲。王灼碧雞漫志云：「伊州見于世者，凡七商曲。大石調、高大石調、雙調、小石調、歇指調、林鍾商、越調，第不知天寶所製，七商中何調耳？」王建宮詞云：「側商調裏唱伊州」林鍾商，今夷則商也，管色譜以「凡」字殺，若側商卽借「尺字殺」。白石歌曲琴曲側商調小序云：「側商之調久亡。伊州，大食調。黃鍾律法之商，乃以慢角（卽第三弦慢一暉）轉弦，取變宮變徵散聲。」（再慢四六弦卽成側商調。）大食卽大石，祇是七商調之一耳。

〔水鼓子〕

水鼓子見樂府詩集八十近代曲辭，爲無名氏七絕一首。起句「雕弓白羽獵初回」，沈際飛謂此水鼓子後衍爲漁家傲。考歐公近體樂府卷二漁家傲十二月詞，其八月詞後有闕名題記：言荆公謂此乃永叔在李太尉端愿席上所作十二月鼓子詞。（據雙照樓景宋吉州本）又別一漁家傲十二首，注引京本時賢本事曲子後集，亦稱之爲鼓子詞，是鼓子詞卽宋人之漁家傲也。（歐陽玄圭齋文集卷四漁家傲南詞十二闋，有序謂效「歐公十二月漁家傲鼓子詞。」）特不知鼓子詞與水鼓子關係如何？此譜水鼓子有三段，又似爲大曲。（唐音癸籤十四，琵琶譜有「水牯子」，與水鼓子名頗相似。）

其他急胡相問爲「胡相問」之急調。胡相問，曲名，與心事子俱見教坊記。營富，任二北疑爲「瀛府」，尙待證。長沙女引、撒金砂，曲調無可考。

四、論絃柱名

是譜譜字頗爲奇侅，遍索漢籍，無可印證，驟視之不啻天書，惟日本雅樂之琵琶古譜記法，則多相類，蓋卽琵琶譜也。

茲錄日本大神雅季之懷竹抄，所記琵琶絃柱名手法如下，（見羣書類從卷三四三）以資比較。

絃名

一しク⊥

柱名

エ下（丅）七八　一柱

凡十ヒ乚　二柱

フ乙こム　三柱

斗コ之也　四柱

手法

しク撥抅　ク　返撥

大　急移　　引　延引

丁　彈停　　了　彈了

又夜鶴庭訓抄繪有琵琶圖，與教訓抄八兼記絃柱名，畧有異同。如：

ク教抄、鶴抄作亻

コ鶴抄作乞

丨教抄作卜　　鶴抄作法

丄鶴抄作上

之教抄、鶴抄作之

ヒ鶴抄作比

今勘以敦煌譜，譜號與上列三書，大抵相同；甚間微有出入者，如敦譜之

凡應卽竹抄之凡。（第一絃第二柱）

匚應卽竹抄之コ。（第二絃第四柱）

や應卽竹抄之也。（第四絃第四柱）

斗應卽竹抄之斗。（第一絃第四柱）

ス竹抄所無，卽下（第二絃第二柱）按天平琵琶譜爲五絃，亦有ス號，據日人考證謂爲第二絃之第一柱。

又敦譜或同于教抄、鶴抄，如：

之（第三絃第四柱）

或同于竹抄，如：

ヒ（第三絃第二柱）

ム（第四絃第三柱）

丄（第四絃名）

丨（第四絃第二柱）　按除「丨」外，教抄亦同。

日本正倉院藏有天平琵琶譜一葉，爲天平十九年（公元七四七卽唐天寶六載）七月二十七日，書於「寫經料紙納受帳」殘紙之背者，但錄黃鍾番假崇一零曲（收入大日本古文書續修第三十七帙七，芝葛盛氏發見。）所見譜字如儿匚セス斗弁與敦煌譜同，惟無拍號之□。天平譜爲唐玄宗時寫本，以是證知敦煌此譜，亦爲唐之琵琶譜。

正倉院琵琶譜番假崇，與日本琵琶樂書「三五要錄」（藤原師長撰，南宋前期人）中之番叚宗相同。日本學者目爲五絃琵琶譜。唐代琵琶五絃譜，如扶桑近衞公爵所藏者，題曰「五絃琴譜」。其絃柱名多出「四」「五」「九」「子」等號，則爲敦煌譜所無，九爲第五絃之第一柱，子爲第五絃之開放絃。（卽不用指按柱之絃音）今考敦煌譜譜號，與懷竹抄、教訓抄、夜鶴抄之四絃琵琶，幾無不合，故知當屬四絃四柱。

唐代琵琶，四絃與五絃俱流行，而四絃四柱爲最普遍。正倉院所藏奈良朝之琵琶有五具，屬於五絃五柱者一，其餘皆爲四絃四柱。（參東瀛珠光、正倉院御物圖錄等書）與今日本雅樂之琵琶全同。唐代龜茲琵琶，亦爲四柱，（見唐書驃國傳）敦煌之琵琶譜，自亦屬于四絃一類。

註：近衛家五絃譜爲卷子鈔本，書法近奈良朝寫經體，外題「五絃琴譜」，末有「承和九年三月十一日」題記。目錄著調曲並廿七種。羽塚啓明撰有「五絃譜管見」一文，於諸曲調頗有考證。（見東洋音樂研究第一卷第一期。）

余初據日本古樂書懷竹抄等，以比勘敦煌是譜，冥行暗擿，深以爲苦。嗣知林謙三氏已先我作考釋，其論文載于月刊樂譜（一九三八年一月）及日本音響學會誌（一九四〇年第二號），惜未獲覩，亟託東友物色影讀之。繼得林謙三君郵贈其近著Study on Explication of Anciant Musical, Score of Pi-pa discovered at Tun-Huang, China.（奈良大學紀要，此文已由潘懷素譯出。）及On Anciant Musical Score of Pi-pa Discovered at Tun-Huang(日本學士院會刊Vol.32 No.7 1956）二種，於是林君之書，悉獲寓目。深喜向所猜度者，林君均已一一闡明，且彼因調查正倉院所藏八世紀之笙竽，其上所寫古體符號，可與琵琶譜印證。如是琵琶譜字絃柱位名，可以論定矣。玆錄林君「笙律二考」一文中所列擧琵琶及笙譜二表于後，以資參考。

日本琵琶及笙譜譜字對照表

	第一絃					第二絃					第三絃					第四絃				
琵	0	1	2	3	4 0		1	2	3	4 0		1	2	3	4 0		1	2	3	4
琶	H	#c	d	#d	e	f	#f	g	#g	a	#a	h	c¹	#c¹	d¹	#d¹	c¹	f¹	#f¹	g¹
	一	エ	九	フ	斗 凵		下	十	乙	コ ク		七	ヒ	こ	之 ⊥		八	丨	ム	也

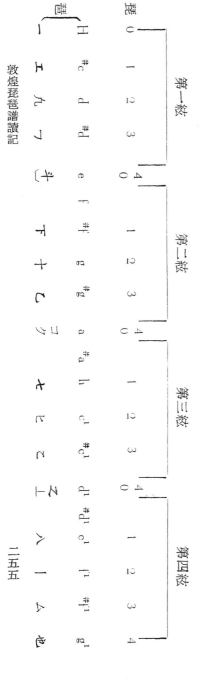

笙 一〇 工 凢 毛 乙〔卜〕 下 十 美 行〔計〕 匕 比 言 上 〇 八 〇 千 也

h^1 $\#c^2$ d^2 $\#d^2$ e^2 f^2 $\#f^2$ g^2 $\#g^2$ a^2 $\#a^2$ h^2 c^3 $\#c^3$ d^3 e^3 $\#f^3$ g^3

日本正倉院南倉所藏笙管古體與今體對照表

古 ム 十 ス レ ユ 乙 一 八 セ く 七 リ 上 凡 レ ヒ

今 千 十 下 乙 工 美 一 八 也 言 匕 行 上 凢 乞 毛 比

五、論音符記號與曲調體製

譜之絃柱名既明，其每行右側之音符記號。林君文中已論之，茲再贅陳如次：

、　此號亦見天平譜，當如今琵琶譜，表示拍號。

□　品弄及天平譜無此號。以他譜觀之，如傾盃樂譜內「、」號有三十五至四十，而「□」號有十四至十六者，知□與、必爲板眼之號。大抵三眼（、）之後，繼以一板（□），是其常例，即爲三眼一板；有時四眼一板。任二北亦主、爲眼，□爲拍，其說是。撒金砂譜□號作リ，乃口之草體。

火　傾盃樂於約當一半，在ス゛與ス゛中間，旁注「火」字。考懷竹抄案譜法，于「火」下注云「急移」。天平譜番假崇亦於第四行「七」下注一「火」字，極小。其他日本古樂譜若橫笛、篳篥、箏、琶，均以「火」

爲急移之號。又稱「火急」，如貞和三年刊之「新撰要記鈔」之萬秋樂橫笛譜，凡序中後三帖，每帖中注火字數見。有相接者——皆示急移，卽兩音符間之急奏，如琴譜「刍車」（急連）之例。敦煌譜「火」字記號，取義應如此。（任二北就傾盃樂譜，謂火似所以分前後片，非是。）

ア 天平譜習見此號。懷竹抄云：「丁，彈停。」則丁爲停頓之號。殆如詞源所謂「丁住」之丁；或如七絃琴之「少息」。今觀傾盃樂末段注三「丁」號，慢曲子西江月末注二「丁」號；又慢曲子及心事子末注二「丁」號，慢曲子伊州末亦注兩「丁」號，幷留空一格；則丁爲彈停無疑。

ク クレ 懷竹抄「ク」爲返撥之號。則クレ疑合注返撥與挑二種手法。

ノレ レ 曲末恆見，此類記號疑レ爲挑，ノレ卽彈挑，以此收音，（如今譜春江花月夜末作泛音彈挑，可爲佐證。）

ノ 此號每記于二個絃柱名以上之側，天平譜第一行之 [illegible] 尤其顯例。廣東琵琶譜凡數工尺連彈爲一音者，每施此ノ號，疑敦煌譜取義亦同。或卽弗或帚一類之動作。（華秋蘋琵琶譜云：「大指挑子至纏，急用力挑上謂之『拂』，四指從纏作急勢，一齊掃下謂之『掃』。）

又譜字之間，恆見旁注小字，如傾盃樂之 [illegible]，急胡相問之 [illegible]，其側寫者亦絃柱名，疑爲襯音。粵譜凡加裝飾音之工尺，每側記于下，例正相似。

附論掄與挟

琵琶指法有輪，唐時已有之，其字亦作「掄」。曾見敦煌石室所出寫卷，列斯坦因目六一七一，爲宮詞若干首，其中有二首云：

晉王欲幸九城宮，便着羅衣換小紅，聞道書坊新樂□（不明），莫交鸚鵡出金籠。

琵琶掄撥紫檀槽，弦管初張調□高。理曲遍來雙腋弱，教人把筯餵櫻桃。

詞極優美，其言琵琶掄撥，尤爲唐代音樂史之重要資料，故附記於此。

琵琶自裴洛兒以手彈奏，然用撥器仍未廢，曹剛尚然。白香山詩云：

撥撥絃絃意不同，胡啼番語兩玲瓏。（聽曹剛琵琶詩）

可爲證也。今惟福建南部琵琶，尚有橫抱撥彈者，餘均豎抱指彈。

日本雅樂琵琶，至今尚用撥器，不用手搊，仍是唐法。教訓抄八云：「大唐貞觀中，始有手彈之法。註云：手彈法，近代已廢，自裴洛兒始爲之。」（羣書類從五百廿九）又引蔣魵切韻云：「挟，琵琶撥也。」原注「音麗，俗用撥子」。一切經音義引字書：「挟，揩也」（玉篇以挟爲衝突字）。日人蓋以挟爲撥之專字，（按蔣魵亦作蔣魴，日本見在書目有蔣魴切韻三卷，倭名類聚鈔亦引之，漢土未聞。）幷記于此，以廣異聞。

至其曲調體製，林文亦有詳論，玆尚須補充者二事。

〔慢曲子〕　本譜標明「慢曲子」者有七。慢曲子似起于中唐以後，碧雞漫志「念奴嬌」條云：「唐中葉，漸有今體慢曲子。」又「蘭陵王」條云：「周齊之際，未有前後十六拍慢曲子耳。」按敦煌此譜。慢曲子傾杯樂、慢曲子西江月、慢曲子心事子，皆十六個□號，足見十六拍爲慢曲子通例，可證王灼之說。林謙三氏以爲本譜若干曲子，爲唐代末期所產生者，其說是也。

〔頭尾〕　譜中有「重頭」及「從頭」術語。重頭者，劉貢父詩話云：「重頭歌詠響瑽琤，入破舞腰紅亂旋。」重頭入破，絃管家語也。」按詞源謂慢曲有「大頭曲疊頭曲」。其謳歌旨要云：「疊頭艷拍在前存，」疊頭應卽重頭。

急胡相問云：「却從頭至『王』字末。」卽謂從開頭至『王』字再奏一遍。七絃琴譜有「從頭再作」術語，譜字作[illegible]，言一句或數句重彈一遍，與此應同。

尾者，羯鼓錄記雙流縣丞李琬論曲，雖至精能而無尾，意盡而曲不盡，故須索尾，或可以他曲「解」之，以盡其聲。按尾卽所謂解也。唐音癸籤十五引遯叟云：「隋煬帝以清樂雅淡，曲終復加解音，至唐遂多解曲，如火鳳用「移都師」解，柘枝用「渾脫」解，甘州用「吉了」解。」可見有借他曲爲解者。詞源云：「曲尾數句使聲字悠揚，有不忍絕響之意。」曲尾有長有短，其長者如本譜長沙女引中注「尾」字。全遍凡八拍，末又有一解六拍是也。曲尾，七絃琴恒作泛音尾聲，琵琶亦時有之。（如陽春古曲）此類如屬「解」者，不盡依本調住字，而可借他曲爲之。

尾之短者，有時僅一二句。敦煌是譜曲之結句，恒見記四個絃柱音爲句，大抵有二種：

①異曲而絃柱名相同者：如長沙女引煞、慢曲子、心事子與傾杯樂、伊州之另一曲，收句均爲[illegible]。

②同曲而絃柱名互異者，如：

傾盃樂有二種

伊州有三

水鼓子有二

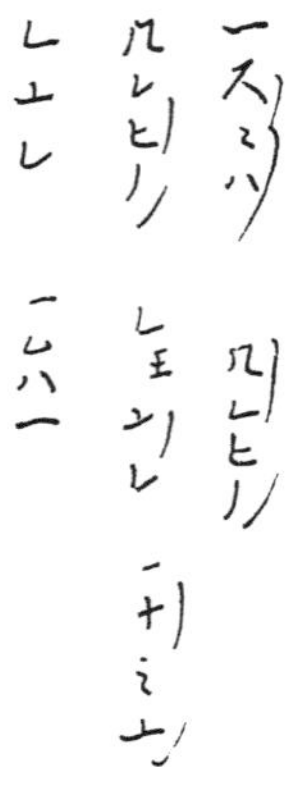

譜中常見末句時隔一空格，或示此爲餘聲，但取悠揚不盡之意，如玉田所說者。

附論唐時胡琴（琵琶）分秦楚聲

琵琶亦稱胡琴（樂府雜錄記唐文宗時，鄭中丞善胡琴，卽指琵琶。又五絃琵琶亦稱五絃琴，如近衞所藏五絃琴譜。）唐人書，間亦以琴稱琵琶者，雲仙雜記二引辨音集有「辨琴秦楚聲」條云：

李龜年至岐王宅，聞琴聲曰：此秦聲。良久，又曰：此楚聲。主人入問之，則前彈者隴西沈妍也，後彈者，楊州薛滿。二妓大服，乃贈之破紅綃蟾酥麨。龜年自負，強取妍秦音琵琶捍撥而去。

按此所謂琴聲應指胡琴之琵琶，故下云「取琵琶捍撥。」楊時百琴話載此，乃以爲七絃琴，并引陳暘樂書言「吳聲」「楚聲」解之，實爲大誤。由辨音集所言，唐時琵琶有秦楚之別，殆猶後來之分北派南派。敦煌譜所載伊州等曲，自是標準之秦聲，若長沙女引，顧名思義，或與楚聲有關，未可知也。

六、論琵琶定絃兼評林謙三之調絃說

琵琶四絃，姚燮今樂考證云：「首絃曰子絃，次絃曰中絃，三絃曰老絃，四絃曰纏絃。」今簡號作リ口耂幺。亞剌伯琵琶之第一絃，係由六十四絲造成，第四絃由二十七絲造成，故第一絃，猶漢土之纏絃，第四絃即爲子絃，日本亦以最粗者爲第一絃。

考琵琶子絃纏絃之名，已見于唐人詩，茲舉如次：

子絃　張祜王家琵琶詩云：「金屑檀槽玉腕明，子弦輕撚爲多情，只愁拍盡凉州破，畫出風雷是撥聲。」

纏絃　元稹琵琶歌：「琵琶宮調八十一，旋宮三調彈不出。玄宗偏許賀懷智，段師此藝還相匹，自後流傳指撥衰，崑崙善才徒爾爲。澒聲少得似雷吼，纏絃不敢彈羊皮。……」

可知四弦中「子」「纏」之名，由來已久。

日本琵琶四絃四柱表

	第一絃	第二絃	第三絃	第四絃
	一	乙	ク	上
第一柱	工	下	七	八
第二柱	凡	十	ヒ	丨
第三柱	フ	乙	ミ	ム
第四柱	斗	ユ	之	也

	第一絃	第二絃	第三絃	第四絃
	♯F	H	e	a
第一柱	♯G	♯c	♯f	h
第二柱	A	d	g	c'
第三柱	♯A	♯d	♯g	♯c'
第四柱	H	e	a	d'

此用德國記音，*H*即英美之*B*

上列爲現行盤涉調調絃法，即日本古平調調絃法，與阿拉伯古代*Root*同型，是四絃四柱琵琶之基本方法。

右圖爲日本所傳琵琶四絃四柱，現行盤涉調之配置，林氏文中有詳細說明。唐代琵琶只有四相而無品，日本雅樂正與相同。中國現代琵琶制作與此不類，而律呂之配置，大抵第二絃第三絃相距一律，內外(子纏)絃高低八度。如常用之正工調之空絃爲伬合四尺，小工調則爲合上尺六，最高者之乙字調則爲仕凡六上，此幷與日本異。其有相無品之琵琶彈法，今惟福建泉州之南曲尚然，其按絃但以四相爲主，而不按品。王光祈考證蘇祇婆所用琵琶，與亞剌伯琵琶相類，其四絃各柱定音之法，日本雅樂琵琶猶謹守之，其第一柱與第二柱間爲閏柱，所謂「古代中指」，卽右圖之第二柱，惟日本第二柱較亞剌伯「中指」之音爲高。（見王著「中國音樂史」）今就敦煌譜所記絃柱名號，悉同于日本琵琶一層論之，欲於敦煌琵琶有所尋證，自宜取資于扶桑，林謙三之論文，其重要性卽在此也。

關於敦煌所出本譜調絃法，林氏窮二十年工夫，致力于此，僅畧具端倪，林氏研究之法，依字體分爲三組，復就最末一句相同之譜字，加以歸納，因斷定本譜有三種調絃法之異，竊以爲此種推論，其出發點大有可商：

(一)字體之不同，無關於曲調，又譜字所記，乃屬絃柱名，其音可變動不定，雖同絃柱名，因宮調不同而每異其工尺。

(二)結聲所以定其宮調，只要看其結尾主音，不必全看其「整句」，此卽所謂「住字」也。二十八調住字各有不同，故欲從曲子最末一整句，推知其宮調，其途徑反嫌迂遠，因一整句除主音外其餘可增減變化也。故本譜收句絃柱名相同者，其工尺未必相同。

(三)曲譜最末一句有在「煞」字之下者，（如傾杯樂之急曲子，教坊記云：「聲曲終謂之合殺」。）如是其主聲似在「煞」之上，非在此最末一句。尚有記譜時，隔開一字之位置者（如長沙女引、伊州），此卽詞源所謂曲尾，但取餘音，不足以定主聲。有時得以他曲「解」之，則尤非住字本音矣。（參夢溪筆談論諸調殺聲，不能盡歸本律，故有偏殺、側殺、寄殺、元殺之類。）

故林氏此種逆推法，過于機械，只能依所見譜字推測調絃之某種可能性，但對於「住」字及該曲所屬宮調，無從確知。其所譯五線譜，充其量秖表現音之高低而已，而不能定宮商也。林氏研究結果，以爲傾杯樂伊州在敦煌譜不屬於商調，而是一種變調，頗異於文獻之紀載。考傾杯，唐時有太簇商、黃鍾商、中呂商，皆屬商調。至宋別造新聲，乃有其他二十七調，此譜爲唐末之物，接近北宋，可能不屬商調。至若伊州一曲，如王灼所記，宋時共有七商調，唐之伊州，如王建所言則爲側商，雖借他（尺）字殺，仍舊屬商調也。所謂借煞卽曲尾不盡依主聲，此種現象，相信在敦煌琵琶譜中應有不少。因各譜不著宮調名，末由考索。茲畧提出所見，以俟方家進一步之研究焉。

附中日琵琶曲調關係之推測

日本琵琶，傳自中國，其曲調如『啄木調』。宋人詩詞中屢見之：

歐陽修於劉功曹家見楊直講女奴彈琵琶詩云：「大弦聲遲小弦促，十歲嬌門彈啄木。啄木不啄新生枝，惟啄牙槎枯木腹。啄木飛從何處來，花間葉底時丁丁；林空山靜啄愈響，行人舉頭飛鳥驚。」

蘇軾潤州甘露寺彈箏云：「與君合奏芳春調，啄木飛來霜樹杪。」

張先醉垂鞭「贈琵琶娘詞」云：「琵琶金畫鳳。雙條重。倦眉低。啄本細聲遲。黃蜂花上飛。」

姚勉（寶祐元年廷對第一）賀新涼云：「深意在，四絃輕摘。香塢花行聽琢木。翠微邊，細落仙人屐。星盼

轉，趁嬌拍。」自注云：「妓喚惜，善琵琶，程秋幹席上作」（全宋詞二五〇頁七）

琢木爲琵琶調名，應卽啄木調，琢啄字異而實同。「此云四絃輕摘」，知不用撥而用手彈也。摘爲指法之一，華秋蘋琵琶譜云：「且，提也。左按絃，右大食兩指摘起一絃卽放，如絃斷之聲。」停雲譜指法十一法中，其一曰「提」，卽此。（琵琶指法名稱多采自古琴而稍變，「摘」于琴法，本爲名指向外出絃，與此微異。又如琵琶所謂「撫」，卽琴絃之「撮」，則異其稱謂。）日本啄木調，第一絃至第四絃調絃法爲GGdg及AAea，不知宋人之調絃法，是否相同，末由深考。又日本琵琶有曰雙調者，調絃法爲Adea，與今琵琶小工調（D調）定絃之合上尺六（ADEA）及正工調（卽G調定絃之伬合四尺（ADEA）相同。考宋太宗製琵琶獨彈曲破諸調，有連理枝，一屬蕤賓詞，一爲雙調，一名小桃紅，一名紅娘子，一名灼灼花。「雙調」之名亦同。不知視此如何，由調名之雷同，足見日本琵琶曲調多自中國傳去，此尤宜注意者也。

七、畧論琵琶譜源流

琵琶古譜，向鮮刻本，宋時流傳，有賀老琵琶譜。賀老琵琶譜，夢溪筆談卷六云：「予於金陵丞相家，得賀懷智琵琶譜一册。其序云：「琵琶八十四調，內黃鍾、太簇、林鍾宮聲，絃中彈不出，須管色定絃。其餘八十一調，皆以此調爲準，更不用管色定絃」。其遺說猶有可考，故沈存中持以證元稹之詩。惜其譜至南宋已失傳。（葉德輝刊秘書省續編到四庫闕書目，經部樂類「賀懷智撰琵琶譜一卷，闕。」據直齋解題，秘書省四庫闕書目乃紹興所改定，故知南渡以後，其書已闕。）宋太宗製琵琶獨彈曲破諸調，其目今猶存（參今樂考證緣起）若琵琶譜之有刻本，據稱以嘉慶二十三年無錫華文彬（秋蘋）琵琶譜爲最早。（楊蔭瀏中國音樂史綱說。）

華氏之譜，共三卷，六十四曲。題曰直隸王君錫傳譜。有西板十二曲，文板五曲，武板七曲，大曲十面十三段，（正調）雜板一曲(卽普庵咒)，其目亦著于姚燮今樂考證。清初琵琶譜別有「太古傳宗琵琶調宮詞曲譜」，卽以琵琶爲主樂器，以其他弦索伴奏，中有琵琶調西廂記曲譜，清初蘇州曲師顧子式手訂，康熙間，湯斯質顧峻德重編，此爲崑曲之琵琶譜。乾隆十四年刊行。

光緒二十一年，有平湖李清芬芳園氏之「南北派十三套大曲琵琶新譜」。此書今最通行，然李譜記古曲作者，多有問題。如以霓裳曲爲裴神符作。（按唐會要，天寶十三載太常署供奉曲名，下云：婆羅門改爲霓裳羽衣。白傳霓裳羽衣歌：「楊氏創聲君造譜。」自註：「開元中，西涼府節度楊敬述造。」又碧雞漫志三論此曲原委尤詳。裴神符，貞觀時人，去開元已遠。）誤「秦漢子」爲隋時人名。（李譜于淮陰平楚下注：「隋秦漢子作」。按舊唐書樂志云：「今清樂奏琵琶，俗謂之「秦漢子」，圓體修頸而小，疑是弦鼗之遺制。其他皆兌上銳下曲項，形制稍大，疑此是漢制，兼似兩制者，謂之「秦漢」，蓋謂通用秦漢之法。又見通典卷一四四「琵琶」條。此類琵琶爲四絃十二柱，可見「秦漢子」乃器名，非人名。）皆極可疑。今樂考證所列譜目，有浙江陳牧夫派，西板正調四十九曲，及大曲將軍令十段，霸王卸甲十段，海青拏鶴十八段，月兒高十段，普庵咒十六段。又錄江南派琵琶目，按此大部分已載李芳園書中。

後此樂家，乃稍稍以琵琶譜刊布，如瀛洲古調、怡怡室、玉鶴軒、養正軒諸譜，世所共悉，茲不具論。民國福建林鴻編泉南指譜重編南樂譜（六冊），所記琵琶指法，及工尺字與一般不同，為琵琶別派。樂譜之中，以琵琶譜流傳最少，今乃於敦煌石窟，獲此唐代殘譜，其可寶貴，為何如耶！

至於古譜，扶桑流傳，除正倉院天平譜番假崇殘葉外，見于著錄者，有伏見宮家藏之琵琶譜，題開元六年唐孫賓筆。（見東京音樂學校編「雅樂及聲明圖書展覽會目錄」），為年代最古之譜。後此有藤原師長之三五要錄、藤原孝時之三五中錄。又山井基壽、山井景順之琵琶譜，皆唐樂曲譜。（日本琵琶傳授，向有京都山井氏，及天王寺樂家林氏兩派之爭，其後人并著有琵琶系譜一類之書。（參看平出久雄編山井景昭氏雅樂藏書目錄。）而近衛公邸世傳古鈔五絃譜，尤為研究唐代五絃無上之秘籍。具詳見林謙三氏考證。此域外琵琶譜流傳之概畧也。

註：關於琵琶種類，可參看日本岸邊成雄著琵琶の淵源（考古學雜誌 22, 1936, 10, 12）此文又譯成英文，"The Origin of the P'I P'A" by Shigeo Kishibe, 載 The Transactions of the Asiatic Society of Japan vol.XIX 1940, Tokyo. 瀧遼一著東洋に發達せる琵琶について，見東洋音樂研究第九號。此二篇對于「秦漢子」辨析甚詳，又常任俠漢唐時期西域琵琶的輸入和發展，載民族音樂論文集第一集。

八、裴洛兒與傾盃樂

敦煌此譜，傾盃樂有二：甲譜後有慢曲子及曲子，并注「重頭尾」，又有急曲子，注「重頭至住字煞」；乙譜「傾」字作「頃」，不附慢急曲子之譜。唐時此曲為體頗繁，自北周有六言之傾盃曲。隋書音樂志記牛弘改周樂之聲，獻奠登歌六言，象傾盃曲。入唐之後，燕樂琵琶，有傾盃樂曲，乃貞觀末裴洛兒所造。洛兒亦稱裴神符，王溥唐會要卷三十三讌樂條云：

貞觀末，有裴神符者，妙解琵琶，作勝蠻奴、火鳳、傾盃樂三曲，聲度淸美，太宗深愛之。高宗末，其伎遂盛。

此語蓋本諸通典，見卷一四六「坐立部伎」注，其文全同，而作裴裨符。考神符兼擅五絃，其奏琵琶，實始廢撥用手。

唐劉餗隋唐嘉話：「貞觀中，彈琵琶裴洛兒，始廢撥用手，今俗謂搊琵琶是也。」

新唐書樂志：「五絃，如琵琶而小，北國所出。舊以木撥彈，樂工裴神符初以手彈，太宗悅甚，後人習爲搊琵琶。」

由上列二條互證，知裴神符卽裴洛兒也。唐時擅琵琶者多裴姓，與曹綱同時又有裴興奴，亦妙解琵琶，則在洛兒之後。杜佑記洛兒所作琵琶三曲，除勝蠻奴譜無可徵外。（勝蠻奴，天寶時改爲塞塵淸，屬林鍾羽，卽平調，見唐會要。）傾盃樂見于敦煌此譜，爲四絃琵琶。火鳳則見于日本近衞家藏古鈔五絃琴譜，則爲五絃琵琶，斯俱爲琵琶唐譜，雖未必裴洛兒之原製，然不失唐音之遺，亦華夏音樂史上之瑰寶矣。

附火鳳小考

火鳳最早記載，見于洛陽伽藍記卷三高陽王寺條云：

王有二美姬，一名修容一名艷姿，……艷姿善火鳳舞。知唐以前已有此曲。通典記貞觀末裴神符妙解琵琶，作勝蠻奴、火鳳、傾盃樂三曲，則殆因舊曲改作新聲。日本近衛家藏古鈔五絃琴譜（實爲五絃琵琶），內有平調火鳳。考李百藥作火鳳辭，（見全唐詩樂府十一）又樂府詩集卷八十引樂苑云：「火鳳，羽調也。又有眞火鳳。」唐會要天寶間太樂署供奉之曲名，內有林鍾羽，時號平調，有火鳳、眞火鳳、急火鳳舞。元稹法曲詩云：「火鳳聲沈多咽絕，春鶯囀罷長蕭索。」即指此也。唐曲多有「解」者，如火鳳即用移都師解之（見唐音癸籤十五）。日本五絃之平調火鳳，是否天寶舊曲，不可得知，惟火鳳曲調之繁，可概見矣。

九、餘論——由敦煌琵琶譜論板拍及工尺符號之起源

敦煌琵琶譜之發見，對中國音樂史上尚有若干問題，可提出研究者。

（甲）唐代記拍之方法　譜中以□、爲板眼之號，其慢曲子多十六□，與王灼說相符。後世記拍以□爲正眼，▯爲側眼，（九宮大成譜凡例）由此譜徵之，足見淵源之遠矣。

（乙）工尺譜字之來源　工尺七字，舊時學者以爲最早見于夢溪筆談卷六。然姚燮引唐琵琶錄云：「以合字定宮絃，則工尺之譜，不始于宋也。」工尺字之來源，論者不一其說：

①出楚詞大招說　（明唐荆川稗編四十二，清毛西河竟山樂錄、律呂正義）大招云「四上競氣」，上舉諸家謂

即字譜所由昉，此說了不足據。清徐養原等已駁正之。

②象聲說　（明方以智云：「合字似呵，四字似思，一字似伊，尺字似扯，六字音靈悠切，凡字音似翻，高凡字似泛，五字似嗚，即今簫管七調諸法。」）

③出蘇祇婆琵琶說　（淩廷堪晉泰始笛律匡謬。）

④樂譜以△□爲號說　（清翟灝謂古作樂譜，初以△□形狀爲識，如禮記投壺魯鼓薛鼓之法。）

⑤出阿剌伯說　（田邊尚雄中國音樂史云：「ㄙ等記號當來自西域，恐即出于回教中。」）

⑥出于篳篥說　（朱謙之燕樂考源跋：「景祐二年李照說『篳篥中去其五六兩字，則胡部調曲不可成矣。』五六即字譜上之五六。」）

衆說紛淆，莫衷一是。考陳暘樂書作于北宋末，其言曰：「今教坊所用上七空，後二空，以五凡尺上一四六勾合十聲譜其聲。」考宋人詩詞每言及工尺字者，周密浩然齋雅談載張樞宮詞云：「銀箏乍艶參差竹，玉軸新調尺合絃。」石正倫漁家傲云：「貪聽新聲翻歇指。工尺字。窗前自品瓊簫試。」（陽春白雪，又全宋詞二三七）皆其例證。樂書一一九言唐人燕樂半字譜，（其言曰：「……令均容班部頭任守澄，幷教坊正部頭花日新、何元善等，注入唐來譙樂半字譜、凡一聲先以九絃琴譜，對大樂字，幷唐來半字譜，幷有清聲。」）殆即宋世流行俗字譜（即工尺草體及簡寫）之濫觴。其見于朱子琴律說、白石旁譜、詞源、事林廣記等書，寫法畧有出入。近年新出西安何家營鼓樂譜，亦有此類譜字，如ㄙ之爲合，人之爲尺，マ之爲四，與宋譜同；亦有稍變者，如「工」作㇑，「六」作彡，「五」作ㄅ，「一」作、。又五台山寺院管子樂譜「六」作ㄴ，即存六之上端，五作乙，即存草體五之一半，（各譜未見，茲據中國音樂史參考圖片第四輯圖片，參說明書所翻譯五線譜，推勘而得。）此足見俗字嬗變之迹。

唐代譜字可見者，賴敦煌此琵琶譜及日本五絃譜正倉院唐代笙管律字，其中字體，實有不少與宋人工尺俗字相似者。試舉如下：

工——琵琶第一絃第一柱

几——琵琶第一絃第二柱

一——琵琶第一絃（空絃）

以上三字，笙譜亦同，與工尺譜之「一」「工」「凡」全符。

フ　琵琶第一絃第三柱。此與宋工尺之俗字作フ相同。

コ　琵琶第二絃第四柱。朱子琴律說尺字作コ，與此形同。

ス　天平五絃琵琶譜有之。日本笙譜及現行之琵琶譜作「下」。和音 ge，即上下之「下」字。林謙三謂不如看作數字「六」之簡體，按此與宋俗字六之作亼畧近。

上　琵琶譜作上，似古文上字，爲第四絃。笙譜作「上」，此與工尺之「上」形同。

ム　琵琶譜爲第四絃第三柱。（又第一絃第四柱之ㄐ，五絃琵琶譜作“ム。”）此與白石旁譜詞源之合字形同。

ク　琵琶譜第三絃，笙譜作行，與宋俗字凡之作リ畧近。

し　琵琶譜第二絃。與宋俗字之勾形相似。

マ　琵琶譜第三絃第四柱。與宋俗字之四作マ畧近。

由上列比較所得，可見宋時工尺俗字，與唐人琵琶笙等記譜之字有密切關係。茲據林謙三氏所記，此類譜字之音階，附記如下，以資比較：

	$^{\#}f'$		h	d'	e	a	$^{\#}c$ d	$^{\#}f$
日本（琵琶）譜字	ム	之?	一	⊥	し	コ	エ九ク	下?
漢工尺字	ム	マ	一	上	乚	コ	工凡夕	久
							ク	ネ
	（合）	（四）			（勾）	（尺）	（凡）	（六）

如以「下」比冗「六」，則下與ム恰爲同音之$^{\#}f$，此與「合」「六」之情形正相彷彿。唐代此類譜字，琵琶與笙大致相同，似可目爲工尺譜字之前身。

其中惟高音「五」字不見相似者，按李照說篳篥去其「五」「六」則不成音，始悟「五」「六」之符號，或與篳篥譜有關。今考日本所存古篳篥譜，其一與正工調音階恰相合，兩符號多同，茲比較列舉如下：

	舌 g^1	五 a^1	工 h^1	凡 c^2	ム $^{\#}c^2$	六 d^2	四 e^2	一 $^{\#}f^2$	⊥ g^2	⊤ a^2	（採自林氏隋唐燕樂研究）
					（清）				（清）		
	上	尺	工	凡	凡	六	五	乙	乙	仕	（正工調）

此中關係如何，至堪玩味。

於是可得一假設，卽工尺律呂（卽合四上勾尺工凡六及陳暘樂書、遼史樂志所列之十字等）之構成，乃取之笙、琵琶、觱篥各譜字，加以組織以配宮商角變徵羽變宮七聲，肇于何地何人，固不可深考。而其年代當在唐時，此類古譜正爲考索其來源之重要資料。至于各種譜字次序排列之比較，及與十二律呂之關係，暨調首（卽以何者爲黃鍾）等等問題，牽涉至廣，非此所欲詳論。茲畧提出工尺譜字與琵琶古譜相關之處，以供研究，想亦治中國音樂史者之所樂聞也。

至福建泉州南曲琵琶之工尺譜中「四」寫作「思」，其源蓋出于道曲。周亮工書影十引李君實云：『道書鈞天樂萬種，其流人間者，琴耳。樂調亦萬種，其流人間者：思、一、六、犯（卽「凡」）、工、尺六字耳。』是其明徵，南樂與道調之關係，亦値得研究，以與本文無涉，故不具論。

附錄　大英博物院藏敦煌舞譜

敦煌舞譜，世所流傳者爲法京所藏伯希和列目三五〇一號卷，載遐方遠、南歌子、南鄉子、雙鷰子、浣溪沙、鳳歸雲六譜。劉復始爲錄出，刋於敦煌掇瑣上輯四六，題曰舞譜。（劉書記伯目爲三五六一，誤。應作三五〇一）神田喜一郎又影入敦煌秘籍留眞新編下冊。倫敦大英博物院所藏敦煌經卷，亦有舞譜殘葉小冊，舊列斯坦因目五六四三，新編列七二三八號。僅驀山溪、南歌子、雙鷰子三調，餘則調名殘缺。此冊前有曲子送征衣，及佛說多心經。

Lionel Giles 所編目錄，謂爲 Tables of musical notation，實卽舞譜也。此冊世間未曾流傳，茲附影於此，俾與法京卷子，合爲雙璧。

敦煌樂譜可定爲龜茲樂譜，則此類舞譜，又疑與龜茲舞有關。宋沈遼雲巢集卷一有龜茲舞詩云：

龜茲舞，龜茲舞，始自漢時入樂府，世人雖傳此樂名，不知此樂猶傳否？黃扉朱邸晝無事，美人親尋教坊譜，衣冠盡得畫圖看，樂器多因西域取。紅綠結裀坐後部，長笛短簫形製古。雞婁揩鼓舊所識，饒貝流蘇分白羽。玉顏二女高髻花，孔雀羅衫金畫縷。紅靴玉帶踏筵出，初驚翔鸞下玄圃。中有一人奏羯鼓，頭如山兮手如雨。其間曲調雜晉楚，歌詞至今傳晉語。須臾曲罷立前廡，歎息平生未嘗睹。清都閬苑昔有夢，寂寞如今在何所？我家家住江海涯，上國樂事殊未知，玉顏邀我索題詩。它時有夢與誰期。（沈氏三先生集）

此爲僅見有關龜茲舞之資料，其舞容及舞出人數伴舞樂器，約畧可考，故併錄之，以供參考。

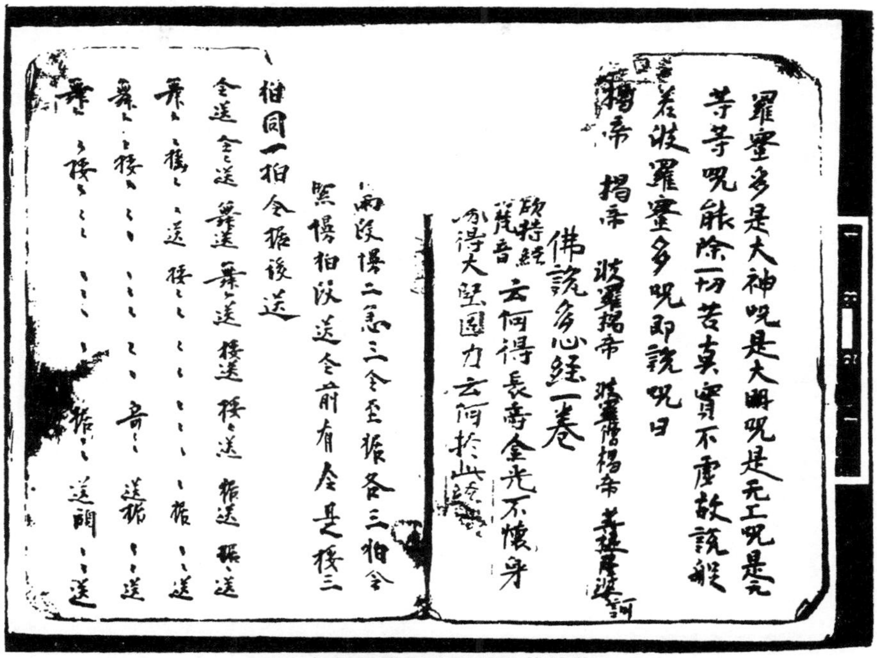

大英博物院藏敦煌舞譜殘葉（一）

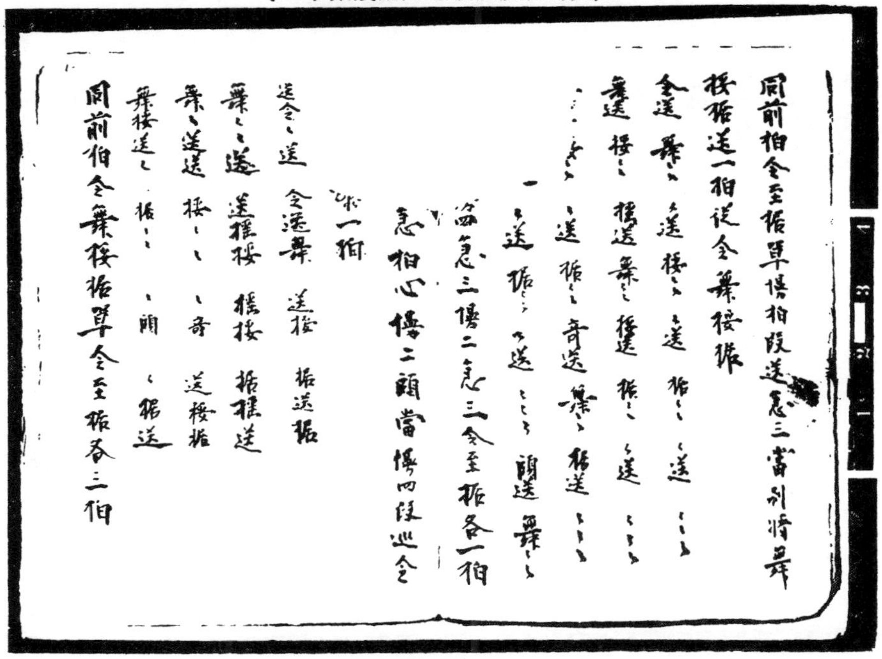

（二）

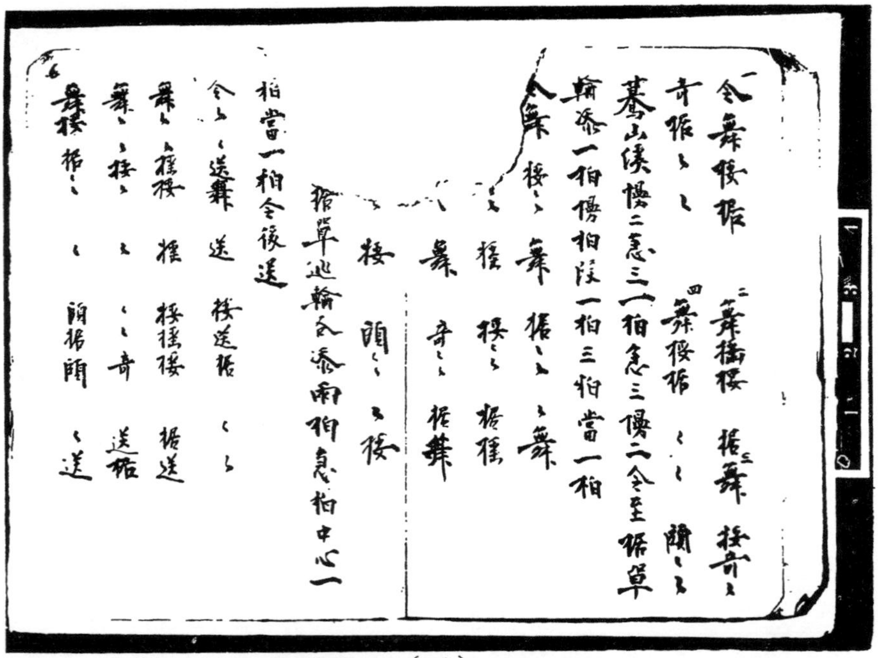

（三）

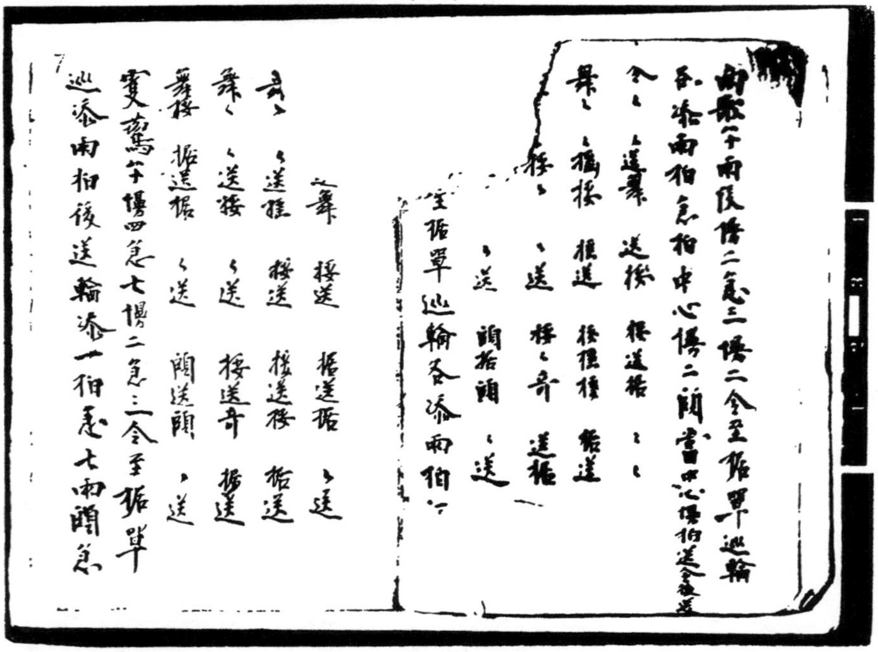

（四）

敦煌琵琶譜讀記

三當

舞々後舞々 掜送 掜々々
舞々送 後々掜掜々
掜送 掜々々
舞々掜 々々々奇掜々
送々 掜々々
々々々 頭掜々 頭送
岑後三相舞掜兩相相成兩相
四段送輸一段不送
岑舞送舞掜送 掜送 後掜々
掜々送後掜送々 掜々送
舞々送 掜々送 掜々送
舞々送掜 掜々送掜々送 前送 頭々送

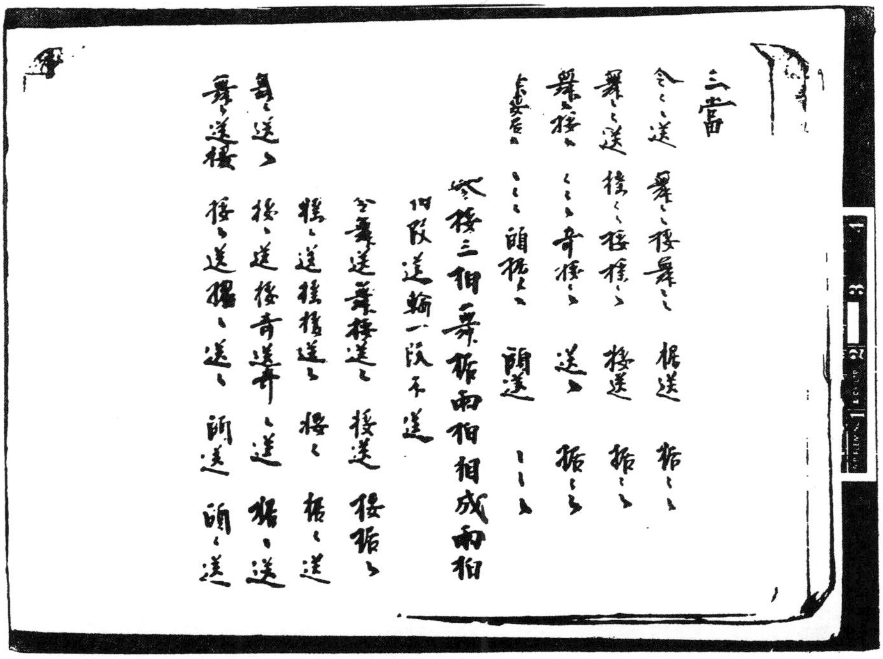

（五）

論元人雜劇之分類

羅錦堂

元代雜劇盛行，作者輩出，其所寫範圍，涉獵頗廣，舉凡歷史之偉跡，市井之瑣聞，英雄風雲之氣，兒女眷戀之情，兼收並蓄，盡態極妍。其體物之工與寫情之妙，沁人心脾，爽人耳目，遠非當時漸趨衰敝之詩詞所可比擬，故能代表一代之文學而睥睨千古。合觀元末以至近代各家曲籍之所記載，其有目可考者共七百三十餘本，誠所謂洋洋大觀也。明初數十年間，雜劇之餘波尚傳，而其本質則已漸趨改變。嘉靖以後，曲盛於南，傳奇大興，雜劇遂一蹶不振。有清一代，正統文學之觀念深入人心，戲曲小說，皆被視爲小道末技，自聖祖至德宗朝，無論中央地方，禁令屢頒，因之學士文人，大抵屏元劇而不讀，更無論於寫作。雖有二三開明之士，如焦循、姚燮等人，著書爲文，弘揚倡導，終未能挽回其頹勢。於是此曾經盛行一時之文體，其不絕蓋如縷矣。迨至民國初年，新文化運動興起，戲曲小說之文學地位，已爲定論，研究元劇之學乃蔚成風氣，因而湮沒多年之曲籍，散佚各處之資料，在學者搜求下，亦陸續出現。研究之方法日益精密，探討之對象日益廣泛；時至今日，元劇之創作固難再盛，然元劇之研究實方興而未艾也。茲將作者近年來考證所得之現存元人雜劇一百六十一本，分類探討，藉以窺知元代雜劇作者處理各種題材，描寫不同事物之技巧，以及對於人生社會諸問題所持之態度，進而觀測當時政治社會之現狀，與一般文人學士之心情。不僅使研究元劇中各項問題者有所取材，亦可爲研究元代歷史者之旁證。蓋元人作劇，不拘形體，雲峯煙壑，隨意卷舒。因之品類龐雜，區分不易。明初寧獻王朱權(涵虛子)著太和正音譜，始分雜劇爲十二科，即：

一、神仙道化

二、隱居樂道（又名林泉丘壑）
三、忠臣烈士
四、披袍秉笏（即君臣雜劇）
五、孝義廉節
六、叱奸罵讒
七、逐臣孤子
八、鏺刀趕棒（即脫膊雜劇）
九、風花雪月
十、悲歡離合
十一、煙花粉黛（即花旦雜劇）
十二、神頭鬼面（即神佛雜劇）

此外，當時流行之分類，其名稱可考者，又有八種，即：

一、君臣雜劇
二、脫膊雜劇
三、花旦雜劇
四、神佛雜劇

五、駕頭雜劇
六、閨怨雜劇
七、綠林雜劇
八、𩌏末泥

以上前四種，見於前引正音譜十二科之注文，後四種見於夏伯和之青樓集。夏氏亦爲元末明初人，可見區分雜劇，依類命名，爲元明間風尚。此後，明淸曲藉，則無論及之者；近人著作，僅日本靑木正兒之元人雜劇序說（第二章第七八兩節），依據此兩種分法，畧爲區分而已。今按，此兩種分類，名稱雖異，而內容實相髣髴。茲逐一說明如后：

神仙道化，多取材於道教傳說。隱居樂道，大要以隱遁者之生活爲主而多雜以佛老思想。披袍秉笏，出場者爲衣冠束帶之君主與朝臣。忠臣烈士，多本史傳而畧事喧染。孝義廉節，則以民間傳說爲主，間或取自史傳。叱奸罵讒，多憑史傳，藉以諷世。逐臣孤子，乃以貶謫不遇之名臣文士爲題材。鏺刀趕棒，概以刀劍打鬬爲能事。風花雪月，以男女間戀愛爲主體。悲歡離合，則叙家人骨肉一旦因故分散，其後又慶重合之故實。煙花粉黛，係指妓女而言。神頭鬼面，則專演仙佛神怪之事。此朱權所分十二科之大概也。至於當時社會流行之區分，當不止於前文所叙之八類，今僅就其可考者言之，前四類已見朱權之十二科中，同體而異名，今不復贅。茲將此外四類分述如下：駕頭雜劇，凡主角之扮演帝王者是也。駕頭本爲宋時之御座，皇帝出，則載之以行，乘輿行列，首爲此座，故通稱曰駕頭，引申其義，遂爲皇帝之代名詞。孫楷第有說駕頭雜劇一文（俗文學第十二期），言之甚詳。閨怨雜劇，爲敷演良家少女思春悲秋之戲曲。綠林雜劇，多寫江湖俠盜之事。輭末泥之下，雖未標「雜劇」二字，但在青樓集中，實與其他雜劇並稱，如云：「珠簾秀……雜劇爲當今獨步，駕頭、花旦、輭末泥等，悉造其妙。」駕頭與花旦既爲雜劇之類稱，輭末泥與之並列，自亦爲雜劇之類稱無疑。按末泥即正末，輭爲文弱之意，輭末泥者，年輕俊秀之正末，亦即今所謂小生也。

由此觀之，關於雜劇之分類，朱氏十二科之說，蓋依劇本之內容而言，流行八種之說，則或依劇本內容如君臣、神佛；或依角色名稱，如駕頭、花旦、輭末泥。然此兩種分類，多支離破碎，難稱允當，朱氏十二科，雖所涉頗廣，然如魔合羅，勘頭巾等以斷獄爲主之雜劇，仍無法歸類；叱奸罵讒，在今存元劇中竟不一見；逐臣孤子，在今存元劇中僅有寫逐臣而無寫孤子者，尚有其他作品，何去何從，亦難切合，蓋以其所立名目，與現存雜劇之本事不甚貼切，且不合於近代觀點故也。流行之分類，既非全璧，更難據以爲區分之標準。今參酌兩家之說及劇本內容，重新分爲八類，各類之中，又視實際需要，分爲若干細目。先列其名稱如下，再依次第，詳爲論述。

一、歷史劇　二、社會劇　三、家庭劇　四、戀愛劇
五、風情劇　六、仕隱劇　七、道釋劇　八、神怪劇

一、歷史劇（三十五本）：元人雜劇之題材，往往以史傳爲本，然並非直接引據，而係間接改編。蓋當北宋之際，說評話之風甚盛，而講史爲其大宗，如孟元老東京夢華錄所謂：「孫寬、曾無黨、高恕、李孝詳等講史……霍四究說三分，尹常賣五代史。」皆是也。南渡以後，講史之風，盛於昔日，周密武林舊事所記各種說話人姓名，長於說史者有二十三人之多。吳自牧夢粱錄亦云：「有王六大夫，元係御前供話，爲幕客請給，講諸史俱通。於咸淳

年間，敷演復華篇及中興名將傳，聽者紛紛。蓋講得字眞不俗，記問淵源甚廣耳。」此等說話題材，流行既久，幾於家喻戶曉；元初雜劇興起，當時作者，乃因勢利導，改小說爲戲劇。如豫讓吞炭、介子推、楚昭公、伍員吹簫、凍蘇秦、誶范叔、秋胡戲妻、趙氏孤兒等，取材於東周列國志前身之七國講史；七里灘、連環計、隔江鬥智等，取材於兩漢演義前身之兩漢講史；薛仁貴、小尉遲、單鞭奪槊、三奪槊等，取材於說唐全傳前身之隋唐講史；陳摶高臥等，取材於飛龍全傳前身之五代講史；謝金吾、昊天塔等，取材於楊家府演義，楊家將傳，北宋志傳前身之楊家將故事。此外亦有直接以正史爲本者，如周公攝政、澠池會、氣英布、龍虎風雲會等是，茲依其性質之不同，分爲兩項，引錄如下：

1.以歷史事蹟爲主者：凡十五本，其次序依時代先後排列：

輔成王周公攝政（西周）　保成公徑赴澠池會（戰國）

錦雲堂暗定連環計（以下三國）　虎牢關三戰呂布

劉玄德獨赴襄陽會　諸葛亮博望燒屯

劉玄德醉走黃鶴樓　兩軍師隔江鬥智

破苻堅蔣神靈應（晋）　程咬金斧劈老君堂（唐）

雁門關存孝打虎（五代）　宋太祖龍虎風雲會（以下宋）

金水橋陳琳抱粧盒　狄青復奪衣襖車

閥閱舞射柳捶丸記

2.以個人事蹟爲主，而其事與史事相關聯者；凡二十本，其次序仍依時代先後排列：

晉文公火燒介子推（以下春秋）	說鱄諸伍員吹簫
楚昭公疎者下船	忠義士豫讓吞炭（以下戰國）
冤報冤趙氏孤兒	漢高皇濯足氣英布（以下漢）
隋何賺風魔蒯通	承明殿霍光鬼諫
破幽夢孤雁漢宮秋	關雲長千里獨行（以下三國）
關大王單刀赴會	關張雙赴西蜀夢
尉遲恭三奪槊（以下唐）	尉遲恭單鞭奪槊
小尉遲將鬬將認父歸朝	唐明皇秋夜梧桐雨
鄧夫人痛苦哭存孝（五代）	昊天塔孟良盜骨
謝金吾詐拆清風府	秦太師東窗事犯

以上歷史劇，約等於十二科之披袍秉笏，忠臣烈士、叱奸罵讒等類之全部，及逐臣孤子，鏺刀趕棒之各一部。此類雜劇，因多依據載籍，尙不過於荒唐無稽。其有不合史實者，不外三項：一、因處理材料之便利，而稍事增損。二、爲表現某種情調或意義而變動史實；如氣英布，意在表彰高祖用人之智畧，西蜀夢，意在褒揚關張之高義，小尉遲，意在說明父子之情感，霍光鬼諫，意在稱道重臣之忠貞，東窗事犯，意在責叱權相之奸佞皆是也。三、作者身處亂世，憤世嫉俗而翫世不恭，故爲荒唐謬悠之說，以洩憤寄慨。蓋元代法令：「諸妄撰詞曲，誣人以犯上惡言者處

死。」（元史刑法志三）又云：「諸亂製詞曲爲譏議者流」。（元史刑法志四）因而一般失志功名之文人，既不得飛黃騰達，直步青雲，而滿腔牢愁，復不敢率直明言，形諸筆墨，因而乃影借史籍，抒其抑鬱。以上第一項之實例，在元代歷史劇中，隨處皆有，乃古今中外寫作歷史劇之一般原則；二、三兩項，則爲元代歷史劇眞精神眞面目之所在。今試舉馬致遠之漢宮秋爲例，以說明之。漢宮秋第二折中有云：「當日個誰展英雄手，能梟項羽頭。把江山屬俺炎劉。全虧韓元帥，九里山前戰鬥。十大功勞成就。恁也丹墀裏頭。枉被金章紫綬。恁也朱門裏頭。都寵着歌衫舞袖。恐怕邊關透漏。央及家人奔驟。似箭穿着雁口。沒個人敢咳嗽。吾當僝僽。他也，他也，紅妝年幼。無人搭救。昭君共你每有甚麼殺父母寃讎。休休。少不得滿朝中都做了毛延壽。我呵！空掌着文武三千隊，中原四百州。只待要割鴻溝。陡恁的千軍易得，一將難求。」（鬥蝦蟆）此段曲文，要緊處不在辭句之美，而在描寫出弱國受强鄰之欺，滿朝文武，束手無策，而寄求和之望於一女子之身。元帝所唱：「我呵！空掌着文武三千隊，中原四百州。」言下至爲沉痛。劇中罪魁爲毛延壽，然對毛延壽反無責難，其所責難者則爲庸碌之臣宰。蓋自元滅金後，停科舉者垂七十八年之久，漢族人才，皆壓於蒙古人之下，志不得伸，如元文類卷五十七耶律公神道碑云：「自太祖西征以後，倉稟府庫，無斗粟尺帛。而中使別迭等僉言，『雖得漢人，亦無所用，不若盡去之，使草木暢茂，以爲牧地。』公（耶律楚材）即前曰，夫以天下之廣，四海之大，何求而不得，但不爲耳，何名無用哉？」元史百官志序亦云：「世祖卽位……酌古今之宜，定內外之官……官有常職，位有常員。其長則蒙古人爲之，而漢人南人貳焉。」謝枋得送方伯載歸三山序亦云：「滑稽之雄，以儒爲戲者曰：『我大元制典，人有十等，一官二吏，先之者貴也。七匠八倡，九儒十丐，後之者賤也。』吾人品豈在倡之下丐之上乎？」又鄭思肖大義畧序云：「韃法：一官、二吏、三僧、四道、五醫、六工、七獵、八民、九儒、十丐，各有所統轄。」漢人處此淩辱之下，抑鬱不伸，無可告語。漢宮秋作者馬致遠，生當元初，覩南宋之見滅於元，皆文治不修，武功不振之故；而又身受蒙古人之壓廹，一腔憤恨，無從發洩，乃借王昭君之事以舒其胸臆。作者自居於漢元帝之地位，以天子之尊，而不能保其所愛，拱手送人，於痛處下鍼砭，語重心長。箕子覩麥秀漸漸而痛傷殷之亡，周大夫見彼黍離離，而慨歎周之遷；致遠心境，正與此同，故於昭君事實，不得不畧有變更。所變更者；元帝未嘗前見昭君，而劇文則謂既已見之，復又幸之矣。蓋藉此以强調割離之痛，和番之辱也。昭君嫁單于，生有子女，而劇文則謂其投水自盡；呼韓邪實以郅支既誅而求親於漢，劇中則謂其國力强盛，漢不能敵。蓋不如此，不足以發洩弱國小民之滿腹牢騷也。元劇作者，往往如此，若必執正史以責其謬，迂矣。

二、社會劇（二十四本）：所謂社會劇，凡描寫社會各種情態，敘述社會各種事實者，皆屬此類。此等社會劇之取材，一方面就當時傳說之奇情異事，加以整理，撰爲劇本，以供梨園演唱；他方面復自前人遺留話本中，擷取故實，譜成樂曲，以新聽衆耳目。如現存無名氏所編「京本通俗小說」，明中葉洪楩所刊行之「清平山堂話本」，又如明末馮夢龍所編纂「警世通言」，「醒世恆言」，「喻世名言」之類，中多宋元話本之筆錄，此等話本，皆係元人作劇之最佳題材也。社會情態，千頭萬緒，自非三數種類之所能盡。然元人雜劇，傳世者稀，自不能兼包幷蓄，今僅就現存劇本之涉及社會題材者分爲三類，範圍雖狹，蓋爲材料所限，亦無可如何也。

1.朋友：此類劇凡四本，次序依內容性質排列，前三本爲生死不渝者，後一本爲凶終隙末者：

死生交范張雞黍　　東堂老勸破家子弟

鯁直張千替殺妻　　龐涓夜走馬陵道

2.公案：此類劇，凡十四本，又可分爲兩部：一爲決疑平反，一爲壓抑豪強。

①決疑平反凡十本，次序依斷案者時代先後分：

宋上皇御斷金鳳釵（宋上皇）　錢大尹鬼報緋衣夢（錢可）

包待制三勘蝴蝶夢（以下包拯）　玎玎璫璫盆兒鬼

包龍圖智勘後庭花　救孝子賢母不認屍（王脩然）

張鼎智勘魔合羅（以下張鼎）　河南府張鼎勘頭巾

馮玉蘭夜月泣江舟（金圭）　硃砂擔滴水浮漚記（冥誅）

②壓抑豪強凡四本，次序依主角分：

包待制智斬魯齋郎（以下包拯）　包待制陳州糶米

包待制智賺生金閣　十探子大鬧延安府（李圭）

③綠林（借舊名），凡六本，皆係寫水滸故事者，次序依主角分：

爭報恩三虎下山（關勝、徐寧、花榮）　魯智深大鬧黃花峪（魯智深）

同樂院燕青博魚（燕青）　黑旋風雙獻功（以下李逵）

梁山泊李逵負荊　劉千病打獨角牛（附）

以上三類中，朋友一類之范張雞黍，見生死之交情，馬陵道，明猜忌之爲害，張千替殺妻，知交誼之深厚，皆有關世道之作也。至於東堂老一劇，尤可爲研究社會史者之借鑑。蓋我國人之爲父母者，終日勞碌，僕僕風塵，其最終鵠的，不過積蓄資產，遺留子孫；然遺產制之不善，不待今人言之，古人已詳言之矣。如尚書周公云：「相小人，厥父母勤勞稼穡，厥子乃不知稼穡之艱難，乃逸、乃諺，既誕。否則，侮厥父母曰：『昔之人，無聞知！』」因而漢疏廣曰：「賢而多財，則損其志；愚而多財，則益其過。」此遺產爲害之明證也。但人以愛子孫故，恆欲多蓄田宅財物以遺之，其究也不知稼穡艱難之子孫，欲其善保遺產，又惡可得，終致人財兩喪者，比比然也。此非愛之，而實害之也。殊不知子孫若賢，自有營生之計，留田產焉用？若子孫不賢，頃刻蕩盡，留財物又安用邪？即以東堂老故事言之，幸李茂卿受友之託，忠實可靠，故揚州奴仍得享有父產。然如李茂卿者，何可多得！則遺產制之利亦僅矣。又劇中所言揚州奴敗產之事，不外狎妓飲酒，其淫朋惡黨，則爲狎妓飲酒之媒介。此外，殺狗勸夫中之孫榮，亦復如是，想元代所有耗金之術，盡於此矣。此固研究古代社會資料之一也。

其次爲公案劇。考公案一詞，見於南宋耐得翁都城記勝，其文云：「說公案，皆是搏刀趕棒，及發跡變泰之事。」本文所云公案，則指決疑平反及壓抑豪强而言；壓抑豪强，或與搏刀趕棒近似，決疑平反，則不能歸納於南宋話本所謂公案之內。蓋此一名詞，爲近代研究戲曲小說者之所借用，已失其本意，本論文所用亦新意也。公案劇中人物，見於本節者有宋上皇、錢可、包拯、王翛然、錢大尹（錢可）等人。包拯見於本節之盆兒鬼，後庭花，蝴蝶夢，魯齋郎，陳州糶米，生金閣。又見於家庭劇中之合同文字，神奴兒，灰闌記；以及戀愛劇中之留鞋記諸劇。張鼎見於本節之魔合羅、勘頭巾兩劇。王翛然見於本節之救孝子，又見於家庭劇中之殺狗勸夫。錢大尹見於本節之緋衣夢，又見於風情劇中之謝天香。今就此三人，分別考證如下。

包拯，乃北宋名臣，宋史有傳。畧云，拯字希仁，合肥人。始舉進士，除大理評事，知建昌縣。仁宗時，除龍圖閣直學士，歷知開封府，遷右司郎中。立朝剛毅，貴戚顯宦，爲之斂手。性峭直，惡吏苛刻，聞者皆憚之，人以拯笑比黃河清，童稚婦女，亦知其名，呼曰包待制，或曰包龍圖。京師爲語曰：「關節不到，有閻羅包老。」包拯之名流傳普遍如此，故常爲小說戲劇作者之所引用，而以其故事爲題材。世傳龍圖公案及警世通言中之三現身包龍圖斷寃，皆小說中叙述包拯故事之主要者。元人去宋未遠，流傳樂府，或得其實，未可知也。

張鼎，見元史世祖本紀，紀云：「世祖中統十四年，鄂州總管府達魯花赤張鼎參知政事，十五年，近侍劉鐵木兒言，阿里海牙屬吏張鼎，今亦參加政事，詔卽罷去。」焦循易餘籥錄（曲苑本）以爲魔合羅及勘頭巾中之張鼎，蓋卽此人。勘頭巾一劇中所稱之開封府尹張鼎，自言乃「完顏女眞人氏」，蓋金人入元者也。按，還牢末雜劇有云：「令史呵！賽張鼎千般智量。」又太平樂府卷六載鄧學可散套云：「休說爲吏道的張平叔」。平叔，卽張鼎字，可知張鼎之名，爲人稱進，與包拯無異也。

王脩然，在救孝子中爲金大興府尹，在殺狗勸夫中，則爲宋仁宗時之開封府尹，據焦循劇說卷二考證，其人卽劉祁歸潛志卷八所云：「金朝士大夫以政事著名者」。並非如殺狗勸夫所云爲宋仁宗時人。歸潛志又記其斷獄逸事云：「王脩然嘗同知咸平府，攝府事。時遼東路多世襲猛安，謀克焉。其人皆功臣子，驁亢奢縱不法，公思有以治之。會郡民負一世襲猛安者錢，貧不能償。猛安者大怒，率家童强入其家，牽牛以去。公得其情，令一吏呼猛安至。猛安盛陳騎從以來；公朝服召至廳前，詰其事，趨左右械繫之，乃以强盗論，杖殺於市。一路悚然。後知大興府，素察僧徒多遊貴戚家作過，乃下令午後僧不得出寺，街中不得見一僧。有一長老犯禁，公械之。長老者，素爲貴戚所重；皇姑某國公主，使人詣公請焉。公曰，奉王命，即令出。立召僧杖一百死。自是京輦肅清。世宗深見知，故公得行其志也。至今人云過包拯遠甚。」又考元遺山中州集卷八云：「王大尹翛，字翛然，范陽人，皇統二年進士，章宗即位，召拜禮部尚書，以選爲大興尹。」按：王翛，金史卷一百五十有傳，劇中云翛然者，蓋以字行也。

錢大尹，謝天香劇中言爲錢塘人，官開封府尹，名可，字可道。清平山堂話本中之「簡帖和尚」，傳爲宋人作品，其中勘斷疑獄之判官，亦爲錢大尹，並稱之爲「兩浙錢王子，吳越國王孫。」此與謝天香劇中所稱錢塘人，正相符合。宋鄭克折獄龜鑑（四庫本卷七）包拯條云：「按近時小說，載朝散大夫錢龢一事云……」並記有錢龢爲秀州嘉興縣知事時之斷獄逸事。日本吉川幸次郎博士之元雜劇研究以爲錢龢即錢可，蓋可龢音近，故作者隨手點換而成。按龢字昌仲，乃錢勰之弟，居杭州九里松，建傑閣，藏書甚富，蘇軾榜曰錢氏書藏，仕至直秘閣，知荊南府。勰龢兄弟，皆宋能吏。其父錢彥遠，其祖錢易，其曾祖錢倧，宋史傳中皆可考見，且錢倧乃吳越廢王，正與「兩浙錢王子，吳越國王孫。」吻合，吉川先生之言，當可從信。

以上諸吏斷案，往往雜以鬼神報應。鬼神之事，雖儒者所不道，而爲下愚人說法，亦可爲治政之助。蓋雜劇作者，布置事跡，務極奇詭，遇山窮水盡處，輒假神鬼爲轉圜餘地，但期不詭於理，固君子所許也。此等雜劇，青木正兒元人雜劇序說，稱爲斷獄劇。又有灰欄記一本，亦寫包拯斷獄事，然詳察劇情，旨在表彰妾婦之賢及母愛之偉大，故列入家庭劇中也。

綠林雜劇之名，見於前引夏伯和青樓集，本以綠林諸盜，行俠作義之事跡爲題材者。而現存元劇之可入此類者，皆不出水滸諸人之範圍，蓋梁山人物及其故事，爲宋元以來社會上所盛傳故也。如本節之李逵負荆中有宋江、關勝、徐寧、花榮四人；黃花峪中有宋江、吳學究、楊雄、關勝、李逵五人；雙獻功中有宋江、吳學究、李逵、戴宗四人；同時在家庭劇之還牢末中，亦是宋江、劉唐、李逵、阮小五、史進五人。諸人名皆見於宣和遺事，而宋末龔聖與三十六人像贊中亦有之。據周密癸辛雜識引云：「宋江事見於街談巷語，不足采者，雖有高如，李嵩輩傳寫，士大夫亦不見黜。余少年時壯其人，欲存之畫贊。」可知水滸故事，於宋末已遍傳民間矣。施耐庵之水滸傳，僅係採擇民間所傳梁山諸人故事之一部份編撰成書，故元人雜劇中水滸諸劇如燕青博魚、爭報恩、還牢末等所演各情節，皆爲水滸傳所無。只於雙獻功第一折中，宋江白云：「某姓宋名江，字公明，綽號及時雨者是也。幼年曾爲鄆州鄆城縣把筆司吏，因帶酒殺了閻婆惜，被告到官，脊杖六十，迭配江州牢城。因打此梁山經過，有我八拜交的哥哥晁蓋，知某有難，領僂儸下山，將解人打死，救某上山，就讓我第二把交椅坐。哥哥晁蓋，三打祝家莊身亡，衆兄弟拜某爲頭領。某聚三十六大夥，七十二小夥，半垓來小僂儸，寨名水滸，泊號梁山。」施氏演義，有三打祝家莊，宋江迭配江州等事，蓋本諸雙獻功雜劇也。除以上所論各劇而外，錄鬼薄高文秀名下，又有黑旋風詩酒麗春園，黑旋風大鬧牡丹園，黑旋風敷衍劉要如，黑旋風鬥雞會，黑旋風喬教學，黑旋風窮風月，黑旋風借屍還魂等七本。楊顯之有黑旋風喬斷案。紅字李二有病楊雄板踏兒，黑旋風折擔兒，武松打虎三本。康進之於李逵負荆外，復有黑旋風老收心一本。此等水滸劇，惜今俱不傳，第就其劇目推測，大半非耐菴一傳之所記述，可謂極恢詭之趣矣。由上觀之，元人社會劇中，寫朋友者四本，寫公案者十五本，寫綠林者，則爲六本。此等綠林劇，皆敷演官方之貪贓枉法及諸盜之疏財仗義，既足爲江等生色，又可見時政之一斑也。

三、家庭劇（二十七本）：所謂家庭劇者，乃屬於倫理範圍之戲劇。倫理者，人與人間之關係，與夫由此關係所生之情感、道義也。我國古有五倫之說；即君臣、父子、夫婦、兄弟、朋友。君臣、朋友為社會關係，父子、夫婦、兄弟為家庭關係，人與人間之關係，盡於此矣。（註）古代小說戲劇之所叙述描寫者，此種人與人間之關係亦即所謂倫理，實為其主要課題之一，自當別為一類。然君臣間事，無一不與歷史有關，朋友往來則為社會事項，故今以君臣劇歸入歷史類，朋友劇歸入社會類，而取其餘關於親屬之三倫立為家庭類，約相當於舊時分類之孝義廉節及悲歡離合之各一部，凡二十七本。

降桑椹蔡順奉母	晉陶母剪髮待賓
狀元堂陳母教子	小張屠焚兒救母
便宜行事虎頭牌	魯大夫秋胡戲妻
孟德耀舉案齊眉	呂蒙正風雪破窰記
鄭孔目風雪酷寒亭	都孔目風雨還牢末
風雨像生貨郎旦	包待制智賺灰欄記
宜秋山趙禮讓肥	楊氏女殺狗勸夫
散家財天賜老生兒	神奴兒大鬧開封府
包待制智賺合同文字	劉夫人慶賞五侯宴
翠紅鄉兒女兩團圓	相國寺公孫合汗衫

羅李郎大鬧相國寺　　臨江驛瀟湘夜雨

玉清菴錯送鴛鴦被　　秦脩然竹塢聽琴

李雲英風送梧桐葉　　驚天動地竇娥冤

張公藝九世同居

（註）君臣一倫雖似不適用於今日，然就其廣義言之，僚屬之與長官，國民之與元首，固皆有其相處之道，非必如古之所謂君臣。且元劇爲古代戲劇，所演皆古代事，故元末流行之雜劇分類有君臣一目（見前），今論列元劇，自不能屏而不顧也。

此類雜劇，爲描寫古代家庭情態之洋洋大觀。有寫母教之重要者，如降桑椹、剪髮待賓、陳母教子；有寫匹夫匹婦之愚孝者，如焚兒救母；有寫軍紀親情兩無偏廢者，如虎頭牌。有寫夫妻偕隱以明志者，如舉案齊眉；有寫妻激勵其夫進取者，如破窰記。有寫納妾之爲害家庭甚至人亡財散者，如酷寒亭、還牢末、貨郎旦；亦有寫妾賢於大婦者，如灰欄記。有寫兄弟以禮讓處患難者，如趙禮讓肥；有寫悌弟友愛其兄，終始不渝者，如殺狗勸夫。有寫老年盼子之心情者，如老生兒。有寫遺產之糾紛者，如神奴兒，合同文字。有寫家人骨肉之聚散離合者，如五侯宴及竇娥冤諸劇。有寫門庭雍睦者，如九世同居。綜合觀之，舊式家庭中所發生之事跡，離合悲歡之情態，蓋盡於此矣。此不僅爲研究元劇文學之對象，亦研究舊式家庭制度及家庭情況之資料也。在此家庭劇中，焚兒救母一劇，尤爲特殊，此劇非但寫匹夫匹婦之愚孝，亦可察知元代社會之陋習。元典章卷五十七刑部雜禁條載：「山東京西道廉訪司申，本道封內有泰山東岳，已有朝庭頒降祀典，歲時致祭，殊非細民諂瀆之事。……近爲劉信酬願，將伊三歲癡兒，抛投蘸紙火盆，以致傷殘骨肉，滅絕天理。」云云，蓋即焚兒救母劇之取材所本，詳情另見拙作現存元人雜劇本事考，茲不贅。又類似情事，在元代社會中，屢見不鮮。如通制條格（民十九年國立北平圖書館影印）卷二十七雜令非理行孝條云：「至元三年十月，中書省左三部呈：上都路梁重興爲母病割肝行孝，合依舊例，諸爲祖父母，父母，伯、叔、姪、兄、妹、舅姑、割肝剜眼，割臂鬻胸之類，並行禁斷。都省准擬。」又云：「延祐元年十月，中書省禮部呈：樞密院都事呈：『保定路淸范縣安聖鄉軍戶張驢兒，爲父張伯堅患病，割股行孝；只有一子舍兒，三歲，爲侵父食，抱於祖墓內活埋。』本部議得；割股毀體，已常禁約；張驢兒活埋其子，誠恐愚民倣傚，擬合遍行禁約。都省准擬。」由此觀之，元人之行孝，不止焚兒一事，或割其股，或斷其臂，或刳其肝，或剜其眼，諸如此類，不及備載，非特爲研究社會學者之助，亦且爲研究元代律法者之參考。

四、戀愛劇（二十本）：戀愛劇約等於十二科之風花雪月與煙花粉黛之各一部，風花雪月一詞，簡稱風月，其見於雜劇者，如金錢記第三折云：「本是些風花雪月，都做了笞杖徒流。」又如周憲王香囊怨劇第一折云：「有一個風月傳奇，做一個賞黃花浪子回回。」皆指兒女私情而言也。煙花粉黛，即花旦雜劇。青樓記云：「凡妓以墨點破其面者爲花旦」。據此則所謂花旦，大半爲扮演輕佻之妓女或家人婢妾者。如周憲王香囊怨雜劇第一折有云：「（末白）都不要，只索大姐做個花旦雜劇。（旦唱）寄生草：有一個寄恨向銀箏怨，有一個志賞在金線池。有一個崔鶯鶯待月西廂記。有一個王月英元夜留鞋記。有一個蘇小卿月夜販茶船，有一個呂雲英風月玉匣記。」此劇所述各本，現存者僅金線池、西廂記、留鞋記三劇。金線池主角爲妓女杜蕊娘。西廂記中若干折之主角爲崔鶯鶯之侍婢紅娘。留鞋記之主角爲王月英，乃賣姻脂之女子，身份低微。販茶船劇雖不傳，然其主角蘇小卿，見於明梅禹金纂靑泥蓮花記卷七，亦妓女也。由此可知，元人雜劇中所演戀愛故事，可劃分爲兩類，一爲良家男女之戀愛，一爲良賤間之戀愛，主角身份不同，劇之關目情節亦隨之而異。茲分述如下：

1. 良家男女之戀愛：凡十本，次序依作者時代先後排列：

閨怨佳人拜月亭　裴少俊牆頭馬上
崔鶯鶯待月西廂記　迷靑瑣倩女離魂
李太白匹配金錢記　王月英元夜留鞋記
蕭淑蘭情寄菩薩蠻　趙匡義智娶符金錠
董秀英花月東牆記

（注）留鞋記女主角身份低而不賤，故仍入此類。

2. 良賤間之戀愛：凡十本，次序依作者時代先後排列：

杜蕊娘智賞金線池　江州司馬靑衫淚
李亞仙花酒曲江池　謝金蓮詩酒紅梨花
李素蘭風月玉壺春　諸宮調風雪紫雲庭
玉簫女兩世姻緣　荆楚臣重對玉梳記
逞風流王煥百花亭　鄭月蓮秋夜雲窗夢

以上第一項良家男女之戀愛，亦卽所謂才子佳人之戀愛。凡此等雜劇，男女主角多爲品學兼優，才貌無雙之典型。

大畧皆言某公子年少貌美，滿腹才學，惟因擇偶不易，二十未娶。一日出遊花園或寺宇，邂逅一少女，年方二八，有沉魚落雁之容，閉月羞花之貌，因之驚爲天人。與之語佯羞不答，然芳心暗許，脈脈含情。於是男女心中，各懷相思，若有所失；男則無心經史，女則不思茶飯。此時必有伶俐之婢女一人，出而傳書遞簡；或情寄絲帕，或暗投詩箋，兩心相許，私訂終身，乃指天爲盟，對月矢誓，而此女又多爲其父母掌珠，因才貌過人，擇配不苟，尚待字閨中。後因某權臣或豪紳聞女之艷，設法求爲子媳，女家不許；於是求而不得者百般破壞，愛而不見者艱苦備嘗。最後則爲公子高中狀元，掛名金榜，至是秘情始露，兩姓歡騰，男女雙雙，終偕秦晉。所謂良家男女之戀愛，其情節大都如此，雖各以其環境不同而稍有歧異，然總不出上述之範圍。加以文字清麗，曲辭纏綿，於戀愛過程中，時點綴以文雅風流，功名遇合之事，情致蘊藉，波瀾疊生，故頗爲社會人士所喜。因而此等描寫體裁，直接間接，影響明清才子佳人之戀愛小說甚鉅。如玉嬌梨、好逑傳、平山冷燕、鐵花仙史、玉支璣、畫閣緣、蝴蝶媒、五鳳吟、巧聯珠、錦香亭、駐春園諸作，無不以此爲穿插結構之主題也。

第二項所云良賤間之戀愛，即以妓女爲主角，其所言不過男女燕媟之辭，而皆能入情入理，詞華精警；且描寫勾欄中炎涼情態，刻劃生動，此又良家男女之戀愛劇中所不能有者，蓋以戀愛劇兼社會劇也，按元代以蒙古人治天下，經國以武，文事不修；但因其將歐亞打成一片，國際交通，往來便利，遂造成中國商工業之鼎盛。由於商工業之鼎盛，國富民殷，因而貴族官吏之生活，驕奢淫佚，外商往來，亦日益頻繁。故馬可波羅遊記曾描述當時之大都（北平）云：「城市既大且富，商人衆多，商業工藝之民，大多數製造絲業武器與鞍韉以及各種商品。於此富饒之大都市中，妓女倡戶，自然繁多，因而馬可波羅又云：「彼處營業之妓女，娼好者達兩萬人，每日商旅及外僑往來者，難以數計，故均應接不暇。至所有珍寶物品之數，更非世界上任何城市可比。余首述印度輸入者，如寶玉珍珠及其他珍品。中國及其他區域之精美珍貴物品，均薈萃於此，以供奉此地之皇室、貴婦、諸侯、將佐、及大汗朝中之臣僚。故余謂此間之富裕，及所用之珍奇寶貨，爲世界上其他城市所無。商品之交易，亦至繁多，每日所到之絲，何只千車。並製造金絲泥絨及絲織品等。而此間四周之城市，遠近計二百，均購買所需者。」於此商品富庶妓院林立之大都市中，一般雜劇作者，即所謂「書會」才人，亦皆聚集於此。現有作品流傳之初期作家，共計三十一人，全爲北籍，而大都獨佔十人，得總數三分之一。此等雜劇作者，皆因元代之廢棄科舉輕視儒流，而失其所業，落拓不偶，乃就當時煙花場中所聞所見之事，撰爲雜劇，以遣時送日，寄其胸中煩悶不平之氣。如青樓集中所記樊事眞事，即其一例，記云：樊事眞，京師名妓也，周仲宏參議嬖之。周歸江南，樊飲餞齊化門外，周曰：『別後善自保持，毋貽他人之誚。』樊以酒酹地而誓曰：『妾若負君，當刳一目以謝君子。』亡何，有權豪子來，其母旣廹於勢，又利其財；樊則始毅然，終不獲已。後周來京師，樊相語曰：『別後非不欲保持，卒爲豪勢所逼，昔之誓，豈徒設哉！』乃抽金篦刺左目，血流滿地，周爲之駭然，因歡好如初。好事者編爲雜劇，曰樊事眞金篦刺目，行於世。」於此段記事中，一則可窺知妓女輩中可歌可泣之故事，多由文人取爲雜劇之題材；再則又可明瞭所謂至低至賤之妓女，往往多有感人肺腑之貞烈情事。如青衫淚之裴興奴，曲江池之李娃、玉壺春之李素蘭、百花亭之賀憐憐、雲窗夢之鄭月蓮、紫雲庭之韓楚蘭、對玉梳之顧玉香，此皆以一操賤業之風塵女流、能推財助困，守志堅貞，且不汚強暴，卒遂其願，實爲青樓中之傑出者。史稱「設形容、楔鳴琴，榆長袂、躡利屣。」爲青樓常態，然房千里之稱楊娼，許堯佐之傳柳氏，皆可謂青蓮之出於淤泥也。至如金線池中記杜蕊娘於花柳場中備極翻雲覆雨之情狀，亦可見此中常情，事之有無，不必論也。

五、風情劇（八本）：凡以男女間風流而兼有滑稽情趣之故事爲主題者，皆歸此類，約等於十二科之風花雪月及煙花粉黛之各一部。茲列舉如下，其次序依內容性質分：

温太眞玉鏡臺（以下良家婦女）　望江亭中秋切鱠旦

詐妮子調風月（以下侍婢）　㑳梅香騙翰林風月

杜牧之詩酒揚州夢（以下妓女）　趙盼兒煙月救風塵

錢大尹智寵謝天香　陶學士醉寫風光好

此類所收各劇，俱爲描寫艷情，但務帶瀟灑滑稽之趣，若以莊雅之態度，熱烈之情感出之，則爲戀愛劇而非風情劇矣。然綜其大要，固仍不出才子佳人之範疇，如玉鏡台之温嶠與倩英，望江亭之白士中與譚記兒，調風月之小千戶與燕燕，㑳梅香之白敏中與小蠻是也。此皆屬於良家男女及侍婢者。其中㑳梅香一劇，雖關目賓白，皆剽竊西廂記（另見拙著現存元人雜劇本事考），然寫樊素之乖覺，奇情跌宕，動人心弦，較西廂中之紅娘，其巧黠敏慧，有過之而無不及。加以曲辭流麗，尤能傳神繪影，如第一折云：「花共柳，笑相迎。風與月，更多情。醞釀出嫩綠嬌紅，淡白深青。對如此良辰美景。可知道動騷人風調才情。」（鵲踏枝）又云：「此景，翰林才吟難盡，丹青筆畫不成。覷海棠風，錦機搖動鮫綃冷。芳草煙，翠紗籠罩玻璃淨，垂楊露，綠絲寄透珍珠迸。池中星，有如那玉盤亂撒水晶丸；松梢月，恰便似蒼龍捧出軒轅鏡。」（寄生草）又云：「他曲未終，腸先斷，俺耳纔聞，愁越增。一程程捱入相思境。一聲聲總是相思令，一星星盡訴相思病。不爭向琴操中單訴着你飄零。可不道，窗兒外更有個人孤另。」（么篇）如此筆墨，香豔而不落俗套，雖出侍女之口，然含蓄有致，並無淺俚之描寫與塵下之語句，此所以與妓女劇有別也。錄鬼簿謂鄭光祖「名香天下，聲振閨閣。」蓋即指此等劇而言。至於敷演妓女之風情者，如揚州夢之杜牧與張好好，救風塵之趙盼兒與安秀實、宋引章，謝天香之柳永與謝天香，風光好之陶穀與秦弱蘭是也。

六、仕隱劇（二十一本）：仕隱劇可分爲三類：一爲發跡變泰，一爲遷謫放逐，一爲隱居樂道。發跡變泰，借宋人話本之名；隱居樂道，則爲十二科之一；遷謫放逐，約等於十二科之逐臣孤子，但現存劇本中，未見有寫孤子者，且孤子亦不屬於仕隱，故另立新名，以求切合。

1. 發跡變泰：凡十四本，次序依時代先後排列：

扶成湯伊尹耕莘（商）　鍾離春智勇定齊（以下戰國）

凍蘇秦衣錦還鄉　須賈大夫誶范叔

張子房圯橋進履（以下漢）　蕭何月夜追韓信

朱太守風雪漁樵記　醉思鄉王粲登樓

薛仁貴衣錦還鄉（以下唐）　摩利支飛刀對箭

山神廟裴度還帶　好酒趙元遇上皇（以下宋）

半夜雷轟薦福碑　施仁義劉弘嫁婢（隋附）

2. 遷謫放逐：凡五本，次序依內容性質分：

李太白貶夜郎（以下文人）　蘇子瞻風雪貶黃州

蘇子瞻醉寫赤壁賦　四丞相歌舞麗春堂（文臣）

功臣宴敬德不伏老（武將）

3 隱居樂道：凡兩本，次序依時代先後排列：

嚴子陵垂釣七里灘（漢）　泰華山陳摶高臥（宋）

元代文人，生當憂患之中，處於落魄之境，困於時勢，不能自振。明胡傳眞珠船卷四云：「蓋當時台省元臣，郡邑正官，及雄要之職，中州人多不得爲之，每沉抑下寮，志不得伸。……於是以其有用之才，而一寓於聲歌之末，以抒其拂鬱感慨之懷，所謂不得其平則鳴焉者也。」本節所列各劇，自其外表視之，皆爲古人古事，然其內涵，則劇作者於無可奈何之情境下，以悲歌慷慨之氣慨，寓於嬉笑怒罵之文詞，固亂世文人自求解脫自遣自慰之不二法門。如發跡變泰類中伊尹耕莘劇之伊尹，智勇定齊劇之鍾離春，凍蘇秦劇之蘇秦，誶范叔劇之范睢，圯橋進履劇之張良，追韓信劇之韓信，漁樵記劇之朱買臣，王粲登樓劇之王粲，薛仁貴及飛刀對箭劇之薛仁貴，裴度還帶劇之裴度，遇上皇劇之趙元，薦福碑劇之張鎬等，皆爲始困終達之古人，此等人，當艱窘落魄之時，每多憤懣不平之氣，如王粲登樓第一折有云：

那叱令：我怎肯空隱在嚴子陵釣灘。我怎肯甘老在班定遠玉關。我則待大走上韓元帥將壇。我雖貧呵樂有餘，便賤呵非無憚。可難道脫不的二字飢寒。

鵲踏枝；赤緊的世途難。主人慳。那裏也握髮周公，下榻陳蕃。這世裏，凍餓死閑居的范舟。哎天呵，兀的不憂愁殺高臥袁安。

懷才不遇之憤慨；溢於言表，元劇作者，即借此等人之生平，以自爲寫照，所謂借他人酒杯，澆胸中塊壘者也。又薦福碑第一折云：「這壁攔住賢路。那壁擋住仕途。如今這越聰明越受盡聰明苦。越呆痴越享了呆痴福。越糊塗越有了糊塗富。則這有銀的陶令不休官，無錢的子張學干祿。」（寄生草么篇）惟有在此種雜劇中，方可窺知亂世文人之心理，一則力求仕進而不得，再則憤世嫉俗而自舒其志。然當仕進之後，才高功大者，又多不爲同儕所容，易招妬恨，如遷謫放逐類中之李太白（見貶夜郎），蘇東坡（見貶黃州及赤壁賦），樂善（見麗春堂），尉遲恭（見敬德不伏老）等，此四人者，除樂善之名，不見史傳外，其他三人，皆世所習知也。由此以言，有才者，多遭困厄而求發跡，既發跡而又多遭遷逐之苦；乃覺富貴榮華，其受用不過如此，是皆不若隱居樂道之爲愈。故七里灘之嚴子陵，陳摶高臥之陳摶等，乃成士林追慕之對象。如陳摶高臥第二折云：「想他那亂攘攘紅塵內爭名利的愚人。更和那，鬧攘攘黃閣上爲官的貴人。爭如這，閑搖搖華山中得道的仙人。一身。駕雲。九垓八表神遊盡。覷浮世暗中哂。坐看蟠桃幾度春。歲月常新。」（梁州第七）又第三折云：「身安靜宇蟬初蛻，夢繞南華蝶正飛。臥一榻清風，看一輪明月，蓋一片白雲，枕一塊頑石。直睡得陵遷谷變，斗轉星移。長則抱元守一。窮妙理，造玄機。」（三煞）於此兩段曲文中，作者除藉陳摶之口描述隱居者之逍遙自在外，而又嘲諷爭名奪利者之紛紛攘攘，有一種夷然不屑，視富貴如浮雲之氣概，此正爲元人受蒙古族高壓政策後之一種反響。因而元朱經序青樓集云：「我皇元初並海宇，而金之遺民若杜散人（杜仁傑）、白蘭若（白樸）、關已齋（關漢卿）輩，皆不屑仕進，乃嘲風弄月，留連光景。」杜氏專作散曲，姑置不論，白關兩家，皆以雜劇名世，與陳摶高臥之作者馬致遠約畧同時，故其心情與遭遇亦泰半相似也。

七、道釋劇（二十二本）：道釋劇相當於十二科中神仙道化。元人雜劇，取材於宗教者，道教多於佛教，蓋自太祖成吉思汗，禮遇全眞派道士邱處機而受其教以後，有元一代，歷朝君主，皆尊崇之；至元中葉以後，佛教勢力始漸興盛。當時文士，志不得伸，內心空虛，厭惡現實，而又不能潛修佛理，安於寂滅，故所受道教影響尤甚。十二科中，首列「神仙道化」，此亦風氣使然，舉凡元劇中之道教劇，蓋無一不與神仙顯示，度脫凡人有關，故青木正兒元人雜劇序說稱此等爲度脫劇。如馬致遠，爲元劇第一大家，其所作劇，即最喜取材於道教之度脫傳說。現存者如岳陽樓、任風子、黃粱夢等，亡佚者如王祖師三度馬丹陽，皆係明證。宋金之際，道教有南北二宗，北宗盛於金，元代承之，遂得獨行，即所謂全眞派是也。此派之道統傳授，大畧爲：鍾離權（道號正陽）傳之呂巖（字洞賓道號純陽），呂巖傳之王嚞（道號重陽），王嚞傳之馬鈺（道號丹陽），馬鈺傳之邱處機（道號長春）等。而東籬作品，黃粱夢，爲鍾離度脫洞賓，岳陽樓爲洞賓度脫柳樹精，馬丹陽爲王嚞度脫馬鈺，任風子爲馬鈺度脫任屠，次序井然不紊，蓋皆有本之作也。至於釋教劇，在元劇中亦有數本，其主題多爲弘法度世與因果輪迴之說，而又仙佛混淆，非盡佛說也。茲取本節所收各劇，分別論述之。

1.道教劇：凡十四本，次席依度人者時代先後排列。第一、二兩本爲太白金星；第三本爲東華仙及毛女；第四、五兩本爲鍾離權；六、七、八、九、十五本爲呂洞賓；十一、十二兩本爲李鐵拐；十三、十四兩本爲馬丹陽：

老莊周一枕蝴蝶夢　劉晨阮肇誤入桃源
沙門島張生煑海　邯鄲道省悟黃粱夢
漢鍾離度脫藍采和　呂洞賓度鐵拐李岳

陳季卿悟道竹葉舟　呂洞賓三醉岳陽樓

呂洞賓三度城南柳　呂洞賓桃柳昇仙夢

鐵拐李度金童玉女　瘸李岳詩酒翫江亭

馬丹陽三度任風子　馬丹陽度脫劉行首

2. 釋教劇：又分為弘法度世與因果輪迴兩類：

(1) 弘法度世，凡五本，其次序依時代性質先後排列：

西遊記　花間四友東坡夢　布袋和尚忍字記　月明和尚度柳翠　龍濟山野猿聽經

(2) 因果輪迴：凡三本：

龐居士誤放來生債　崔府君斷冤家債主　看錢奴買冤家債主

此類道釋劇中，有關道教之作，皆以解脫塵寰，逍遙物外為依歸。仰道德之崇高，視富貴如浮雲，痛斥一切爭名奪利，紛紛攘攘之徒，專描繪清淨淡泊，空濶無碍之神仙情趣，在苦悶不平之元代社會中，實不啻為一劑清涼散，然其可貴之處尚不只此；蓋古代文學中，凡涉及成仙成神之思想，皆係文人之自我解脫，如屈平之賦遠遊，郭璞之詠遊仙等皆是，乃專為上流階級說法者。但在元人雜劇中，則一反傳統之舊觀念。除文人本身以外，惡吏如岳壽（見鐵拐李），排優如許堅（見藍采和）、茶博士如郭馬兒（見岳陽樓）、富農如金安壽（見金童玉女）、屠夫如任屠（見任風子）、倡妓如劉行首（見劉行首）、鬼怪如柳樹精（見城南柳）、無情之草木如桃柳（見昇仙夢）等，若能省悟，皆可擺却魔障，飄然仙去。由此藉以窺知元時宗教，已步入平民化之途，而不為士大夫之專利品矣。此固研究社會與宗教史者之寶貴啓示也。

至於有關佛教之作，雖以弘法度世及因果輪迴之說爲本，實皆寫衆生平等之意。如度柳翠中之柳翠，猿聽經中之老猿，一爲低賤之妓女，一爲渾噩之野獸，亦皆因能省悟而得解脫，此正與佛家所謂萬物皆有佛性之說相符。蓋婦女修眞入道，雖出倡優之門而能堅守戒律，比之良家婦女之不能守志何如？是其作劇宗旨，亦復正大，敷衍宗門教旨極爲精微，非沈潛內典者不能率爾操觚也。

八、神怪劇（四本）：凡屬於神怪劇者，皆爲顯示靈性，叙述變異之作，即十二科之神頭鬼面也。現存元人雜劇，可以歸入此類者，其數不多。蓋因神怪劇重在關目之新穎，排場之熱鬧，若夫文字之優美，則爲次要，乃場上之戲，非案頭之曲，故在歌場不再表演之後，其劇本遂逐漸散佚。抑有進者，元代劇場之設備，戲班之組織，均較簡陋，實不適於表演大規模之神怪劇；同時，元政府亦禁止扮演此種戲曲，如元典章卷五十七，刑部十九雜禁條云：「至元十八年（一二八一）一月初二日，御史台承中書省，箚付御史呈提點教坊司申閏八月二十五日，有八哥奉御禿烈奉御傳奉聖旨，道與小李，今後不揀甚麼人，十六天魔休唱者，雜劇裏休做者，休吹彈者。四大天王休粧扮者，骷髏頭休穿戴者。如有違犯，要罪過者。仰欽此。」按十六天魔，乃元人最喜演唱之舞樂。元史順帝本紀至正十四年云：「時帝怠於政事，荒於遊宴，以宮女三聖奴、妙樂奴、文殊等十六人按舞，名爲十六天魔……又宮女十一人，練槌髻，勒帕常服，或用唐窄衫。所奏樂用龍笛、頭管、小鼓、箏、纂、琵琶、笙、胡琴、響板，以宦者長安迭不花管領，遇宮中讚佛，則按舞奏樂。」權衡庚申外史之至正十七、十八、十九年（一三五七——一三五九）各條，亦有類似記載。如明初周定王元宮詞云：「十六天魔按舞時，寶戕纓絡鬭腰肢。就中新有承恩者，不敢分明問阿誰？」又云：「背番蓮掌舞天魔，二八嬌娃賽月娥。本是河西參佛曲，把來宮苑蓆前歌。」由此可知所謂十六天魔者，乃出河西之佛曲。河西，指西夏而言，元史百官志云：「天樂署，初名昭和署，管領河西樂人。」蓋指此也。四大天王，典出佛經；佛經有四大天王：東方曰持國天王，南方曰增長天王，西方曰廣目天王，北方曰多聞天王。骷髏頭，即髑髏頭，死人之首也，莊子：「莊子之楚，見空髑髏，髐然有形。」觀此，所謂四大天王，髑髏頭等，皆舞台粧扮鬼神之形像，蓋皆爲元人所禁止者也。及至明初，政府律令：「凡樂人搬做雜劇戲文，不許粧扮歷代帝王后妃，忠臣烈士，先聖先賢神像，違者杖一百。官民之家，容令粧扮者與同罪；其神仙道扮及義夫節婦，孝子順孫，勸人爲善者，不在禁限。」（大明律講解卷二十六，刑律雜犯。）因而神怪劇始隨之發達，如周憲王朱有燉所撰誠齋雜劇，明初內廷之承應劇，皆所謂應運而生者也。至清代內廷承應之神怪劇，如勸善金科，昇平寶筏，其規模之弘大，又非明初雜劇所能比擬者矣。今錄歸入本類之四劇題目於後：

張天師斷風花雪月　桃花女破法嫁周公

洞庭湖柳毅傳書　二郎神醉射鎖魔鏡

在此四劇中，張天師、桃花女兩本，旨在說明法力之浩大與符咒之奇妙，故其劇情，詭異疊出，波瀾橫生，更雜以陰陽五行之說，森森然有鬼氣矣。至柳毅傳書與鎖魔鏡兩本，一係言神，一爲志怪，然又無不出奇制勝，蓋皆道釋劇之枝蔓也。

此等劇，雖係神怪，然又往往羼入風情之事，如張天師及柳毅傳書皆是也。張天師第三折寫天師結壇勘問風花雪月諸神一折之賓白，尤爲風趣盎然，語意雙關，而雜以詼諧；節節直逼，推揕到底，然後始轉入正文，由桂花仙子出場招供，全案始結。吾人讀之，雖知其妄而不以爲妄，反覺其平易近人，蓋美妙之文筆、風調有以致之也。又如柳毅傳書第二折寫戰爭之雄壯，前半僅以科白方式敘述之，後半涇河老龍自電母口中，聽其用曲辭描繪戰況，簡短有力，排場生動，與張天師劇之科白，同一效果。此外元雜劇中以科白取勝者，尚有老生兒、救風塵、東堂老及李逵負荊諸劇，讀元人雜劇者，固不應僅欣賞其曲辭也。

合觀以上分類所列，現存元人雜劇，雖僅一百六十一本，然各體皆備，有慷慨激烈之語，亦有旖旎風光之作，有纏綿悱惻之情，亦有神仙超妙之談；有破鏡重圓之喜，亦有骨肉分離之痛，有騷人牢愁之怨，亦有故國滄桑之感，與夫山林之美，田園之樂，時有眞摯之理與秀傑之氣，流露其間，遂爲一代之巨製；後世有作，莫之與京也。

中華民國四十九年九月于日本京都大學人文科學研究所

鄭和下西洋之寶船考

包遵彭

壹、寶船之制度

明三保太監鄭和（註一）航海下西洋（註二），爲十五世紀之盛事。氏先後七奉使，所歷南海及印度洋沿岸凡三十餘國。較之歐洲航海家哥倫布(Columbus, Christorpher 1446 or 1452-1506)甘馬（Vasco da Gama 1460-1524）等之航行，早八十至九十年（註三）。其所乘寶船（註四），爲有明一代航海船舶之巨者。向爲讀史者所稱道。惟其建造制度，明史卷三零四鄭和傳僅云：

造大船修四十四丈，廣十八丈者六十二。

因史文記載過於簡畧，其詳確之制度，甚難稽考。吾人均知，鄭和出使之寶船，大部造於南京龍江船廠，今幸傳世之龍江船廠志（註五）係直隸上海人李昭祥著。李氏係工部主事。嘉靖三十年（西元一五五一）主持廠事，時距鄭和末次出使僅百餘年，距海船之革，僅二十餘年，應有詳確記錄，供吾人今日研索考證之資。乃是書卷二舟楫志稱：「海船已革，尺度無考」。雖然，李氏固深知「海船之不可廢」，「因訪其遺制圖，以俟考焉」。其所附船圖，淸晰可辨。最堪重視者，船上置有四桅。此爲吾人於明史簡畧文字記載外，所獲得之另一具體圖式。

龍江船廠志所附四桅海船圖式，於考求鄭和出使寶船建造制度，本來價値極高。乃以明人宋應星著天工開物一書，於長期逸佚後而行世（註六）。近人因據其「舟身將十丈，立桅必兩」之說，推算四桅船之長，最多爲二十丈。遽認明史鄭傳所稱寶船「修四十四丈」之尺度，爲非事實（註七）。天工開物一書，爲明代記載造船工程之技術、法式極威權之著作。其說無可懷疑。惟準是以論明史鄭和傳與龍江船廠志之船圖，將極鑿枘難通。且明史鄭傳所謂「修四十四丈」云云，亦根本動搖。逐使此十五世紀中航行南海及印度洋之寶船制度，永爲歷史懸案。

作爲不敏，詳考明史及諸家載籍，檢討比對，得知鄭和出使寶船之制度，不惟明史鄭傳之記載爲實在，龍江船廠志所附船圖爲正確，不僅此兩說可幷存，且尚有他種制度爲前迄未爲人所認知者。

一、鄭和出使艦隊各種船舶之制度

鄭和下西洋寶船建造制度，明史鄭和傳僅簡畧言其「造大舶修四十四丈，廣十八丈者六十二」。前已論之。因明史成書在清代，當時纂修者據官私記載，不免裁剪過當，吾人今日覆檢鄭和同時代之見聞與有關之較原始之史料，必有助於寶船制度較詳確之瞭解。

馬歡爲鄭和出使之同行者，其所著「瀛涯勝覽」一書，爲考求當日出使情形極直接之紀錄，世所公認。明鈔說集本之瀛涯勝覽卷首，載寶船制度分大、中兩種。文云：

大者長四十四丈四尺，濶一十八丈；中者長三十七丈，濶一十五丈。

傳世之鄭和家譜，亦列舉大、中兩種制度云：

撥舡六十三號。大者長四十四丈四尺，濶一十八丈；中船長三十七丈，濶十五丈。

明人談遷撰國榷，於永樂三年條載：

寶船六十三艘，其大修四十四丈，博十八丈；次修三十七丈，博十五丈。

從上舉三書對鄭和出使寶船之紀載，知係來自一共同史源。明史鄭和傳有關寶船之制度，亦取材於此，祇是瀛涯勝覽、鄭和家譜僅舉大、中兩種船，而畧其他小船；國榷亦祇言大船及次等船，而不及其他等級之船。至明史鄭和傳最爲簡畧，僅言大船，而畧去中、小諸種船舶。由此，吾人可以確信，明初鄭和出使之艦隊中，實包括有多種型制之船舶。明史鄭和傳所舉之大舶尺度，僅係出使時諸種船舶中之一種。且也，不僅明史鄭和傳，即瀛涯勝覽、鄭和家譜、國榷等書，對鄭和出使艦隊中各種船制之紀錄，均屬畧舉一端，而未及全貌。

明史鄭和傳等書對鄭和出使寶船制度，既未爲完全之記載，因之。吾人勢須繼續考求。明萬曆二十五年（西元一五九七）出版之羅懋登撰說部「西洋記」，爲吾人現時所知，記載鄭和出使寶船之較詳者。此書著作時期，去鄭和出使時間未遠。且叙事多有所本，常足以補證正史（註八）。該書第十五回列舉出使寶船五種，并各該船之長濶制度與等級。文長不俱錄，茲爲列表如下：

船名	桅數	長度	濶度	隻數
寶船	九	四四・四丈	一八・〇丈	三六
馬船	八	三七・〇丈	一五・〇丈	七〇〇
糧船	七	二八・〇丈	一二・〇丈	二四〇
坐船	六	二四・〇丈	九・四丈	三〇〇

戰船	五	一八・〇丈	六・八丈	一八〇

上表所記，「寶船」制度，與明史鄭傳及國榷中大舶相近，與家譜及勝覽中之大船，更相合；「馬船」制度，與家譜及勝覽中之中船及國榷中之次船，完全相合。可知「西洋記」係有所本，其前兩船既獲確證，因此，可以推知其餘三等較小船，亦當可信據。益以后述兩等較小寶船之桅數、長度，制度依次遞減，秩序井然，尤爲可信。

蓋前舉出使寶船制度較小者，除「西洋記」所載者外，今日尚可得而考者，一爲明李昭祥著龍江船廠志卷二所載之海船遺制圖；一爲明茅元儀著武備志卷末鄭和航海圖（註九）中之寶船圖式。

按鄭和出使寶船，大部造於龍江船廠。今幸傳世之龍江船廠志，所附海船遺制圖，其價值應無可疑。該一附圖，清晰可辨。上置四桅（未掛蓬）。船面有火櫃、官倉、土墻。船舷插找多路，故後梢部高聳。最上爲望亭，梢部之鬥機板、關梢均全，最下置舵。

至武備志鄭和航海圖中之寶船圖式，於考訂寶船制度，亦同具價值。是書作者，其祖茅坤，嘗從胡宗憲平沿海倭患，鄭若曾撰籌海圖編，坤曾爲作序，故知其必爲究心海防大勢之世家，家學淵源，其圖必有祖承。此圖在武備志第二百四十卷，全名原作「自寶船廠開船從龍江關出水直抵外國諸番圖」。其全圖自南京至忽魯模斯(Ormus)，載「夷島之遠近，海行之里程，詳備眞確」西方學者如菲力卜思(Phillips)、紀里尼(Gerini)、伯希和(Paul Pelliot)、戴文達克(Duyvendak)布萊頓(Blagden)，日本學者藤田豐八等及國人范文濤等，均有專文研究論證此圖爲鄭和航程之眞確記錄（註十），且有指「圖中材料，當係和隨使官吏集歷次航行所得者」，則此圖中所載寶船圖式，無疑亦必甚眞確。查此寶船圖見於航海圖者，計四起。係一式四圖，祗觀者角度不同耳，形制與前舉海船遺制約畧相仿。

惟船面倉房稍異，後梢無望亭，其三置三桅，每桅均張滿蓬，四起船頭均東向。

第一圖，似值西北風，蓬面向東南。

第二圖，爲「錫蘭山回蘇門答剌過洋牽星圖」，似值東南風，蓬面向北，蓬索畢見，後梢下舵露於水面。

第三圖，爲「龍涎嶼往錫蘭過洋牽星圖」，風向、蓬向畧同第一圖，惟後梢下舵外露。

第四圖，爲「忽魯模斯回吉里國過洋牽星圖」，船式畧同第二圖。

各寶船與前舉海船相較，最異者爲船舷「出脚」下約當「完口棧」棧板上之地位，自頭迄梢，均有釘。

上舉龍江船廠志中之「海船」，及武備志所附航海圖中之「寶船」，雖可認爲鄭和出使西洋大綜寶船中之兩種，幷可據此等圖式約畧推知其形制，惟其較詳確之制度，仍有待於考證。按天工開物卷中云：「凡舟身將十丈者，立桅必兩。」試覆按龍江船廠志卷二舟楫志所舉各船長度與桅數之關係，經查兩桅者十種，平均身長爲七丈三尺二寸二分；單桅者六種，內除抽分座船身長七丈五尺七寸係單桅爲特例外，餘五種，平均身長四丈三尺三寸六分。大抵單桅船最長者五丈六尺，兩桅船長者八丈九尺五寸。與天工開物所言，若合符節（註十一）。此殆爲明代造船學上一項重要法式。苟據此一法式，以考覈船廠志所載四桅海船，其長試依兩桅船平均長加倍計算，約爲十四丈六尺左右；至航海所載三桅寶船，其長依單桅船平均長三倍計算，約爲十三丈左右。恰較前述五等船之船料、制度、及桅數，依次遞減。

至此，吾人得知鄭和出使西洋寶船，依其制度、性能，約可分爲七等。相倚爲用，各盡其利。茲綜合前述之論證，得其七等之制度、桅數如下：

等第	桅數	制度	出處
第一號	九	長四四・四丈，濶一八・〇丈	明史鄭和傳、鄭和家譜、瀛涯勝覽、國榷、西洋記
第二號	八	長三七・〇丈，濶一五・〇丈	鄭和家譜、瀛涯勝覽、西洋記
第三號	七	長二八・〇丈，濶一二・〇丈	西洋記
第四號	六	長二四・〇丈，濶九・四丈	西洋記
第五號	五	長一〇・八丈，濶六・八丈	西洋記
第六號	四	長約一四・六丈	龍江船廠志
第七號	三	長約一三・〇丈	武備志

右係據各家之記載，推證排比，以考求鄭和出使艦隊中各種船舶之等級、尺度，依次遞減，似已得一極嚴整之次序。雖然，每一種類之船，不必卽限於一等，如龍江船廠志舟楫志所謂：「夫戰船一也，而制以遞殺，所以辨尊卑之等，利遲速之宜。」鄭和出使艦隊之船舶，既屬多種，又分爲不同等級，讀史者固不應執明史鄭傳所舉大舶尺度之一端，以概其餘。認鄭和整個艦隊船舶爲一型制；亦不應因龍江船廠志四桅海船遺制圖，遽認其爲鄭和出使艦隊船舶之惟一型制。遂據「舟身將十丈，立桅必兩」之法式，否定明史鄭傳所稱出使寶船「修四十四丈」之尺度。要之，鄭和出使艦隊之船舶，依其制度、性能，最少實有七等。明史鄭傳所舉大舶之尺度，僅七等中之一等，亦與他種船舶，實相需爲用，同時並存。

二、「大䑸寶船」之意義

吾人認定鄭和出使艦隊，係由諸種不同性能，不同等級之船舶所組成。明史鄭傳所舉「造大舶修四十四丈，廣十八丈者六十二」，僅屬其中之一。此項認定，係整齊諸家紀錄以排比推證者。至鄭和使團遠航南海及印度洋時，是否有如此艦隊之形成，及是否還有大小各型船舶相倚爲用。仍有待明確之史文以爲證。關於此點，馬歡瀛涯勝覽常稱出使寶船爲「大䑸寶船」（見舊港、蘇門答剌、古里等條）。此「大䑸寶船」一語之正確解釋，要爲此說能否建立之最大關鍵。

漢學家麥耶兒思（Mayers）在其大著「十五世紀在印度洋之探險」(Chinese explorations of the Indian Ocean during the fifteenth century)（註十二）一文中，於其節譯前聞記時，曾見此「䑸」字，與jonque讀音相近，遂認爲此兩字皆源出爪哇語之jong，意即「大船」也。羅克布耳(W. W. Rockhill)於西元一九一五年版「通報」(T'oung Pao)發表「Notes on The Relations and Trade of China With the Eastern Avchipelago and The Coast of The Indian Ocean During The Fourteenth Century」譯文時，亦在瀛涯勝覽書首紀行詩見及此「䑸」字，兌温達（J. J. L. Duyvendak）復在其「Ma Huan veexamined」(Amsterdam, 1933)文中，注意到瀛涯勝覽本文中，此字之記載。伯希和(Paul Pelliot)「鄭和下西洋考」(Les grands voyages maritimes Chinais au de'but du Xve Siecle)一文，曾特別討論此字。氏引述西方學者著作，在西元一三〇〇年前後，即以junk(或jung)是大海中大舶之漢名。惟據其一已之研究，以所見「䑸」字之諸例，似不足爲譯作jongue之辯解。其最後之結論，認爲「無論䑸字與爪哇語之jong及吾人之jongue關係若何，要非

指jongue，乃指艦隊」。伯希和之見解誠是。惟遺憾者，伯希和幷未能檢出具體之史文，作爲是項見解之根據。

按有關鄭和出使航行之明代著作中，提及「䑸」字者，常見用於「大䑸」（見瀛涯勝覽中，舊港、蘇門答剌、古里等條；祝允明撰前聞記），「分䑸」（見瀛涯勝覽卷首紀行詩及阿丹、天方等條），「巨䑸」（見黃省曾撰西洋朝貢典錄序），「歸䑸」（同上書滿剌加條）等名詞中。「䑸」之字義雖或可以想像得之，但此字不見於何種字書，因之，迄無人曾爲完備正確之詮釋。

作者曾遍檢大明會典、明會要等類書，最後於明史卷九十一兵志（三）海防中，終於獲知「䑸」字之最明顯之意義。其文云：

且宜修飭海舟，大小相比，或百或五十，聯爲一䑸。

此條史文的出現，推翻了漢學家麥耶兒恩等輩的成說，證實了伯希和的推論，其意義明白指出以各種類型（「大小相比」）、相當數目（「或百或五十」）之海舟，以組成艦隊（「聯爲一䑸」）。一如明人沈啓著南船紀所謂「大小有制者」。李昭祥著龍江船廠志於論及小黃船時，嘗謂「料以遞減，制以遞隘」；又於論及壹百料戰船時，亦謂「夫戰船一也，而制以遞殺，所以辨尊卑之等，利遲速之宜。」蓋一龐大艦隊，海上遠航，其船舶固應大小有制，等級有別，庶能相輔相成，各盡其利。瀛涯勝覽每謂鄭和率「大䑸寶船」，正言其出使艦隊，係「大小相比」之多數船舶所聯結成者。這一史實，爲吾人前節所論鄭和出使艦隊之船舶等級，及其桅數、尺度，係依次遞減，而非爲單一型制一說，提供了又一佐證。

三、各次出使船舶之數目與種類

現在，試再就史乘中，有關出使西洋大𦪇寶船數目之記錄，以應證前說，并畧探碑刻載籍中，出使寶船具有各種不同制度之史文，以證明吾人前項論證之不誣。

第一：以史籍互校，證明史鄭和傳所舉寶船數，并非公部船數，尚有其他等第之船。考鄭和七度奉使西洋，每次出使寶船數目，僅第一次、第二次、第三次、第四次、第七次，明見於著錄。

第一次奉使，據明史鄭和傳云：「造大舶修四十四丈、廣十八丈者六十二」。談遷：國榷則云：「寶船六十三艘」。

第三次奉使，費信星槎勝覽云：「駕海船四十八號」，陸容菽園雜記亦云：「駕寶船四十八艘」。

第四次奉使，據明鈔說集本瀛涯勝覽載爲寶船六十三號。

第七次奉使，祝允明所撰「前聞記」，記載此役行程最詳，惟於出使寶船，僅云：「船號：如清和、惠康、長寧、安濟、淸遠之類，又有數序一二等號」，「船名：大八櫓二八櫓之類」。而不及其數目。幸福建長樂南山寺碑，載鄭和自述「乘巨舶百餘艘」（註十三）。

其餘各次出使船數均脫漏。近人雖有據此等記載，敷陳爲文者，惜亦同樣缺畧，未能稍有增益（註十四）

今考第二次奉使，依明史本紀云：在永樂五年（西元一四〇七）九月十三日。明史本紀、鄭和傳、南山寺碑及諸家文集均未載船數，惟明實錄卷七一，則載明「九月乙卯（初五）命都指揮汪浩改造海運船二百四十九艘，備使西洋諸國。」是第二次出使船數亦可據以考見。

又永樂十九年（西元一四二一）第六次出使，明史鄭和傳、瀛涯勝覽、罪惟錄諸書均未載船數。明實錄於永樂十九年正月、及廿年（西元一四二三）八月，述其出使還國亦未著船數，因之一般人遂覺其不可知，實則成祖實錄卷一一四載：永樂十七年（公元一四一九）九月乙卯（十三）「造寶船四十一艘」。時值第五次出使於永樂十七年七月庚申（十七日）回國之後，顯係第六次出使準備之船隻，是第六次出使船數亦可推定。

總合鄭和五度出使實船數，除少數較可信據外，餘多屬概畧或擇要列舉之數。他不俱論，如其第一次出使，明史本傳所云造大舶「六十二」之數，卽屬以偏蓋全，絕非全部船數。按鄭和第一次出使，時在永樂三年（西元一四〇五）六月已卯，此爲明史本紀所著錄。核以祝允明「前聞記」於所載第七次下西洋年月，知此乃係奉詔年月。實船自劉家河出發之始，應在秋後。在此之前，明廷爲出使西洋所造海船見之載籍者，計有四次：

永樂元年（西元一四〇三）五月辛巳，命福建都司造海船百卅七艘（明成祖實錄卷廿上）。

永樂元年（西元一四〇三），瑣里古里二國，各遣使貢馬。詔許其附載胡椒等物，皆免稅。命有司造艦舶二百五十艘，備使西洋（殊域周咨錄卷八瑣里古里）。

永樂二年（西元一四〇四）元月壬戌，命京衞造海船五十艘，癸亥將遣使西洋諸國，命福建造海船五艘（明成祖實錄卷廿七）。

永樂三年（西元一四〇五）六月丙戌，命浙江等都司造海船千一百八十艘（明成祖實錄卷三五）。

以上四起，計造海船一千六百廿二艘。其中指明專備下西洋者，卽有二百五十五艘。故明史鄭和傳所載第一次出使寶船有尺度之六十二艘，可斷言祇係大䑸寶船中之一部份，見木而未見林。該次出使，必尚有其他等級之船，實已極明顯。

第二、各次出使人數同，而寶船數却互異，此亦足證明大䑸寶船，必屬「大小相比」。

由前引記錄，明示各次出使船數者，知第一次爲六十二艘（實際上如加算海船二五五艘，應爲三一七艘）；第二次爲二百四十九艘；第三次爲四十八艘；第四次爲六十三艘；第五次不詳；第六次爲四十一艘；第七次爲百餘艘，每次出使船數參差極大。

再查各次隨使人數：

第一次有三說。一說：「二萬七千八百餘人」（明史鄭和傳）；一說：「役卒共二萬七千八百七十餘人」（談遷：國榷）；一說：「三萬七千人」（罪惟錄鄭和傳）。

第二次不詳。

第三次亦有兩說。一說：「二萬七千餘人」（星槎勝覽占城國條。陸容：菽園雜記卷三）；一說：「三萬人」（鄭曉：皇明四夷考）。

第四次爲「二萬七千六百七十員名」（當爲二萬八千五百六十人。原數見馮承鈞校注星槎勝覽占城國條引。）

第五、第六次不詳。

第七次爲「二萬七千五百五十員名」（祝允明：前聞記）。

另鄭和家譜，不著出使次數及年月者，爲「二萬七千四百一十一員名」。

平均每次出使人數大抵以二萬七千餘人爲常例。

以上各次出使船數比對人數，如認各次出使寶船爲單一制度者（即同一等級，同一型制），無疑將甚難解釋。伯希和於其「鄭和下西洋考」中，認爲「所載人數既然屢次相同，爲何船數不同呢？」（見馮承鈞譯本）。渠雖反覆推求，終未能解此疑案。實則如知鄭和大腙寶船，因史文簡畧，且原屬「大小相比」者，即可豁然貫通矣。

第三、以碑刻及史乘記載，證明鄭和各次出使寶船有多種制度，而非同一形制。

永樂三年（西元一四〇五），和第一次奉使寶船，如照上節論斷，即最低有三百一十七艘。其中除明史本傳所載「修四十四丈，廣十八丈者六十二」以外，餘二百五十五艘，必爲其他等級者。其等級爲何，雖難有載籍可憑，惟南京靜海寺殘碑（註十五），曾云：「永樂三年，將領官軍乘駕二千料海船並八櫓船……」。此所謂「二千料海船」及「八櫓船」，依天工開物之說，係以「量」及「形」定名者。姑不論其相當於若何等級，但其爲另兩種制度，連同「修四十四丈，廣十八丈者」共爲三種制度，則可斷言。

永樂五年（西元一四〇七）第二次，永樂十五年第五次，永樂十九年第六次，計此三度出使之寶船，均各爲若干種，史文缺畧，容待考。

永樂七年（西元一四〇九）第三次之大腙寶船，星槎勝覽、菽園雜記均祇言「四十八號」，而未言其等第。據靜海寺殘碑云：「永樂七年，將領官軍乘駕一千五百料船並八櫓船……」。是最少亦有兩種等第，無待煩言。

宣德六年（西元一四三一）第七次奉使之大腙寶船，前引前聞記已明言「大八櫓二八櫓之類」、「又有數序一、二等號」。又讀書敏求記西洋番國志載：宣德五年(西元一四三〇)五月初四勅南京守備太監楊慶、羅智、唐觀保，大使袁誠云：「今命太監鄭和，往西洋公幹，大小海船，該關領原交南京入庫……」。明言海船有大小，凡此均證明有甚多不同制度之船，而非同一形制者。

至此，關於鄭和航行西洋寶船之制度，吾人可以認定明史鄭和傳所謂「造大舶修四十四丈、廣十八丈者六十二」之說，不僅「六十二」之數，不是大䑸寶船之全部船數。每次奉使寶船數，亦不一致。且所舉修廣制度，亦屬諸種制度中之一種。實際上據吾人之研究，寶船至少有七種不同制度，大小相比。其船料、修、廣、桅數，係依次遞減，每次奉使遠航，均非同一型制。而係「制有等威，數有隆殺」，以「聯爲一䑸」者。

明代造船科學與技術，因如此之輝煌成就，用能高帆健艣，涉重洋，經浩渺，梯航萬國，播中華聲教，成一代海國鴻圖。

附註

註一：鄭和，時人呼爲三保（或三寶）太監。一說三保並非和之專名，同時內官呼三寶者亦有之。讀書敏求記云：「永樂十九年（西元一四二一）奉聖旨三寶信官楊敏字佛鼎、洎鄭和、李愷等三人往榜葛剌等番邦週遊卅六國公幹。」是楊敏亦名三寶。三寶壠「三寶廟碑記」王景弘亦有王三保之稱。又明史卷三三一亦有一內官名楊三保。觀此，三保似爲內官之通稱。惟史書記載，多認係鄭和初名或專稱者。如傳維鱗「明書」卷一五八鄭和傳載：「鄭和……人稱爲三保太監」；查繼佐「罪惟錄」傳廿九宦寺列傳上鄭和傳云：「鄭和初名三保」；又如「明外史」鄭和傳（圖書集成、明倫彙編、宮闈典第一百卌二卷宦寺列傳引），及「明史」卷三〇四鄭和傳均同稱：「鄭和，雲南人，世所謂三保太監者也。」郎瑛「七修類稿」卷十二云：「永樂丁亥（西元一四〇七）命太監鄭和、王景弘、侯顯三人往東南諸國，賞賜宣諭，今人以爲三保太監下西洋，不知鄭和舊名三保。」又一說如鄭和家譜云：「公和奉命三使西洋，歷事三主，至宣德六年（西元一四三一），欽封三保太監。」大概三保一名初爲鄭和之專稱，因和係內官而名顯者，後漸以三保稱其他內官。

註二：又今日南海以西之地，名爲印度洋或南洋者，明初則名之曰西洋，明史卷三二三婆羅傳云：「婆羅(Borneo)又名文萊（Erunei），東洋盡處，西洋所自起也」。

註三：鄭和航行印度洋，歷時甚久。其第一次奉使，在永樂三年（西元一四〇五）。較西班牙遣哥倫布航海，於弘治五年（西元一四九二）發現新大陸早八十七年；較葡萄牙人甘馬於弘治十一年（西元一四九八）繞道好望角發現印度新航路早九十三年。

註四：寶船一名，屢見於馬歡瀛涯勝覽。見於明史者如卷八仁宗本紀云：「罷西洋寶船」。其義，如明史卷三三二坤城傳所云：「西洋取寶之船」。在卷三〇四鄭和本傳中，固嘗言：「鄭和所取無名寶物，不可勝計。」

註五：龍江船廠志：嘉靖卅年南京工部主事上海李昭祥撰。八卷，汲古閣藏本國立中央圖書館影印，列入玄覽堂叢書續集第一一七、一一八、一一九冊卷首有泰和歐陽衢譔序。畧云：

「洪武（西元一三六八——一三九八）初年，即於龍江關設廠造船，以備公用。統於工部，而分司於都水。然官無專主，歲惟部堂劄委司官一員監督提舉司造焉。

後定都燕京，南北相距水程數千餘里，百凡取辦於南畿。船日多，工役日繁，奸弊日滋。正德（西元一五一八）十三年，議准咨吏部註選本司主事一員，居廠專理，然歲無定法，損益因革，或同或異，未有成志。嘉靖庚戌（西元一五五〇）李子元韜，由名進士出宰劇色，更歷老練，擢任新職，慨規制之弗一，患記載之靡悉，是上無道揆，下無法守也。……於是潛心盡力，博考載籍，名物、度數、沿革、始末，一一書之，越兩寒暑，且萃成爲志。授予讀之，予觀其目錄有八，首之以訓典，曰謨訓，曰典章具載焉，尊王命政令自上行之也。然訓典者何，故次之舟楫。曰制額，曰器數，曰圖式具載焉。而非人孰尸之，故次之以官司，曰郎中，曰主事，曰提舉，凡役於廠者具載焉。然人非周知其所涖，亦奚以從事，故凡廠以內曰山川、曰道里、曰署宇、曰坊舍具載焉。動資於財，故次之以斂財，曰地課、曰木價、曰單板、曰雜料，凡廠之所需者，具載焉。財聚弊生，故次之以孚革，曰律己、曰收料、曰造船、曰收船、曰佃田、曰看料、具載焉。然處之過不及其失均也，故次之以考衷，曰稍食、曰量材具載焉。七者備焉，而曰創制、曰設官、曰遺跡。有一弗詳，亦焉得爲全書，故次之以文獻終焉。」

此序對全書內容大要，畢舉無遺。於考求有明一代造船，關係至鉅。其二卷圖式，計總圖二，另有預備大黃船、小黃船，（扁淺船同）肆百料戰座船、貳百料戰船、壹百伍拾料戰船、壹百料戰船、叁板船（划船同）浮橋船、肆百料巡座船、貳百料壹顆印巡船、貳百料巡沙船、九江式哨船、安慶式哨船（大勝關哨舡同）、輕淺利便船，金水河漁船、後湖一號樓船、後湖二號樓船、後湖平船、抽分座船、快船、蜈蚣船、海船、兩頭船，共廿六圖。每圖均有圖說，詳考其源流、性質、及制度。內除快船、蜈蚣船係兵部主管外，餘均造於龍江船廠，屬工部。李昭詳親歷其役，其記載必依據舊日官檔，故極可貴。船廠志卷三官司志載：「衞河、清江（遵彭按，此指兩漕船廠）專理漕務，皆永樂以後增置。唯龍江則肇自洪武初年，專爲戰艦而設也。」考明代戰艦之建造，此書最關重要。據歐陽衢序，作者李昭詳「雲間人，予丁酉（西元一五三七）主試應天取士也」。據船廠志卷三，於註選主事（六品）下，李昭詳自註：「直隸上海人，嘉靖丁未（一五四七）進士，歷知縣，嘉靖卅年任」。

海船遺制圖，載卷二舟揖志第卅六頁。

註六：天工開物一書，爲明末崇禎十年（一六三七）江西省學者宋應星所著中國農工業技術史巨著。入清後除「古今圖書集成」（一七二五年撰成）及「授時通考」「光緒雲南通志」少數書籍引用外，未被四庫提要所採錄。一度逸佚。幸在日本，尚能保藏明刻本，幷普遍覆刻，影響極大，其詳可參閱日本人文研究所藪內清等所撰「天工開物之研究」一書。（中華叢書委員會有譯本）作者宋應星，明史無傳。丁文江先生曾撰「奉新宋長庚先生傳」，其詳。日人吉田光邦先生亦曾增補若干史料，刋於「科學史研究」（第十八號）。

是書爲國人所重視，要歸功於丁文江，丁氏從雲南通志礦攻篇引文，獲知此書，遂多方搜求，適留日學生章鴻釗携回日版管生堂本。由陶湘於民十六年刋行。繼陶本之後，民十九年上海華通書局複刻刋行。民廿五年上海世界書局再爲刋行，民國四十四年，中華叢書委員會，再據陶本景印。是書在日本學術上之影響，藪內淸有「關於天工開物」一文（載於「天工開物之研究」）已詳述之。歐洲學者中，勃氏（Bretschneider）曾在其「中國植物志」討論此事，勃氏幷謂 S. Julian 氏之著作中，亦曾多次引用此書，其餘稱道者甚衆。此書分上中下三卷，卷中舟車第九，除綜論「舟」制外，列記「漕舫」、「海舟」、「雜舟」於造船技術，法式制度，引論詳明。爲研究有明一代造船之絕學，尤屬權威之作。

註七：如管勁丞者，著「鄭和下西洋的船」（載卅六年一月十五東方雜誌四十三卷一號），卽本此見解。近年國人亦有附和此說者。

註八：羅懋登二南里人，是書萬曆廿五（西元一五九七）年出版，時當倭亂，頗有追懷明初海上遠征盛業，鼓舞海權之意。原序云：「今日東事倥傯，何如西戎？……何可令王鄭二公，見當事者，尙興撫髀之思乎？」作者去古不遠，凡所記述，常足補證正史。馮承鈞譯伯希和（Paul Pelliot）著：「鄭和下西洋考」（Les Grand Voyages Naritimes Chincis audilut du xve Siecle）一書，於譯者序中卽云：「我們校勘版本，有一種成見必須打破。關於鄭和下西洋的記事，固然要考證正史同行記，以及明人所撰的那些關於四夷的記載。可是羅懋登所撰的小說西洋記，也不可忽視。因爲西洋記所根據的材料，有一部份出於馬歡書。比方瀛涯勝覽卷首的記行詩，除記錄彙編本有此詩外，他本俱闕，乃西洋記中反載有之，比較微有異文同僞誤，可是不乏可以參證的地方。我前記錄彙編本紀行詩中的『太宛米息通行商』一語，頗疑『太宛』是『大宛』之誤。及見西洋記的紀行詩，作『大家未息通行商』，乃知『太宛』確係大宛，而『米息』不是安息，確是『米息』，就是明史卷三三二米息兒亦名密思兒者之省稱。此米昔兒在西洋記中作密乞兒，元史本紀（卷四十三）中作米西兒，郭侃傳中作密昔兒，並是 Misr 之對音，蓋指埃及也。則雖小說，亦有可資考訂之處。向覺明從前也曾取西洋記所載古里國的碑文，來校訂瀛涯勝覽古里條所載碑文的錯誤。」

註九：武備志，二百四十卷，明茅元儀撰。卷首自序署曰天啓元年（西元一六二一），又曰崇禎元年（西元一六二八）恭呈御覽。是撰於天啓，付梓在崇禎元年後。元儀，明歸安人，字止生，號石民，茅坤孫也。坤字順甫，號鹿門。生正德六年，卒萬曆廿九年，嘗從胡宗憲平沿海倭寇，天啓本「籌海圖編」，有坤所作序。似曾與鄭若曾及胡宗憲輩同爲究心海防大計者。元儀幼承庭訓，武備志所附航海圖或即得之乃祖。

註十：見非力卜思(Phillips)著"The Seaports of India and Ceylon"（載王家亞州學會華北分會學報第廿卷，西元一八八五年出版，及第廿一卷，一八八六年出版）。該文曾轉載此圖。

紀里尼(Gerini)著 Researches into Ptolemy's Geography。伯希和 (Paul Pelliot) 著 Les Grand Voyages Maritimes Chinois au debut du Xve Siecle（馮承鈞譯本稱「鄭和下西洋考」商務出版）。載文達克 (Duyvendak) 著：Ma Huan Re-examined（載通報 T'oung Pao 一九三三年第卅卷）。均極稱此圖。

對此圖研究最詳者爲布萊頓(Blapden)之 Notes on Early Ma lay History 一文，載王家亞州協學會海峽分會學報西元一九〇九年第五三卷。該文就非力卜思前文轉載之圖中，自馬來半島東岸之孫姑那起，迄半島西岸之古力由不洞止地名，逐一考證。我國學者范文濤曾著「鄭和航海圖考」（民卅二年商務印書館出版）將該圖另一部分，自古力由不洞至孫姑那三段卅五處地名，續爲考釋。均符合無間。認「該圖既爲鄭和航程紀錄，圖中材料，當係和隨使官吏集歷次航行所得者。」

註十一：龍江船廠志卷二舟楫志所載舟楫圖式，除金水河漁船、後湖一號二號樓船、浮橋船、後湖平船等五種無桅，抽分船係特例，快船缺尺度無考外，茲將二桅各船、單桅各船，分別列表於後：

一表：

船名	船長	桅數	備考
預備大黃船	七丈九尺三寸	兩桅	平均每船長七丈三尺二寸二分
大黃船	八丈四尺	兩桅	
小黃船	七丈九尺五寸	兩桅	
肆百料戰座船	八丈九尺五寸	兩桅	
貳百料戰船	六丈八尺	兩桅	
壹百伍拾料戰船	五丈五尺	兩桅	
肆百料巡座船	八丈八尺	兩桅	
貳百料壹顆印巡船	五丈八尺七寸	兩桅	
貳百料巡沙船	六丈一尺	兩桅	
蜈蚣船	八丈	兩桅	

二表：

船名	船長	桅數	備考
壹百料戰船	四丈九尺二寸	單桅	平均每船長四丈三尺三寸六分
叁板船	三丈九尺五寸	單桅	

九江式哨船	三丈七尺	單桅
安慶式哨船	三丈四尺一寸	單桅
輕淺利便船	五丈六尺	單桅

註十二：載在「中國雜詩」（China Review）第三冊（一八七四至一八七五年刋）

註十三：福建長樂南山寺碑額有「天妃靈應之記」篆書六字，係宣德六年（西元一四三一）鄭和等於福建長樂南山寺所立，台灣大學方豪教授藏有拓本，國立歷史博物館四十七年「歷代石刻特展」曾將此原拓本展出。全文見馮承鈞中國南洋交通史第十章註引。

註十四：鄭鶴聲著「鄭和」（民卅三年，重慶勝利出版社出版）第四章二節，有「寶船之數量」條。附表第二次、第五次、第六次出使寶船數量均註明「未詳」。

註十五：此碑係鄭鶴聲於南京靜海寺發現，得一百四十八字。語氣仿「婁東劉家港天妃宮通番事蹟碑」（文載錢穀：吳都文粹續集第廿卷）與「福建長樂南山寺碑」。可斷爲鄭和末次南航所立。

弍、寶船之性質

鄭和下西洋寶船之制度，依吾人之考定，係大小相比。整個艦隊，約爲七種不同等第（註一）。此不同門類之船，一般言之，多兼具作戰與運輸雙重功能。各依性能，具有一定之船名（註二）。其見諸載籍者，計：寶船、馬船、糧船、坐船、戰船等名稱。各類之中，又復因應時需，有不同之特性，不同之制度。條分縷析，名目繁殊，要非本文所能盡括。茲所論者，意在專舉鄭和出使西洋大綜寶船中各類船舶之性質，而銓次疏通之。

一、寶 船

鄭和先後七奉使，明史卷三百四本傳稱其所歷「凡三十餘國。所取無名寶物，不可勝計」。因之，同書卷三三二坤城傳稱其船爲「西洋取寶之船」。李昭祥龍江船廠志卷三亦謂：「洪武永樂中造船入海取寶」。此蓋即「寶船」命名所由自。

寶船計有兩種意義。其一爲鄭和下西洋艦隊之總稱，即以「寶船」概括整個艦隊中各種等級之船名；其二，爲鄭和下西洋艦隊中第一等船名。其修廣制度爲最大。

泛稱鄭和下西洋整個艦隊各等船艦爲「寶船」者，馬歡瀛涯勝覽舊港、蘇門答剌、古里等條所謂「大綜寶船」一語，最爲明顯。此外，如瀛涯勝覽序亦謂：

永樂十一年（一四一三）癸巳，太宗文皇帝勅命正使太監鄭和統領寶船，往西洋諸番開讀賞賜。

明史卷八仁宗本紀亦說：

卽皇帝位，大赦天下，以明年爲洪熙元年，罷西洋寶船。

明書卷六仁宗本紀、明通鑑卷十八，於此亦均說「罷西洋寶船」。明仁宗實錄，則說「下西洋諸番國寶船，悉皆停止」。餘尚有他書亦統稱鄭和下西洋各等船艦爲「寶船」者。

其專稱鄭和下西洋艦隊七等船艦中第一等船名爲「寶船」者，羅懋登撰說部西洋記最明確。前已詳爲論證。在若干史書中，爲別於大綜寶船之統稱，有時亦偶稱「大舶」（見明史鄭和本傳）、或「舡」（見鄭和家譜及明成祖實錄卷一一六至一一八永樂九年六月己巳條）、或「寶舡」（見明鈔說集本瀛涯勝覽卷首）、或「海舶」（見星槎勝覽前集占城國條）等（註三）。此等船，例由正使太監鄭和等乘駕，類似近代之主力艦。例如：

一、永樂三年（西元一四〇五）六月，命和及其儕王景弘等通西西洋，……造大舶修四十四丈，廣十八丈者六十二（明史鄭和本傳）。

二、（永樂三年六月）己卯，命太監鄭和等賜勞古里、滿剌加諸國，役……寶船六十三艘（談遷：國榷）。

三、永樂七年（要元一四〇九）己丑，上命正使太監鄭和、王景弘等，……駕駛海舶四十八號（星槎勝覽前集占城國條）。

四、永樂七年，太監鄭和、王景弘等……駕寶船四十八艘（陸容：菽園雜記）。

凡此均說明「寶船」爲一種專屬正使太監乘駕者，爲大綜寶船中之主力艦。

此等寶船之製造，屬之龍江造船廠。卽世稱「寶船廠」是。李昭祥船廠志卷三官司志云：「寶船廠匠二名，洪武、永樂中造船入海取寶，該廠有寶庫」。廠隷屬工部都水司，由郎中總其事，後復選主事駐劄管理，每屆出使西洋，正使所乘寶船，必由工部督飭龍江廠承造。蓋技術、材料、什物設備均較其他等類之船，由各地方都司衛所承造者爲優，實示鄭重也。如成祖實錄卷七十六載永樂六年（西元一四〇八）事稱：

「正月丁卯，命工部造寶船四十八艘」。

「二月，命浙江金鄉等衛，改造海運船卅七艘」。

此卽寶船由工部製造餘由都司衛所承造之例證。至於一般船隻，由都司衛所承造除上述事例外，以下當再隨事討論之。

二、馬船

明史卷七二職官志工部條稱：「凡舟車之制，……曰馬船、曰風快船，以供送官物。」

馬船，明洪武十年（西元一三七七年）起建造，以運馬及備水軍進征之用。永樂後以遷都北京，遂專以運送官物。萬曆重修大明會典卷二百載：

國初，四川、雲南市易馬羸及蠻夷酋長貢馬者，皆由大江以達京師。有司用民船載送。洪武十年，令武昌、岳州、荆州、歸州，各造馬船五十隻，每隻定民夫三十名，以備轉送。後復定江西、湖廣二省，幷直隸、安慶、寧國、太平三府，造馬船共八百一十七隻。僉撥水夫二萬三百六十餘名。廣西、全州，灌陽縣造馬船廿一隻，僉民夫五百廿五名。俱隸江淮、濟川二衛，其工食料價銀両亦係原編省府徵解，永樂以後，定都北京，遂專以運送官物，及聽候差遣（註四）。

馬船亦稱馬快船，與快船相兼差撥，且亦嘗由快船改造。萬曆重修大明會典卷一四九「馬快船」條稱：「洪武初，置汪淮、濟川兩衛馬快船。南京錦衣等衛風快船，以備水軍進征之用。既建北京，遂專以運送郊廟香帛、上供物品、軍需器仗，及聽候差遣，俱屬南京兵部掌管，輪流差撥。」原條下復註稱：「萬曆二年議准，南京快船，……將一百卅隻，改爲馬船」。其修造、差撥、運送等例，俱載原書第一五八卷「南京兵部」條。考快船之爲用，與馬船畧同。龍江船廠志卷二舟揖志載：「按快船原額九百九十八隻，專以備進征也。都燕之後，乃以充進貢器物之用。」宜其一經修改，卽可爲馬船之用。

大明會典以體例關係未特載鄭和下西洋差撥馬船事，惟既有運送「軍需器仗，及聽候差遣」之例，應亦可概括之。蓋明自鄭和奉使西洋，諸番紛紛附舶朝貢。貢馬或賜鞍馬者，史不絕書。如明史卷三二六載：「永樂十年（西元一四一二），以西洋近國已航海貢琛，稽首闕下，而遠者猶未賓服，乃命鄭和齎璽書往諸國賜其王錦綵帛紗羅，妃及大臣皆有賜。王卽遣陪臣已卽丁奉金葉表，貢馬及方物。十二年至京師，命禮官賜宴，酬以馬值。比還，賜王及妃以下有差。自是凡四貢，和亦再使」。此係述忽魯母思(Ormuz)貢馬事。太倉劉家港天妃宮石刻通番事蹟碑亦記：「永樂十五年（西元一四一七），統領舟師往西域，其忽嚕謨斯國進獅子、金錢豹、西馬」。又明史卷三二五亦載，宣德八年（西元一四三三），滿剌加王來朝，「及還，有司爲治舟，王復遣其弟貢駝、馬、方物」。均爲顯例。鄭和出使之大䑸寶船中，應有馬船以載諸國貢馬或所賜諸番鞍馬，應屬必要。

三、糧　船

明糧船，淵源於元之運船。其航行於海上者，謂之遮洋船亦稱海船。其主要性能爲運輸糧食，以濟軍用。鄭和每次出使西洋，動役軍卒達二萬七千餘人。自出發至歸朝，往往需時數年，海上航行，嘗數月不泊岸，其口糧所需，自必賴糧船以運濟。

萬曆重修大明會典第二百卷糧船條謂：「糧船有二：曰遮洋；曰淺船」。又謂：「海運用遮洋船，裏河用淺船」。故鄭和大綜寶船中之糧船，應爲遮洋船。

按遮洋船，沿自前元舊制。天工開物卷中漕舫條云：「元朝混一，以燕京爲大都。南方運道，由蘇州劉家港、海門、黃連開洋，直抵天津。制度用遮洋船。永樂間因之」。同書海舟條又云：「凡海舟，元朝與國初運米者，曰遮洋淺（淺字疑衍）船」。船廠志卷二舟楫志海船圖式說明引南船紀曰：「海船者，卽元之運船也。元都燕，輓東南之粟，由海道入直沽，國初因之」。此卽謂明代糧船中之遮洋船，係因襲前元舊制，同時說明遮洋船，亦卽海船。

海船裝載量極大。大者爲一千石。如明史卷一五三列傳四一宋禮傳載：

計海船一艘，用百人而運千石。

明史卷七九食貨志(三)漕運章載：

禮以海船大者千石，工窳輒敗。

明史卷八六河渠志(四)海運章載：

成化廿三年（西元一四八七），侍郎邱濬進大學衍義補，請尋海運故道，與河漕竝行。大畧言：海舟一載千石，可當河舟三。

增修漕船志卷六法例章載：

且如造千料海船一隻，須用百人駕駛，止運得米一千石。

凡此史文，均證明海船亦即遮洋船每隻裝載千石。極少例外。揆以明人以「量」名舟之義，凡裝載一千石之船，時亦稱「一千料海船」（註五）。

前引天工開物云：「凡海船，元朝與國初運米者，曰遮洋淺船（淺字衍）；次者曰鑽風船。」學庵類稿亦云：「先是海運船有千料者；有四百料者，名鑽風海船。」這說明海船有兩等。一爲「一千料海船」，一爲「四百料鑽風海船」。後者據天工開物載，又稱海鰍船。

糧船計分兩種，一遮洋船及鑽風船，係航行於海上亦稱海船，已如前述。另一種稱淺船用於裏河。永樂十三年（西元一四一五）後專作漕運，時又稱漕船或漕舫。惟淺船則係由海船改良而成。據明史卷七九食貨志三漕運章載：

自濬會通河，帝命都督賈義、尚書宋禮，以舟師運。禮以海船大者千石，工窳輒敗，乃造淺船五百艘，運淮、揚、徐、兗糧百萬，以當海運之數。平江伯陳瑄繼之，頗增至三千餘艘。

依此紀錄，知宋禮爲淺船最早之設計者，其設計淺船之動機，係鑒於千料海船工窳輒敗，乃造淺船運行裏河。至遮洋船與淺船制之關係則尙未明言。學庵類稿記載較詳。云：「永樂十年（西元一四一二），宋禮改四百料爲淺船五百艘，每船受米二百石。」是明顯說明其據四百料鑽風海船所改造。天工開物卷中漕舫條云：「平江伯陳某，始造平底船，則今糧船之制也。」是又說明平江伯陳瑄繼宋禮後再予改良，始造平底淺船，遂爲糧船定制，增修漕船志三船式章，更指出其船制與性能云：「淺船以海船得名。濶欲承載之多，淺欲盤剝之易。」據此，淺船與海船之關係，亦可明瞭矣。

抑有進者，一般海船，雖較淺船制度爲大，載量較多，然亦止於沿海航行。凡遠征海外者，其制度工費則更巨。天工開物卷中，海舟條云：「凡海舟，元朝與國初運米者。曰遮洋淺船，次者曰鑽風船。所經道里，止萬里長灘、黑水洋、淺門島等處。若無大險。與出使琉球、日本暨商賈爪哇、篤坭等舶，制度工費不及十分之一。」是知鄭和艦隊中之海船，又非尋常遮洋海船可比。

海船之性質及相關之問題既明，請再畧述鄭和下西洋大䑸寶船中需要及建造情形。成祖實錄卷二七，永樂二年（西元一四○四）條載：

正月壬戌，命京衞造海船五十艘。癸亥，將遣使西洋諸國，命福建造海船五艘。

大明會典卷二百「船隻」條載（成祖實錄卷七一永樂五年九月條同）：

永樂五年，改造海運船二百四十九隻，備使西洋諸國。

以上爲明顯說明建造或改造海船，以備出使西洋者。此外據有關建造海船時期之紀錄，與出使年月比對，可以推定其爲鄭和出使西洋之用者，不及一一抄錄。迄永樂廿二年（一四二四）八月仁宗即位，明詔「罷西洋寶船」止，幾史不絕書。此與上述史文中，明言「備出使西洋」者，固同爲出使艦隊中運糧載物之重要船舶。

明廷曾下令特建海船，使參加出使之艦隊，官書如大明會典、成祖實錄已紀載如前，鄭和出使西洋之艦隊中，有海船參加活動，鄭和隨行人員亦有明確記錄。如記錄彙編本星槎勝覽花面國（Battak）（瀛涯勝覽一作那孤兒）條云：「其國與蘇門答剌鄰境。……我朝海船駐扎蘇門答剌。差人船於其山採取硫黃。」

此等海船，多屬各地都司所承造，在鄭和出使艦隊中，海船雖作運糧載物之用，惟海外遠征，各船須均具備自衞作戰能力。故海船於出使外，亦作防衞用（註六）。

四、坐船

坐船，以搭乘人員爲主，兼具作戰之性能。

羅懋登西洋記卷一第十八回曾述鄭和大綜寶船之編組。即「每五船爲一哨，每二哨爲一營。每四營設一指揮官統領指揮。」蓋坐船亦可能爲哨、營指揮統領指揮船。史闕有間，其詳已難稽考。僅沈啓著南船紀（註七），畧述四百料戰座船、巡座船之梗概。

戰座船，是一種海上指揮之船，南船紀曰：「戰船曰座，卽邊營陸寨之帥幕也。號令之所以整齊者，是經畧之所以指示者，是威靈之所以震耀者，是窺伺之所以寢息者，是規制其可以簡陋乎哉。是故桅標大纛，屯營以準；稍翼方亭，遠敵以覘，艅艎中敞，帷幄以尊，艢雉外周矢石，以桿艤技。齒列馳驟以騰浪板掌鋪奔突，以便弩穴矛窗，攻擊以利。要其偉式，迨樓船之軌範與！夫樓船之爲器也，大而雄，堅而利，用之驅浪乘颷，正如滄溟鯨運波濤，駕旋轉之威；霄漢鵬搏風雲鼓扶搖之勢，有不戰而先奪人之心者矣。此自古迄今，所不能改與。稽其尺度，頗爲適宜，過此恐難爲馭。善陣者，毋令越其制云。」

巡座船，是一種海上巡邏之船。按立法之意，「有警用戰，無事用巡。」形制壯觀，惜無俾實用。南船紀嘗論曰：「巡邏之政，或據扼要害以探其出沒，或搜剔荒僻以發其埋藏，或混雜輳集以覘其嘯傲，或隱伏坳曲以幾其閃縮，多方緝伺，皆以我之無形，致彼之有形也，輕橈健棹，雲掩星馳，猶懼爲其所覺，而何有座船之壯麗，反示之有形也哉。或總戎以身殉國，欲與士卒分勞而設也。果欲分任其勞，又不必座船之逸暇矣。若止欲爲壯觀圖，則不貲之費，必將啓憂國救時者之經畧。」因此，李昭祥船廠志主張「宜合戰巡而一之。操練以觀其進退之常，巡邏以習其應變之畧。奇正幷用，緩急從宜，則船不虛設，而臨事爲有備矣。」

五、戰　船

明史卷七二職官志工部條載：「曰備倭船、曰戰船，以禦寇賊。」戰船，卽籌海圖編所謂之「兵船」（註八）。種類甚多，籌海圖編列舉有明一代海上兵船有十五種，明史兵志所舉則較多。其制度懸殊，性質廻異。龍江船廠志卷二舟楫志云：「夫戰船一也，而制以遞殺。所以辨尊卑之等，利遲速之宜也。」

明史鄭和傳云鄭和大綜寶船，「以次偏歷諸番國。宣天子詔，因給賜其君長，不服，則以武懾之。」查繼佐罪惟錄傳廿九宦寺列傳，則稱其「宣威海外，一破國都，再擄逆命王，三擒大盜酋。」凡此擒王摧敵之奇勳，固多賴戰船之功。

明季戰船，蓋自嘉靖（西元一五二二——一五四五）以來，東南日備倭，故其制特詳備。然洪武永樂（西元一三六八——一四二四）之初，迄鄭和七度奉使時止（西元一四三〇至一四三三），戰船種類，固未必如明史、籌海圖編、武備志諸書所載名目之繁。因之，鄭和大綜寶船中，亦不必舉各類戰船而盡有之，當時戰船性質如何，以史籍記載甚少，致難詳論。茲畧舉明季盛行之戰船數種，以見其大概及演化之跡。

廣船：廣船有大戰艦、尖尾船（屬新會縣）、大頭船（屬東莞縣）之名。總名「烏艚」。明史兵志云：「海舟以舟山之『烏艚』爲首。」蓋舟山亦有此船式也。又有橫江船數號，其稱白艚者，福建式也。阮元：廣東通志卷一二四海防畧二戰船條註云：「其飄洋者曰白艚、烏艚，合鐵力大木爲之。形如槽然，故曰艚。首尾又狀海鰍，白者有兩黑眼，烏者有兩白眼。海鰍遠見以爲同類，不吞噬。」明胡宗憲撰「籌海圖編」卷十二兵船，附有廣船圖式三，茅元儀撰武備志亦有附圖及圖說。其圖說云：「其制下窄上寬，狀若兩翼。在裏海則穩，在外洋則搖，」惟梁夢龍於其海運新考卷上「成造船式」條，歷述元代海鵬船、明代一千料海船、四百料鑽風海船後，認海運中，「廣東烏尾船，梁高三四丈者，更利」（註九）。成船材料爲鐵力木，粤產。較松杉爲堅實。

福船：福船高大如城，明史兵志謂「能容百人，底尖上濶，首昂尾高，舵樓三重。帆桅二傍護以板。上設女牆及礮床，中爲四層，最下實以土石，次寢息所，次左右六門，中置水櫃，揚帆炊爨皆在是。最上如露台，穴梯而登，傍記翼板，可憑以戰，矢石火器皆俯發，可順風行。」適於順風行，故有缺點。王圻續文獻通考稱：「高大如城，非人力可驅，全仗順風順潮，而回翔有所不便。又其吃水深，惟利空濶大洋，在裏海則易膠淺，須跟哨船接濟，故又有海滄船之設。」

福船係福建船之總稱。包括種類至多。王圻續文獻通考福船論，認海滄船、草撇船、蒼山鐵三者，「此皆福船之別名而異用也」。其海船論又曰：「福船有三種，上焉者謂之大福船，次者謂之海滄，又次者謂之草撇，皆福船也」。合言之，是實認福船有四種。茅元儀武備志卷一百十六大福船圖說，則認「福船有六號，一號二號俱名福船，三號哨船，四號冬船，五號鳥船，六號快船」。按所謂哨船者，即前說之草撇船；冬船者，即前說之海滄船；鳥船者；即舊之開浪船；快船與鳥船大體相同，祗稍小耳。

如前所述，「夫戰船一也，而制以遞殺」。據龍江船廠志卷二舟楫志記載，除已舉之肆百料戰座船、肆百料巡座船外，其屬於戰船類者，尚有弍百料戰船、壹百伍拾料戰船、壹百料戰船。至叁板船、划船，「名異而制同，蓋戰船之極小而最捷者也」。（註十）至鄭和出使艦隊中之戰船，除前已考知其桅數、長、濶制度外，究屬上舉何類性質，尚待研究。

附註

註一：詳前節。

註二：明代船名係依性能確定，如現代之巡洋艦、驅逐艦、運輸艦等是。至船號，則係指每一船隻之稱號。祝允明之前聞記有云：「船號如清和、惠康、長寧、安濟、清遠之類，又有數序一二等號」。

註三：天一閣本星槎勝覽海舶作「海船」，明代若干史書中對「海舶」「海船」常互用。如明仁宗實錄永樂廿二年條云：「下西洋諸番國寶船，悉皆停止……各處修造海舶，悉皆停止」。實錄在此所稱海舶，即非指寶船，而係指各都司承造之海船（糧船）。詳見後文考證。

註四：國立中央圖書館藏經廠刊本卷二百第六至七頁。

註五：承載若干「石」之船，即稱爲若干「料」之名。有甚多史文足資明證。如何引漕船志卷六法例載：「且如造千料海船一隻，須用百人駕使，止運米一千石」。同卷又稱：「都御史俞公諫、總兵官楊公宏奏：切照漕運糧儲四百萬石，原額船一萬二千一百四十隻，每隻該運正糧三百三十石，耗糧一百卌二石，名爲四百料淺船，以便裏河駕運。此皆先朝大臣經畫良法，行之歲久，運無廢事」。

註六：如明史卷九一兵志三海防云：（洪武）「五年（西元一三七二）命浙江、福建造海舟防倭」。再後更有將內官出使外之海舟用以防倭者。如續文獻通考卷一百卌二兵考舟師水戰條載：「宣宗宣德十年（西元一四三五）三月，罷浙江水寨海船，仍設快船，哨備浙江沿海地方。洪武間立衞所、置哨船，分守應援，倭不敢犯。永樂間（西元一四〇三——一四二四）內官使海外回，請調集官軍駕駛海船於沈家門，立水寨守備，自是屢患倭寇。至是有言海船重大，非得順風使潮不能赴援。宜復洪武（西元一三六八——九八）之舊，改爲快船。各依衞所守備於港口哨瞭，彼此應援爲使，會議行之」。此言海船重大，作戰赴援不便。故浙江水寨於宣德十年（西元一四三五）罷去之。談遷：國權宣德十年三月亦有相同記載。且知爲時吏周頌所建言。均證永樂間曾以出使海船作防禦海寇用。

註七：南船紀，四卷，沈啓著。沈啓直隸吳江人。嘉靖戊戌進士，嘉靖廿年（西元一五四一）以營繕司主事兼理督造。念船務煩瑣，案牘汗漫難稽，作南船紀四卷。

註八：胡宗憲籌海圖編十三卷，天啓間刻本。國立中央圖書館藏。是書爲研究明代兵船最重要之參考書。

按是書實爲明鄭若曾撰。嘉靖辛酉初刻。傳世有明隆慶重刊本。前淸華大學圖書館藏。每卷次行均明白標題「崑山鄭若曾輯，男應龍、一鸞校」。若曾字伯魯。號開陽，崑山人，嘉靖初貢生。嘗佐胡宗憲幕。平寇有功。著有「江南經略」、「籌海圖編」、「八閩志」、「武林志」、「日本圖纂」等書。四庫目並著錄有「鄭開陽雜著十一卷」。明天啓四年，胡宗憲曾孫維極重梓是書，改題「明少保新安胡宗憲輯議」。因之，黃虞稷千頃堂書目、明史藝文志、四庫全書總目，均題「明、胡宗憲撰」。以後各書目亦多因之。近人繆鳳林氏於國學圖書館第二年刋中，著「明人著與日本有關史冊提要四種」，已詳論其僞，幷定是書爲鄭撰。迨王庸於清華週刋第卅七卷第九第十期文史專號中，發表「明代海防圖籍錄」，引施鳳笙君長文，幷備錄隆慶重刻本題序，益證鄭若曾撰之說無疑。隆慶本計有吳鵬、唐樞兩序，另有若曾自撰「刻籌海圖編引」，天啓本均刪去，蓋出胡氏後人私意掠美。

此書共十三卷。其卷十二經畧三，專述「兵船」。計有廣東船圖說、大頭船圖說、大福船圖說、草撇船圖說、海滄船圖說、開浪船圖說、高把梢船圖說、艟𦩟船圖說、蒼山船圖說、八槳船圖說、鷹船圖說、漁船圖說、網梭船圖說、兩頭船圖說、蜈蚣船圖說、船椗圖說、兵船總說、兵船梢手論諸篇。內除大頭船、尖尾船及高把梢船僅有圖式無說外，餘說文均詳明。

註九：明、梁夢龍等撰海運新考，萬曆六年眞定知府錢普刋行。三卷三冊。引文見萬曆刋本第三十二頁。

註十：明代海上戰船，見於明史兵志著錄者，尙有多櫓快船、火船、沙船、鷹船、十裝標號、軟風、艟𦩟、網梭船、蜈蚣船及兩頭船等種。見於明史稿著錄者，有八掛六花船、車輪舸、破船舸、鴛鴦槳、子母舟等名。他書著錄者尙多。其性質制度，詳作者另文「明代造船志」稿。

三　龍江造船廠

一　建置

龍江船廠，爲鄭和下西洋寶船所從出，其建設規模，極恢宏嚴整，龍江船廠志卷四建置志稱：「洪武初，卽都城西北隅空地開廠造船。其地東抵城濠；西抵秦淮街軍民塘地；西北抵儀鳳門第一廂民住官廊房基地（原註：濶一百三十八丈）；南抵留守右衞軍營基地；北抵南京兵部苜蓿地及彭城伯張□田（原註：深三百五十四丈）。後因承平日久，船數遞革，廠內空地，暫召軍民佃種，止當南北水次各一區，以便工作，畎澮中界，而廠遂分爲前後矣。二廠各有溪口達之龍江，限以石閘板，橋以時啓閉。東南隅舊有短垣，西北阻洳艱版畚。泓治四年（西元一四九一），主事王鐶作木柵以補其缺。周繞二廠，各置水閘以幾出入，守者便之，歲久而廢。南爲廠門三間，路由馬鞍山下逶迤屬之通衢。嘉靖十五年（西元一五三六）主事王利建工部分司坊於路口（原註：今易其額曰「龍江船廠」），又因路苦淖悉甃以磚。廠內有分司、提舉司、幫工指揮廳各一區，蓬廠一所云。」

至各部門建造形勢及經過，建置志云：

一、工部分司：建自成化初年，坐東向西，前有池，跨石爲梁。正德十四年（西元一五一九）主事王煒增建後廳三間，左右廂房以爲寢室，嘉靖七年（西元一五二八）主事方鵬建儀門及牌坊三座（原註：中曰「工部分司」，左曰「監收」，右曰「督造」）。又立分司題名碑，十七年主事張瀚建吏樓於門之左右隅。二十六年主事裘衍建希侃堂於儀門之北，依穀亭於堂左。二十八年燬於火，室宇蕩盡，唯希侃堂僅存（原註：今改題曰「景陶齋」）。三十一年主事李昭祥重建，視舊制稍崇廣之，改爲南向，別作吏隱堂於左，以爲衙舍，又遷三坊於前而新之，易其額（原註：中曰「水衡別署」，左曰「省試」，右曰「監督」）。鑿井疏泉，插柳移竹，於是方隅不倚，規制整肅，葱鬱幽雅，與馬鞍諸峯爭勝矣。

二、提舉司：國初創建，堂寢門廡，靡不備具，左爲幕廳吏舍。正德十四年（西元一五一九）提舉郭彥實重修，嘉靖十六年（西元一五三七）提舉劉子貞增建儀門及寢室於堂後。二十二年提舉鄒亨立題名石。二十六年（西元一五四七）提舉鄒瓊即幕廳故址作小堂三間，司後爲油麻庫，左右各八間，歲久而圮。三十一年提舉龔佶重修之，庫後爲提舉副提舉廨宇各一區。今皆垂廢，僅存形制焉。

三、幫工指揮廳：坐廠東北隅，西向。前後各三間。左右廂房。

四、蓬廠：坐分司之北，先年打造海船風蓬之所也。內有房十連（計十六間），收貯船料，今俱廢，唯牆垣僅存，折船舊板，收積其中，既無葢茨，日就腐爛，是房之建，殆廠務之不容已者云。

五、細木作房：六間，在分司西南。

六、油漆作房：四間，在分司西北，舊房與分司同災，三十一年（西元一五五二）重建。

七、蓬作房：三間，在提舉司北。

八、鐵作房：四間，在提舉司西北路北。

九、蓬作房：

十、索作房：

十一、纜作房：以上俱廢。

十二、看料鋪舍：一所，在後廠路口。

又據龍江船廠志卷五歛財志地課條載：「國初設廠以來，廠外原有田地塘埂，遞年召人佃種。比照稅糧計畝出辦桐油黃麻，收貯司庫，以待修造黃戰等船之用。不敷又將瓦屑壩，抽分場空地俱撥提舉司召佃，亦照前例徵辦油麻。」是船廠尚有瓦屑廠，抽分場等部門。

二、員　役

明法，凡河梁舟楫之事，在兩直隸者，皆隸都水司，由郎中總其事。

龍江船廠，初設提舉，綜理造船業務，繼設分司，掌督察之任，後復添選主事駐劄，專理船務，其嬗遞演進的關係，李昭祥曾有說明謂：「龍江廠所司特船務爾，提舉董之矣，分司所居，司督察也。……謂提舉官卑秩下不足倚，遂疏請專任部屬，時往督察，於是分司建焉。然廠部相去二十里而遙，官多攝事，莅不以時，蠹者未盡幹，媮者未盡飾，奸宄之侵漁而詭迹者，未盡麗於法也。復請添選主事駐劄，專理夫船務一也（註一）。」

郎中之官：據明史卷七十二職官志工部條載：「營繕、虞衡、都水、屯田四淸吏司各郎中一人」。原注：「正五品，後增設都水司郎中四人」。按郎中實非爲船廠設也。然船務無巨細，必關白之。歷朝任郎中名籍可得而稽者，龍江船廠志卷三官司志載：

洪武時（西元一三六八——一四〇二）：

張□（名缺）

王溥

薛□（名缺）

杜永中

劉彬

永樂時（西元一四〇三——一四二四）：

向善

易華

周□（名缺）

張思忠

宣德時（西元一四二六——一四三五）：

李源

正統時（西元一四三六——一四四九）：

（缺）

景泰時（西元一四五〇——五六）：

王□（名缺）

天順時（西元一四七五——六四）：

蔡□（名缺）

劉昌（四年任）

劉春（六年任）

陳浩（八年任）

成化時（西元一四六五——八七）：

潘傑（四年任）

黃會（十一年任）

張縉（山西人，十六年任）

張本（浙江人，十九年任）

彭鏦（二十三年任）

弘治時（西元一四八八——一五〇五）：

盧勗（元年任）

安康（三年任）

司馬堯（浙江山陰人，六年任）
金祺（浙江麗水人，十年任）
曹稡（直隸歙縣人，十三年任）
汪璿（直隸黟縣人，十五年任）
汪金恩（浙江人，十八年任）
正德時（西元一五〇六——二一）：
徐潭（浙江錢塘人，一年任）
李汎（直隸歙縣人，四年任）
邢珣（直隸當塗人，八年任）
盧學書（江西淸江人，九年任）
陳伯安（錦衣，籍湖廣黃陂人，十年任）
徐愛（浙江餘姚人，十年任）
吳士典（福建龍溪人，十二年任）
張漢（湖廣安陸人，歷本司員外郎，十四年任）
劉守達（直隸開州人，十五年任）
方選（江西浮梁人，歷本司主事，十六年任）

嘉靖時（西元一五二二——六六）：

祝亨（應天江寧人，三年任）

李鳳（山東昌邑人，四年任）

盧蕙（直隸山陽人，六年任）

倪霦（應天上元人，七年任）

林維翰（廣東番禺人，八年任）

劉讓嶼（江西安福人，十一年任）

狄冲（應天溧陽人，嘉靖癸未進士十二年陞任）

鄧文憲（廣東新會人，十三年任）

涂相（江西南昌人，十七年任）

薛媥（直隸魏縣人，十七年任）

陳文浩（福建閩縣人，嘉靖壬辰進士，歷二十一年陞任）

鄭汝舟（福建莆田人，嘉靖壬辰進士，歷本部主事員外郎，二十二年陞任湖廣按察司僉事。）

金椿（浙江山陰人，嘉靖丙戌進士。二十四年陞任。尋陞廣東瓊州知府。）

李愚（河南祥符人，二十七年陞任。）

鍾卿（廣東東莞人，嘉靖己丑進士，歷戶部郎中，謫官，二十九年由府同知陞江西九江知府。）

張珪（直隸太倉人，嘉靖壬辰進士，歷南京刑部郎中，謫官，三十一年由府同知陞任。）

楊九澤（陝西華陰人，嘉靖戊戌進士，由御史謫官，歷任南京戶部員外郎，三十二年陞任。）

主事：正德十三年（西元一五一八）以前，督造之責未有專屬，或員外郎或主事，隨時承委，禪代靡常。今皆無可考矣。獨其留心廠務，著有政績者，猶可得而紀焉。

司馬堯（弘治二年以都水司員外督造，查復廠地為富民侵幷者四頃五十餘畝。歲增油麻以千數。）

王　鐶（弘治四年以都水司主事督造。因廠地四曠，乃立木柵，自幫工廳直抵前廠，延袤二百餘丈，守者稱便焉。）

沈　啓（直隸吳江人，嘉靖戊戌進士。嘉靖二十年，以營繕司主事兼理督造，念船務煩瑣，案牘汗漫難稽，作南船紀四卷，至今賴之。）

正德十三年（西元一五一八）後，乃註選主事駐劄管理，責任既專，而防範益密矣。明史卷七十二職官志工部條註稱，主事「正六品，後增設都水司主事五人」。駐龍江船廠者即其一也。船廠志卷三官司志，錄正德十四年（西元一五一九）後駐選主事計九人，迄嘉靖三十年（西元一五五一）後缺。此九人計：

劉夢詩（江西永新人，正德進士。十四年任，陞南京刑部郎中，歷陞兗州知府，河東鹽運使。）

王　煒（順天固安人，正德進士。十六年任，陞禮部郎中。）

方　鵬（直隸建德人，嘉靖丙戌進士，五年任。歷陞戶部員外郎中按察僉事。）

陳茂義（浙江慈谿人，嘉靖己丑進士，歷吏部主事，謫官。九年任。歷陞兵部車駕司郎中，廣西參謀。）

王　利（山東陽信人，嘉靖中舉人，歷知縣十三年，改任工部主事。歷陞郎中山西僉事。）

張　瀚（浙江仁和人，嘉靖乙未進士，十六年任。改刑部主事郎中，陞廬州知府。）

陳　津（直隸長洲人，嘉靖中舉人，歷知縣。二十年任。陞南京兵部職方司郎中致仕。）

裘　衍（江西新建人，正德丙子舉人，歷推官，嘉靖二十五年任。陞本部虞衡司郎中致仕。）

李昭祥（直隸上海人，嘉靖丁未進士，歷知縣。嘉靖三十年任。）

提舉：龍江提舉司提舉一員，正八品；副提舉二員，正九品；典史一員，未入流。沈啓南船紀稱：「提舉之職，專掌戰巡等船之政令。凡工之將興也，經始畧事，鳩工度材。及其興也，協其法式，禁其奇衺。又其旣也，比其工而秩其稍食；幾其貨而陳其要；會出其船，而詔其器數。上之部司，以聽部司之考覈焉。又以朔望之期，聽中軍都督府之治也如之」。正德十三年（西元一五一八），裁革副提舉一員，典史一員。嘉靖九年（西元一五三〇）僅存之副提舉一員，亦因副提舉張秀之去，不復選。止存提舉一員而已。其在弘治（西元一四八八——一五〇五）以前者，事績莫詳，名姓亦不可考。

提舉：

凌　鶴（應天江寧人，弘治八年任。）

張　赴（山東商河人，正德二年任。）

鞏　瓚（河南杞縣人，正德五年任。）

梁　清（廣西鬱林人，正德九年任。）

郭彥實（陝西涇陽人，正德十三年任。）
權　令（直隸霍丘人，嘉靖六年任。）
遲　議（直隸潁上人，嘉靖十二年任。）
劉子貞（江西安福人，嘉靖十六年任。）
鄒　亨（江西清江人，嘉靖二十年任。）
鄒　瓊（江西南昌人，嘉靖二十五年任。）
龔　信（江西南昌人，由中書謫都司檢校，嘉靖三十一年陞任。）

副提舉：

榮　濟（山東曹縣人，弘治三年任。）
張希德（湖廣石首人，弘治十年任。）
尹　貴（江西貴溪人，弘治十一年任。）
苟　賢（河南新鄭人，正德三年任。）
劉　晟（陝西渭南人，正德十三年任。）
柯正國（四川雲陽人，嘉靖四年任。）
張　秀（直隸新城人，嘉靖七年任。）

此外，司吏二名，一人匠科，一計料科。幫工指揮千戶百戶各一員。五年一次兵部考選勤者充之。受中軍都督府、操江都察院之約束。督率駕船官軍，在廠協濟小工如擡板、舂灰、拽鑽之類。造船成時，即上其數於府院，以聽其調度。

造船工匠，我國沿江沿河各地及沿海省分，所在多有。惟海舟及戰艦，明代則以江浙、湖廣、福建一帶濱江海之船戶技術爲優，又以閩中爲最著。如台灣大學藏夏子陽使琉球錄抄本云：「造船艦匠有二，在河口者能知尺寸、守成規，而不能知斟酌時宜；在漳州者善用料、務堅緻而不能委曲細膩，皆各有短長。」明史卷三二三琉球傳載：「嘉其修職勤，賜閩中舟工三十六戶，以便貢使往來。」即是顯例。龍江船廠，自洪武永樂時起，徵調浙江、江西、湖廣、福建、南直隸濱江府縣居民四百餘戶來京造船，隸籍提舉司，編爲四廂。各選專長。計：

第一廂：出船木梭、櫓、索匠。

第二廂：出船木、鐵、纜匠。

第三廂：出艌匠。

第四廂：出棕、蓬匠。

每廂分十甲。甲有長，擇其丁力之優者先之。長統十戶。每廂輪派甲長一人，在廠給役，季一更之。歷年既遠，匠戶皆失其故業，且消長不齊，至嘉靖二十年（西元一五四一）存者二百四十五戶，又戶丁多寡懸絕，按戶平均分擔役務，顯不公允，故流亡日甚。至三十年（西元一五五一），戶不及二百矣。於是重新審查編組。廂均其甲，甲均其戶與丁。始稍復舊規。惟船政煩苛，匠作漸趨他役。造船技術日形式微。

爲督率幷考核造船工匠，船廠特由匠戶中，擇其丁力有餘行止端慤者，充作頭，額定四十五名。舊制船木作、作各四名。蓬作、索作各二名。鐵作、纜作、細木作各一名，共十五名。歲歲不易。後分三班，役一休二，週乃復始，三年而一審之，覈其貧弱者更之。另上作頭十六名，工部各所局所轄，不屬提舉司。故稱「上」以別之。每遇預備等船興工，提舉司作頭所不能辦者，則暫撥管理。

雜役中，尚有內官監匠三十八名，爲船匠之造上供器皿者。御馬監匠四名，爲船匠之掌理油艙馬槽料桶者。丁字庫匠三名，爲船匠掌理油艙板櫃裝盛各市舶司各進魚油者。酒醋麪局匠三名，爲該局奏准行取艙匠作酒榨飯槽等器者。又後湖水夫三十七名，看料匠二十名，更夫一十五名，橋木四名，脚頭一名，搭罩蓬作三名，旗作、油畫作，鼓作、銅作、絛作、鑄作、蜊殼作、穿椅作、貼金作、纓作、旋作各一名，箍桶作二名，各司所事。

龍江船廠，爲鄭和等下西洋所乘寶船所從出，故世有即稱爲「寶船廠」（註二）者。實則寶船廠僅龍江船廠中之一部。船廠志卷三於述及龍江船廠官司員役配置時，稱「寶船廠匠二名，洪武永樂中造船入海取寶，該廠有寶庫，故取撥匠丁赴廠看守，今廠庫鞠爲茂草，而匠丁之輸錢者如故。」鄭和寶船之廢，迄李昭祥出任龍江船廠主事達百二十餘年，仍有看守匠丁之例，此爲船廠製造寶船最後之遺跡。寶船既廢，有明一代航海大業，至此遂中斬矣。

（本文一部份曾發表於大陸雜誌第十八卷第一期茲又增補材料重寫成篇）

附註

註一：李昭祥於嘉靖三十一年，重建工部分司，其自記所云。文見氏著龍江船廠志卷四建置志註引。

註二：「寶船廠」一名，除李著龍江船廠志稱引外，茅元儀撰武備志第二百四十卷航海圖，即名：「自寶船廠開船從龍江關出水直抵外國諸番圖」。清同治上江兩縣志卷二十八採摭亦云：「都船廠在儀鳳門，即寶船廠」。

論儒釋兩家之講經與義疏

牟潤孫

目次

（十）儒家之講經與撰疏（中）

（十一）儒家之講經與撰疏（下）

（十二）論義疏之文體

結　語

引言

昔者，先師膠州　柯鳳蓀先生嘗告潤孫曰：「羣經義疏仿自釋氏者也。」潤孫時年甫逾弱冠，於經學所窺頗淺，師既未解說其事，余亦唯唯誌之而已。其後讀梁任公先生書，見梁氏亦有類似之論，顧不如柯先生說之肯定。未幾，而柯先生歸道山，欲請益已無由矣。比年事稍長，所見經籍及釋典較廣，於經疏與浮屠書之同異，反覆以求之，冀知師說之究竟。其間，信而疑，迷而明者，屢矣。歷時既久，鑽研之念彌堅。前年重讀南北史與高僧傳，豁然得其端緒，而後知先師之說誠確然不可移易。撰疏一事，非僅爲詁經之書創闢新體例，即在我國學術史上思想史上亦爲大事因緣，影響極爲深遠。至於其中關鍵所繫，厥爲儒家講經之採用釋氏儀式一端。僧徒之義疏或爲講經之紀錄，或爲預撰之講義，儒生既采彼教之儀式，因亦仿之有紀錄有講義，乃製而爲疏。講經其因，義疏則其果也。後人昧於前代講經儀式，未審成疏之由來，徒見儒釋經疏文體相同，遂依以立證，謂儒家之疏受沙門影響，既不足以緘反對者之口，更不能得此事之眞象。加以書闕有間。南北朝時，經師兼治玄釋，注洙泗之文，自居外典，開卷猶可見其相混之跡。貞觀而後，五經正義爲應舉明經必習之業，齊梁舊疏廢而不講，孔穎達陸德明又不言義疏體例淵源。處百世之下，窮極搜索，徒見痕跡仿佛，而難獲堅確之據。潤孫初亦循前人探討之舊徑，幾經曲折，始廢然改轍。轉而考釋氏之講經，義疏之造述，繼尋儒家講經之采自釋氏者何在。三十餘年前聞之於師者，至是乃得通其義。拙文不專論疏體，而詳陳兩家講經與撰疏，即緣於斯。牽涉既廣，論列漸繁。若干沉埋之事例，每須向一二字句間鈎稽推求。辨析雖微，幸免於穿鑿。自愧學識譾陋，未克明紹師說；況一千數百年經學史上待發之覆，一得之愚，曷敢云其必當？竊願與好學深思之士共商榷之耳。

（一）經疏為講經之紀錄

今世習見之經疏，率為注疏合刻本；不知注疏初皆別本單行，南宋而後，刻書者始多合注疏於一本（詳見書林清話卷六）。日本有六朝寫本禮記子本疏義殘卷，羅振玉考為皇侃弟子鄭灼所撰，影印行世，為傳世單疏本之最古者。日本現在書目有皇侃撰禮記子本義疏百卷，信西書目亦有禮記子本疏兩帙，今均未之見。子本者，僧徒合一經數譯於一本，定一本為母，其餘諸本為子，見出三藏記集卷七支愍度合首楞嚴經記及卷八合維摩詰經序（陳寅恪湯用彤均曾言之）。此稱之為子本者，蓋以經文及注為母，疏則為經注所生之子也。魏書卷八十四儒林傳謂徐遵明臨講「持經執疏」，足證經疏之不在一本。後人見經之注疏相連，遂謂注以解經，疏則為注之注；而未求其朔義。說文疋部云：

> 疏，通也。

段玉裁注云：

> 此與𠫓部疏音義皆同。

𠫓部云：

疏，通也。

段玉裁注云：

疏與㽰音義皆同，皆从疋者，疋所以通也。疏之引申，爲疏闊、分疏、疏記。

是疏之初義爲通，引申之爲闊、爲分、爲記，無注解之義也。至於羣經注疏之疏，則似是以記爲義。說文疋部云：

疋，足也……一曰疋記也。

段玉裁注云：

記下云疋也，是爲轉注，後代改疋爲疏也。疋疏古今字。

說文言部云：

記，疋也。

段玉裁注云：

疋各本作疏，今正……疋記二字轉注也。疋今字作疏，謂分疏而識之也，廣雅曰：註、紀、疏、記、學、栞、志，識也。

則疏者記也，分疏而識記之也。姑以隋書經籍志經部易類之書論之，隋志云：

周易義疏十九卷，宋明帝集羣臣講。

此蓋宋明帝講周易紀錄也。宋書卷八十九袁粲傳云：

（泰始）六年，上於華林園茅堂講周易，粲爲執經。

梁書卷四十八儒林伏曼容傳云：

宋明帝好周易，集朝臣於清暑殿講，詔曼容執經。

均足證宋明帝有集羣臣講易之事，亦可知因其講易乃爲疏以記之，名曰義疏者，記其所講之義也。隋志又云：

梁又有宋明帝集羣臣講易義疏二十卷，亡。

與前所著錄周易義疏當是二書。唐書經籍志新唐書藝文志均有張該等宋羣臣講易疏二十卷。宋書明帝記云：

才學之士，多蒙引進，參侍文籍，應對左右。於華林園芳堂講周易，帝自臨聽。

卽其事也。則前者爲宋明帝所講，而後者爲羣臣所講，故分輯爲二書歟？惟此書題愈益明顯，直標曰講疏，非記而何？隋志更云。

齊永明國學講周易講疏，二十六卷，亡。

周易講疏三十五卷，梁武帝撰。

周易講疏十六卷，梁五經博士褚仲都撰。

周易講疏三十卷，陳諮機參軍張機撰。

周易講疏十卷，國子祭酒何妥撰。

自宋迄隋均有講易之疏，如疏爲注解之義，則講疏一語爲不辭矣。

疏字之義既已明定，則羣經義疏講疏之作，皆由於講解經典，分疏其義理，筆記以爲書，自不待辭費矣。若夫陸機之毛詩草木鳥獸蟲魚疏，其義蓋爲分別詩中草木鳥獸之名而識記之，無與於講經，更不涉乎義理，當不在義疏類中也。

(二)儒家最早之經疏

覈之南北朝史籍，其時講經而著義疏講疏者，猶有多人，而當推隋書經籍志所載宋大明中東宮講孝經義疏一卷爲最早。宋書卷七前廢帝紀云：

前廢帝……孝武帝長子也，……大明二年出東宮，四年講孝經於崇正殿。

唐書經籍志云：

大明中，皇太子講孝經義疏一卷，何約之執經。

何約之始末未詳。大明四年（四六〇）爲儒家首有義疏最可信之年代。隋書經籍志經部尚書類云：

梁有尚書義疏四卷，晉樂安王友伊說撰，亡。

其人爲晉初人，早於宋大明矣。姚振宗隋書經籍志考證云：

按伊說始末未詳。晉書文六王傳：「樂安平王鑒，武帝踐阼，封樂安王。帝爲鑒及燕王機高選師友。下詔曰……」蓋晉初與燕王師王懋約——撰周官禮記寧朔新書者——同時，爲二王師友者也。說所撰又有周官禮注十二卷，見後三禮類。

姚氏所考頗是。唐書經籍志新唐書藝文志則均作「尚書釋義四卷，伊說撰」。隋志此條在「尚書義疏十卷，梁國子助教費甝撰」之下，係小字注文。蓋原書實名釋義，今本隋志蒙大字尚書義疏而誤。舊唐書經籍志據古今書錄而成，古今書錄爲唐代祕府藏書目，實見其書，始獲著錄，斷非臆改書名。兩相比照，隋志之誤顯然。姚氏殆失於糾正。

隋書經籍志經部詩類毛詩駮一卷下，小字注云：

毛詩釋義十卷，謝沈撰。

又毛詩異義二卷下，小字注云：

毛詩義疏十卷，謝沈撰。

謝沈東晉康帝時爲太學博士，晉書卷五十二有傳，亦早於劉宋也。然謝氏毛詩釋義十卷見於兩唐志，而義疏十卷則兩唐志均無之。文廷式補晉書藝文志，卽疑隋志義疏十卷爲釋義十卷一書之複出。潤孫以爲文說是也，「義疏」二字蓋涉下文張氏毛詩義疏五卷而誤。是故早於宋大明時之義疏，見於隋志者，均有可疑，殊難依以爲證。隋志經部孝經類云：

梁有晉穆帝時晉孝經一卷，武帝時送總明館孝經講議各一卷，亡。

姚振宗隋書經籍志考證云：

此條脫誤，殆可不曉。以下文之例推之，當是穆帝時講、晉孝武帝時講、孝經講議各一卷。或宋明帝齊武帝敕送總明館者歟？

文廷式補晉書藝文志列晉孝經一卷孝經講議一卷，注云：

按（隋）志列穆帝孝經後，當是孝武帝，誤脫孝字。車胤傳，孝武帝嘗講孝經，可證；世說言語門亦載其事。

姚文二氏之考證雖不盡同，而晉穆帝晉孝武時有講孝經之事，則無異說。晉書卷八穆帝紀云：

永和十二年二月辛丑，帝講孝經……升平元年，三月，帝講孝經。

卷九孝武帝紀云：

寧康三年，九月，帝講孝經。

經典釋文敍錄亦云：

中朝穆帝，集講孝經，云以鄭玄爲主。

均可證也。其書不曰講疏而曰講議，其時代均後於伊說謝沈，則伊謝二氏之不名義疏，蓋可自是可得其旁證焉。

隋書經籍志經部孝經類云：

集解孝經一卷，謝萬集。

集議孝經一卷，晉中書郎荀昶撰，亡。

集議孝經一卷，晉東陽太守袁敬仲集。

謝萬爲謝安之弟，其書今有馬國翰輯本。據姚振宗隋志考證，晉中書郎爲宋中書郎之誤，昶爲㫤（即昶）之誤，袁敬仲爲袁彥伯之誤，彥伯袁宏也。其說皆是。唐會要卷七十七云：

長安三年四月七日，左庶子劉子玄議曰：晉穆帝永和十一年及孝武帝太元元年，再聚羣臣，共論經義。有荀茂祖者，撰集孝經諸說，始以鄭氏爲宗。

荀茂祖名昶，宋中書郎，注孝經，見經典釋文敍錄。荀氏所謂集議者，集穆帝孝武帝時講孝經之議也。世說新語言語門及晉書卷八十三車胤傳均謂孝武帝講孝經時，黃門侍郎謝石、吏部郎袁宏執經。謝石爲謝萬之弟，萬書疑亦錄及石所聞之議；而袁宏之書題曰集議，其體類乎荀氏，更爲無疑。得此數書以證，可知至晉孝武帝時，儒家講經之紀錄猶不名爲疏也。

（三）釋氏最早之經疏

講經而著爲義疏，以釋氏爲先。湯用彤漢魏兩晉南北朝佛教史第二分第十五章云：

道安以前，雖有注經，然注疏創始，用功最勤，影響甚大者，仍推晉之道安。

檢道安之作，有經注而無經疏；湯氏混注經疏爲一，其言不暸。湯氏又云：

注疏之作，繁簡不同，宗趣各別。約畧言之（一）則隨文釋義，謂之曰注，此卽普通之所謂章句……（二）則明經大義，不必逐句釋文。

湯氏所分二類，亦是混合注疏言之，（一）項下舉例，間亦有記其人之師說者，然非疏體；（二）項下舉例雖有道生法華疏，而未指明其爲講經紀錄。湯氏於疏之意義，固知之未諦，所謂注疏創始……推晉之道安云云，殊未可信。

高僧傳卷四竺法崇傳云：

篤志經咒，而尤長法華一教。……崇後卒於山中，著法華義疏四卷云。

高僧傳自卷四至卷九為義解篇，法崇傳在義解篇一，傳載僧人著義疏者，以崇為首見。傳不言法崇為何時人，置其傳於于道邃之後，竺法義之前。道邃為于法蘭弟子。道邃與法蘭同死於交阯，支道林曾為法蘭道邃立銘讚，支卒於太和元年（三六六），道邃卒於支之前無疑。法義卒於太元五年（三八〇）。法崇之卒似當後法邃，而前於法義。法崇傳云。

嘗游湘州麓山，山精化為天人，詣崇受戒，捨所住山以為寺，崇居之。少時，化洽湘土。

山精受戒，雖為神話；崇之游湘州當為實事。湘州永嘉初置，成帝咸和四年（三二九）併入荊州。崇之游湘當在咸和四年之前，姑定其時崇廿餘歲，太和初元其年適六十餘。以此推之，崇年壽如為七十餘，恰在太和五年之前卒。設其義疏成書在四十至六十之間，當為永和（三四五）至太和（三六六）時事，謂其所著義疏為最早見於記載者，似尚不過武斷。然更自其傳中另一記事推之，則又生疑問焉。法崇傳云：

與隱士魯國孔淳之相遇，每盤游極日，輒信宿忘歸。披襟領契，自以為得意之交也。崇乃歎曰：「緬想人外三十餘年，傾蓋於茲，不覺老之將至。」後淳之別游，崇詠曰「浩然之氣，猶在心目；山林之士，往而不反，其若人之謂乎？」

孔淳之見宋書卷九十三隱逸傳，其姪孔熙先范曄友人，致曄於罪者也。宋書亦載其與法崇交好事。淳之元嘉七年卒（四三〇）年五十九。依此推之，崇與之相遇時，如崇年六十餘，淳之廿餘歲，在太元之末（三九六）。則崇之生當在咸和六年（三三一），卽使最遲亦當生於咸康七年（三四一），二人相遇時崇五十餘，以緬想人外三十餘年，作出家三十餘年解，不能再遲矣。然無論如何計算，湘州併入荊州時，法崇皆未生，義熙八年（四一二）復置湘州，則崇當已老或已死，與傳不合。更有進者，宋書淳之傳云：

嘗游山遇沙門法崇，因留共止，遂停三載……及淳之還反，不告以姓。

尤爲不近情理，亦與僧傳不合。僧傳編次，在前之人雖未必先卒，然亦不能相去過遠。法崇傳在卷四之中，如其與孔淳之交游之事可信，最早當在隆安末卒（四〇一）。道安生於永嘉六年（三一二），卒於太元十年（三八五）而列於卷五，慧皎似不當無倫次至此。余頗疑法崇與孔淳之交游事，出於孔氏子弟附會，以增重淳之之聲譽，僧傳及宋書均誤采之耳。

茲姑置所疑不論，更依其與孔淳之交游時年歲推之；則法崇之著義疏，當在太和六年（三七一）以後，太元十六年（三九一）之前，卽法崇四十歲至六十歲之間，其時已可能有僧敷與法汰之經疏，崇之疏或非最早者矣。道安雖未著義疏，而其友人僧敷與法汰均著有義疏，成書或後於法崇或與法崇同時，頗難定其孰先。以法崇著疏之時間爲推求而得，僧敷與法汰著疏之時間亦爲假設者，其不能確指何年，三人則一也。高僧傳卷五竺法汰傳云：

汰下都，止瓦官寺。晉太宗簡文皇帝深相敬重，請講放光經，開題大會，帝親臨幸，王侯公卿莫不畢集。汰形解過人，流名四遠。開講之日，黑白觀聽，士庶成羣……汰所著義疏并與郗超書論本無義，皆行於世。

法汰卒於晉孝武帝太元十二年，簡文帝時講放光經（三七一——三七二），所著如爲放光經義疏，成書或卽在簡文時歟。至若僧敷則與法汰同時，而年稍長於汰。高僧傳卷五僧敷傳云：

西晉末亂，移居江左，止京師瓦官寺。盛開講席，建業舊僧莫不推服。時同寺沙門道嵩，亦才解相次，與道安書云：「敷公研微秀發，非吾等所及也……」後又著放光道行等義疏。終於寺中，春秋七十餘矣。竺法汰與道安書云：「每憶敷上人，周旋如昨，逝沒奄復多年……」

其人既較法汰早卒，亦善講經，所著義疏或先出。然汰傳云：

瓦官寺本是河內山玩墓，王公爲陶處。晉興寧中，沙門慧力啓乞爲寺，止有堂塔而已。及汰居之，更拓房宇，修立衆業，又起重門，以可地勢。

是瓦官寺之擴大由於汰，傳謂瓦官寺興寧中沙門慧力立，慧力傳見高僧傳卷十四，說同。興寧僅有三年（三六三——三六五），汰之南下與道安同時。依湯用彤氏考證（見漢魏兩晉南北朝佛教史第二分第八章），道安南下在興寧三年，則汰之至建業，至遲當在太和元年（三六六）。敷之來恐亦在其時，最早亦不能在興寧二年（三六四）瓦官寺未立之前也。二人既同時在一寺講經，更同時有義疏之作，其成書之先後，頗不易言。如概畧言之，謂釋氏講經而有義疏之作，見於史傳者，以東晉法崇爲最早，法汰僧敷二人亦頗早，似較近實，而其事均前於儒家講經之撰義疏，固爲極明顯者也。

(四)釋氏之講經與撰疏(上)

善講經而著有義疏之僧，見於高僧傳義解篇者，更有多人，玆列之於下：

卷六　晉彭城道融：著法華、大品、金光明、十地、維摩等義疏。
晉長安曇影：著法華義疏四卷。
卷七　宋京師龍光寺道生：更發深旨，顯暢新典及諸經義疏，世皆寶焉。
卷八　宋京師北多寶寺道亮：著成實論義疏八卷。
宋下定林寺僧鏡：著法華、維摩、泥洹義疏。
宋吳興小山法瑤：著涅槃、法華、大品、勝鬘等義疏。
宋京師法城寺慧通：製大品、勝鬘、雜心、毗曇等義疏。
魏曇度：撰成實論大義疏八卷，盛傳北土。
卷九　齊山陰法華山慧基：著法華義疏，凡有三卷。
齊京師中寺法安：著淨名、十地義疏。
梁京師靈味寺寶亮：天監八年勅亮撰涅槃義疏十餘萬言。
梁京師招提寺慧集：著毗曇大義疏十餘萬言，盛行於世。

諸僧以能講經故，僧傳皆列之於義解篇。義解篇共六卷，計正傳百零一人，附見者一百六十六人。此二百六十七人雖不必皆著有義疏，而著有義疏者必不僅前所舉數人。（高僧傳卷十三明律篇有宋江陵慧猷講十誦，著十誦義疏七卷，以非說經，不計。）如叡法師有毘摩羅詰提經義疏，其序載於出三藏記集卷八。雖是記羅什所講，叡法師個人豈能不用以爲講本？高僧傳卷七，似不當失載。如此類者，恐尚多有。

高僧傳有義解篇，以記諸僧之講經與撰義疏如前所引矣，惜其於義疏與講經之因果關係，敍述未能顯明。續高僧傳卷六智藏傳云：

凡講大小品、涅槃、般若、法華、十地、金光明、成實、百論、阿毗曇心等，各著義疏行世。

以講諸經論而有義疏，是著疏之由於講也；所述因果關係較僧傳明白矣。覈之續僧傳所載著疏講經之關係，其間情狀亦不盡同。如續高僧傳卷六法雲傳云：

後下詔，令時諸名德各撰成實義疏，雲乃經論合撰，有四十科，爲四十二卷。俄尋究了。又敕於寺三遍敷講。

此梁武帝命僧人先撰疏而後敷講，如今日學校教師之預撰講義也。卷九洪偃傳云：

是歲，舊疾連發，聽者復疎，止於小室，許有諮問。懷不能已，情有斐然，乃著成論疏數十卷。剖發精理，構思深劇，疾轉沈篤，功不克就。

此則以講說未已而病作，遂以所欲講者寫爲論疏也。同卷慧布傳云：

常樂坐禪，遠離囂擾。誓不講說，護持爲務。末游北鄴，更涉未聞於可禪師所……乃縱心講席，備見宗領，周覽文義，並具胸襟。又寫章疏六馱，負還江表，並遺朗公，令其講說。因有遺漏，重往齊國，廣寫所闕，賫還付朗。

慧布既自不講說，因寫記所聞於他人者爲疏，以貽法朗，使其講之。朗傳與布同卷，傳謂其「言氣挺暢，清穆易曉。」此則記他人所講而爲疏，講者亦可用他人之疏爲本也。卷十僧範傳云：

講華嚴、十地、維摩、勝鬘，各有疏記。復變疏引經，製成爲論。故涅槃大品等並稱論焉，地持十部獨名疏也。

此則既以講而爲疏，更以疏證經而別成著作。其名爲論者，殆是取法天竺論師也。同卷寶彖傳云：

武陵王門師大集摩訶堂，令講請觀音。初未綴心，本無文疏。始役情思，抽拈句理，詞義涧合，聽者盈席。私記其言，因成疏本，廣行於世。

武陵王蕭紀，梁武帝子，梁書卷五十五有傳。傳又云：

見大集一經未宏蜀境，欲爲之疏記，使後學有歸。

既有疏則「廣行於世」，且「使後學有歸」，是講疏之用，非徒可記法師之說，且爲後學宏法之要籍也。傳述彖爲疏既成，又云：

時益州武擔寺僧實願，最初請講。大衆雲集，聞所未聞，莫不歎悅……後制涅槃、法華等疏，皆省繁易解，聽無遺悶。

製疏既爲講之用，則疏佳講亦佳矣。同卷慧遠傳云：

自是，長在講肆，伏聽千餘。意存宏獎，隨講出疏。地持疏五卷，十地疏十卷，華嚴疏七卷，涅槃疏十卷，維摩、勝鬘、壽觀、温室等並勒爲卷部。

此又一慧遠法師也，周武帝毁佛時，遠常與之辯，爲周隋間傳法大師。此則隨講出疏，或如今日學校教師之發講義歟？卷十一羅雲傳云：

講四經三論各數十遍，不於文外別有撰述。皆心思口演，冰釋理順。故得空有兩忘，教義雙擧。

此則不預撰疏記，「心思口演」，異於一般講師，故傳特稱之也。同卷靈裕傳云：

專業華嚴、涅槃，地論、律部，皆博尋舊解，穿鑿新異。唯大集。般若、觀經、遺教等疏，拔思胸襟，非師講授。

是講疏有淵源前人者，有自發胸臆者。裕法師為齊隋間大德，既擅講說，復富著述，故傳分別其學言之。同卷智脫傳云：

自江南成實並述義章，至於論文，曾無顧涉……自帝居望苑，大緝玄猷，以脫譽動物情，下令使修論疏。素已條貫，卷袠將成，乃結為四十卷，尋用奏聞。

脫為陳隋間法師。未講成實論，而隋煬帝使之著論疏。傳又云：

頻遣庶子張衡，殷勤稱叙。曰：「法師碩學鉤深，古今罕例。仰觀談說，稱實不虛。覽所撰論疏，光溢心目。可更造淨名疏，及大小名教，便給書吏尋錄。」勒成釋二乘名教四卷，淨名疏十卷。常自披翫。又遣畫工圖其形，於寶臺供養。

脫之論疏等皆所以供煬帝披覽，而非為講述，則已漸趨變化，有以著述為主之勢。傳又云：

凡講大品、涅槃、淨名、思益各三十許遍，成論，玄文各五十遍。

是脫法師固非專事著述而不講說者也。

（五）釋氏之講經與撰疏（下）

續傳卷十一道莊傳云：

講法華，直敍綱致，不存文句，著疏三卷。

莊卒於大業，亦爲煬帝所重。其疏蓋專論大義，不講文句，故甚簡約。卷十二淨願傳云：

正時攝論，晚夜雜心，或統解涅槃，或判銷四分……凡所開言，並乖舊解。制疏出後，更不重看，臨講呼喚，皆衷規矩。其論聞不忘，世罕加焉。至如舍利毗曇，文旨重隱，讀者猶難，况通其義？願執卷披文，冷然洞盡，乃造疏十卷，文極該贍。

願法師亦隋時大德。製疏本備講說時用，淨願竟不重看，故爲世所稱；傳譽其疏文該贍，足證疏雖起緣於講說，而漸變爲人閱讀之用，則其重心已由言語而文章矣。卷十四智琚傳云：

入室弟子明衍，受業由來便事之爲和尚云，前謂曰：吾以華嚴、大品、涅槃、釋論，此之文言，吾常吐納。今以四部義疏付囑於汝。乃三握手，忽然而終。

琚卒於唐武德二年，臨終以義疏付其入室弟子，豈非以其學其業皆在於疏，能傳之其人，使之諷誦，卽宛如面命歟？卷十五道岳傳述岳之研究俱舍論云：

後住京師明覺寺，閉門靜故，尋檢論文，日讀其詞，仍洞其義。一習五載……遂得釋然開發，了通宏旨。至

> 於外義伏文，非疏莫了。三藏本義並錄在南，思見其言，載勞夢寐。乃重賂遺南道商旅……果於廣州顯明寺得俱舍疏本，並十八部論記，並是凱師筆迹，親承眞諦口傳。顯明即凱公所住寺也。得此疏本，欣載御懷，諷讀沈思，忘於寢食。乃重就太白，卒其先志……遂以三藏本疏判通俱舍。先學後進潛心異論，皆曰：「斯文詞旨宏密，學爽師資。縱達一朝，誠自誣耳……」岳自顧情王虛宗，初無怯憚；舉綱頓網，大義斯通。雖諍論鋒臨，而響應隨遣。衆咸不識其戶牖，故無理頓聯辭。由是名振學宗，法筵繼席。

岳隋唐之際，名法師也。三藏法師眞諦，天竺人，名拘那羅陀，續僧傳卷一有傳，梁代西來高僧。凱者智愷，又作慧愷，附見續僧傳卷一法泰傳。眞諦在廣州譯經，時已入陳，皆愷筆受。不得其疏，則於文義不能盡了，既見其疏，遂能判通全論。蓋講經說法貴親聞其師之講說，不得已而求其次，則得讀其講說之疏，亦不啻親炙，於是可見疏本之要矣。道岳傳又云：

> 以三藏本疏，文句繁多，學人研究，難用詳覽。遂以眞諦爲本，餘則錯綜成篇。十有餘年，方勒成部。合二十二卷，減於本疏三分之二。並使周統文旨，字去意留。兼著十八部論疏，通行於世，以爲口實。

講述則辭句繁複，以求詳盡，撰著則文字簡約，以免蕪雜，體用之不同，在人如何視之耳。眞諦之疏用以講述，道岳之刪減，則以閱讀爲主矣。

前所舉諸疏皆此土法師所講所記，無出於翻譯者；而續僧傳卷一法泰傳云：

> 愷素積道風，辭力殷贍。乃對翻攝論，躬受其文。七月之中，文疏並了，都合二十五卷。後更對翻俱舍論，十月便了，文疏合數八十三卷。

所譯括有正文及疏，則是疏亦彼土之作，與論爲同時翻譯者矣。唐內典錄卷五，陳朝傳譯佛經錄，載拘那羅陀所譯經，中有俱舍論疏、金剛般若疏、十八部論疏等九部，皆疏也，而列於譯目中。湯用彤漢魏兩晉南北朝佛教史第二分第二十章既詳考眞諦之譯業，更論之曰：

至若義疏，則或爲外國原有（如唯識論義疏）或爲眞諦所傳之口義（此亦可謂爲眞諦所撰，如攝論義疏，其後四品，僧宗所記）。按眞諦亦非僅翻譯家，而實義學大師也。其出經時，行翻行講，弟子記其師義，號爲義疏（如攝論、俱舍疏），或號爲注記（唯識論注記），或稱爲本記（東域傳燈錄，眞諦仁王疏注云，諸疏云本記；東域錄並載云，金剛經本記云云），或稱爲文義（如金剛經後記，稱此經疏爲文義）。

譯經時，譯講兼施，筆受者記其言以爲疏，眞諦之前曾有其事。出三藏記集卷八載僧叡毘摩羅詰堤經義疏序云：

旣蒙究摩羅法師正玄文，摘幽指，始悟前譯之傷本，謬文之乖趣耳……故因紙墨以記其文外之言，借衆聽以集其成事之說……其指微而婉，其辭博而晦，自非筆受，胡可勝哉？是以卽於講次疏以爲記，冀通方之賢不咎其煩而不要也。

考諸書載鳩摩羅什譯經目，均無毘摩羅詰堤經。出三藏記集卷二新集經論錄，載羅什出經有新維摩詰經三卷；高僧傳卷二羅什傳述所出經，亦有維摩之目。蓋毘摩羅詰堤經卽維摩經也。出三藏記集卷二新集異出經錄列有維摩詰經，其下注云：

支謙出維摩詰二卷、竺法護出維摩詰經二卷、又出刪維摩詰一卷、竺法蘭出維摩詰二卷、鳩摩羅什出新維摩詰三卷。右一經，四人異出。

出三藏記集卷二新集經論錄載竺法蘭出經，有異維摩詰經三卷，唐內典錄卷二西晉傳譯佛經錄載竺法蘭出經，有異毘摩羅詰經三卷，注云：

第五出，與漢佛調、吳支謙、及竺法護、羅什等出大同小異，或二卷。

是維摩詰經可譯爲（異）維摩詰經，亦可譯爲（異）毘摩羅詰經，亦即毘摩羅詰堤經也。蓋皆爲 Vimalakirtti 之對音，（全文應爲 Vimalakirtti-nirdesa-sutra），Vi 或譯「毘」或譯「維」，而不能譯「異」，頗疑三藏記集之異維摩詰經之「異」，與唐內典錄之異毘摩羅詰經之「異」，均爲異本之義。僧肇有維摩經注，出三藏記集卷八載其序文云：

以弘始八年，歲次鶉火，命大將軍常山公、左將軍安城侯、與義學沙門千二百人，於常安大寺，請羅什法師重譯正文……時手執胡文，口自宣譯。道俗虔虔，一言三復……微遠之言，於茲顯然。余以闇短，時豫聽次……輒順所聞而爲注解。畧記成言，述而無作，庶將來君子異世同聞焉。

僧肇與僧叡二人同聽羅什譯講，一記其言以爲注，一記其言以爲疏，足證行翻行講誠有其事。出三藏記集卷十四曇無讖傳云：

轉易梵文，嵩公筆受。道俗數百人，疑橫縱難。讖臨機釋滯，清辯若流。（高僧傳卷二同）

則譯經時不僅有講，且有辯難矣。依上所引證，頗可信眞諦所出諸疏，未必來自天竺。然今傳慧愷譯大乘唯識論一卷本尾有慧愷自記云：

菩提流支法師先於北翻出唯識論。慧愷以陳天嘉四年歲次癸未，正月十六日，於廣州制旨寺，請三藏法師枸羅那他重譯此論。行翻行講，至三月五日方竟。此論外國本有義疏，翻得兩卷；三藏法師更釋本文，慧愷注記，又得兩卷。

唯識論旣有疏來自西土，與眞諦之講釋明爲二事，則何能謂其餘諸疏皆不出於譯本而盡爲眞諦所講？况續僧傳卷二法泰傳云：

泰遂與宗愷等不憚艱辛，遠尋三藏於廣州制旨寺，筆受文義，垂二十年。前後所出五十餘部，幷述義記，皆此土所無者。

傳謂皆此土所無者，似括有所述義記於內，湯氏之說，恐尚有可商。唯識論旣有天竺疏本，卽足證彼土之有疏體，其餘諸疏果爲携來否？無何輕重矣。

(六)論釋氏講經儀式中三事與講經時之辯難

釋氏講經儀式，依高僧傳卷五道安傳，爲安公所定，云：

所制僧尼軌範，佛教憲章，條爲三例。一曰：行香定座上經上講之法，天下寺舍，遂則而從之。

三例條文，今已不詳，蓋據天竺傳來之法而定，亦非安公杜撰，湯用彤先生曾論之（漢魏兩晉南北朝佛教史第二分第八章），茲可不復贅。

沙門講經時，設有都講，儒家講經亦有都講。其名雖同，而漢時儒家講經之制，似不同於釋氏，其時都講之職任亦未必與僧徒完全符同，容於下節辨之。湯氏謂都講一制自有其釋典根據，未必是因襲儒家制度，則殊爲有見。

湯氏引康僧會安般守意經序以證其說。（漢魏兩晉南北朝佛教史第一分第五章）序謂世尊說經時，化爲兩身。湯氏云：

世尊所化之一身，就安般事數分條問曰，何等。另一尊身答之，而敷演其義。前者當中國佛家講經之都講，後者乃所謂法師。按佛教傳說，結集三藏時，本係一人發問，一人唱演佛語，如此往復，以至終了，集爲一經。故佛經文體，亦多取斯式。

湯氏再引安世高所譯陰持入經首數句以證，云：

想當日講陰持入經時，法師先持示佛之教誡皆在三部，次有一人唱問何等爲三？法師乃出陰持入三事。彼人復問五陰爲何等？師乃出陰之五事。如是往復問答，以至終卷。此等條目分析之文體，自恰可用都講。若行文連篇累牘，不分條欵，如用都講，必較不便。

湯氏於佛經問答文體中，尋得都講之制出於佛陀之跡，誠是矣。更說明講經因有問答之體而有條目，尤爲解說義疏中分條目之佳證。湯氏又舉支謙譯大明度無極經第一品之注云：

善業（謂須菩提）於此清淨法中爲都講。秋露子（謂會利弗）於無比法中爲都講。

證明都講之制，確出於佛書之問答。得湯氏之考證，可知都講之名稱雖同於儒，其制則爲釋氏所本有者，決無可疑，故詳引之，並舉以爲南北朝時儒家都講之制與僧徒之制相混合之證。此釋氏講經儀式中之一事也。

次爲上座。亦名升座，高僧傳卷十五唱導篇所謂「別請宿德，升座說法」是也。法苑珠林卷三十二說聽篇儀式部引三千威儀經云：

上高坐讀經，有五事，一當先禮佛，二當先禮經法上座……

此云讀經，當是指都講而言。上座則指法師而言，高僧傳卷四道潛傳載支遁書云「上座竺法深」，即其義也。珠林同卷又引十住毗婆沙論云：

法師處師子座，有四種法。何等爲四？一者欲昇高座，先應恭敬禮拜大衆，然後升座。

又注引四分律云：

不許同一堂內二法師說法，高坐相近，並坐而說。

又簡衆部云：

夫法師昇座，先須禮敬三寶。

此則皆指法師而言。蓋法師講經必當升高座。

廣宏明集卷二十六有梁武帝斷酒肉文四首，其末首注有牒文云：

光宅寺法雲於華林殿前登東向高坐，爲法師；瓦官寺慧明登西向高坐，爲都講。

可證法師與都講相向登高座。此釋氏講經儀式中之二事，決非席地函丈之俗所本有者也。

三爲講經時之開題。高僧傳卷四竺法汰傳，謂晋簡文帝請汰講放光經，開題大會，帝親臨幸云，即其事也。亦曰發題，廣宏明集卷十九有發般若經題論義一文。首曰：

都講枳園寺法彪，唱曰，摩訶般若波羅蜜經。

其下爲制曰云云。梁書卷三武帝紀云：

中大通五年，二月，癸未，幸同泰寺，設四部大會。高祖升座，發金字摩訶波若經題訖。其年二月己未朔，癸未二十五日。制曰卽梁武帝所講。文尾又云：

餘有問答一十二卷，訪本未獲，故其文蓋闕。

蓋講經時都講先唱題，法師講解題意，名爲開題，或曰發題。此梁武帝自爲法師，故稱制曰也。據梁書，似其日梁武帝僅發題，未講及經文。此釋氏講經儀式中之三事，於毛萇、何休、鄭玄之經注中，決難覓得解題之注也。

非謂釋氏講經僅此三事重要，以此三事皆創自沙門，後爲儒家所仿效，今人不能指儒生之採自浮屠，故略言之也。（向達著唐代俗講考，孫楷第著唐代俗講軌範與其本之體裁，均論沙門俗講儀式頗詳，能知儒釋之同，而不能辨何者出於僧徒。）

釋氏之經多爲問答體，爲都講制之淵源，湯用彤先生已言之矣。更詳考之，釋典中之論，及經論之疏，亦多爲問答體，亦由於說法時有問答辯難也。高僧傳卷四支遁傳云：

晚出山陰，講維摩經，遁爲法師，許詢爲都講。遁通一義，衆人咸謂詢無厝難；詢每設一難，亦謂遁不復能通。如此至竟，兩家不竭。凡在聽者，咸謂審得遁旨，迴令自說，得兩三反，便亂。

世說新語文學篇亦載之，謂在會稽王齋頭，會稽王簡文帝昱也。此爲著名之故事，人多知之，世說不云講經，說者亦惟以清談佳話目之。又同卷法開傳云：

開有弟子法威，清悟有樞辯……開嘗使威出都，經過山陰，支遁正講小品。開語威言：「道林講，比汝至，當至某品中，」示語攻難數十番，云「此中舊難通」。威旣至郡，正値遁講，果如開言。往復多番，遁遂屈。因厲聲曰：「君何足復！受人寄載來耶？」

世說新語亦載此事。可知僧徒之辯難，如欲專攻其人，則多在其講經時，就所講者問之，且不限於都講，聽者皆可問也。故能講之名法師必爲能辯者也。如卷七道生傳云：

年在志學，便登講座。吐納問辯，辭淸珠玉；雖宿望學僧，當世名士，皆慮拙辭窮，莫敢酬抗。

又如同卷僧苞傳：

後東下京師，正値祇洹寺發講，法徒雲聚，士庶駢席。苞旣初至，人未有識者，迺乘驢往看，衣服垢弊，貌有風塵。堂內旣迮，坐驢韉於戶多。高坐舉題適竟，苞始欲厝言。法師便問，「客僧何名？」答云：「名苞」。又問：「盡何所包？」答云：「高坐之人亦可包耳！」迺致問數番，皆是先達思力所不逮。高坐無以抗其辭，遂遜退而止。

高坐，講經法師。舉題，卽發題。爲先發制人，講者竟可先問；以不能抗其辭，遂至止講。此僧傳所以特著生公人之莫敢酬抗也。又卷五道安傳述安公師事佛圖澄，爲衆所輕，而澄重之，云：

澄講，安每覆述，衆未之愜。咸言「須待後次，當難殺崑崙子。」卽安後更覆講，疑難鋒起。安挫銳解紛，行有餘力。時人語曰：「漆道人驚四鄰。」

其後安公宏法襄陽，名聞天下，蓋皆緣於其辯才無礙也。又卷七僧徹傳云：

至年二十四，遠令講小品，時輩未之許。及登座，辭旨明析，聽者無以折其鋒。遠謂之曰：「向者勍對，並無遺力，汝城隍嚴固，攻者喪師。發軫能爾，良爲未易！」由是門人推服焉。

徹為遠公弟子，初發軔，即以能辯伏人，後此自可登高座，故其師嘉許之也。能講善辯之法師，僧傳及續僧傳義解篇載之頗多，不克一一備舉，茲惟列數則以見其例。至若續僧傳卷十四善胄傳載胄辯難故事，似為一極端之例，傳云：

> 齊破投陳……行至一寺，聞講涅槃，因入論義。止得三番，高座無解，低頭飲氣。徒衆千餘，停偃講唱。於是扶輦而下，既至房中，奄然而卒。胄時論訖即出，竟不知之。後日更造，乃見造諸喪具。因問其故，乃云：「法師昨為北僧所難，乃因即致死。」衆不識胄，不之擒捉，聞告自審，退而潛焉。後得陳僧將挾，復往他講所，論義者無不致屈，斃者三人。

以辯難而致講者於死，其事固可有之，若云斃者三人，恐跡涉誇誕矣。惟講經必有問答，必有辯難，問而不能答，辯而不能酬，則不足以為法師，其重要有逾於生命，於此故事中見之矣。

（七）儒家之講經儀式（上）

兩漢儒家講經之儀式，未見有人詳述。後漢書卷六十馬融傳云：

> 常坐高堂，施絳紗帳。前授生徒，後列女樂。弟子以次相傳，鮮有入其室者。

史謂融「不拘儒者之節，居宇器服多存侈飾。」生徒在前，女樂在後，自非一般經師之制。後漢書卷三十五鄭玄傳云：

因涿郡盧植事扶風馬融。融門徒四百餘人，升堂進者五十餘人。融素驕貴，玄在門下，三年不得見，迺使高業弟子傳受於玄。

雖爲融之弟子，不得升堂卽不得見，亦卽融不親授之也。易言之，升堂者卽親聞融之敎矣。所謂驕貴，當指其不親授而言。去其「列女樂」，「不親授」、二事，授徒者之有堂有室也，殆無不同。論語先進篇云：

子曰，由也，升堂矣，未入於室也。

雖以喻聞道之深淺，而以夫子之言推之，似堂爲一般生徒講讀之所，室則先生居處，古制所謂前堂後室也。孝經首云：「仲尼居曾子侍」，似爲侍於室，而釋文引鄭玄注，則以爲居講堂也。禮記仲尼燕居，子張子貢言游侍，孔子閒居，子夏侍，當亦同。論語集解引馬融注云：

升我堂矣，未入於室耳。

增一「我」字，似解爲升我之堂，得我之親授也。後漢書卷二明帝紀云：

永平十五年三月，幸孔子宅，祠仲尼，及七十二弟子。親御講堂，命皇太子、諸王說經。

孔子宅中之堂，雖爲魯共王壞後所修，要當不遠古制；亦足證講書授徒之必於堂也。初學記十八引謝承後漢書云：

董春……會稽餘姚人……立精舍，遠方門徒從者常數百人。諸生每升講堂，鳴鼓三通，橫經捧手請問者百人，追隨上堂難問者百餘人。（御覽四〇四引同）

橫經，猶執經。升堂鳴鼓，爲講經之號，由來頗久。孔子曰，「小子鳴鼓而攻之」，蓋鼓卽在堂上。禮記學記云：「入學鼓篋，孫其業也。」注云：

鼓篋，擊鼓警衆，乃發篋出所治經業也。

正義云：

入學，謂學士入學之時，大胥之官先擊鼓以召之，學者既至，發其筐篋，以出其書，故云鼓篋也。

禮記文王世子云：「天子視學，大昕鼓徵，所以警衆也。」注云：

早昧爽擊鼓，以召衆也。警猶起也。周禮，凡用樂，大胥以鼓徵學士。

學記正義云：

若是凡常入學用樂，及爲祭祀用樂者，以鼓徵學士，是也。

是鳴鼓以召生徒，爲古代相傳之習，禮記可證也。禮記曲禮云：「請業則起，請益則起。」注云：「起，若今摳衣前請也。」正義云：

起，若今摳衣前請也，漢時受學有摳衣前請之法，故鄭引證之也。

則所謂請問者，皆摳衣請問也。禮記文王世子云：

凡侍坐於大司成者，遠近間三席，可以問。終，則負牆。列事未盡，不問。

注云：

間，猶容也。容三席，則得指畫，相分別也。席之制、廣三尺三寸三分，則是所謂函丈也。

函丈者，禮記曲禮云：「若非飲食之客，則布席，席間函丈。」注云：「謂講問之客也，函猶容也。講問宜相對容丈，足以指畫也。」文王世子所載爲國子侍坐大司成之禮，而通常師生間當亦如之，曲禮之說可證。既云請問時，師生之間相距應爲一丈，以便指畫，則其師亦席地可知。（漢靈帝好胡床胡坐，見續漢書五行志，前此當不能有高坐。）摳衣請問之禮，禮記所述既同於漢時，席間相距函丈，當亦不容有異。

漢時儒家講經求如釋氏之問答辯難，升高坐，發題義者，讀兩漢書儒林傳蓋未之見，即三國魏晉之經師亦無之。兩漢儒經師所以傳道受業者率爲章句，未嘗如沙門之說法，至於爭辯論難，則多在爭家法之時。（西漢宣帝甘露石渠之辯，東漢章帝建初白虎之論，均其例之最顯著者，勿待詳論。）後漢書卷二十五魯丕傳云：

和帝因朝會，召見諸儒。丕與侍中賈逵、尚書令黃香等，相難數事。帝善丕說，罷朝，特賜冠、幘、履、韈、衣一襲。丕因上疏曰：「……臣聞說經者，傳先師之言，非從已出，不得相讓，相讓則道不明，若規矩權衡之不可枉也。難者必明其據，說者務立其義。浮華無用之言，不陳於前，故精思不勞，而道術愈章。法異者，各令自說師法，博觀其義。」

通鑑卷四十八和帝永元十一年亦載其奏，胡三省注云：

漢儒專門名家，各守師說。故發難者，必明其師之說，以爲據；答難者，亦必務立大義，以申其師之說。

丕所謂「傳先師之言，非從已出，不得相讓，」頗足以說明爭家法之意義。蓋說經者皆自謂出於孔子，而師承有其依據也。胡氏更從而引申之，其義益明矣。後漢書卷三十六范升陳元賈逵傳載建武及建初爭立左氏事，范升之言曰：

左氏不祖孔子，而出於丘明，師徒相傳，又無其人。

陳元之言曰：

丘明至賢，親受孔子；而公羊穀梁傳聞於後世……臣元愚鄙，嘗傳師言，如得以褐衣召見，俯伏庭下，誦孔氏之正道，理丘明之宿寃……

攻者辯者皆自其師承言之，則所辯之重心不在名理，而在師承家法，從可知也，此爲兩漢經師爭辯之特質。後漢書卷三十五曹褒傳云：

會肅宗制定禮樂……召玄武司馬班固，問改定禮制之宜？固曰：「京師諸儒多能說禮，宜廣招集，共議得失。」帝曰：「諺言，作舍道傍，三年不成。會禮之家，名爲聚訟，互生疑異，筆不得下。昔堯作大章，一夔足矣。」章和元年、正月，迺詔褒詣嘉德門……，褒既受命，迺次序禮事，依準舊典……其年十二月奏上。帝以衆論難一，故但納之，不復令有司平奏。

篤守家法之儒，不能與之共議，共議則至爭而不能決，肅宗厭而避之，蓋深知徒信師說而不問事理者之僨事也。漢時講經非無問難，前引董春事是矣，又如後漢書卷三十七桓榮傳云：

顯宗卽位，尊以師禮，甚見親重、……乘輿嘗幸太常府，令榮坐東面，設几杖，會百官、驃騎將軍東平王蒼以下，及榮門生、數百人。天子親自執業，每言，輒曰太師在是……永平二年，三雍初成，拜榮爲五更。每大射養老禮畢，帝輒引榮及弟子升堂執經，自爲下說。

初學記卷十二引華嶠後漢書，執業作執經。通鑑卷四十四永平二年胡注亦云：「執業猶執經也。」禮記曲記「請業則起」，鄭注云：「業謂篇卷也。」後漢書注引東觀記曰：

時，執經生避位發難。上謙曰，太師在是也。

蓋幸太常府時，顯宗執經問難，而執經生或有問者，則帝謙而不答也；大射養老禮畢，則使榮及其弟子執經問難，而顯宗親爲解說。後漢書儒林傳云：

帝正坐自講，諸儒冠帶執經問難於前。

是也。榮傳云：

少學長安，習歐陽尚書，事博士九江朱普……榮受朱普學，章句四十萬言。

桓榮所講授爲尚書章句之學，則所謂執經問難者，當非辯論名理，而爲問字句訓詁。後漢書卷四十五張酺傳云：

酺少從祖父充受尚書，能傳其業……永年九年，顯宗爲四姓小侯開學於南宮，置五經師，酺以尚書教授。數講於御前，以論難當意，除爲郎。

所謂論難者，殆亦指解說書中之疑難字句，以其亦爲章句之學也。後漢書卷三十七丁鴻傳云：

鴻年十三，從桓榮受歐陽尚書，三年而明章句。善論難，爲都講。（聚珍本東觀漢記同）

又云：

肅宗詔鴻與廣平王羨、及諸儒樓望、成封、桓郁、賈逵等，論定五經同異於北宮白虎觀。使五官中郎將魏應主承制問難，侍中淳于恭奏上，帝親稱制臨決。鴻以才高，論難最明，諸儒稱之，帝數嗟美焉。

丁鴻爲桓榮弟子，旣云三年而明章句，則所謂善論難者，亦當爲能紹述師說，善於解釋經之疑難。證以白虎觀論定五經異同時，鴻論難最明，可知其所論者，不外申明師說以解經也。後漢書卷七十九儒林傳云：

時詔公卿大會，羣臣皆就席，（戴）憑獨立，光武問其意。憑對曰：「博士說經，皆不如臣，而坐居臣上，是以不得就席。」帝卽召上殿，令與諸儒難說。憑多所解釋，帝善之，拜爲侍中。

又云：

正旦朝賀，百僚畢會。帝令羣能說經者更相難詰，義有不通，輒奪其席，以益通者。憑遂重坐五十餘席。故京師爲之語曰：「解經不窮戴侍中。」

曰「說經」，曰「多所解釋」，曰「通，不通」，所謂難者，非經之難解者而何？能說能解，依然章句之學也。

（八）儒家之講經儀式（下）

後漢書中有「都講」一稱，爲一極可注意之事。都講爲僧寺講經時所設者，職在誦唱經文與問辯。漢書中未見儒家有都講之設，而於後漢書中一再見之，頗似儒家在漢時卽有與佛陀有相同之儀式，又似僧寺採用儒家之設置。潤孫則以爲皆非也；此殆漢時儒生有都講之名，而其制則未必盡同乎釋氏，及南北朝時儒家採用釋家儀式，兩家講經之法頗多混同之處，遂使後人迷惘。桓榮傳云：

榮卒……除兄子二人補四百石，都講生八人補二百石，其餘門徒多至公卿。

都講稱生，釋氏無之，而常設八人之多，似非僧徒所有。且所謂生者弟子也，丁鴻榮之弟子，而爲都講，則亦都講生也。後漢書卷二十六侯霸傳云：

族父淵以宦者有才辯，任職元帝時，佐石顯等領中書，號曰大常侍。成帝時，任霸爲太子舍人……師事九江太守房元，治穀梁春秋，爲元都講。（御覽三八九引司馬彪續漢書作：篤志詩書，師事房元，常爲都講。）

是亦弟子也。其事實在西漢末。後漢書五十四楊震傳云：

震少好學，受歐陽尙書於太常桓郁……後有冠雀銜三鱣魚，飛集講堂前，都講取魚進曰……先生自此升矣。（御覽九三七引謝承後漢書，又九二五引華嶠後漢書均同。汪文臺輯華嶠書，亦引御覽，「都講」作「門人」。）

震之都講爲其弟子否，史無明文，而稱震曰先生，當亦是弟子。後漢書中稱其人爲都講者，皆弟子爲其師服役。沙門之都講雖亦有以弟子爲之者，然實不限於弟子，許詢爲支遁都講，僧導願爲僧叡都講，均非弟子也。卽以此點推之，東漢之都講生未可謂盡同於象教也。桓榮有都講生八人之多，其爲隨侍門人無疑，未聞僧寺中說法大師有用都講八人者。丁鴻傳謂其「三年而明章句，善論難，爲都講，」都講而用明章句善解說疑難之人爲之，豈非其時所謂「都講」，職在代助其師講授，所重在「講」而非「問」歟？侯霸爲房元弟子，常爲都講，而史載之，蓋謂其學已能明其師說也。桓榮卒，除其都講生八人補二百石者，如非以其能代助其師講授，何必榮獎以祿秩乎？馬融門下之高業弟子殆卽其都講生耶？三國志蜀志卷六馬超傳引典略云：「後奔漢中，張魯以爲都講祭酒。」張魯所傳者爲天師道爲五斗米教；超又爲武夫，雖稱都講，自無關儒生。惟都講祭酒之稱，頗爲可異。魏志卷八張魯傳云：「其來學道者，初皆名鬼卒，受本道已信，號祭酒。」豈魯以超位高來投，不便稱鬼卒，故稱祭酒，又收之爲弟子，故稱都講歟？若然，都講爲弟子之稱，得一旁證矣。依上所引諸證，歸納求之，自西漢末以迄東漢，儒家都講之名固同於和尙，而其設置之意義與其職任，則迥然大異。更質言之，南北朝時儒家採用釋氏講經儀式後之都講，與見於後漢書中之都講，殆未可同日而語也。

儒家都講職任類乎僧寺都講，最早見於記載，似爲北魏時事。魏書卷八十二祖瑩傳云：

瑩年八歲能誦詩書，十二爲中書學生……時中書博士張天龍講尙書，選爲都講。生徒悉集；瑩夜讀勞倦，不覺天曉，催講既切，遂誤持同房生趙郡李孝怡曲禮卷上座。博士嚴毅，不敢還取。乃置禮於前，誦尙書三篇，不遺一字。講罷，孝怡異之，向博士說，舉學盡驚。後高祖聞之，召入，令誦五經章句，幷陳大義，帝嗟賞之。（北史卷四十七祖瑩傳同）

傳載瑩卒於東魏天平初（五三四），設其年壽六十餘歲，則當生於魏孝文延興初元（四七一），其十二歲正當孝文太和六年頃（四八二），齊高帝建元四年也。儒家講經，用都講上坐誦經，宛同僧人說法之所爲，當推此事爲首見矣。北齊書卷四十四儒林傳云：

鮑季詳，勃海人也。甚明禮，聽其離文析句，自然大畧可解。兼通左氏春秋。少時，恒爲李寶鼎都講，後亦自有徒衆，諸儒稱之。天統中，卒於太學博士。（北史卷八十一儒林傳同）

李寶鼎名鉉，北齊書北史儒林均有傳。天統（五六五——五七〇）北齊後主年號，在陳文宣兩帝間。其年蓋較後於祖瑩。李寶鼎著有義疏，自當用都講也。「謂其離文析句，大畧可解，」豈非指其善講說，有條目歟？

南朝之有類似沙門之都講，未必後於北朝，而見於記載則頗遲。陳書卷三十三儒林傳云：

沈洙……治三禮春秋左氏傳，精識强記。五經章句，諸子史書，問無不答……大同中，學者多涉獵文史，不爲章句，而洙獨積思經術；吳郡朱异、會稽賀琛甚嘉之。及异琛於士林館講制旨義，常使洙爲都講。（南史卷七十一儒林傳同）

朱异賀琛傳均見梁書卷三十八。异傳云：

又開士林館，以延學士，异與左丞賀琛遞日述高祖禮記中庸義（南史卷六十二同）

此大同六年（五四〇）事。梁武帝撰五經講疏，其事見梁書、南史、及隋書經籍志，此僅禮記中庸。都講須讀誦經書，故以精識强記之人任之。其時人多不爲章句，即多不讀經也。洙獨讀經，故朱賀嘉之，用爲都講，使誦經。此時之都講職在於讀，而不用其講，豈不可明乎？

南北朝時，儒家講經，都講職任同於釋氏，此第一事也。

梁書卷四十八儒林傳云：

伏曼容……少篤學，善老易。倜儻好大言。常云：「何晏疑易中九事，以吾觀之，晏了不學也。故知平叔有所短。」聚徒教授，以自業。爲驃騎行參軍。宋明帝好周易，集朝臣於清暑殿講，詔曼容執經。曼容素美風采，帝恒以方嵇叔夜，使吳人陸探微畫叔夜像以賜之……時明帝不重儒術。曼容宅在瓦官寺東，施高坐於聽事，有賓客，輒升高坐爲講說，生徒常數十百人。（南史卷七十一儒林傳同）

伏曼容當是儒玄兼擅之士，其論何晏，自是說玄。張緒善談玄，亦嘗言何平叔不解易中七事（見南齊書卷三十三，南史卷三十一）。宋明帝不重儒而喜易，使其執經，謂其風采似嵇叔夜，益可證其深於玄矣。在宅中施高坐，講說必升高坐，仿浮屠法師之說法也。講說儀式之效象教，蓋自談玄始，因而染及儒家。梁書卷四十八儒林傳云：

吏部郎陸倕僕射徐勉書薦（沈）峻曰「……周官一書實爲羣經源本……惟助教沈峻持精此書。比日時開講肆，羣儒劉嵒、沈宏、沈熊之徒，並執經下坐，北面受業。」（南史卷七十一同）

聽者下坐，即講者上坐，升高坐也。南齊書卷三十九劉瓛傳云：

儒學冠於當時，京師士子貴游莫不下席受業。（南史卷五十同）

時猶席地。云下席，即指講者高坐，而聽者坐於下席，如言下坐。北齊書卷三十崔暹傳云：

子達拏年十三。暹命儒者權會教其說周易兩字，乃集朝貴名流，令達拏昇高坐開講。趙郡睦仲讓，陽屈服之，暹喜，擢奏爲司徒中郎。鄴下爲之語曰：「講義兩行得中郎。」（北史卷三十二同，「擢奏」作「用仲讓」。）

權會北齊書北史儒林傳均載之，齊之儒師。崔暹慕談玄之風，欲其子能講能勝人，而睦仲讓能陽屈，以完成此戲劇式之表演，故暹喜之。講者之必昇高坐，童子亦然，此北朝之證也。陳書卷三十四文學傳述梁武帝面試岑之敬云：

令之敬升講坐，敕中書舍人朱异執孝經，唱士孝章。武帝親自論難。之敬剖釋縱橫，應對如響，左右莫不嗟服。（南史卷七十二同。）

之敬時年十六。皇帝面試，講者雖童子亦昇坐，此南朝之證也。講坐即高坐，陳書卷二十四袁憲傳，「會（周）弘正將登講坐，弟子畢集」，是也。武帝欲試之，故自與論難，又不能爲其都講，故分別誦問，與朱异分任其事。合前所引者觀之；桓榮講經，明帝親自執經，東觀漢記載有執經生問難；東晉孝武帝講孝經，謝石袁宏執經；宋明帝講易經，袁粲伏曼容執經；均無都講。漢時執經問難本無待都講，至南北朝時，儒家已習佛陀之風，講坐必昇，而都講不用者，豈非皇帝親講儒書，不能使人與之對坐，非同講釋典時，彼自居於出家人歟？周書卷五武帝本紀云：「建德二年，帝升高坐，辨釋三教先後。」武帝雖毀佛，臨講亦仿浮屠之儀，益足證講者升座風習之普遍也。

南北朝時，儒家講經，講者必升座，同於釋氏，此第二事也。

陳書卷三十三儒林傳云：

張譏……遷士林館學士。簡文在東宮，出士林館，發孝經題。譏論議往復，甚見嗟賞。（南史卷七十一同）

此張譏在梁時事。開講先發題，學自浮屠也。陳書儒林傳又云：

天嘉中，遷國子助教。是時周弘正在國學發周易題，弘正第四弟弘直亦在講席。譏與弘正論議，弘正乃屈。弘直危坐厲聲，助其申理。譏乃正色謂弘直曰：「今日義集，辯正名理。雖知兄弟急難，四公不得有助。」弘直曰：「僕助君師，何爲不可？」舉坐以爲笑樂。（南史卷七十一同）

天嘉陳文帝年號。周弘正陳書卷二十四有傳（南史卷三十四），譏之師也，故弘直云然。講經辯理，雖弟子不讓於師，大異於章句之儒。陳書卷十九馬樞傳云：

博極經史，尤善佛經及老子義。梁邵陵王綸爲南徐州刺史，素聞其名，引爲學士。綸時自講大品經；令樞講維摩、老子、周易，同日發題。道俗聽者二千人。王欲極觀優劣，乃謂衆曰：「與馬學士論義，必使屈伏，不得空立主客。」於是，數家學者各起問端。樞乃依次剖判，開其宗旨；然後，枝分流別，轉變無窮。論者拱默聽受而已。（南史卷七十六）

邵陵王綸，梁武帝第六子，梁書卷二十九有傳（南史卷五十三）。談玄發題，亦是仿之釋氏。辯義之有主客，以佛徒講經，法師稱法主，聽者爲客也。隋書經籍志載發題之書有三：

周易開題義十卷，梁蕃撰。

毛詩發題序義一卷，梁武帝撰。

梁有春秋發題一卷。

唐書經籍志載發題之書亦有三：

周易發題義一卷。

周易開題論序十卷，梁武撰。

孝經發題四卷，大史叔明撰。

發題爲講經之始事，別爲一書者，當不多。隋志之周易開題義，卽唐志之周易開題論序。梁蕃當爲梁蕃王，脫一「王」字也。疑梁諸王講武帝易疏，誤以爲諸王之作，遂變武帝之名爲蕃王矣。陳書卷三十三儒林傳云：

王元規……著春秋發題辭及義記十一卷。（南史卷七十一同）

義記卽義疏，此卽併發題爲一書者。

南北朝時，儒家講經，首有發題，同於釋氏，此第三事也。

上列三事，爲儒家講經採釋氏儀式之堅證。孫楷第亦曾述及之，而未能判其爲儒家仿自沙門，故確指詳論以明之。

（九）儒家之講經與撰疏（上）

南北朝時儒家著有經疏者，多出於講經之士。其時儒者所重亦在於講，諸史儒林傳中人物與高僧傳義解篇之法師蓋多有同焉者矣。

宋齊書均無儒林傳。茲畧舉梁書卷四十八儒林傳（南史七十一同）中人以爲例。如伏曼容，其人善老易，常講說，已見前引。其孫伏挺見梁書卷五十文學傳，云：

宅居潮溝，於宅講論語，聽者傾朝。

如嚴植之，梁書儒林傳云：

少善莊老，能玄言，……天監四年初，置五經博士，各開館教授；以植之兼五經博士。植之館在潮溝，生徒常百數。植之講，五館生必至，聽者千餘人。

如賀瑒，傳云：

天監初，復爲太常丞……召見，說禮義，高祖異之，詔朝朔望，預華林講……著禮、易、老、莊講疏。

如卞華，傳云：

兼五經傳士，聚徒教授。華博涉，有機辯，說經析理爲當時之冠。

如崔靈恩，傳云：

淸河武城人也：兼國子博士。靈恩聚徒講授，聽者常數百人。性拙朴無風采，及解經析理，甚有精致，京師舊儒咸稱重之。

如孔僉，傳云：

少師事何胤，通五經，尤明三禮、孝經、論語，講說並數十遍；生徒亦數百人。

如盧廣，傳云：

范陽涿人。……兼國子博士，徧講五經。時北來人——儒學者有崔靈恩、孫詳、蔣顯，並聚徒講說，而音辭鄙拙；惟廣論淸雅，不類北人。

如沈峻，傳云：

兼五經博士，於館講授，聽者常數百人。

如太史叔明，傳云：

少善莊老，兼治孝經禮記，其三玄尤精解，當世冠絕。每講說，聽者常五百餘人。

如孔子袪，傳云：

兼國子助敎，講尙書四十徧，聽者常數百人。

如皇侃，傳云：

兼國子助敎，於學講說，聽者數百人。撰禮記講疏五十卷，書成奏上，詔付秘閣。頃之，召入壽光殿講禮記義，高祖善之……性至孝，常日限誦孝經二十徧，以擬觀世音經……所撰論語義十卷，與禮記義並見重於世。

統上舉諸人觀之，諸儒皆善講，至記其講經若干徧，聽者若干人。論其學則記其善玄言，精莊、老、易，次亦通孝經論語，以此二書亦玄學所重也。不述其學如何，而記其善說經析理，或記其音辭淸雅，兩漢書儒林傳中有類此之事歟？除其仕宦及有子孫外，移之高僧傳義解篇中，洵無愧色矣。皇侃直以孔子與釋迦等視，撰論語義疏，解以沙門義，幾何不覩孝經如觀世音經歟？蓋玄學既效於釋，此時儒亦無異乎玄，遂亦同染乎釋矣。

南朝首講儒家經典而撰爲義疏者，似非儒生，而爲慧遠和尚。高僧傳卷六慧遠傳云：

少爲諸生，博綜六經，尤善老莊，……年二十四便就講說。嘗有客聽講，難實相義，往復移時，彌增疑昧。遠乃引莊子義爲連類，於惑者曉然。是後，安公特聽慧遠不廢俗書。

又云：

遠內通佛理，外善羣書。夫預學徒，莫不依擬。時遠講喪服經，雷次宗、宗炳等並執卷承旨。次宗後別著義疏，首稱雷氏。宗炳因寄書嘲之曰：「昔與足下共於釋和尚間面受此義，今便題卷首稱雷氏乎？」

其時僧徒多兼通玄釋，遠公善莊老，與人論難，引及莊子義，自是常事。而遠公常爲諸生，出家又不廢俗書，在廬山時，遂以浮屠法師講周孔之經典矣。

宋書卷九十三隱逸傳云：

雷次宗……少入廬山，事沙門釋慧遠，篤志好學，尤明三禮、毛詩。（南史卷七十五同）

隋書經籍志經部禮類云：

畧注喪服經傳一卷，雷次宗注。

未云雷氏著有義疏，然隋志失載之書尚多，未可謂不見隋志，即無其書。玩味慧遠傳之說，似遠公講喪服經著有義疏（或爲門弟子所記），次宗講時又別寫一疏，據遠公之說爲已有，故宗炳云云也。隋志又云：

梁有禮記義疏三卷，宋豫章丞雷肅之撰，亡。

肅之次宗子，次宗傳云：

子肅之，頗傳其業。

疑肅之禮記疏卽次宗所講撰，故史云傳其業也。經典釋文敍錄云：

宋徵士雁門周續之、豫章雷次宗、齊沛國劉瓛並爲詩序義。

續之下注云：

字道祖，及雷次宗俱事廬山惠遠法師。

陸氏毛詩音義亦謂「周續之與雷次宗同受慧遠法師詩義」，遠公禮學外更有詩學也。周續之宗炳均見宋書隱逸傳，均謂其受學慧遠。宋書隱逸傳又云：

元嘉十五年，徵次宗至京師，開館於雞籠山，聚徒教授，置生百餘人。（南史卷七十五同）

時置儒、玄、史、文四學，以次宗主儒學。所傳之學既衍自遠公，著義疏之風習恐亦當藉此而廣被。次宗卒於元嘉二十五年（四四八），使其著有義疏，則早於大明講孝經之疏矣。隋志有顧歡著老子義疏一卷，歡次宗弟子也。南齊書高逸傳謂歡從次宗諮儒玄諸義，歡之著義疏，蓋仿自雷氏歟？慧遠至廬山，依湯先生考定，約在晋太元九年（三八四）之後，其卒約在晋義熙十二年（四一六），如遠公撰有儒書之疏，當爲最早者，惜均無確證可指耳。高僧傳卷七慧觀傳，謂觀「晚適廬山，又諮稟慧遠」，觀著有老子義疏見隋志，此亦可爲遠公講外典著義疏之旁證。

（十）儒家之講經與撰疏（中）

講儒家經典，著疏最多，影響最大者，首推梁武帝。梁書卷三武帝本紀云：

少而篤學，洞達儒玄；雖萬機多務，猶卷不輟手，燃燭側光，常至戊夜。造制旨孝經義，周易講疏，及六十四卦、二繫、文言序卦等義，樂社義，毛詩答問，春秋答問，尚書大義，中庸講疏，孔子正言，老子講疏，凡二百餘卷。並正先儒之迷，開古聖之旨。王侯朝臣皆奉表質疑，高祖皆爲解釋。修飾國學，增廣生員，立五館，置五經博士。天監初，則何佟之、賀瑒、嚴植之、明山賓等覆述制旨……大同中，於臺西立士林館，領軍朱异、太府卿賀琛、舍人孔子袪遞相講述。皇太子、宣城王亦於東宮宣猷堂及揚州解開講。於是四方郡國趨學向風，雲集於京師矣。（南史卷七同）

梁武帝信佛而通玄，故既爲老子講疏，又講釋典。本紀云：

製涅槃、大品、淨名、三慧諸經義記復數百卷。臨覽餘閑，卽於重雲殿及同泰寺講說，名僧碩學四部聽衆常萬餘人。（南史卷七同）

梁武帝蓋以儒書與莊老涅槃等視之，故可同時講習，其所繼承而發揚者，實爲淸談家彙合儒玄釋爲一之傳統。顏氏家訓勉學篇曰：

洎乎梁氏，茲風復闡。莊、老、周易總謂三玄，武皇、簡文躬自講論。

當爲實錄。武帝雖置五經博士以示崇儒，其精神則背於兩漢。隋書經籍志經部易類云：

周易大義二十一卷，梁武帝撰。

周易講疏三十五卷，梁武帝撰。

何故梁武帝釋周易而有大義講疏二書？頗疑講疏爲預撰之講義，而大義爲刪省講疏而成。梁書儒林傳云：

高祖撰五經講疏及孔子正言，專使（孔）子袪檢閱羣書以爲義。事竟，敕子袪與右衞朱异左丞賀琛於士林館遞日執經。（南史卷七十一同）

五經講疏爲梁武帝預撰之作，以備其講經時之用，故先使子袪檢書，後使其執經。南史卷七十一儒林傳云：

武帝撰制旨新義，選諸儒在所流通，遣（顧）越還吳敷揚講說。（陳書卷三十三儒林傳亦載顧越，無此節。）

陳書卷三十三儒林傳，亦云朱异賀琛於士林館講制旨義。梁書卷四簡文帝本紀云：

高祖所製五經講疏，嘗於玄圃奉述，聽者傾朝野。（南史卷八同）

武帝之講疏，非僅自講，且使人奉述，武帝本紀既言之，南史及梁陳書均有其證，其學之以講爲主，蓋可知矣。

隋書經籍志有周易問二十卷，不著撰人。唐書經籍志云：周易大義疑問二十卷，梁武帝撰。姚振宗考證謂「隋志之周易問二十卷，卽大義疑問，題梁武帝撰者，唐人續考得之」是也。蓋唐志據古今書錄，而唐人撰古今書錄，實見其書也。隋志又云：

周易繫辭義疏一卷，梁武帝撰。

此當卽武帝本紀所稱二繫文言序卦等義。陳書卷二十四周弘正傳云：

累遷國子博士，時於城西立士林館，弘正居以講授，聽者傾朝野焉。弘正啓梁武帝周易疑義五十條，又請釋乾坤二繫，曰：……自制旨降談，裁成易道，析至微於秋毫，渙層冰於幽谷。臣親承音旨，職司宣授，後進詵詵不無傳業。但乾坤之蘊未剖，繫表之妙莫詮；使一經深致，尚多所惑。臣謹與受業諸生張譏等三百一十二人，於乾坤二繫象爻未啓。伏願聽覽之閑，曲垂提訓，得使微臣鑽仰，成其篤習，後昆好事，專門有奉……詔答曰：……隨答所問，已具別解。知與張譏等三百一十二人須釋乾坤文言及二繫。萬機小暇，試當討論。

弘正稱「親承音旨，職司宣授，」弘正講述制旨，武帝本紀未載，可見當時宣述武帝之學者尚衆。顏氏家訓勉學篇云：

莊、老、周易總謂三玄，武帝簡文躬自講論。周弘正奉贊大猷，化行郡邑。學徒千餘，實爲盛美。

豈弘正於五經中專言易歟？化行郡邑，學徒千餘。影響廣遠矣。繫辭義疏爲弘正與諸生請講之作，弘正云「未啓」者，蓋以未聞武帝之說，不敢講習其書也。大義疑問，當卽爲答諸人疑問而撰，本紀所謂「奉表質疑，皆爲解釋」也。陳書卷三十三儒林傳云：

張譏……年十四通孝經論語，篤好玄言，受學於汝南周弘正。每有新意，爲先輩推服。梁大同中，召補國子正言生。梁武帝嘗於文德殿釋乾坤文言，譏與陳郡袁憲等預焉。勅令論議，諸儒莫敢先出。譏乃整容而進，諮審循還，辭令温雅。梁武帝甚異之，賜裙、襦、絹等。（南史卷七十一同）

國子正言生，據隋書百官志，大同七年置正言博士，蓋習武帝所撰正言也。淸談玄言，釋氏講經，均重辯難。譏爲弘正弟子，能於武帝講經時論議，有正始之遺風，自當爲武帝所賞。隋志又云：

尚書大義二十卷，梁武帝撰。
毛詩發題序義一卷，梁武帝撰。
毛詩大義十一卷，梁武帝撰。
禮記大義十卷，梁武帝撰。
中庸講疏一卷，梁武帝撰。
孝經義疏十八卷梁武帝撰。
孔子正言二十卷，梁武帝撰。
老子講疏六卷，梁武帝撰。

所謂五經講疏者，周易而外均未之見。尙書大義、毛詩大義、禮記大義疑卽三書講疏之約本。梁書卷四十劉之遴傳云：

是時，周易、尙書、禮記、毛詩並有高祖義疏，惟左氏傳尙闕。之遴乃著春秋大意十科，左氏十科、三傳同異十科、合三十事以上之，高祖大悅。（南史卷五十同）

依此推之，武帝蓋未著春秋講疏。之遴傳載武帝答詔云：

昔在弱年，久經研味；一從遺置，迄將五紀。兼晚秋晷促，機事罕暇；夜分求衣，未遑披括。須待夏景，試取推尋。若温故可求，別酬所問也。（南史卷五十同）

本紀謂武帝著有春秋答問，當卽答之遴之問也。梁書卷三十四張綰傳云：

出爲豫章內史。綰在郡述制旨禮記正言義，四姓衣冠士子聽者常數百人。（南史卷五十六同）

正言即孔子正言。此爲郡國長吏講武帝之說，與顧越之任相類。綰後爲御史中丞，更在士林館與朱异賀深講武帝之中庸義云。武帝著作，捨樂不論外，所爲講疏諸書皆稱制旨，命人講授，習其書者得以應試。(如梁之敬習孝經，如張譏、袁憲、戚袞習正言。)有此提倡，儒玄釋混合之經學乃益形發展，義疏之作亦日益多矣。梁時儒生著義疏者多與武帝有關涉，無待細數。即以陳世言之，遡其淵源亦莫非起於梁也。如周弘正著周易講疏、論語疏、莊子疏、老子疏、孝經疏，其人卒於陳，而實梁武帝之儒臣。其門人張譏著周易義、尙書義、毛詩義、孝經義、論語義、老子義、莊子內外篇義、玄部通義、游玄桂林，陳亡入隋而卒，梁武帝時國子學生，唐陸德明之師也。顧越曾從周弘正弘直兄弟游，著喪服、毛詩、老子、孝經、論語等義疏，亦梁臣而入陳始卒。畧舉數例足以見之矣。

南朝儒家之講經而著義疏者多兼通玄釋，所重在乎義理。孔穎達周易正義序云：

江南義疏十有餘家，皆辭尙虛玄，義多浮誕。

殆即由此，而北史儒林傳序所謂「南人約簡，得其英華」，亦即由其重玄義歟？

(十一)儒家之講經與撰疏(下)

北朝諸儒染及玄風者頗少，其重講說，似較遜於南朝。魏書卷八十四儒林傳云：

劉獻之……善春秋毛詩，每講左氏，盡隱公八年便止，云義例已了，不復須解……時中山張吾貴與獻之齊名，海內皆曰儒宗，每一講唱門徒千數………魏承喪亂之後，五經大義雖有師說，而海內諸生多有疑滯咸决於獻之。六藝之文雖不悉注，然所標宗旨，頗異舊義。撰三禮大義四卷，三傳畧例三卷。注毛詩序義一卷，今行於世，幷章句疏三卷。注涅槃經未就而章。（北史卷八十一同）

獻之，魏孝文帝時徵典內校書，以疾辭，約在南齊時。講左氏止於隱公八年，雖自謂義例已了，其不重講可知。張吾貴與獻之同時，同見儒林傳。曰「每一講唱」云云，是張吾貴已仿浮屠講經之儀，「唱」殆指都講之誦經？所撰「大義」、「序義」，未審爲義疏否？而詩章句疏則當爲義疏。注涅槃經雖未就，其與僧徒有往來而學佛，則爲無疑者矣。魏孝文帝於佛教義理既有研究，復能談說。魏書卷百十四釋老志云：

沙門道登，雅有義業，爲高祖眷賞，恒待講論。

道登見續僧傳卷七，傳謂其研綜涅槃、法華、勝鬘。高僧傳卷八曇度傳云：

涅槃、法華、維摩、大品，並探索微隱，思發言外……魏主元宏聞風餐挹，遣使徵請。既達平城，大開講席宏致敬下筵，親管理味。

涅槃之學自魏孝文而後大盛，皆緣魏孝文之誘挹。獻之注涅槃，自爲受其時其地之影響也。北朝撰疏之儒，似以獻之爲最早。魏書儒林傳云：

孫惠蔚……中書監高閭宿聞惠蔚，稱其英辯，因相談薦，爲中書博士……先單名蔚，正始中，侍講禁內，夜論佛經，有愜帝旨，詔使加惠，號惠蔚法師焉。（北史卷八十一同）

惠蔚常與李彪論樂，彪不能屈，於經學別無表現。魏世宗稱其爲惠蔚法師，則北朝儒生雖不談玄而通釋典，於此有徵矣。魏書卷八世宗紀云：

雅愛經史，尤長釋氏之義，每至講論，連夜忘疲。

魏書卷百十四釋老志云：

世宗篤好佛理，每年常於禁中，親講經論。廣集名僧，標明義旨。沙門條錄爲內起居焉。上旣崇之，下彌企尙。

世宗長於釋氏之義，孫氏論佛能愜帝旨，其於佛經之造詣，恐不下於儒書也。魏書儒林傳云：

徐遵明……手撰春秋義章爲三十卷……遵明每臨講坐，必持經執疏，然後敷陳，其學徒至今浸以成俗。遵明講學以外，二十餘年，海內莫不宗仰。（北史卷八十一同）

義章佛徒著作，分門別類，條述佛經中名數義旨，爲之解釋，頗似類書而有組織系統。魏孝文時，道辯（魏書釋老志作道弁）曾著小乘義章六卷，大乘義五十章。道辯爲魏孝文所重，續僧傳卷七稱其「初住北臺，後隨南遷，道光河洛。」遵明當是見其書而效之。續僧傳卷十僧範傳云：

大儒徐遵明李寶頂等，一見信於言前，授以菩薩戒法。

僧範與道寵嘗游於熊安生之門（見續僧傳卷九）。安生受禮經於李鉉，鉉字寶鼎，僧傳作寶頂，遵明弟子也。湯用彤先生疑徐李受戒於範爲不可信。然周書卷四十五儒林傳云：

熊安生……初從陳達受三傳，又從房虬受周禮，並通大義。後事徐遵明，服膺歷年。東魏天平中，受禮於李寶鼎。（北史卷八十二同）

是安生亦遵明弟子。遵明永安二年爲亂兵所害（五二九），年五十五，當生於魏延興四年（四七四）。安生宣政元年（五七八）拜露門博士年八十餘，設其年八十三，則當生於魏太和二十年頃(四九六)，少徐氏二十餘歲。遵明早與僧游，晚始受戒，事本可能。然範卒於天保六年（五五五）年八十，當生於魏延興五年（四七五），僅小徐氏一歲，年猶長於安生。範之游於安生門下，必出家後事；遵明受戒，或猶在其前也。範傳又云：「遂使崔覲注易，諮之取長，」覲從遵明受易，見北史儒林傳序，則遵明之與範住來，不待安生也。魏書謂遵明每臨講坐，「持經執疏，」遵明當撰有經疏。又云：「至今浸以成俗，」徐氏弟子頗衆，撰義疏者亦甚多，可知皆導源於遵明。而徐氏則直接仿自沙門，未經玄學之途。義章之學，尋求名數，詳註出處，頗類儒家之解訓詁名物。北朝義疏既導自遵明，復不談名理，遂至「深蕪窮其枝葉」矣。

徐遵明弟子有李業興者，能問難。嘗難鮮于靈馥，使不能對，遵明學徒由是大盛。天平四年（梁大同三年）出使於梁，與朱异梁武帝問答。其問答之詞，詳載魏書八十四儒林傳（北史八十一儒林傳同），傳云：

> 蕭衍親問業興曰，聞卿善於經義，儒玄之中，何以通達？業興曰：少爲書生，止讀五典，至於深義，不辨通釋……衍又問，易曰太極，是有無？業興對：所傳太極是有。素不玄學，何敢輒酬。

所問答者均無關名理，涉及玄學者，卽上所舉兩條，業興均未酬答。遵明雖仿佛徒爲義章而實不談名理，觀業興之答語可知之矣。

北齊書卷四十四儒林傳云：

> 凡是經學諸生多出魏末大儒徐遵明門下……諸儒如權會，李鉉、刁柔、熊安生、劉軌思、馬敬德之徒多自出義疏，雖曰專門，亦皆粗習也。（北史儒林傳序同）

李鉉爲遵明之高弟，北齊書卷四十四儒林傳云：

> 居徐門下五年，常稱高第。……二十三便自潛居討論是非，撰定孝經、論語、毛詩三禮義疏，及三傳異同，周易義例，合三十餘卷……年二十七歸養二親，因教授鄉里，生徒恒至數百，燕趙間能言經者，多出其門。（北史卷八十一同）

其學既出於徐氏，復嘗與遵明同受戒於僧範，所撰諸疏殆亦無大異乎徐氏。齊書謂其從李周仁受毛詩尙書，周仁劉獻之弟子，獻之注涅槃經未就，是亦儒釋兼修之學，徐氏同調也。史謂燕趙能言經者多出竇鼎門下，徐遵明後一大師也。竇鼎而後則爲熊安生，周書卷四十五儒林傳云：

> 安生既學爲儒宗，當時受其業擅名於後者有馬榮伯、張黑奴、竇士榮、孔籠、劉焯、劉炫等皆其門人焉，所撰周禮義疏二十卷，禮記義疏四十卷，孝經義疏一卷，並行於世。（北史卷八十二同）

安生學出於遵明，史惟言徐氏執疏而不云其能講。周書儒林傳述其在齊時，周使尹公正具問所疑，安生一一演說，咸究其根本，公正深所嗟服云。是安生非不能講者，惟不重講耳。安生門人馬榮伯名光，見隋書卷七十五儒林傳，傳云：

> 開皇初，高祖徵山東義學之士。光與張仲讓、孔籠、竇士榮、張黑奴、劉祖仁俱至，並授太學博士，時人號爲六儒。然皆鄙野無儀範，朝廷不之貴也。（北史卷八十二同）

六人中四人爲熊安生弟子，而人皆以爲鄙野，其儀表蓋去清談之士遠甚。然傳又云：

> 嘗因釋奠，高祖親幸國子學，王公以下畢集。光升坐講禮，啓發章門已。而諸儒生以次論難者十餘人，皆當

時碩學。光剖析疑滯，雖辭非俊辨，而理義弘贍。論者莫測其淺深，咸共推服。上嘉而勞焉。（北史卷八十二同）

「章門」，又謂科分，亦謂章段，即章節段落也。啓發者，分別之也。此亦釋氏講經當有之事，隋志有老子章門一卷，玄學家仿釋氏者所爲也。而光講經時，既升坐又分章門，是所傳安生之學即採釋氏講經儀式之學也。光更能論難，雖非說名理，亦未嘗不能講也。隋書儒林傳云：

劉焯……少與河間劉炫結盟爲友，同受詩於同鄉劉軌思……問禮於阜城熊安生，皆不卒業而去……與左僕射楊素、吏部尚書牛弘、國子祭酒蘇威……等於國子共論古今滯義，前賢所不通者，每升座，論難鋒起，皆不能屈。楊素等莫不服其精博……後因國子釋奠，與炫二人論義，深挫諸儒，咸懷妬恨。遂爲飛章所謗，除名爲民。

依周書安生傳，二劉爲熊之弟子，隋書則謂其不卒業，然其爲北方之學則無疑；二人能辯更不減於馬光。統上所引觀之，北方之經學不談玄不重講，則是矣，不能講辯則未也。其學之重心在考辨名物訓詁，於其所著經疏見之矣。

（十二）論義疏之文體

義疏之爲書，自其文體上言，儒釋亦顯有類似之點。所可論者，蓋有二事焉。一爲其書之分章段，二爲其書中之有問答。茲分別討論於下：

梁任公先生即曾自文體上言之，其說曰：

尤有一事當注意者，則組織的解剖的文體之出現也。稍治佛典者，當知科判之學，爲唐宋後佛學家所極重視。其著名之諸大經論，恒經數家或十數家之科判，分章分節分段，備極精密。（原注：道安言，諸經皆分三部分，一序分，二正宗分，三流通分。此爲言科判者之始，以後日趨細密。）推原斯學何以發達？良由諸經論本身本爲科學組織的著述，我國學者亦以科學方法研究之，故條理愈剖而愈精，此種著述方法，其影響於學界之他方面者亦不少。夫隋唐義疏之學，在經學界中有特別價值，此人所共知矣；而此種學問實與佛典疏鈔之學同時發生。吾固不敢逕指此爲翻譯文學之產物，然最少必有彼此相互之影響，則可斷言也。（見飲冰室專集五十九翻譯文學與佛典）

任公先生蓋見羣經義疏與釋典之疏均有科分，發現其有相類似之點，其意似欲從此點論儒家義疏在文體上所受浮屠影響，而辨認未明，語意含混，既未指明釋氏經疏之分段落，亦未說出儒家經疏之體若何，僅由「同時發生」一語囫圇推之，謂其必有彼此相互之影響。以意測之，梁先生所欲言者，殊未透澈。今世所傳南北朝時之義疏，僅有二書，一爲梁皇侃之論語義疏，一爲後人考證斷爲北齊人著之公羊義疏。公羊疏不分章段；論語義疏則分章段。如論語學而第一，疏云：

論語是此書總名。學而爲第一篇別目。中間講說，多分爲科段矣。

皇氏首言中間多分科段，則其講論語時分科段之處自當不少。今本「學而時習之」句下疏云：

此以下孔子言也，就此一章分爲三段。自此至不亦悅乎爲第一，明學者幼少之時也。學從幼起，故以幼爲先也。又從有朋至不亦樂乎爲第二，明學業稍成，能招朋聚友之由也。既學已經時，故能招友爲次也。故學記云，一年視離經辨志，三年視敬業樂羣，五年視博習親師，七年視論學取友，謂之小成，是也。又從人不知訖不亦君子乎爲第三，明學業已成，能爲師爲君之法也。先能招友，故後乃學成爲師君也。故學記云，九年知類通達，强立而不反，謂之大成。又云，能博喻然後能爲師，能爲師然後能爲長，能爲長然後能爲君，是也。

於全書中，此爲最詳細之科分。此下則殊少見。固由論語多一二語爲一章，（論語每篇中又分若干章，殆爲章句之舊。）無可科分，然何以獨詳於此歟？蓋學而爲首章，講說時首明其例，以括全書，撰疏時因詳記之，其後隨講隨分，而疏亦不再詳記，其或然歟？孔穎達撰周易正義已在唐時，其書仍沿南北朝之體，有科分焉。乾卦，文言曰至利貞，正義曰：

從此至元亨利貞，明乾之四德，爲第一節。從初九曰潛龍勿用至動而有悔，明六爻之義，爲第二節。自潛龍勿用下至天下治也，論六爻之人事，爲第三節。自潛龍勿用，陽氣潛藏，至乃見天則，論六爻自然之氣爲第四節。自乾元至天下平也，此一節復說乾元之四德之義，爲第五節。自君子以成德爲行，至其唯聖人乎，此一節更廣明六爻之義，爲第六節。

其分判之詳亦不遜於皇氏。時雖至唐，其風蓋猶未改也。

梁先生謂「道安言諸經皆分三部分云云」，恐不盡然。良賁仁王疏云：

昔有晋朝道安法師，科判諸經，以爲三分，序分、正分、流通分。

吉藏仁王疏云：

然諸佛說經，本無章段，始自道安法師，分此經爲三段，第一序說，第二正說，第三流通說。

任公先生蓋誤以道公分經爲道公謂經有章段。吉藏法華義疏云：

如天龍解涅槃有七分，龍樹釋般若無章門，蓋是天竺論師開不開之二類也。至如集解淨名之說，撰注法華之文，但析其玄微，又不預科起盡，蓋是震旦諸師開不開兩類也。

則天竺論師與此土之法師解經均有不開章門者，公羊義疏之無科分，殆卽不開之類也。

疏中問答，公羊義疏最多。四庫提要謂其「中多自設問答，文繁語複，與邱光庭兼明書相近，亦唐末之文體」。此由於未明講經之有問答，更未知疏爲講經之記載。若此疏爲講前預撰者，恐殊難自設問答；如爲整理講經記錄，於講後撰寫，則自不能不記。蓋因問作答，要義卽在其中，能捨其問不記歟？况講疏多有門弟子所記者乎？卽以公羊疏爲例，其「公羊解詁隱公第一」下之疏，問答最多，明爲發題時，聽者所問。其問多相關聯，層層攻駁，何能爲一人自設。如疏云：

問曰……公羊之意，據何文作春秋？答曰……據百二十國寶書也……問曰……今經止有五十餘國……何言百二十國乎？答曰：其初求也，實得百二十國史，但有極美可以訓世，有極惡可以戒俗者，取之；若不可爲法者，棄而不錄……問曰：若言據百二十國寶以爲春秋，何故春秋說云「據周史立新經」乎？答曰……周爲天子，雖諸侯史記亦得名爲周史矣。問曰：六藝論云：六藝者，圖所生也。然則春秋者卽是六藝也，而言依百二十國史以爲春秋何？

豈有自設問答而至支離其辭乎？四庫館臣，蓋徒見後世之文體，而昧於講經問答之制也。皇侃論語義疏有作或問者，如三年無改於父之道，可謂孝矣，疏云：

或問曰，若父政善，則不改爲可，若父政惡，惡教傷民，寧可不改乎？此似爲假設矣，然依講經之例推之，當必有其人問也。論語義疏中有作舊問者，如子張問十世可知也章，疏云：

舊問云，夏用建寅爲正，物初色黑，故尚黑。今就草木初出皆青，而至黑，何也？

所謂舊問者，似爲前人講論語時所問，故云舊。以此證之，非自設問答矣。疏又云：

舊通云，物初出乃青，遠望則黑。人功貴廣遠故也。

以答爲通。世說載許詢支遁談玄，有支通一義，許送一難之語。殆以能答解所難爲通歟？

釋典之經疏論疏均有問答，無待詳舉。自此一端言，兩家疏體亦正相同也。

撰著義疏判分經之章節段落，僧徒爲之，儒生亦何不可爲之。講經有問答，浮屠氏有之，守周孔之教者，亦何不可有之。如不問前所論諸節，而專就此兩點言之，自不能執爲儒家義疏受沙門影響之確證；而彙集所論述諸事，綜合而觀之，則此兩點當爲必有之結果，苟不如是，何能謂儒家羣經義疏仿自釋氏乎？

結語

自何晏王弼而後，玄風日盛，學者惟以談辯爲事。晉書儒林傳序云：「有晉始自中朝，迄于江左，莫不崇飾華競，祖述虛玄。擯闕里之典經，習正始之餘論。指禮法爲流俗，目縱誕以清高。」兩晉人物列於儒林傳者，寥寥無多，方之兩漢，相去遠甚。謂儒學之衰由兩晉而始，殆非過論。雖有王肅杜預諸儒，終無補於風氣之頹壞。南朝爲中華禮樂之正統，而宋齊兩代之史均無儒林傳，經學之衰蓋至極矣。然宋文帝立儒玄文史之館，宋明帝置總明館，有儒玄文史四科，宋元嘉時嘗立國學，齊建元四年亦立國學。若就此數端觀之，宋齊未嘗不提倡儒家之學，而仍衰者，何歟？夫宋文帝立儒學館以雷次宗主之，無論次宗受業慧遠，爲儒釋兼修之士，卽以儒玄同立館言，已足見其非專崇儒。高僧傳謂顏延之與慧嚴辯論，文帝曰公等今無愧支許（見慧嚴傳），則其欣賞玄學爲何如耶？宋明帝好言名理，以周顒有辭義，引入殿內，親近宿直，（見南齊書周顒傳）是宋帝之非重儒也。南齊書劉瓛傳論畧云：「晉世以玄言方道，宋氏以文章閑業。二代以來，爲敎衰矣。永明纂襲，克隆均校。王儉爲輔，長於經禮，朝廷仰其風，冑子覩其則。由是，家尋孔敎，人誦儒書，執卷欣欣，此焉彌盛。」此說亦自其表言之也。僧傳頗載王儉與僧人往還事，如法瑗時講孝經、喪服，王儉門無雜交，待瑗若師；周顒卒時，王儉講孝經未畢，舉曇濟自代；（見南齊書周顒傳）此豈純儒乎？卽以儉所重之周顒言，顒爲玄學大家，齊時任國子博士，太學諸生慕其風，爭事華辯（見顒傳）。又如劉瓛，齊書謂其「承馬鄭之後，一時學徒以爲師」。僧傳亦言其與僧人往還，如講法華之慧基，瓛與張融並申以師禮，崇其義訓；又如講涅槃成實之法安，瓛與張融何胤等並稟服文義，共爲法友。瓛嘗薦賀瑒爲國子生，其所器異者也，而瑒有易老莊講疏；何胤善談名理，亦瓛之弟子。瓛之不能無染乎玄釋，蓋可見矣。宋齊兩代非無儒，無純一不雜之儒也。梁書儒林傳云：「江左草創，日不暇給。以迄于宋齊；國學時或開置，而勸課未博，建之不及十年。」是宋齊雖置國學，亦歷時頗短也。梁武帝於天監四年明詔崇儒，立五經博士，以明山賓、沈峻、嚴植之、賀瑒各主一館，又遣學生受業於何胤。明山賓七歲卽能言玄理，（見梁書山賓傳）嚴植之少善莊老能玄言（見梁書儒林傳），賀瑒之講玄已見前，獨沈峻史未言其通玄。（其舅太史叔明精解三玄，峻與同學，亦未必不受影響。）何胤劉瓛之弟子，曾入鐘山定林寺聽內典，其業皆通，玄釋兼擅之名士也。梁武帝所用以講學授徒之人物，與其自身大抵皆類似，以此而提倡儒學，其不能一反清談玄學之風而納之於兩漢之舊軌，自爲必然者矣。陳氏之學承自梁代，儒林人物，均無異蕭梁，可勿多論。南朝之儒既多雜玄釋，如之何其能不染清談之風以辯名理，又如之何能不採僧徒之儀式以講六經乎？玄之興既多談釋理，則採浮屠講經之儀式者，亦當是始自清談之人士也。

王船山謂永嘉亂後，經學傳統猶延一脉於涼州（讀通鑑論卷八），焦里堂亦有晉南渡後，經學猶盛於北方之說（雕菰集卷十二）趙甌北則謂「雖經劉石諸朝之亂，而士習相承，未盡變壞。」（廿二史劄記卷十五）諸說皆有其依據，誠爲不謬。顧所謂盛者，僅能抱殘守闕，維繫傳統於不墜耳；求其發揚，則猶未遑。所異乎南朝者，留居北方，多爲守兩漢家法之經生，罕見玄虛通脫之名士。自劉淵慕容廆以迄苻堅姚興皆漢化極深之胡人，而未濡染乎玄風，其所倡之經學，較之南朝爲純正焉。迨夫拓拔氏之世，太武毀佛，未久而復興。孝文重儒術而善談老莊，尤精釋義，並能講說。北朝僧伽義學之盛，孝文誘掖之功爲多。然湯用彤謂北方朝野上下之奉佛，仍首在建功德求福田饒益，與南朝之重在談義理者異趣，是也。其時北土之儒生未習乎清談，使言名理則格格不能入；引之信佛，亦惟有以章句之傳統訓解釋典，其所以與僧徒契合者，蓋不在義學而在訓詁。因之，其所受於佛徒，移而治經者，亦祇爲章疏之學，取沙門訓釋佛經名相義旨之法以解儒書之訓詁名物。孫惠蔚入東觀後，上疏自稱「學闕通儒，思不及遠。徒循章句，片義無立。」則其論佛經，必不能義兼玄釋，可斷言也。惟及乎東魏北齊之際，亦間有一二談玄之儒。如魏書儒林傳載：「盧景裕寓託僧寺，講聽不已。高澄入相，於第開講，招延時俊，令景裕解所注易。景裕理義精微，吐發閑雅。時有問難，或相詆訶，大聲厲色，言至不遜。而景裕神采儼然，風調如一，從容往復，無際可尋。」雖問難者鄙野，而景裕則宛然南朝儒生。儒林傳又謂李同軌，學綜諸經，兼讀釋氏。東魏興和中（梁大同中）出使蕭梁，梁武帝集名僧講涅槃大品經，同軌預席論難，道俗咸以爲善云。以茲二人爲例，化河北之經生，爲江南之玄士，殆匪難事。然而其風終不能徧及全體，僅如流星之突現而已。此亦有其故。夫景裕聽講於佛寺，同軌兼讀乎釋氏，所談名理當是受自沙門。社會尚未成爲風氣，要非一二人所能爲功。北齊書謂杜弼於孝靜帝時升師子座說佛理，僧達、道順並緇林之英，問難鋒至，莫有能屈。弼又在齊高洋時，與邢邵共論名理。杜氏爲高氏僚屬，地處顯要，猶未能倡導成風；況盧李乎？北周時，西梁沈重來長安，於紫極殿講三教義，朝士、儒生、桑門、道士至者二千餘人。重辭義優洽，樞機明辯，凡所解釋，咸爲諸儒所推。後授露門博士，於露門爲皇太子講論。時北周正在討論佛道二教優劣。沈氏以附庸下國之臣，受上邦之推崇至於如是；寧非一般人士於佛道二教深願知其評論之究竟，而北周之儒生猶篤守周孔之業，不善談玄釋，未能副其望歟？故謂北朝之經學盛於南朝，則有可商，謂留居北土者較南渡人物爲保守，少玄談之習，則近是矣。

北方之儒生於玄風固濡染不深，而於佛教則信之頗篤，仿之頗切，惟罕談名理耳。如盧景裕至心誦經，徐遵明執疏臨講，其崇信仿效殆不下於江南矣。若夫權會教崔暹之子升座講易，祖瑩以都講獲譽，講經既仿之浮屠，撰疏又焉能違其制乎？

隋既滅陳，陳儒乃入於隋；李唐繼起，南北之學，會而爲一。見於隋書之何妥、包愷、褚徽、顧彪、魯世達、張冲，與見於唐書徐文遠、陸德明、朱子奢、張後胤、許叔牙，皆南方之儒也。唐時撰五經正義之孔穎達嘗游於劉焯之門，北人也，與穎達同撰正義之顏師古、司馬才章、王恭、王談等皆北人，（易、書、詩、左傳、禮記出於穎達，儀禮周官出於賈公彥，公彥亦北人。）即駁穎達所撰正義之馬嘉運，亦北人也。唐撰正義易用王弼，左傳用杜注，尚書用僞孔傳，皆南方之學，蓋沿隋大業之傳統。唐書卷一百八十九儒林傳云：「大業初，禮部侍郎許善心舉文遠與包愷、褚徽、陸德明、魯達爲學官。遂擢授文遠國子博士，愷等並爲太學博士。時人稱文遠之左氏，褚徽之禮，魯達之詩，陸德明之易，皆爲一時之最。」隋煬帝喜南士，北方學人如劉焯劉炫皆未終其用。唐初承隋之舊，南學益盛，北儒所習鄭康成之書、易，服子愼之左傳，遂漸至衰微。故撰疏者雖北人，所傳者則南學。然終以地域關係，孔穎達賈公彥之疏，皆盡捨名理，而專求之訓詁名物。惟易用王弼注，勢不能違注，稍涉空玄，餘皆徵實之學，篤守北人之傳統。程伊川撰易傳頗用輔嗣義，王伯厚曾發之，取孔疏比校，則程氏所推衍者多同乎仲遠。伊川易傳爲宋儒義理學之大宗，孰知其遙嗣玄義，近祧孔疏歟？宋人合注疏而一之，從是注疏之名行，義疏之稱廢。朱子教人治經不廢注疏。顧亭林上紹晦翁，欲反王學之流蔽，倡讀注疏以挽空疎；正文字、通音韻、解訓詁、考名物、明制度皆以經疏爲其依據，考據之學遂由是興焉。淸儒無論其爲吳派皖派，治經罔有不自注疏入者，亭林之教也。今人薄考據之學，謂其瑣屑，謂其識小遺大；庸詎知其出自義疏乎？又庸詎知經疏之仿自釋氏講經，而講經意在談名理乎？同爲義疏，於宋則有助於義理之樹立，於淸則建考據之基礎，二學分途，其源則出於一焉，世多忽之矣。學術之發展演變，誠非人始料之所能及也。

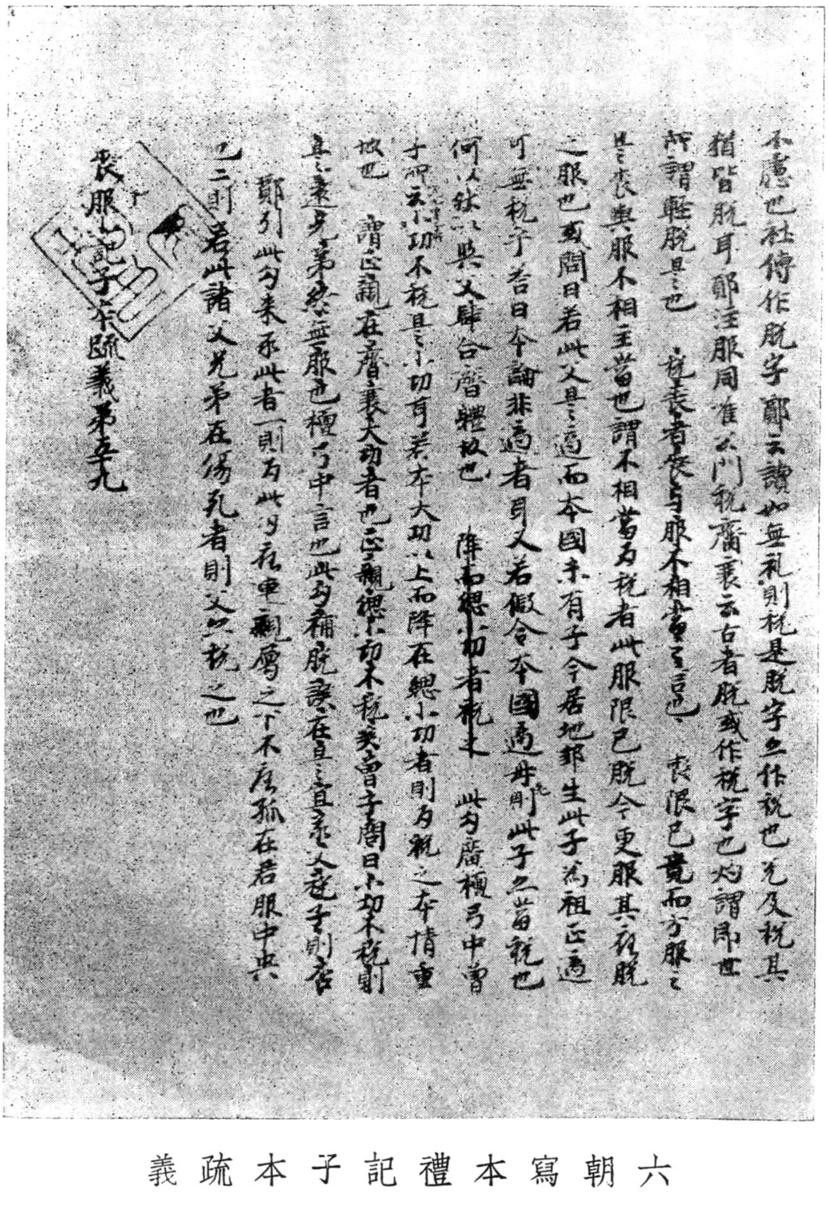
不憶也杜傳作脫字鄭云讀如無禮則稅是脫字亦作稅也先反稅其
猶皆脫耳鄭注服同准以門稅齊衰云古者脫或作稅字也灼謂即世
所謂輕脫是也　稅衰者喪與服不相當之言也　喪限已竟而方服之
是喪與服不相當也謂不相當為稅者此服限已脫今更服其殘脫
之服也或問曰若此文是適而本國亦有子今居他邦生此子為祖正適
可無稅乎答曰今論非適者耳又若假令本國適毋死則此子亦當稅也
何以然以與文肆合醫體故也　降而總小功者稅之　此为檀弓中曾
子問云小功不稅是小功有若本大功以上而降在總小功者則为稅之本情重
故也　謂正親在齊衰大功者也正親總小功不稅矣曾子問曰小功不稅則
是遠兄弟終無服也檀弓中言也此为稱脫喪在是宜免又從子則否
鄭引此为來承此者一則为此为在重親屬之下不在孫在君服中與
也二則若此諸文兄弟在傷死者則文不稅之也
喪服小記子本疏義第五十九

六朝寫本禮記子本疏義

宋監本周易正義

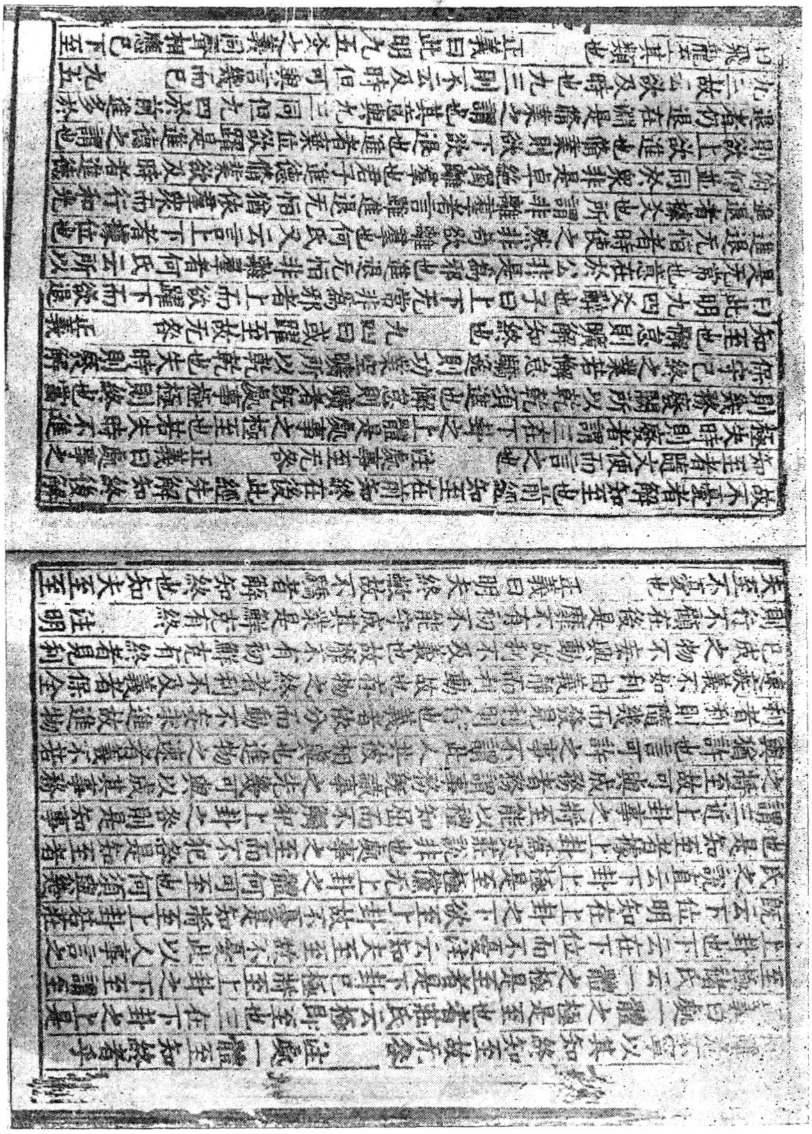

English Summaries:

The First Principle of the "Eventology" of the *I Ching*

(易事理學的第一原理)

By Liu Pai-min (劉百閔)

The writer has always treated the *I Ching* (*Book of Changes*) as what he calls "Eventology". In Vol. I, No. 1 of this *Journal*, he published an article as an introduction to his studies of the *I Ching*. In the present article, he tries to explain the first principle of the *I Ching* when treated as "Eventology". The word *I* means "change", and "change" is the first principle of the *I Ching*. The basic principle of the *I Ching* is the T'ai-chi (太極), or Supreme Ultimate, which is one and unique. But when the "one" changes, it divides itself into the *yin* and the *yang*. In other words, the "one" becomes two. This is what we call the "Law of Duality" (兼兩律). The writer shows that there are two kinds of changes in the *I Ching*: horizontal changes and vertical ones. The 64 diagrams of the *I Ching* are based on these two kinds of changes. All changes of events can be unified under the Law of Duality. This law is the same as what is commonly called the "Law of Contradiction" in epistemology. However, there is a difference. According to the Law of Contradiction, what is, is, and cannot be "what is not"; but according to the Law of Duality, a thing contains in itself two opposite extremes, the one being its positive or *yang* aspect, the other being its negative or *yin* aspect. Thus, two contradictory elements can occur in the same thing, at the same time, or one after another. Moreover, the "Eventology" of the *I Ching* is like natural science, for it not only seeks to recognize the forms of existence but also seeks to find out the realtionship between events. The former is the Law of Contradiction and the latter is the Law of Cause and Effect. In the *I Ching*, the former is the Law of

Duality and the latter is the Law of Mutual-creation (生生律). Among the ten commentaries on the *I Ching*, the *Hsi Tz'u Chuan* (繫辭傳), *Tsa Kua Chuan* (雜卦傳) and *Wen Yen Chuan* (文言傳) explain the Law of Duality, while the *Hsü Kua Chuan* (序卦傳) explains the Law of Mutual-creation. The former is concerned with the forms of existence; the latter with the relat ionship between events.

An Interpretation of "Argument" (*Pien*) in the "Hsiao Ch'ü" Chapter of the *Motzŭ*

(墨子小取篇論辯辨義)

By Tang Chun-i (唐君毅)

This article intends to be a new interpretation of the content of the "Hsiao Ch'ü" (小取) Chapter of the *Motzŭ* (墨子). It is generally supposed that the seven topics, or the so-called seven norms, of the "Hsiao Ch'ü" correspond to seven different logical judgements or different types of reasoning in western logic or Indian logic. The author of this article insists that this general supposition is quite inadequate, and that the seven topics, or the so-called seven norms, should be interpreted as the seven steps of one process of argument. From this point of view, the logic of the "Hsiao Ch'ü" is not taken as pure logic but as psychological logic, or a kind of logic combined with semantic discussion.

This article is devided into 12 sections. These are: 1. Preface; 2. The so-called Seven Norms are not seven independent norms of thought but of seven steps of a process of argument; 3. The Meaning of *Ho* (或); and *Chia* (假); 4. The Meaning of *Hsiao* (效); 5. The Meaning of *P'i* (辟); 6. The Meaning of *Mou* (侔); 7. The Meaning of *Yüan* (援) 8. The Meaning of *T'ui* (推); 9. Comments on the seven steps of argument as a whole; 10-11 Discussions on different forms of reasoning; 12. Conclusion. The main thesis of the "Hsiao Ch'ü".

Notes on the Poem "*T'ien Wen*"

（天問懸解）

By Su Hsüeh-lin（蘇雪林）

1）On *Wo, Wei,* Tien-chi, and Pa-chu（斡，維，天極，八柱）

Wo（斡）is the handle which turns the Nine Heavens round. *Wei*（維）is an invisible rope which ties the eight heavens to the handle so that the god of the Nine Heavens, the Junior Master of Fate (Shao Ssu Ming 少司命) can hold them and turn them round.

T'ien-chi（天極）is the apex of heaven, and in the line "*tien chi yen chia* 天極焉加" the poet is asking on what mountain is the apex of heaven supported. My answer is, on Mount K'un Lun. The apex of heaven is its navel, and Mount T'ai（泰山）is in the centre of the K'un Lun mountains. Hence Mount T'ai is also called T'ien Ch'i（天齊）, for it is just below the navel（臍）of heaven.

Pa-chu（八柱）are eight mountains supporting heaven.

2）The Moon.

Yeh-kuang（夜光）is another name for the moon. *Tê*（德）in the line "*Yeh-kuang ho tê* 夜光何德" means the source of life. The West Asians said that moisture came from the moon, and since things cannot live without water, the moon came to mean "fertility", and "the source of life". The waning and waxing ot the moon are like death and ressurection; hence, the moon became connected with the idea of immortality. The Indians say that a magic herb *soma* grows in the moon, like the nectar taken by the Olympian gods. In Chinese Mythology, there is an elixir of life in the moon, which is prepared by a white hare. There is a similar myth in India.

3）Nü-ch'i（女岐）and Chiu Tzu Mu（九子母）

Nü-ch'i is a goddess who had no husband but gave birth to nine children. The myth of the Mother of Nine Children (Chiu Tzu Mu) existed in China from the Warring States period to T'ang and Sung times. Chu Tzu in his commentary on the *Ch'u Tz'u* said that the myth was derived

from Buddhist sutras, but in Buddhist sutras there is no "Mother of Nine Chidren", only a "Mother of Ghost Children" (Kuei Tzu Mu 鬼子母). In any case, "Mother of Nine Children" and "Mother of Ghost Children" are both different versions of the "Mother goddess".

The goddess Nü-ch'i corresponds to the constellation Wei (尾), i.e.Scorpio. According to the *Shih Chi,* the Wei has nine children. This goddess is the same as the goddess Damkina of Western Asia, whose husband is Ea, god of water. In China, this god of water has many names, among which is Yü-ch'iang (禺彊). In the *T'ien Wen,* when the poet asks "Where is Po-ch'iang?" (伯强何處), he is referring to this god.

4) The myth about Kung Kung (共工) and the Pu Chou Mountain (不周山).

In the *T'ien Wen,* the poet asks why the south-eastern corner of the earth is fallen. This refers to the myth that Kung Kung bashed the Pu Chou Moutain with his head in anger, thus causing the earth to fall at the south-eastern corner.

There are stories about giants supporting heaven with their heads all over the world. According to Theodore H. Caster's *The Oldest Stories in the World,* Koumarbi, who rebelled against heaven, created a stone child. This child kept growing and was about to overthrow heaven. At last, the god of wisdom Ea cut off the stone child's feet and saved heaven. In Greek mythology, Prometheus, Atlas, and two others supported the four corners of the earth. Later versions of the story say that Zeus placed the heavens on the shoulder of Atlas as a punishemnt. In Northern European mythology, a big tree called Yggdrasil, which grew out of the body of the giant Ymir, supports heaven and earth.

In ancient Greek architecture, pillars are often supported by giants on the head. The ancient Chinese "Phoenix Head Pot" (鳳首盉) is supported by four human figures. This is a similar idea.

The Central Administration and the Development of the Triumvirate (*San-t'ai*) System in the Han Dynasty

(略論兩漢樞機職事與三台制度之發展)

By Ch'en Ch'i-yun (陳啓雲)

The writer tries to analyze the development of the functions of three offices in the central administration, i.e.Shang-shu (尙書), Yü-shih (御史), and Yeh-chê (謁者), and their relations with each other. The main points are:

1. The functions of the Yü-shih and the Yeh-chê at the beginning of Western Han;
2. The rise of the office of the Shang-shu and its relation with the Yü-shih and the Yeh-chê before the reign of Emperor Wu;
3. The relation between the Shang-shu and the Chung-shu (中書) from the reign of Emperor Wu to that of Emperor Ch'eng;
4. The establishment of the Triumvirate (San-t'ai) system in Eastern Han;
5. The development of the system of dividing the functions of the Shang-shu after Eastern Han;
6. The alienation of the Yü-shih, Yeh-chê, and Shang-shu from the throne and the formation of the Cabinet (Men-hsia 門下) system after Eastern Han.

Hidden Meanings in Li Shnag-yin's Poems

(李商隱詩探微)

By Tun T. Sun (孫甄陶)

Li Shang-yin was one of the most famous poets of the Late T'ang period. Though many people regard his poetry as even better than that of

his contemporaries Tu Mu and Wen T'ing-yun, many of his poems are obscure and have puzzled readers for centuries. Previous commentators on his poems have often been either misled by preconceived notions or too far-fetched in their interpretations. Other scholars, like Chi Yun and Liang Ch'i-ch'ao, frankly admitted that they did not understand some of Li's poems though they enjoyed reading them. The present writer tries to find the clues to Li's difficult poems in the political events of the T'ang dynasty, particularly the struggles among the eunuchs, palace ladies, and political factions. He believes that these hold the key to the meaning of many of Li's poems and his interpretations of various poems differ from those of previous commentators, opening up a new path in the study of Li Shang-yin.

Notes on a Manuscript of Music for the *P'i-pa* from Tun-huang

（敦煌琵琶譜讀記）

By *Jao Tsung-i.* (饒宗頤)

Among manuscripts from Tun-huang, there is one which contains music for the *p'i-pa* (Pelliot 3808 in the Bibliothèque Nationale in Paris). I have read this and made a copy of it. The manuscript bears the date "4th year of Ch'ang Hsing" (長興四年, A. D. 933), and seems to have been written down by a musician at the end of the Five Dynasties.

The ms. shows the handwriting of three different persons. It contains ten pieces of music altogether. It has been studied by Mr Kenzo Hayasi, who published the results of his stuides in the *Bulletin of Nara Gakugei University,* Vol. V, No. 1 (Dec. 1955), and the *Proceedings of the Japan Academy,* Vol. 32, No. 7 (1956). The present article supplements Mr Hayasi's studies on the following points:

1) The writer describes the actual form of the ms, and points out certain noteworthy features.
2) The sources of the different pieces of music are traced.
3) The writer compares this ms. with the accounts given in various Japanese works of the four strings and tour frets of the *p'i-pa*.
4) Notes are given on the meaning of various musical symbols and technical terms.
5) The writer shows that two technial terms already existed in T'ang times, as can be seen from certain T'ang poems. He further studies the relationship between Chinese *p'i-pa* music and Japanese *biwa* music.
6) The writer discusses the tradition of *p'i-pa* music after T'ang.
7) The writer discusses the life of the musician P'ei Lo-erh (裴洛兒) of the T'ang dynasty, who first played the instrument by hand instead of using a plectrum.
8) The writer discusses the possible origins of the *kung-ch'ih* (工尺) notation used after Sung times.
9) A ms. containing dance music of the T'ang dynasty, preserved in the British Museum (S. 5643), is published here as an appendix.

The Classification of Yuan Plays

(論元人雜劇之分類)

By Lo Chin-t'ang (羅錦堂)

Of the plays of the Yuan period, we know the titles of more than 730. Many of these are lost, and according to the present writer's studies (results of which are contained in his "Sources of Extant Yuan Plays" 現存元人雜劇本事攷), 161 are still extant. In this article, he classifies these extant plays as follows:

1. Historical plays: 35

2. Social plays: 24
3. Domestic plays: 27
4. (Serious) love romances: 20
5. (Comic) love romances: 8
6. Plays on hermits: 21
7. Plays on Buddhist and Taoist themes: 22
8. Plays on miracles and magic: 4

Each category is discussed with regard to the way in which the Yuan playwrights handled their themes and revealed their attitudes towards life and society. It is hoped this may throw some light on the political and social situations of the time and the mental attitude of the intellectuals.

The earliest and most detailed classification of Yuan plays is that made by Chu Ch'uan (朱權) at the beginning of Ming. He divided Yuan plays into 12 categories. This is not completely satisfactory, for certain plays do not fall into any of the twelve. On the other hand, each of the 12 categories really included more than one kind of play, and it is often diffcult to draw a line between some of the categories of Chu. The present system of classification suggested in this article may make it easier to recognize to what type a Yuan play belongs.

The Ships Used by Cheng Ho on His Voyages to the West

(鄭和下西洋之寶船考)

By Pao Tsun-p'eng (包遵彭)

This article is divided into three sections.

The first section discusses the organization of Cheng Ho's ships on his voyages to the "Western oceans". The main points are as follows:

1. The writer shows that Cheng Ho's ships differed in size and function. Each fleet consisted of ships of different sizes and functions.

2. The writer confirms the *Ming Shih* that the ships were divided into seven classes according to size, the largest being 44.4 *chang* (丈) in length and 18 *chang* in width. This information given in Cheng Ho's biography in the *Ming Shih* is correct and modern scholars are wrong to doubt it.
3. The writer attempts to find out the number and sizes of Cheng Ho's ships on each voyage.

The second section discusses in detail the functions of the different ships used by Cheng Ho. According to their functions, the ships fell into five categories: a. "Treasure ships" (*pao ch'uan* 寶船), firstclass ships, which formed the nucleus of the fleet; b. "Horse ships" (*ma ch'uan* 馬船), for the transportation of horses sent as tributes to China; c. "Food vessels" (*liang ch'uan* 糧船); d. "Passenger ships" (*tso ch'uan* 坐船), mainly for passengers but capable of military action; e. "War ships" (*chan ch'uan* 戰船).

The third section discusses the history, organization, and personnel of the Lung Chiang Shipyard which built the ships.

Confucian and Buddhist Interpretations of Their Respective Canons.

(論儒釋兩家之講經與義疏)

By Mou Jun-sun (牟潤孫)

This article points out that during the Southern and Northern Dynasties the Confucians practised *chiang ching* (講經) or "oral interpretation of the classics", in imitation of the Buddhist practice of preaching on the sutras, also known as *chiang ching*. Consequently, the Confucians, like the Buddhists, also wrote down records of such oral interpretations. These records were called *yi shu* (義疏) or *chiang shu* (講疏). The character *shu* (疏) is generally

taken to mean "sub-commentary", but the writer believes that it really means "record": the *chiang shu* of such and such a classic means the record of an oral interpretation of this classic. Later Confucians wrote *shu* in imitation of these records, but failed to explain the origin of this particular form of writing.

The writer begins with a discussion on the ritual of oral interpretation of the canon (Confucian or Buddhist, as the case may have been), and shows when the Confucian practice began to show resemblances to the Buddhist one. He then discusses the writing of "records" (*shu*), and points out that the relation between the Confucian practice and the Buddhist one was based on metaphysics, particularly in the Southern Dynasties. The writer further discusses the differences between Confucian scholarship in the Southern Dynasties and that in the Northern Dynasties, and the different ways in which they were influenced by Buddhism. It is hoped this article may be of interest to students of the history of Chinese thought and of the history of Confucian scholarship.

Acknowledgement

The Research Institute of New Asia College, Hong Kong, wishes to acknowledge with gratitude the generous contribution of the Harvard-Yenching Institute towards the cost of publication of this Journal.

一九六〇年二月一日初版

新亞學報第四卷・第二期

定價 港幣十元 美金二元

編輯者 新亞研究所 九龍新亞書院

發行者 新亞書院圖書館 九龍土瓜灣農圃道

THE NEW ASIA JOURNAL

Volume 4 *February 1960* *Number 2*

THE NEW ASIA RESEARCH INSTITUTE